| 8 MINUTE CUT | VOLUME.2 |

생활영어·문법·어휘
시간 단축 2세대 하프 모의고사

8분 컷 vol.2

8분컷 '2세대 하프모의고사' 소개

#1. 8분컷이란?

8분컷은 영어 20문제를 8분 안에 풀게 만드는 콘텐츠가 아니라, 수험생들이 합격하기 위해서 **반드시 득점해야하는 생활영어, 문법, 어휘(총 10문제)를 8분 안에 풀도록 훈련**시키는 매일 학습 콘텐츠입니다. 생문어를 8분에 풀고, 독해를 20분에 풀도록 훈련시키는 큰 그림을 가지고 훈련하는 프로그램입니다. 그럼, 이쯤에서 **왜 하필 생활영어, 문법, 어휘**(이하 생문어라고 칭하겠음)만 집중해서 학습해야 하는지에 대한 의문이 들겁니다. 제가 일목요연하게 차근차근 설명드릴테니 잘 들어보세요.

여러분, 공시에서 합격하기 위해서는 남들이 다 맞는 문제를 맞는게 의미가 있나요? 아니면 **남들이 틀리는 문제를 맞는게 우리 수험생들에게 유의미한가요?** 당연히 후자죠! 우리 수험생들은 생문어가 약합니다. 이번 2023년 국가직 시험에서도 오답률 Best 5에 무려 4문제가 생문어였습니다!! 바로 그겁니다! 영어의 감을 유지하기 위해서 하루 10문제를 풀어야 한다면, **남들이 틀리는 문제에 집중**하자는 취지에서 8분컷이 탄생한겁니다.

게다가, **생문어가 아닌 전 영역을 학습하게 된다면 학습시간 또한 지나치게 길어집니다.** 기존 하프모의고사를 수강해보셨으면 아시겠지만 1강당 최소 70분 러닝타임입니다. 8분컷이요? 고작 10분~15분입니다!! 시간도 적게 들고 생문어에 집중할수록 합격 확률이 높아질 수 밖에 없는거죠!! **도대체 왜 시대의 흐름을 역행하려고 하십니까?** 전공과목 학습비중을 늘리고 공통과목에 대한 학습비중을 줄이기 위해서는 8분컷이 필수가 될 수 밖에 없는 시대적 흐름입니다.

지난 10여년간 우리 공시수험생들은 하나같이 하프모의고사를 매일 학습콘텐츠로 무지성으로 활용해왔습니다. 네, 말 그대로 '무지성'에 입각한 선택이었습니다. 자, 이젠 시대가 변했으니 여러분의 선택도 달라져야하는 것 아닌가요?

#2. 8분컷 구성은?

8분컷은 총 3단계의 레벨로 구성되어 있습니다. Level 1(총 30회분)은 실전보다 쉬운편이며 기본기를 종합적으로 점검하는 것을 목표로 합니다. Level 2(총 60회분)은 실전과 동일한 수준이며 Level 1과 달리, 문제 유형 또한 실전과 동일합니다. Level 3(총 30회분)은 실전 시험과 동일한 유형으로 구성되어 있지만 **난이도는 실전보다 약간 어려운 수준**으로 구성되어 있습니다.

그리고, **8분컷**은 총 2권으로 구성되어 있습니다. 1권에는 Level 1에 해당하는 30회분과 Level 2에 해당하는 30회분이 수록되어 있으며, 2권에는 Level 2에 해당하는 30회분과 Level 3에 해당하는 30회분이 수록되어 **총 120회분**의 매일 모의고사입니다.

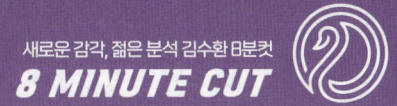

#3. **8분컷**과 **기존 하프모고**의 차이점은?

시간 단축 모의고사 8분컷	비교	시중 하프 모의고사
생활영어 / 문법 / 어휘	훈련 영역	독해 / 생활영어 / 문법 / 어휘
8분	문풀 소요 시간	20분
15분	강의 러닝 타임	70분
30분	복습 소요 시간	60분
120회	분량	192회
손글씨	강의 방식	칠판 판서
시간 압박 관리	목표	전반적인 감 유지

같은 시간이라도 더 분석적, 체계적,
효율적인 학습을 해야 합격합니다!
김수환 영어 **8분컷**이 그 해답입니다!

8분컷 효율적인 활용법

#1. 8분컷 해설

8분컷은 공단기 강의를 통해 정리하는 것이 가장 빠르고 정확합니다. 물론, 독학생들을 위해 해설을 그 어느 교재보다도 상세하게 수록해놨지만, **8분컷 강의러닝 타임이 회당 10분** 내외이기 때문에 수험생이 혼자서 낑낑대며 해설을 읽고 정리하는 속도보다 강의를 듣는게 훨씬 더 빠릅니다. 따라서, 공단기 프리패스 수강생들은 **무조건 강의를 수강**하길 추천드립니다!

#2. 메타인지표 활용법

어느 분야든지 **학습(learning)**이란 모르는 부분에만 집중하면 극적으로 실력이 향상됩니다. 자신이 모르는 부분에만 집중해서 학습능력을 극대화시키는 능력을 '**메타인지**'라고 합니다. 8분컷 콘텐츠는 각 수험생의 약점을 집중적으로 보완할 수 있도록 매회 뒷부분에 메타인지표를 수록해놨으니 적극 활용하길 권장합니다.

우선 문제를 풀고 절대 답지 먼저 펼치지 마세요. **자신의 감에 의존해 1번에서 10번까지 스스로 채점을 O, △, X를 표기해보세요.** 자신이 생각하기에 확실하면 O, 불확실하면 △, 틀렸다고 생각하면 X라고 표기하는 겁니다. 그리고 나서 답지를 펼치고 채점을 해보면 **자신의 감에 의존해서 채점한 결과와 실제 결과가 다른 문항이 포착**될 겁니다. 바로 그 문항들을 **집중적으로 복습**하시면 됩니다.

메타인지 분석표
메타인지 분석을 통해 내가 알고 모르는 것을 정확하게 파악하여, 내가 몰랐던 부분을 완벽하게 복습하도록 계획을 세우세요!

번호	유형	난이도	복습체크	자가 채점	실제 득점	코드 및 메모
01	문법	중		△	O	
02	문법	중하		O	O	
03	문법	중상	✓	△	X	CODE 1-3
04	문법	상	✓	X	X	CODE 2-11
05	어휘	하		O	O	
06	어휘	중		O	O	
07	어휘	중상		△	O	
08	어휘	상	✓	X	X	CODE 5-6
09	생활영어	중	✓	O	X	CODE 9-13
10	생활영어	상	✓	△	X	CODE 2-4

새로운 감각, 젊은 분석 김수환 8분컷
8 MINUTE CUT

김수환 영어

── 김수환 선생님과의 소통채널 ──

1️⃣ 네이버 카페 cafe.naver.com/swan0

2️⃣ 유튜브 채널 유튜브 검색창에 **"김수환영어연구소"**를 검색하세요!

3️⃣ 인스타그램 @hwanisyn2000

생활영어 · 문법 · 어휘
시간 단축 2세대 하프 모의고사

8분컷

8 MINUTE

Level 2

31회차 문법

01 밑줄 친 부분 중 어법상 옳지 않은 것을 고르시오.

Remember, whenever we believe something, we no longer question it in any way. The moment we begin to honestly ① question our beliefs, we no longer feel absolutely certain about them. Have you ever doubted your ability to do something? How did you do it? You probably asked ② yourself some poor questions like "What if it doesn't work out?" But questions can obviously be tremendously ③ empowering if we use them to examine the validity of beliefs we may have just blindly accepted. In fact, many of our beliefs ④ supported by information we're received from others that we failed to question at the time.

02 어법상 옳지 않은 것은?

① Some of the stars are already dead yet we still see them because of their traveling light.

② An email that we seem to remember receiving mysteriously disappears from our inbox.

③ The majority of people will tell us that they prefer having more alternatives.

④ The 119 rescuers can revive many patients who hearts have stopped beating by various techniques.

03 어법상 옳은 것은?

① The unemployed in the society who opposed the powerful politician is at a substantial disadvantage.

② The more violent programs a boy watches at age 9, the more aggressively he is likely to be at age 19.

③ Many organizations and government agencies are devoted to conservation living things.

④ The nurse poured the doctor a cup of tea and placed the teapot on the table.

04 우리말을 영어로 잘못 옮긴 것은?

① 지구가 둥글다는 것은 과학적으로 증명된 사실이다.
→ That the Earth is round is a scientifically proven fact.

② 에스프레소가 만들어지면 스팀 밀크가 첨가된다.
→ Once the espresso has been brewed, steamed milk is added.

③ 어떤 사람들은 도움이 필요할 때 너무 쑥스러워서 도움을 청하지 못한다.
→ Some people are too embarrassed to ask for help when they need it.

④ 우리의 상사가 그만둔 이후로 너무나 많은 문제가 있어왔다.
→ There are so many problems since our boss quit.

31 회차 어휘

05 밑줄 친 부분의 의미와 가장 가까운 것은?

> Teachers and staff can <u>supervise</u> and support but they are unlikely to be over-protective.

① compromise

② oversee

③ contend

④ confront

07 밑줄 친 부분의 의미와 가장 가까운 것은?

> A typhoon can <u>last</u> 2 weeks or more over in Asia.

① occur

② grow

③ vanish

④ continue

06 밑줄 친 부분의 의미와 가장 가까운 것은?

> When Lee Se-dol placed his 180th move, an expression, "AlphaGo <u>steps down</u>," suddenly popped up on the monitor.

① exposes

② deviates

③ resigns

④ remains

08 밑줄 친 부분의 의미와 가장 가까운 것은?

> The best films are those which <u>transcend</u> national or cultural barriers.

① transmit

② contract

③ surpass

④ vary

31 회차 생활영어

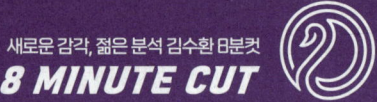

09 대화의 빈칸에 들어갈 말로 가장 적절한 것을 고르시오.

> A: What will you do during the training session?
> B: We'll be visiting different departments and learning what's going on.
> A: That sounds fun. I hope there's a deapartment that you find interesting.
> B: There's one that I have in mind, but I'll have to accept the company's decision.
> A: When will you know for sure which department you'll be assigned to?
> B: _____

① I'll get along well with my coworkers.

② I'll find out after the training session ends.

③ I don't think company life will be as easy as I thought.

④ I have no idea who will be in charge of the department.

10 대화의 빈칸에 들어갈 말로 가장 적절한 것을 고르시오.

> A: Have you found the solution yet?
> B: No, not yet. I'm still working on it.
> A: I think it's time to _____.

① throw in the towel

② call a spade a spade

③ cut it close

④ hold your horses

메타인지 분석표

메타인지 분석을 통해 내가 알고 모르는 것을 정확하게 파악하여, 내가 몰랐던 부분을 완벽하게 복습하도록 계획을 세우세요!

번호	유형	난이도	복습체크	자가 채점	실제 득점	코드 및 메모
01	문법					
02	문법					
03	문법					
04	문법					
05	어휘					
06	어휘					
07	어휘					
08	어휘					
09	생활영어					
10	생활영어					

32 회차 문법

01 밑줄 친 부분 중 어법상 옳지 않은 것을 고르시오.

The triumph of antibiotics over disease-causing bacteria is one of modern medicine's greatest success ① stories. After more than 50 years of widespread use, however, many antibiotics don't have the same effect that they once ② were. Over time, some bacteria have developed ways to outwit the effects of antibiotics. Widespread use of antibiotics is thought to have spurred evolutionary changes in bacteria ③ that allow them to survive these powerful drugs. While antibiotic resistance benefits the microbes, it presents humans with two big problems: it makes it more ④ difficult to purge infections from the body; and it heightens the risk of acquiring infections in a hospital.

02 어법상 옳지 않은 것은?

① Technologies of the soul tend to be simple, orderly, and slow.
② Gyuho found Gyudae extremely attractive.
③ I persuaded Jack from joining the basketball team.
④ The breakdown helps to identify aspects of conversations.

03 어법상 옳은 것은?

① Some of the money from cutting timber in tropical forests are used to plant new trees.
② You need to convince people that your ideas are worth investing in.
③ It was those who went bankrupt in the 1990s when lost themselves in the pursuit of the almighty dollar.
④ We are far more empowered by science than any previous generation did.

04 우리말을 영어로 잘못 옮긴 것을 고르시오.

① 우리는 지방이 많은 음식을 피함으로써 건강한 상태를 유지할 수 있다.
→ We can keep healthy by avoiding foods high in fat.

② 시계가 12시를 알리자, 강 건너에서 불꽃놀이가 시작되었다.
→ When the clock struck 12, fireworks were set off over the river.

③ 내가 그때 좀 더 분별이 있었더라면 그 차에 타지 않았을텐데.
→ I would never get in the car if I had known better at that time.

④ Craig는 그 잡지의 표지에 실릴 모델로 선택되었다.
→ Craig was chosen as the model who would be on the magazine's cover.

32회차 어휘

05 밑줄 친 부분의 의미와 가장 가까운 것은?

> We are working under **extreme** pressure at the moment.

① drastic

② essential

③ imperative

④ durable

06 밑줄 친 부분의 의미와 가장 가까운 것은?

> A contagious disease can **exterminate** an entire species.

① annihilate

② deceive

③ avenge

④ suspect

07 밑줄 친 부분의 의미와 가장 가까운 것은?

> My legs still **tremble** when I think about the fire accident.

① blush

② shiver

③ emphasize

④ hurt

08 밑줄 친 부분의 의미와 가장 가까운 것은?

> We are learning how to **confront** death.

① avoid

② face

③ delay

④ control

32 회차 생활영어

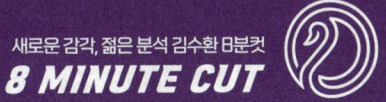

09 대화의 빈칸에 들어갈 말로 가장 적절한 것을 고르시오.

> A: Did you check out the book for our history assignment?
> B: Yes, but some of the pages we need are missing.
> A: Oh, no! Someone must have torn them out.
> B: _____

① I wish you could remember where it was.

② That sounds great. Everything's going well so far.

③ Probably. It's inconsiderate to damage public property.

④ You should have met the deadline for the assignment.

10 대화의 빈칸에 들어갈 말로 가장 적절한 것을 고르시오.

> A: Why didn't you finish your report yet?
> B: I tried to, but Jane let me help her fix her computer.
> A: So, what are you trying to say?
> B: I mean I had no time to work on my report.
> A: Don't try to _____ to other person.

① take the bull by the horns

② give her the cold shoulder

③ beat around the bush

④ pass the buck

메타인지 분석표

메타인지 분석을 통해 내가 알고 모르는 것을 정확하게 파악하여, 내가 몰랐던 부분을 완벽하게 복습하도록 계획을 세우세요!

번호	유형	난이도	복습체크	자가 채점	실제 득점	코드 및 메모
01	문법					
02	문법					
03	문법					
04	문법					
05	어휘					
06	어휘					
07	어휘					
08	어휘					
09	생활영어					
10	생활영어					

33 회차 문법

01 밑줄 친 부분 중 어법상 옳지 않은 것을 고르시오.

The quest of science has seen many triumphs and agonies. They usually went hand in hand and ① evidencing equally well the role of faith for science. The first major triumph was Copernicus' outline of the planetary order. He was far from proving definitely the heliocentric proposition. But he supplemented ② what he lacked in physical proofs with his faith in nature. It was a bold view, and he clung to it though people shook their heads in disbelief. But Galileo, ③ whom people consider the father of the experimental method, ④ praised Copernicus precisely for what he did: for staying with his belief.

02 어법상 옳지 않은 것은?

① Calling your pants "blue jeans" almost seems to be redundant.

② Someone who has treated you badly does not deserve to be in your life.

③ The color of this dress looks different depending on the lighting.

④ Most overeating prompted by feelings rather than physical hunger.

03 어법상 옳은 것은?

① Meredith suffered from an unusual disease that caused him falling occasionally.

② Fieldwork is the way which most cultural anthropologists earn and maintain their professional standing.

③ People with allergies often sneeze and feels itchy.

④ The man scheduled to be on the flight to Guam exchanged his ticket at the last minute.

04 우리말을 영어로 잘못 옮긴 것은?

① 과학과 종교 간의 갈등은 우리 마음 안에 놓여 있다.
→ The conflict between science and religion lays in our minds.

② 당신이 채소만 먹든지 고기를 먹는 사람이든지간에 당신은 이것을 좋아할 것이다.
→ You will like this whether you eat only vegetables or you are a meat-eater.

③ 지속적으로 과업을 바꾸는 뇌는 한 번에 오직 하나의 과업에 집중하는 뇌보다 각 과업을 더 천천히 처리한다.
→ A brain constantly changing tasks processes each task more slowly than one focusing on only one task at a time.

④ Gary가 우유를 더 많이 마셨더라면 키가 더 크게 자랐을 것이다.
→ Gary would have grown taller if he had drunk more milk.

33 회차 어휘

05 밑줄 친 부분의 의미와 가장 가까운 것은?

> You should always <u>strive</u> for balance in your life.

① debilitate
② persevere
③ struggle
④ express

06 밑줄 친 부분의 의미와 가장 가까운 것은?

> They have had <u>candid</u> talks about the current crisis.

① straightforward
② necessary
③ extraordinary
④ affective

07 밑줄 친 부분의 의미와 가장 가까운 것은?

> Sam <u>turned down</u> an invitation to the party.

① accepted
② declined
③ organized
④ demanded

08 밑줄 친 부분의 의미와 가장 가까운 것은?

> The factory used and stored a huge quantity of <u>inflammable</u> and explosive chemicals.

① flammable
② contagious
③ infected
④ resistant

33 회차 생활영어

09 대화의 빈칸에 들어갈 말로 가장 적절한 것을 고르시오.

A: Jack, how's your grandfather doing these days?
B: Well.... He's been kind of depressed since he retired.
A: Really? Sorry to hear that. He used to be such an active and energetic person, huh?
B: Yeah. But he began to feel empty and alone after he left his work.
A: I think a new job might give your grandfather a sense of pride and confidence again.
B: You're right. But where can he find a new job?
A: You know what? The community center helps the elderly find jobs.
B: I didn't know that! But what if the jobs don't match his experience or skills?
A: Don't worry. The center locates jobs related to previous work experience. I'm sure he'll find something.
B: _____

① Sounds great. I'm going to let him know about it.
② For sure. He's looking forward to his retirement.
③ Community centers should provide cultural programs.
④ Thanks for the offer. I desperately needed a job.

10 대화의 빈칸에 들어갈 말로 가장 적절한 것을 고르시오.

A: I need to talk to the boss about the copier.
B: You should really _____.
A: What do you mean?
B: He is only going to get upset again if you mention it.
A: I guess you are right.
B: The copier is fixed now, so don't mention anything about it.

① let sleeping dogs lie
② take the bull by the horns
③ jump on the bandwagon
④ rack your brain

메타인지 분석표

번호	유형	난이도	복습체크	자가 채점	실제 득점	코드 및 메모
01	문법					
02	문법					
03	문법					
04	문법					
05	어휘					
06	어휘					
07	어휘					
08	어휘					
09	생활영어					
10	생활영어					

34 회차 문법

01 밑줄 친 부분 중 어법상 옳지 <u>않은</u> 것을 고르시오.

Satellite imaging has been used ① <u>to match</u> water temperature swirls drawn on a map of ocean currents made as long ago as 1539. It had been thought that the rounded swirls, located between pictures of serpents and sea monsters, ② <u>was</u> there for purely artistic reasons. However, the size, shape, and location of the swirls match changes in water temperature too ③ <u>closely</u> for this to be a coincidence. The map is likely to be an accurate representation of the ocean eddy current ④ <u>found</u> to the south and east of Iceland.

02 어법상 옳지 <u>않은</u> 것은?

① Assumptions can simplify the complex world and make it easier to understand.

② It rained for a couple days and the backyard grass became so high I had to cut it.

③ A free bluetooth headset which works perfectly with the TV will be given to every buyer.

④ What seems appropriately in a situation is not the same for everyone.

03 어법상 옳은 것은?

① Whatever potential is inherited may be enhanced or stunted through socialization.

② We should consider true friends more valuable than golden.

③ Our conscious experience is consisted entirely of the activities of 100 billion bits of neurons.

④ The best way of dealing with demanding family and chatty friends is to help them realize how busy are you.

04 우리말을 영어로 잘못 옮긴 것을 고르시오.

① 아버지께서는 그 영화를 볼 때마다 눈물을 흘리신다.
→ My father cries every time he watches that movie.

② 더 긴장하는 사람은 심판이 아니라 선수들이다.
→ It is not the players but the judge who gets more nervous.

③ Dave는 다 닳아빠진 그 군인의 신발을 발견했다.
→ Dave found the soldier's shoes that were all worn out.

④ Nicky는 그 다리의 공사가 즉시 중단되어야 한다고 명령했다.
→ Nicky commanded that the work on the bridge cease immediately.

34회차 어휘

05 밑줄 친 부분의 의미와 가장 가까운 것은?

Eating dark chocolate can **relieve** stress and tension.

① appreciate

② testify

③ enlarge

④ alleviate

06 밑줄 친 부분의 의미와 가장 가까운 것은?

Congress is considering measures to **confine** the sale of cigarettes.

① resume

② coerce

③ overtake

④ restrict

07 밑줄 친 부분의 의미와 가장 가까운 것은?

If disturbed, the bird may **abandon** the nest, leaving the chicks to die.

① clean

② desert

③ soak

④ rob

08 밑줄 친 부분의 의미와 가장 가까운 것은?

We needed to increase the **volume** of production.

① amount

② quality

③ price

④ cost

34회차 생활영어

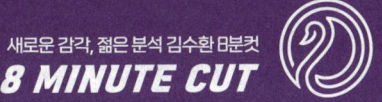

09 대화의 빈칸에 들어갈 말로 가장 적절한 것을 고르시오.

> A: Jane, I've heard you're going to take a trip to Thailand next month.
> B: Yeah, you know my cousin Sally moved there last year. She invited me to her place.
> A: Good for you. She must be showing you around, then.
> B: _____

① I'm not sure she can visit me this time.

② Definitely. She's excited to move there soon.

③ That's right. She's already made plans for me.

④ I don't think I'm the right person to guide you.

10 대화의 빈칸에 들어갈 말로 가장 적절한 것을 고르시오.

> A: How's your new boss?
> B: He's not afraid to _____, so some people get offended by him, but I like him.
> A: I wish our boss was like that. Our boss always takes ages to say something and never gets to the point!

① step into his shoes

② call a spade a spade

③ have a silver lining

④ call it a day

메타인지 분석표

메타인지 분석을 통해 내가 알고 모르는 것을 정확하게 파악하여, 내가 몰랐던 부분을 완벽하게 복습하도록 계획을 세우세요!

번호	유형	난이도	복습체크	자가 채점	실제 득점	코드 및 메모
01	문법					
02	문법					
03	문법					
04	문법					
05	어휘					
06	어휘					
07	어휘					
08	어휘					
09	생활영어					
10	생활영어					

35 회차 문법

01 밑줄 친 부분 중 어법상 옳지 않은 것을 고르시오.

If an animal is innately programmed for some type of behaviour, then there are likely to be biological clues. It is no accident ① <u>that</u> fish have bodies which are streamlined and ② <u>smooth</u>, with fins and a powerful tail. Their bodies are structurally adapted for moving fast through the water. Similarly, if you found a dead bird or mosquito, you could guess by looking at ③ <u>its</u> wings that flying was its normal mode of transport. However, we must not be over-optimistic. Biological clues are not essential. The extent to which they are ④ <u>finding</u> varies from animal to animal and from activity to activity.

02 어법상 옳지 않은 것은?

① Most garment workers are paid barely enough to survive.

② She suggested going out for dinner after the meeting.

③ He published over 20 volumes of poetry, for which he won a National Book Award.

④ Those want medical assistance to die must undergo unbearable suffering.

03 어법상 옳은 것은?

① Alice always believes that everyone has the ability to learn.

② No matter how careful mining is monitored, it puts significant stress on the environment.

③ In order to extracting any valuable resources, a vast amount of material has to be processed.

④ I just don't understand why won't you help me.

04 우리말을 영어로 잘못 옮긴 것은?

① 거실에 있던 모든 가구들은 야드 세일에 내놓아졌다.
→ All the furniture which was in the living room was put in the yard sale.

② Tommy는 자신이 지난 토요일에 UFO를 봤다고 주장한다.
→ Tommy insists that he see a UFO last Saturday.

③ 그들은 나에게 갓 구워낸 초콜릿 칩 쿠키를 주었다.
→ They offered me a freshly baked chocolate chip cookie.

④ 그 가게는 안전 규정을 지켰기 때문에 그 사고에 대해 법적인 책임이 없다.
→ Having followed the safety regulations, the store isn't liable for the accident.

35 회차 어휘

05 밑줄 친 부분의 의미와 가장 가까운 것은?

> I'm not as **fond** of her as I used to be.

① pointless

② respective

③ distasteful

④ loving

06 밑줄 친 부분의 의미와 가장 가까운 것은?

> What are some ways to **get over** a period of slump for you?

① oversee

② overcome

③ overtake

④ overlook

07 밑줄 친 부분의 의미와 가장 가까운 것은?

> In Greek mythology, the god Zeus took the form of a swan to **seduce** Leda.

① tempt

② astound

③ insulate

④ satisfy

08 밑줄 친 부분의 의미와 가장 가까운 것은?

> I can't **visualize** what this room looked like before it was decorated.

① admit

② blow

③ imagine

④ involve

35 회차 생활영어

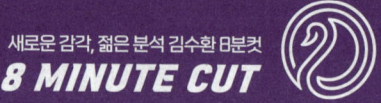

09 대화의 빈칸에 들어갈 말로 가장 적절한 것을 고르시오.

A: Hi, Alan. How was your trip to New York? You must be so tired after the long flight.
B: The trip was great, but I couldn't sleep last night because of the time zone difference.
A: Oh, I heard getting sunlight is really helpful. Your body will recover faster.
B: _____

① Well, you should take a nap first.
② Great. I hope you'll have a safe trip.
③ If you insist, I'll reschedule the flight.
④ Really? I'd better go outside to get some.

10 대화의 빈칸에 들어갈 말로 가장 적절한 것을 고르시오.

A: Would you like to go to the concert with me?
B: I'd love to, but I need to take a rain check.
A: Why?
B: Examinations _____ all the time.
A: I see, well perhaps some other time.

① hold my tongue
② tie the knot
③ pull my leg
④ weigh on my mind

메타인지 분석표

메타인지 분석을 통해 내가 알고 모르는 것을 정확하게 파악하여, 내가 몰랐던 부분을 완벽하게 복습하도록 계획을 세우세요!

번호	유형	난이도	복습체크	자가 채점	실제 득점	코드 및 메모
01	문법					
02	문법					
03	문법					
04	문법					
05	어휘					
06	어휘					
07	어휘					
08	어휘					
09	생활영어					
10	생활영어					

01 밑줄 친 부분 중 어법상 옳지 않은 것을 고르시오.

A symphony was to ① be performed in Philadelphia. One of the movements featured a flute solo. The conductor wanted the effect of a flute in the distance, so he had the flutist ② play the solo from back stage. It worked ③ perfectly in rehearsal. However, on the night of the performance, the flutist began the solo and it appeared to be going fine. Suddenly, there was a squeaking sound and the flutist stopped ④ to play. The conductor was furious. After the performance, he looked for the flutist to talk angrily to him.

02 어법상 옳지 않은 것은?

① Being funny is a set of skills that can learn.

② We want you to feel comfortable talking to us.

③ It's no use worrying about past events over which you have no control.

④ Someone who is only clinically dead can often be brought back to life.

03 어법상 옳은 것은?

① Some people force themselves to eat more vegetables to stay healthy.

② Only recently have a video game been considered a form of art.

③ I did volunteer work at an animal shelter while the winter vacation.

④ Fast-food restaurants can be found easy in many countries.

04 우리말을 영어로 잘못 옮긴 것을 고르시오.

① 한 운전자가 두 소년이 무거운 가방을 들고 가는 것을 봤다.
→ A driver saw two boys carrying heavy bags.

② 그 연구원은 그 참가자에게 그 과업을 다시 반복하게 했다.
→ The researcher had the participant to repeat the task again.

③ 내가 다른 도시로 이사를 갈 수 있다면 삶이 더 나을 텐데.
→ Life would be better if I were able to move to another city.

④ 음식은 적절히 보관되지 않으면 상하기 마련이다.
→ Food will go bad if not stored properly.

36회차 어휘

05 밑줄 친 부분의 의미와 가장 가까운 것은?

> Sam **cherished** the gift from his aunt.

① insulted

② valued

③ accepted

④ rejected

06 밑줄 친 부분의 의미와 가장 가까운 것은?

> They **mourned** for all those who died during the war.

① rejoiced

② grieved

③ proclaimed

④ provoked

07 밑줄 친 부분의 의미와 가장 가까운 것은?

> The government decided to **do away with** the strict requirements.

① remove

② generate

③ meet

④ distribute

08 밑줄 친 부분의 의미와 가장 가까운 것은?

> The country has **firm** immigration laws.

① sophisticated

② stable

③ complex

④ urgent

36 회차 생활영어

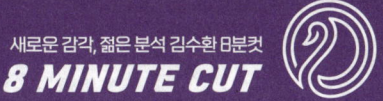

09 대화의 빈칸에 들어갈 말로 가장 적절한 것을 고르시오.

A: I was told that your father passed away last month.
B: Yes. He died of a serious asthma attack.
A: I'm very sorry to hear that.
B: _____

① It's hard to breathe with asthma.
② He died of serious throat cancer.
③ I don't blame you.
④ Thank you for your condolences.

10 대화의 빈칸에 들어갈 말로 가장 적절한 것을 고르시오.

A: Where would you like to go to travel?
B: How about Montreal? I've read it's an interesting city.
A: Don't you know that Montreal is built on an island that used to be a volcano?
B: That's just a myth. It isn't true.
A: Well, wherever we go, I don't want to fly. The last time felt like _____.
B: We only had a bit of turbulence the last time we flew. We'll be fine.

① a long shot
② a close call
③ a long face
④ cloud nine

메타인지 분석표

메타인지 분석을 통해 내가 알고 모르는 것을 정확하게 파악하여, 내가 몰랐던 부분을 완벽하게 복습하도록 계획을 세우세요!

번호	유형	난이도	복습체크	자가 채점	실제 득점	코드 및 메모
01	문법					
02	문법					
03	문법					
04	문법					
05	어휘					
06	어휘					
07	어휘					
08	어휘					
09	생활영어					
10	생활영어					

01 밑줄 친 부분 중 어법상 옳지 않은 것을 고르시오.

I remember one of the smartest I.T. ① **executives** for whom I ever worked strongly resisting the movement to measure programmer productivity that was popular at the time. He was fond of saying that the biggest problem with managing computer programmers is that you can never tell ② **whether** they are working by looking at them. Picture two programmers working side by side. One is leaning back in his chair with his eyes ③ **closing** and his feet on the desk. The other is working hard, typing code into his computer. The one with his feet up could be thinking, and the other one may be too busy typing ④ **to give** it enough thought.

02 어법상 옳지 않은 것은?

① People were declared dead when their hearts stopped beating.

② Many parents do not understand why their teenagers occasionally behave in an irrational way.

③ They admitted that they didn't know how safely these chemicals were.

④ Feeling frustrated, she began to think about giving up on the race.

03 어법상 옳은 것은?

① Read books regularly stimulates deep and creative thinking.

② I regard her enormous popularity as dangerous.

③ A blog is an online space which you can express your ideas.

④ We arrived half an hour lately for the seminar, so we missed the beginning.

04 우리말을 영어로 잘못 옮긴 것은?

① 이 생기 넘치는 시장은 매주 금요일에 열린다.
→ This lively market is held every Friday.

② 당신이 행복하지 않을 때조차도 당신의 얼굴이 미소 짓게 하라.
→ Force your face to smile even when you feel unhappy.

③ 그가 그것을 가지고 싶어 할지 어떨지 알아보겠다.
→ I'll see that he wants to keep it or not.

④ 몇몇 행성들은 착륙할 표면조차 가지고 있지 않다.
→ Some planets do not even have surfaces to land on.

37 회차 어휘

05 밑줄 친 부분의 의미와 가장 가까운 것은?

> He's known to be an <u>outstanding</u> scientist.

① sensitive

② outgoing

③ excellent

④ ordinary

06 밑줄 친 부분의 의미와 가장 가까운 것은?

> Smartphones are an <u>indispensable</u> device in our modern lives.

① essential

② innocuous

③ expensive

④ innovative

07 밑줄 친 부분의 의미와 가장 가까운 것은?

> Sometimes, fire precautions are <u>neglected</u> because people have their minds on other problems.

① emphasized

② ignored

③ analyzed

④ replaced

08 밑줄 친 부분의 의미와 가장 가까운 것은?

> The reorganization also seeks to foster a more collaborative corporate culture at Microsoft, that has been <u>criticized</u> for internal conflict.

① illuminated

② associated

③ condemned

④ supported

37 회차 생활영어

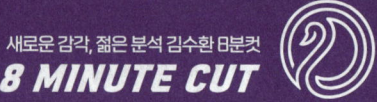

09 대화의 빈칸에 들어갈 말로 가장 적절한 것을 고르시오.

A: Oh, I'm starving. I've got to get myself something to eat. Have you had dinner yet?
B: No, but I don't want to eat anything right now.
A: Why not?
B: _____

① I get along with my friends.
② I usually skip breakfast.
③ I have a stomachache.
④ I feel great.

10 대화의 빈칸에 들어갈 말로 가장 적절한 것을 고르시오.

A: Why are we stopping here, John?
B: Something's wrong. The engine died.
A: Oh, dear. What'll we do?
B: _____

① There's plenty of space left.
② Let's stick to the road we know.
③ I'll hold the accelerator down.
④ We can call the emergency road service.

메타인지 분석표

메타인지 분석을 통해 내가 알고 모르는 것을 정확하게 파악하여, 내가 몰랐던 부분을 완벽하게 복습하도록 계획을 세우세요!

번호	유형	난이도	복습체크	자가 채점	실제 득점	코드 및 메모
01	문법					
02	문법					
03	문법					
04	문법					
05	어휘					
06	어휘					
07	어휘					
08	어휘					
09	생활영어					
10	생활영어					

01 밑줄 친 부분 중 어법상 옳지 <u>않은</u> 것을 고르시오.

I disagree with recent attempts to get rid of the national 55 mph speed limit. Two undeniable pieces of evidence ① <u>have emerged</u> since the adoption by all states of the uniform speed limit. First, traffic death rates have been greatly reduced. It is obvious ② <u>that</u> a collision at a lower speed is less likely to result in death or serious injury. Second, it has been proved that less fuel is ③ <u>consumed</u> at low speeds than at high speeds. It is generally agreed that ④ <u>the little</u> fuel we must import, the better. The life-saving and fuel-saving measure should remain the law of the land.

02 어법상 옳지 <u>않은</u> 것은?

① We might assume that the world consists of only two countries and that each country produces only two goods.

② When meeting someone in person, body language experts say that smiling can portray confidence and warm.

③ Memories of how we interacted seem funny to me today.

④ Research shows that moderate exercise has no effect on the duration or severity of the common cold.

03 어법상 옳은 것은?

① Christina felt nervously when she got a sudden question from a teacher.

② The car Linda just bought is very nicer than her old one.

③ Julie has suffered from a bad cold a week ago.

④ The lack of confidence in his voice spoiled his job interview.

04 우리말을 영어로 <u>잘못</u> 옮긴 것을 고르시오.

① 얼마나 많은 공개가 적절한가에 관한 생각은 문화마다 다르다.
→ Ideas about how much disclosure is appropriate vary among cultures.

② 변화의 느린 속도는 나쁜 습관을 없애는 것을 어렵게 만든다.
→ The slow pace of transformation makes it difficult to break a bad habit.

③ 오늘날 만들어진 제조 식품 중 다수는 아주 많은 화학물질을 함유한다.
→ Many of the manufactured products made today contain so many chemicals.

④ 식품 라벨은 당신이 구입하고 있는 식품 안에 들어 있는 것을 알려준다.
→ Food labels inform you that is inside the food you are purchasing.

38회차 어휘

05 밑줄 친 부분의 의미와 가장 가까운 것은?

> The <u>ratio</u> of men to women at the conference was ten to one.

① number
② proportion
③ extermination
④ description

06 밑줄 친 부분의 의미와 가장 가까운 것은?

> We are determined to <u>persevere</u> with this problem.

① solve
② endure
③ avoid
④ consider

07 밑줄 친 부분의 의미와 가장 가까운 것은?

> Police suspect someone <u>deliberately</u> started the fire.

① impulsively
② accidentally
③ intentionally
④ habitually

08 밑줄 친 부분의 의미와 가장 가까운 것은?

> The patient was complaining of having <u>intolerable</u> pain.

① unconscious
② unstoppable
③ unbearable
④ untouchable

38 회차 생활영어

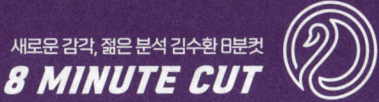

09 대화의 빈칸에 들어갈 말로 가장 적절한 것을 고르시오.

A: This is the operator. How can I help you?
B: It's an emergency! This is 352 Kingston Road. Please send an ambulance right now!
A: Please tell me what happened.
B: _____

① My car won't start.
② I can't find my daughter.
③ Somebody's badly injured.
④ There's no ambulance available around here.

10 대화의 빈칸에 들어갈 말로 가장 적절한 것을 고르시오.

A: Did you get a new car? I'd like to get a new car like yours.
B: Didn't you buy a new car last year?
A: Yes I did, but _____

① a stitch in time saves nine.
② one swallow doesn't make a summer.
③ even Homer sometimes nods.
④ the grass is always greener on the other side.

메타인지 분석표

메타인지 분석을 통해 내가 알고 모르는 것을 정확하게 파악하여, 내가 몰랐던 부분을 완벽하게 복습하도록 계획을 세우세요!

번호	유형	난이도	복습체크	자가 채점	실제 득점	코드 및 메모
01	문법					
02	문법					
03	문법					
04	문법					
05	어휘					
06	어휘					
07	어휘					
08	어휘					
09	생활영어					
10	생활영어					

39 회차 문법

01 밑줄 친 부분 중 어법상 옳지 <u>않은</u> 것을 고르시오.

Before the washing machine was invented, people used washboards to scrub, or they carried their laundry to riverbanks and streams, ① <u>where</u> they beat and rubbed it against rocks. Such backbreaking labor is still commonplace in parts of the world, but for most homeowners the work is now done by a machine that ② <u>automatically</u> regulates water temperature, measures out the detergent, washes, rinses, and spin dries. With ③ <u>its</u> electrical and mechanical system, the washing machine is one of the most technologically advanced examples of a large household appliance. It not only cleans clothes, but it ④ <u>is</u> so with far less water, detergent, and energy than washing by hand requires.

02 어법상 옳지 않은 것은?

① Solids transfer the sound waves much better than air typically does.

② The cafeteria assistant was supposed to ask whether they would like to have more.

③ Your donations will help support children in our community which may not be able to afford books they'd like to read.

④ David tried hard to finish his math homework.

03 어법상 옳은 것은?

① I have subscribed to your magazine last year.

② If the price were reasonable then, I would have bought the running shoes.

③ My watch isn't in its usual place. Someone must move it.

④ The benefit of group work is that you can share your ideas with others.

04 우리말을 영어로 잘못 옮긴 것은?

① 날씨가 춥기 때문에 Thomas는 집에 있기를 원한다.
→ Being cold, Thomas wants to stay home.

② 버튼을 가진 노동자들은 그렇지 않은 노동자들보다 훨씬 더 생산적이었다.
→ Workers with the button were far more productive than those without.

③ 학교는 주기적으로 화재 대피 훈련을 할 것이 요구된다.
→ Schools are required to have fire drills on a regular basis.

④ Mary는 격주로 동물 보호소에서 자원봉사를 한다.
→ Mary volunteers at the animal shelter every other week.

39 회차 어휘

05 밑줄 친 부분의 의미와 가장 가까운 것은?

> The production is wholly **inadequate** to meet the demand.

① deficient

② relevant

③ sufficient

④ exorbitant

06 밑줄 친 부분의 의미와 가장 가까운 것은?

> Social Security is unlikely to **ignite** an age war.

① inflame

② assign

③ intervene

④ curtail

07 밑줄 친 부분의 의미와 가장 가까운 것은?

> He was held in great **esteem** by his colleagues.

① repression

② domination

③ moderation

④ admiration

08 밑줄 친 부분의 의미와 가장 가까운 것은?

> Depression is a severe **ailment** to be treated quickly.

① optimism

② pessimism

③ illness

④ intention

39 회차 생활영어

8분컷 Lv.2

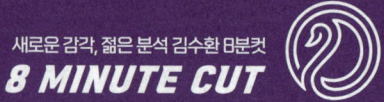

09 대화의 빈칸에 들어갈 말로 가장 적절한 것을 고르시오.

> A: I have a dental appointment this afternoon.
> B: No problem, I'll take over while you're gone.
> A: Thanks, but if anything urgent comes up, call me on my cell phone.
> B: _____

① Sure, let me write the number down.

② May I recommend a good dentist?

③ I'll catch up with you later.

④ Don't be too hard on yourself.

10 대화의 빈칸에 들어갈 말로 가장 적절한 것을 고르시오.

> A: May I help you?
> B: Yes please, I'm looking for the book titled *8-minute cut* by Swan Kim.
> A: I'm sorry, but that is _____.

① none of your business

② out of print

③ last straw

④ jack of all trades

메타인지 분석표

메타인지 분석을 통해 내가 알고 모르는 것을 정확하게 파악하여, 내가 몰랐던 부분을 완벽하게 복습하도록 계획을 세우세요!

번호	유형	난이도	복습체크	자가 채점	실제 득점	코드 및 메모
01	문법					
02	문법					
03	문법					
04	문법					
05	어휘					
06	어휘					
07	어휘					
08	어휘					
09	생활영어					
10	생활영어					

40 회차 문법

01 밑줄 친 부분 중 어법상 옳지 않은 것을 고르시오.

An American man accidentally drops some rubber onto a hot stove and discovers how to process rubber. An English scientist observes an apple fall from a tree and suddenly ① <u>understand</u> what keeps the moon and the planets in their orbit. These are examples of unexpected great discoveries. Yet none of these advances was the result of luck alone. The American man had experimented with rubber for years before the accident helped him ② <u>discover</u> his finding. The English scientist had been ③ <u>pondering</u> the question of how the universe is held together long before the falling apple inspired him. The key is ④ <u>to keep</u> working and take advantage of an unexpected occurrence.

02 어법상 옳지 않은 것은?

① The friction on the marble is such small that its effect is negligible.
② A number of products are on sale.
③ Jane buys her groceries from a local market every day.
④ The volume of the sound you hear is much louder.

03 어법상 옳은 것은?

① Having fun during the game is more valuable than to win the game.
② The belief that sudden increases in temperature cause headaches are not true.
③ Asked to answer a series of questions in a limited time, students felt nervous.
④ I am happy to invite to the fund-raising party for the school library.

04 우리말을 영어로 잘못 옮긴 것을 고르시오.

① 많은 총기 지지자들은 총을 소유하는 것이 타고난 권리라고 주장한다.
→ Many gun advocates claim that owning guns is a natural-born right.

② 당신은 당신이 이야기 나누고 있는 그 사람들을 존중해야 한다.
→ You should respect the people with whom you're speaking.

③ 예술가들이 기후 변화에 어떻게 반응할 것인지를 고려할 가치가 있다.
→ It's worth considering how artists will respond to climate change.

④ 그 지역의 농장들은 많은 다양한 동물들을 소유하고 있다.
→ The farms in the region to have many different animals.

40 회차 어휘

05 밑줄 친 부분의 의미와 가장 가까운 것은?

> We can **demonstrate** our revulsion of crime in many ways.

① announce

② show

③ accumulate

④ convey

06 밑줄 친 부분의 의미와 가장 가까운 것은?

> To **deflect** blame, the Government claimed that the High Court settlement was cumbersome.

① deviate

② demonstrate

③ decline

④ reflect

07 밑줄 친 부분의 의미와 가장 가까운 것은?

> Down's syndrome is an **inborn** illness related to genetic structure.

① infected

② innate

③ instant

④ intermediate

08 밑줄 친 부분의 의미와 가장 가까운 것은?

> Children need plenty of good fresh food to **nourish** them.

① grow

② feed

③ ingest

④ demand

40 회차 생활영어

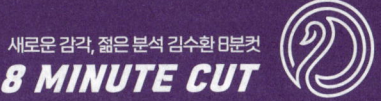

09 대화의 빈칸에 들어갈 말로 가장 적절한 것을 고르시오.

A: Can you explain to me how to purchase books online?
B: Do you have an account?
A: I don't think so.
B: _____

① Why not?

② Are you following me?

③ OK, then, open an account first.

④ What's your account number?

10 대화의 빈칸에 들어갈 말로 가장 적절한 것을 고르시오.

A: Has your friend been working hard to prepare for his final exams?
B: Yeah, he's been up every night _____.

① turning the table

② burning the midnight oil

③ saving his own skin

④ eating my hat

메타인지 분석표

메타인지 분석을 통해 내가 알고 모르는 것을 정확하게 파악하여, 내가 몰랐던 부분을 완벽하게 복습하도록 계획을 세우세요!

번호	유형	난이도	복습체크	자가 채점	실제 득점	코드 및 메모
01	문법					
02	문법					
03	문법					
04	문법					
05	어휘					
06	어휘					
07	어휘					
08	어휘					
09	생활영어					
10	생활영어					

41회차 문법

01 밑줄 친 부분 중 어법상 옳지 않은 것을 고르시오.

The many gods of ancient Egypt were ① <u>diverse</u> in origin and nature. Some were normally depicted with animal heads; others were always given human form. Few myths about the origins and adventures of the gods ② <u>has</u> survived, but there must have been a rich oral tradition. Many towns had temples for locally famous deities. When a town became the capital of a ruling dynasty, the chief god of that town became ③ <u>prominent</u> across the land. Thus, Ptah of Memphis, Re of Heliopolis, and Amon of Thebes became gods of all Egypt, serving to unify the country and ④ <u>strengthen</u> the monarchy. As in Mesopotamia, some temples possessed extensive landholdings worked by dependent peasants, and the priests who administered the deity's wealth were influential locally and sometimes even throughout the land.

*deity 신

02 어법상 옳지 않은 것은?

① That some organisms must starve in nature is deeply regrettable and sad.

② Reprocessing has proved expensive and can exacerbate the problem of disposal.

③ By having strong imagery control, she could help herself achieve her goal.

④ Jeff misses his flight because he arrived at the airport late.

03 어법상 옳은 것은?

① Mary goes to the gym with her friend last night.

② Some people tend to follow leaders whose views reinforce their ideology.

③ The desire to keep up with others' activities are not new.

④ A great deal of your time will spend raising your kids.

04 우리말을 영어로 잘못 옮긴 것은?

① 그것은 한국 역사상 다른 어떤 영화들보다 더 많은 돈을 벌어들였다.
→ It made more money than any other movies in Korean history.

② 당신의 뇌세포의 수는 천억 개가 넘는다.
→ The number of your brain cells is over 100 billion.

③ 그 손님은 그가 즉시 옮겨져야 한다고 요구했다.
→ The guest demanded that he be moved at once.

④ 모든 콘서트마다 음악가들을 고용할 수 있는 악단은 드물다.
→ Rare are the musical organizations that can hire musicians for every concert.

41 회차 어휘

05 밑줄 친 부분의 의미와 가장 가까운 것은?

> The <u>dispute</u> between the two countries came to an end.

① conflict

② ambition

③ cooperation

④ transaction

06 밑줄 친 부분의 의미와 가장 가까운 것은?

> The principal praised her for her <u>conduct</u>.

① claim

② behavior

③ effort

④ trial

07 밑줄 친 부분의 의미와 가장 가까운 것은?

> We cannot <u>avoid</u> the issue of budget deficits in the health service.

① light up

② steer clear of

③ make up

④ set off

08 밑줄 친 부분의 의미와 가장 가까운 것은?

> The difference between the two sides of a noise barrier should be determined on <u>aesthetic</u> as well as acoustic grounds.

① artistic

② grotesque

③ structural

④ pathetic

41회차 생활영어

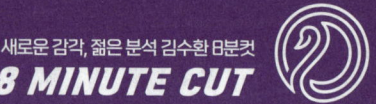

09 대화의 빈칸에 들어갈 말로 가장 적절한 것을 고르시오.

A: Good morning, Professor Austin. How are you?
B: Good morning, James. I'm doing well. And you?
A: I'm great, thank you. This is my friend Emma. She is thinking about applying to this college. She has a few questions. Would you mind telling us about the process, please?
B: Hello, Emma! It's pleasure to meet you. I'm more than happy to speak with you. _____ _____.
A: Thank you so much for helping us, professor!

① I'll see you later then. Good luck!
② That sounds great. Everything's going well so far.
③ Please stop by my office next week
④ Who is calling?

10 대화의 빈칸에 들어갈 말로 가장 적절한 것을 고르시오.

A: Have you heard the news?
B: What news?
A: Well, I _____ that our company is going to be moved to France.
B: Oh no! I can't speak French!

① heard through the grapevine
② walked on air
③ hit the nail on the head
④ started from scratch

메타인지 분석표

번호	유형	난이도	복습체크	자가 채점	실제 득점	코드 및 메모
01	문법					
02	문법					
03	문법					
04	문법					
05	어휘					
06	어휘					
07	어휘					
08	어휘					
09	생활영어					
10	생활영어					

42 회차 문법

01 밑줄 친 부분 중 어법상 옳지 않은 것을 고르시오.

Jack Welch ① considered to be one of the USA's top business leaders. In a gesture that was at once symbolic and real, Welch directed the ceremonial burning of the old-fashioned GE Blue Books. The Blue Books were a series of management training manuals that told how GE managers were to get tasks ② done in the organization. Despite the fact ③ that these books for training had not been used for some 15 years, they still had great influence over the actions of GE managers. Now, GE managers are taught to find their own solutions rather than ④ look them up in a dusty old book.

02 어법상 옳지 않은 것은?

① The sun always rose in the east and set in the west.

② The more denim was washed, the softer it would get.

③ The boy and his brother left the village three years ago.

④ Not quite understanding but believing in his master, the boy kept training.

03 어법상 옳은 것은?

① If he knew your phone number, Bill can give you a call.

② Children need to be taught how to interact with animals.

③ Understanding your friend who doesn't get what you're trying to do.

④ Mobile phones are now used to connecting patients to doctors.

04 우리말을 영어로 잘못 옮긴 것을 고르시오.

① 그들은 근처에 고구마와 채소를 재배하는 자신들만의 정원을 가지고 있다.
→ They have their own gardens nearby, which they cultivate sweet potatoes and vegetables.

② 사람들은 계속 운동을 하면 건강한 체중을 유지할 수 있다.
→ People can maintain a healthy weight if they keep exercising.

③ 대부분의 사람들은 그 행동이 하기에 너무 어리석다는 것을 알 것이다.
→ Most people would find the behavior too stupid to do.

④ 저기 소파에 앉아있는 여자는 Kelly의 숙모이다.
→ The woman sitting on the couch over there is Kelly's aunt.

42 회차 어휘

05 밑줄 친 부분의 의미와 가장 가까운 것은?

> The West has gradually relaxed its **hostile** attitude to this influential state.

① lavish

② sophisticated

③ unfriendly

④ favorable

06 밑줄 친 부분의 의미와 가장 가까운 것은?

> People **gather** and remember information in different ways.

① assemble

② disperse

③ resemble

④ detach

07 밑줄 친 부분의 의미와 가장 가까운 것은?

> The country tries to remain **neutral** in the war.

① dull

② unbiased

③ controversial

④ spontaneous

08 밑줄 친 부분의 의미와 가장 가까운 것은?

> He is equally **strict** and tender.

① stern

② jealous

③ illegal

④ generous

42 회차 생활영어

09 대화의 빈칸에 들어갈 말로 가장 적절한 것을 고르시오.

A: Ms. Moore, I have a package for you.
B: Oh? Who's it from?
A: New York department store.
B: _____.

① Good. I've been waiting for it.

② Can I send it by express?

③ It's the best around here.

④ It'll take about a week.

10 대화의 빈칸에 들어갈 말로 가장 적절한 것을 고르시오.

A: What's your New Year's resolution?
B: I am going to quit smoking.
A: Really? I'll _____ if you quit smoking.

① turn the table

② burn the midnight oil

③ save your own skin

④ eat my hat

메타인지 분석표

메타인지 분석을 통해 내가 알고 모르는 것을 정확하게 파악하여, 내가 몰랐던 부분을 완벽하게 복습하도록 계획을 세우세요!

번호	유형	난이도	복습체크	자가 채점	실제 득점	코드 및 메모
01	문법					
02	문법					
03	문법					
04	문법					
05	어휘					
06	어휘					
07	어휘					
08	어휘					
09	생활영어					
10	생활영어					

43 회차 문법

01 밑줄 친 부분 중 어법상 옳지 <u>않은</u> 것을 고르시오.

The accumulating layers of energy-rich organic material ① <u>were</u> gradually turned into coal and oil by the pressure of the overlying earth. We can now ② <u>release</u> the energy stored in their molecular structure by burning, and our modern civilization depends on immense amounts of energy from such fossil fuels ③ <u>recovering</u> from the earth. By burning fossil fuels, we are finally passing most of the stored energy on to the environment as heat. We are also passing back to the atmosphere large amounts of carbon dioxide ④ <u>that</u> had been removed from it slowly over millions of years.

02 어법상 옳지 <u>않은</u> 것은?

① Oil made possible for the automobile to dominate our economy.

② The teacher let the students take a nap for 10 minutes.

③ The number of cars in Seoul is increasing quite rapidly.

④ It is necessary for students to participate in the discussion.

03 어법상 옳은 것은?

① Ryan's attitude made him very unpopular with his colleagues.

② The old woman was especially fond of a little girl naming Samantha.

③ Although Victoria had some doubts, she found the courses very usefully.

④ He must be a man of moods to changing his appointments all the time.

04 우리말을 영어로 잘못 옮긴 것은?

① 비록 이상하게 들리지만, 그것은 전적으로 사실이다.
→ Though it sounds strange, it is quite true.

② 그는 지금 여기에 있어야 하는거 아닌가?
→ Is he supposed to be here right now?

③ 대부분의 사람들은 그들의 목적지가 걸어서 갈 수 있는 거리에 있다는 것을 알 때 운전하는 것을 선택한다.
→ Most people choose to drive when they know their destination is within walking distance.

④ 유머의 치유력을 인정하는, 많은 병원들이 웃음 문제를 진지하게 받아들이기 시작하고 있다.
→ Recognized the healing power of humor, hospitals are starting to take laughing matters seriously.

43 회차 어휘

05 밑줄 친 부분의 의미와 가장 가까운 것은?

The **robust** casing reliably protects all internal components.

① aggressive

② profuse

③ martial

④ strong

07 밑줄 친 부분의 의미와 가장 가까운 것은?

He was **proficient** in the use of the gun.

① sound

② skilled

③ casual

④ manual

06 밑줄 친 부분의 의미와 가장 가까운 것은?

After a lengthy discussion we reached a **unanimous** decision on the proposal.

① gradual

② agreed

③ innate

④ grateful

08 밑줄 친 부분의 의미와 가장 가까운 것은?

He **gazed** at her with a melancholy smile.

① encountered

② persuaded

③ stared

④ hesitated

43회차 생활영어

09 대화의 빈칸에 들어갈 말로 가장 적절한 것을 고르시오.

A: I heard you are hiring an English teacher. How can I apply for the position?
B: Just send us your job application letter.
A: How will I find out the result?
B: _____.

① We'll notify you by phone or E-mail.
② You should let us know the result.
③ We'll wait for your job application letter.
④ Let us know if you are interested.

10 대화의 빈칸에 들어갈 말로 가장 적절한 것을 고르시오.

A : I was left out in this round of promotions.
B : That's too bad.
A : I have little hope of getting a promotion.
B : _____. There will be other opportunities.

① Pitchers have ears
② Don't hit the nail on the head
③ Don't blow your own horn
④ Pull yourself together

메타인지 분석표
메타인지 분석을 통해 내가 알고 모르는 것을 정확하게 파악하여, 내가 몰랐던 부분을 완벽하게 복습하도록 계획을 세우세요!

번호	유형	난이도	복습체크	자가 채점	실제 득점	코드 및 메모
01	문법					
02	문법					
03	문법					
04	문법					
05	어휘					
06	어휘					
07	어휘					
08	어휘					
09	생활영어					
10	생활영어					

44 회차 문법

01 밑줄 친 부분 중 어법상 옳지 않은 것을 고르시오.

There ① <u>are</u> numerous myths and legends associated with gems. Some tell of cursed stones; others of stones with special powers of healing, or that protect or give good luck to the wearer. Some of the largest known diamonds have legends ② <u>associating</u> with them that have been told and retold over centuries, and many now lost are surrounded by tales of intrigue and murder. Some mines are thought to be cursed — probably rumors spread by the mine owners ③ <u>to keep</u> unwanted prospectors away. In Myanmar, for instance, where all gemstones belonged to the monarch, the belief that anyone who took a stone from a mine would be cursed ④ <u>may have deliberately been cultivated</u> to curb losses of a valuable national asset.

02 어법상 옳지 않은 것은?

① The conference was extremely badly organized.

② At the restaurant, my parents were fair unhappy with the service.

③ The people in this town used the money to help the poor.

④ The money used to help the poor comes from his pocket.

03 어법상 옳은 것은?

① It might seem that praise your child's intelligence would boost his self-esteem.

② My sister returned the computer after she noticed it was damaged.

③ Their nice clothes made them to look admirable at the party.

④ Asking by psychologists, most people rate themselves above average.

04 우리말을 영어로 잘못 옮긴 것을 고르시오.

① 그곳에서 그를 본 후, 그녀는 그를 사랑하게 되었다.
→ Seeing him there, she got to love him.

② Layla는 버스 정류장에서 기다리는 동안 버스가 늦는다는 것을 알아차렸다.
→ While she waited at the bus stop, Layla realized that the bus has been late.

③ 고체 물질의 분자들은 공기 중에 있는 것보다 훨씬 더 밀집해 있다.
→ The molecules in a solid substance are much closer than they are in air.

④ 환경 운동가들은 어떤 쓰레기 처리 시스템도 절대적으로 안전할 수 없다고 주장한다.
→ Environmentalists argue that no system of waste disposal can be absolutely safe.

44회차 어휘

05 밑줄 친 부분의 의미와 가장 가까운 것은?

> A growing enterprise is required to have a bold and **zealous** leader to be successful.

① subtle

② obedient

③ passionate

④ straightforward

06 밑줄 친 부분의 의미와 가장 가까운 것은?

> Free markets **thrive** on transparency and honesty.

① flourish

② perceive

③ invert

④ operate

07 밑줄 친 부분의 의미와 가장 가까운 것은?

> The figure is **equivalent** to approximately 43 people a day.

① incalculable

② parallel

③ persistent

④ concise

08 밑줄 친 부분의 의미와 가장 가까운 것은?

> It is too soon to know the full **extent** of the damage caused by this scheme.

① background

② origin

③ extension

④ scale

44회차 생활영어

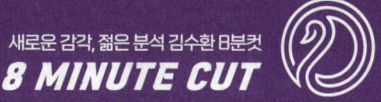

09 대화의 빈칸에 들어갈 말로 가장 적절한 것을 고르시오.

A: Is there a hospital near here?
B: Yes, it's not so far from here. What's the matter?
A: I've got a terrible stomach pain.
B: _____.

① They raised medical insurance by up to 2% this year

② Let me get you there right away

③ I'm not the right person to answer that

④ It's awful to make a reservation

10 대화의 빈칸에 들어갈 말로 가장 적절한 것을 고르시오.

A: Did you find the book that you lost?
B: No, I had not yet. I had been so busy that I was frazzled all day.
A: I think you should shake a leg. As you know, that book needs to be returned by tomorrow morning.
B: I know, so I will _____ tonight.

① leave no stone unturned

② hit the nail on the head

③ make a mountain out of a molehill

④ save my own skin

메타인지 분석표

메타인지 분석을 통해 내가 알고 모르는 것을 정확하게 파악하여, 내가 몰랐던 부분을 완벽하게 복습하도록 계획을 세우세요!

번호	유형	난이도	복습체크	자가 채점	실제 득점	코드 및 메모
01	문법					
02	문법					
03	문법					
04	문법					
05	어휘					
06	어휘					
07	어휘					
08	어휘					
09	생활영어					
10	생활영어					

01 밑줄 친 부분 중 어법상 옳지 않은 것을 고르시오.

Born into great wealth but plunged into poverty as a teen, I grew up knowing more about the perils of losing success than the secrets of ① <u>attaining</u> it. Although my parents recovered after ② <u>being</u> stripped of everything in midlife, they never regained a prosperous mind-set. And I absorbed their fears more fully than their successes. Those fears fueled my desire to be financially successful and were, in part, ③ <u>which</u> drove me to make a living out of teaching people how to achieve. I grew up to be a motivational speaker who inspired thousands of business executives and professional athletes to achieve ④ <u>their</u> goals using valuable principles of success.

02 어법상 옳지 않은 것은?

① A man may die, nations may rise and fell, but an idea lives on.

② A symbol is understood only because there are shared conventional meanings.

③ A present really isn't a present unless it is wrapped in a paper.

④ Since no other horses have been imported recently, the breeding stock remains pure.

03 어법상 옳은 것은?

① The idea that visiting green spaces like parks reduce stress is not necessarily new.

② One of the most important things sports can do is to build self-esteem.

③ Everyone laughed when Joshua got a cream pie smashing in his face.

④ *Iodized* means what a tiny amount of iodine was added to the salt.

04 우리말을 영어로 잘못 옮긴 것은?

① 한 방에 100명의 놀라운 예술가들을 모으고 그들에게 같은 의자를 그리게 해라.
→ Collect 100 amazing artists in a room and have them drawn the same chair.

② 나는 더 잘 어울리는 다른 일자리를 찾을 수 있을 것이라고 생각했다.
→ I thought that I would be able to find another job that was a better match.

③ 이곳의 생활은 집에서보다 스트레스가 훨씬 더 적다.
→ Life here is much less stressful than it is at home.

④ 스스로를 돌볼 수 없는 사람들을 돌보는 것이 정부의 책임이다.
→ It is the responsibility of government to take care of people who can't take care of themselves.

45 회차 어휘

05 밑줄 친 부분의 의미와 가장 가까운 것은?

> Hundreds of people <u>perished</u> in the earthquake.

① survived
② died
③ rescued
④ collapsed

06 밑줄 친 부분의 의미와 가장 가까운 것은?

> You need not <u>adhere</u> to your original plan.

① stick
② reproduce
③ detest
④ concern

07 밑줄 친 부분의 의미와 가장 가까운 것은?

> The new trade agreement should <u>facilitate</u> more rapid economic growth.

① exterminate
② dwindle
③ cherish
④ promote

08 밑줄 친 부분의 의미와 가장 가까운 것은?

> Many workers <u>opted</u> to leave their jobs rather than take a pay cut.

① chose
② oppressed
③ overcame
④ recited

45 회차 생활영어

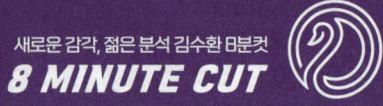

09 대화의 빈칸에 들어갈 말로 가장 적절한 것을 고르시오.

A: Who's the tall woman next to Barbara?
B: That's her friend Mary. Didn't you meet her at Steve's party?
A: No, I wasn't at Steve's party.
B: Oh! _____. Mary, this is my friend Jim!

① You don't want to know her.

② Thanks. You saved my life.

③ Okay. I'll take care of your pet.

④ Then, let me introduce you to her now.

10 대화의 빈칸에 들어갈 말로 가장 적절한 것을 고르시오.

A: Oh my god!
B: What happened?
A: I was walking down the street and a huge road sign fell and crashed on the ground right behind me!
B: _____.

① You just had a really close call.

② Speak of the devil!

③ I hope you to step into my shoes.

④ Don't pass the buck to others.

메타인지 분석표

메타인지 분석을 통해 내가 알고 모르는 것을 정확하게 파악하여, 내가 몰랐던 부분을 완벽하게 복습하도록 계획을 세우세요!

번호	유형	난이도	복습체크	자가 채점	실제 득점	코드 및 메모
01	문법					
02	문법					
03	문법					
04	문법					
05	어휘					
06	어휘					
07	어휘					
08	어휘					
09	생활영어					
10	생활영어					

01 밑줄 친 부분 중 어법상 옳지 않은 것을 고르시오.

I once ① <u>lived</u> in a coastal village of Papua New Guinea. Children there did not live with their own parents but moved from house to house as they wished. Ten-year-olds could be seen ② <u>carry</u> babies or tending cooking fires. By fourteen they were doing adult work with confidence and pride. As the newest and most interesting thing in the village, I had a dozen or so kids sleeping on my veranda. It occurred to me ③ <u>that</u> this would be an easy place to be a parent, since the work of parenting ④ <u>was shared</u> by the whole village.

02 어법상 옳지 않은 것은?

① Debating is as old as language and has taken many forms throughout human history.

② David had a cold and asked that Patrick could take over for him that day.

③ Developing awareness of others will help you notice things about them to compliment.

④ Philosophers have long argued about the process people use to understand one another.

03 어법상 옳은 것은?

① Most important is not allowing yourself fall victim to your circumstances.

② You can't imagine how fortunate are we to have a safe nuclear facility.

③ It was difficult for her to work and take care of her baby at the same time.

④ People don't consider to purchase boats or renting a beach house.

04 우리말을 영어로 잘못 옮긴 것을 고르시오.

① 그날 이후로, 나는 곤경에 처한 다른 자전거 타는 사람들을 주시해오고 있었다.
→ Since that day, I've been on the lookout for other cyclists in trouble.

② 만약 사람들이 두려움에 의해 동기 부여되었다면, 창조적인 어떤 것도 이뤄지지 않았을 것이다.
→ If people were motivated by fear, nothing creative would ever have been achieved.

③ 시간 감각의 본질은 일정한 순서대로 일어나는 것들의 경험이다.
→ The essence of a sense of time is the experience of things happening in a given sequence.

④ 환경 운동가들은 더 많은 상품이 철도편으로 수송되어야 한다고 주장한다.
→ Environmentalists argue that more goods should be transported by rail.

46회차 어휘

05 밑줄 친 부분의 의미와 가장 가까운 것은?

> When two of these objects <u>collide</u>, you can imagine that something phenomenal happens.

① impart

② crash

③ skid

④ assent

06 밑줄 친 부분의 의미와 가장 가까운 것은?

> People who <u>inject</u> drugs are also at a lower risk of contracting hepatitis(B, C, and even A) and HIV.

① commit

② grant

③ integrate

④ administer

07 밑줄 친 부분의 의미와 가장 가까운 것은?

> Mr.Kim believes that presentations should be <u>concise</u>.

① wordy

② sufficient

③ terse

④ steady

08 밑줄 친 부분의 의미와 가장 가까운 것은?

> The designer always carries a <u>portable</u> drawing board that he works on.

① compact

② versatile

③ worthless

④ inconvenient

46 회차 생활영어

09 대화의 빈칸에 들어갈 말로 가장 적절한 것을 고르시오.

A: Hello, Ms. Johnson. Can you fix these pants? I want to shorten them two centimeters.
B: Sure, Kevin. I can fix them after I finish this work.
A: Okay. When are they going to be ready?
B: _____

① They'll be done in an hour.
② They were ready yesterday.
③ Let's see if they're my pants.
④ I tried, but I couldn't fix them.

10 대화의 빈칸에 들어갈 말로 가장 적절한 것을 고르시오.

A: I may have to _____ on this one.
B: I would have to agree with you.
A: There's no way that we can beat the competition.
B: Oh well, we'll get something else.

① let sleeping dogs lie
② put the cart before the horse
③ throw in the towel
④ let the cat out of the bag

메타인지 분석표

메타인지 분석을 통해 내가 알고 모르는 것을 정확하게 파악하여, 내가 몰랐던 부분을 완벽하게 복습하도록 계획을 세우세요!

번호	유형	난이도	복습체크	자가 채점	실제 득점	코드 및 메모
01	문법					
02	문법					
03	문법					
04	문법					
05	어휘					
06	어휘					
07	어휘					
08	어휘					
09	생활영어					
10	생활영어					

01 밑줄 친 부분 중 어법상 옳지 않은 것을 고르시오.

In many dry parts of the world, where wild food remained ① <u>plentiful</u>, people did not take up agriculture. For example, the inhabitants of Australia continued to rely ② <u>exclusively</u> on foraging until recent centuries. Many Amerindians in the dry grasslands from Alaska to the Gulf of Mexico hunted bison, ③ <u>while</u> in the Pacific Northwest others took up salmon-fishing. Huge supplies of fish, shellfish, and aquatic animals ④ <u>permitting</u> food gatherers east of the Mississippi River to thrive. In Africa, conditions favored keeping of the older ways in the equatorial rain forest and in the southern part of the continent. The reindeer-based societies of northern Eurasia were also unaffected by the spread of farming.

02 어법상 옳지 않은 것은?

① There is a joy to physical play that cannot be felt any other way.

② Bob got home from work and asked Jason if he wanted to play baseball.

③ It turned out that a soccer game was about to start.

④ The judge directed the defendant to remain silently.

03 어법상 옳은 것은?

① Whenever I look into my daughter's face, her face reminds me of my mother's devotion.

② Exploring your personal drawing styles are important.

③ Please note what there are no rental skates available.

④ A miser tries to save his money, but he is failing to utilize that he owns.

04 우리말을 영어로 잘못 옮긴 것은?

① 사해(Dead Sea)는 이스라엘과 요르단의 국가들 사이에 있다.
→ The Dead Sea lies between the nations of Israel and Jordan.

② 영화에서 그 소녀는 공원에서의 소풍 중 수수께끼처럼 사라졌다.
→ In the movie, the girl mysteriously disappeared during on a picnic at the park.

③ 컴퓨터가 인간 두뇌보다 체스 움직임에 관한 더 많은 정보를 처리할 수 있다.
→ A computer can handle more information about chess moves than a human brain can.

④ 이기적인 어른들이나 아이들은 고마워하는 사람들이 하는 만큼 올바른 결정을 잘하지 않는다.
→ Selfish adults or kids do not make sound decisions as well as do grateful people.

47 회차 어휘

05 밑줄 친 부분의 의미와 가장 가까운 것은?

> This building was built to **withstand** severe earthquakes.

① nourish
② endure
③ strain
④ withhold

07 밑줄 친 부분의 의미와 가장 가까운 것은?

> We **attribute** Edison's success to intelligence and hard work.

① contribute
② speculate
③ ascribe
④ dismay

06 밑줄 친 부분의 의미와 가장 가까운 것은?

> As they flow east, the four rivers **converge**.

① meet
② divide
③ overflow
④ prevail

08 밑줄 친 부분의 의미와 가장 가까운 것은?

> Dr. Urjit Patel is a thorough professional with **impeccable** integrity.

① inherent
② perfect
③ moderate
④ indifferent

47 회차 생활영어

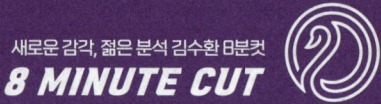

09 대화의 빈칸에 들어갈 말로 가장 적절한 것을 고르시오.

A: Amy, are you going to Judy's birthday party this Friday night?
B: I'm not sure. I'm coming back from a business trip late on Friday.
A: Come on. It'll be more fun if you can come.
B: _____

① All right. Have a nice trip.

② I see. I'll call and invite her.

③ Okay. I'll try my best to be there.

④ Sorry, the party has been delayed.

10 대화의 빈칸에 들어갈 말로 가장 적절한 것을 고르시오.

A: Hey, you look so happy. Anything nice happened?
B: You bet. I bought a lottery ticket and if I win, I'm going to buy a new car and a house.
A: I think you're _____.

① calling in sick

② building a castle in the air

③ in the doghouse

④ breaking the ice

메타인지 분석표

메타인지 분석을 통해 내가 알고 모르는 것을 정확하게 파악하여, 내가 몰랐던 부분을 완벽하게 복습하도록 계획을 세우세요!

번호	유형	난이도	복습체크	자가 채점	실제 득점	코드 및 메모
01	문법					
02	문법					
03	문법					
04	문법					
05	어휘					
06	어휘					
07	어휘					
08	어휘					
09	생활영어					
10	생활영어					

48 회차 문법

01 밑줄 친 부분 중 어법상 옳지 않은 것을 고르시오.

One of the most contested issues in using local land-use controls for environmental protection purposes ① are the "takings" problem. The Fifth Amendment to the U.S. Constitution contains the following language: "No person shall ② be deprived of life, liberty, or property, without due process of law; nor shall private property be taken for a public use, without just compensation." This authorizes the government to "take" private property, but only if it is for a public purpose and only if the owners receive just compensation. Land may be taken ③ physically (e.g., for a public park or highway), and the main question will revolve around ④ how much the compensation should be.

02 어법상 옳지 않은 것은?

① It is believed that the insects are often distasteful.
② Women managers have a choice as to if they wear pants or a skirt.
③ While working for him, James earned money by trading on the side.
④ Unlike other media types, the radio ad revenue changed little.

03 어법상 옳은 것은?

① Many parts of the Asian coastline are destroyed by a tsunami in 2004.
② You can do a number of things to keep the air in your home clean.
③ The doctor allows his patients reaching an informed decision about their conditions.
④ Weekends should never spend in vain.

04 우리말을 영어로 잘못 옮긴 것을 고르시오.

① 이 양말 중 한 짝이 다른 것보다 크다.
→ One of these socks is bigger than the other.

② 이것은 개방 도로에서 일어나는 것과 현저하게 다르다.
→ This is remarkably different from that happens on the open road.

③ 그는 종종 사람들을 웃기기 위해 미친 짓이나 바보 같은 짓을 했다.
→ He often did crazy or stupid things to make people laugh.

④ 힘든 것을 다루는 개인들은 감정을 관리하는 기술을 배운 이들이다.
→ Individuals dealing with the tough stuff are those who learn the art of managing emotions.

48회차 어휘

05 밑줄 친 부분의 의미와 가장 가까운 것은?

> I'll **call on** you this evening to see how you're feeling.

① adore

② visit

③ attain

④ surmount

06 밑줄 친 부분의 의미와 가장 가까운 것은?

> I'm a **capable** snowboarder, but Sam is much better.

① decisive

② responsible

③ able

④ poor

07 밑줄 친 부분의 의미와 가장 가까운 것은?

> They have **assessed** the amount of compensation to be paid.

① regulate

② estimate

③ renew

④ constitute

08 밑줄 친 부분의 의미와 가장 가까운 것은?

> Few plants will **tolerate** sudden changes in temperature.

① endure

② hasten

③ reject

④ suffer

48회차 생활영어

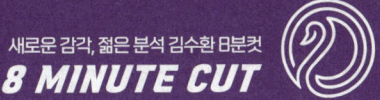

09 대화의 빈칸에 들어갈 말로 가장 적절한 것을 고르시오.

A: Jonathan, why did you come home so late? It's already past eight.
B: Mom, I played soccer with my friends after school.
A: We were waiting for you. Didn't you remember we were supposed to have dinner at seven?
B: _____.

① Thanks, but they already ate.
② Sorry. I completely forgot about it.
③ Of course. I'll invite my friends tomorrow.
④ Not really. Soccer is not my favorite sport.

10 대화의 빈칸에 들어갈 말로 가장 적절한 것을 고르시오.

A: Oh my god, I've got a cold. I'm going to stay off work today and go to hospital. If not, I will faint.
B: _____. It's not that serious. Just blow your nose and drink some lemon tea.

① Don't make a mountain out of a molehill
② Blow your own horn
③ Don't hear through the grapevine
④ Don't make yourself scarce

메타인지 분석표

메타인지 분석을 통해 내가 알고 모르는 것을 정확하게 파악하여, 내가 몰랐던 부분을 완벽하게 복습하도록 계획을 세우세요!

번호	유형	난이도	복습체크	자가 채점	실제 득점	코드 및 메모
01	문법					
02	문법					
03	문법					
04	문법					
05	어휘					
06	어휘					
07	어휘					
08	어휘					
09	생활영어					
10	생활영어					

49 회차 문법

01 밑줄 친 부분 중 어법상 옳지 <u>않은</u> 것을 고르시오.

My wife and I visited your cinema last month. We purchased two tickets ① <u>which</u> came to a total of $44. At the time of purchase, the attendant at the information desk told us they were having some problems ② <u>accepting</u> credit card payments. At that time, I was anxious about my credit card payment, but the attendant told me ③ <u>that</u> there was no problem with my payment. However, when I received my bank statement, I discovered that you charged my card twice. I would ④ <u>have been</u> grateful if you could resolve this matter quickly.

02 어법상 옳지 <u>않은</u> 것은?

① If you do the cooking tonight, I'll do the washing-up.

② You'll make it possible to focus your creative energy on achieving your dreams.

③ It was careless of you to leave the door unlocked.

④ How much control can you have over where does your food come from?

03 어법상 옳은 것은?

① We're not as physical strong as we used to be.

② The researcher had the participant repeat the task again.

③ The app allows you controlling your security cameras remotely.

④ Tom was a promising young composer who has just written his first cello piece.

04 우리말을 영어로 <u>잘못</u> 옮긴 것은?

① 그 벽들은 낡은 타이어들을 쌓고 타이어들 사이에 판지를 끼워 만들어진다.
→ The walls are made by stacking old tires and putting cardboard between the tires.

② 각각의 성별에 특정한 형태의 옷을 지시하는 보편적인 관습은 존재하지 않는다.
→ No universal customs exist that dictate the specific forms of dress for each gender.

③ 많은 아동 발달 전문가들은 놀이를 "어린이들의 일"이라고 생각한다.
→ Many experts in childhood development think of play as the "work of children."

④ 진정으로 위대한 사람들은 여러분이 자신 또한 위대해질 수 있다고 느끼게 만든다.
→ Really great people make you felt that you, too, can become great.

49 회차 어휘

05 밑줄 친 부분의 의미와 가장 가까운 것은?

> "It was **inconceivable** to me that Scott went somewhere and jumped off a cliff," says his brother Steve, who's been campaigning for the truth.

① reasonable

② natural

③ unimaginable

④ fair

06 밑줄 친 부분의 의미와 가장 가까운 것은?

> They would go south during the winter months and it was very **lucrative** for them to rent their home out to legislators during that four month period.

① unusual

② profitable

③ transient

④ tentative

07 다음 빈칸에 들어갈 말로 가장 적절한 것을 고르시오.

> Her story doesn't _____. I think she is lying.

① carry on

② care for

③ add up

④ close up

08 다음 빈칸에 들어갈 말로 가장 적절한 것을 고르시오.

> You need examples to _____ your opinion.

① back up

② break down

③ bring about

④ call for

49 회차 생활영어

09 대화의 빈칸에 들어갈 말로 가장 적절한 것을 고르시오.

A: Kate, Mom said we're going to grandpa's birthday party next weekend.
B: Okay. What would be a good present for him?
A: Hmm.... How about getting him a new hat?
B: _____

① Yes, he's coming home soon.
② Right. I won't go to the party.
③ No, we didn't order the gift yet.
④ Great. Let's buy one at the store.

10 대화의 빈칸에 들어갈 말로 가장 적절한 것을 고르시오.

A: I have a big exam next week.
B: Yes, I know that the exam is very important to you.
A: But I didn't study at all.
B: _____

① I guess you'll walk on air tonight.
② I guess you'll live hand to mouth.
③ I guess you'll be burning the midnight oil tonight.
④ I guess you'll bark up the wrong tree.

메타인지 분석표

메타인지 분석을 통해 내가 알고 모르는 것을 정확하게 파악하여, 내가 몰랐던 부분을 완벽하게 복습하도록 계획을 세우세요!

번호	유형	난이도	복습체크	자가 채점	실제 득점	코드 및 메모
01	문법					
02	문법					
03	문법					
04	문법					
05	어휘					
06	어휘					
07	어휘					
08	어휘					
09	생활영어					
10	생활영어					

50 회차 문법

01 밑줄 친 부분 중 어법상 옳지 않은 것을 고르시오.

Who am I? This may sound like a question ① found on a freshman philosophy exam, but Socrates was serious when he told his students, "Know yourself." You would be foolish to buy a cow if you lived in an apartment. You would be ② equally foolish to invest in real estate if you needed constant access to your money. The first place an investor should look, then, is in the mirror. Do you see wrinkles? Maybe you are heading toward retirement and therefore need investments that ③ provides you with a steady income. Do you see a young parent, ④ who needs a lot of money for her daughter's education? Then you could accept high risk investment for a high return.

02 어법상 옳지 않은 것은?

① The textbook says the Earth is formed about 4.6 billion years ago.
② Jack Welch is considered to be one of the USA's top business leaders.
③ Idling away in front of a TV leads you to an early death.
④ The decrease rate of the upper class was three times as high as that of the middle class.

03 어법상 옳은 것은?

① The building was designed by a famous architect, Frank Lloyd Wright.
② He graduated the University of Alabama as the first African-American.
③ It is not a new idea which cooking is an activity that defines humans.
④ Think back to a time in your life which some big news was delivered.

04 우리말을 영어로 잘못 옮긴 것을 고르시오.

① 아이가 나이가 들면서, 그 혹은 그녀의 부모님과 함께 (책을) 읽는 것은 다양한 방식으로 중요하다.
→ As a child ages, reading with his of her parents is important in a different way.

② 그녀의 눈가 주위의 피부가 작고 가는 선을 만들고, 그 선들은 나의 것과 일치한다.
→ The skin around her eyes forms small and thin lines, and the lines match mine.

③ 그 소년 밴드가 라이브 공연을 하지 않기 때문에 그 소녀들은 무척 실망했다.
→ Since the boy-band didn't give a live performance, the girls were so disappointing.

④ 그 음악이 울려 퍼지기 시작했을 때, 나는 그 소리의 강렬함에 의해 너무나 전율을 느꼈다.
→ When the music started blasting, I was so thrilled by how intense the sound was.

50 회차 어휘

05 다음 빈칸에 들어갈 말로 가장 적절한 것을 고르시오.

Some Americans want to _____ the death penalty, because they think it is inhumane and unfair.

① come up with

② come down with

③ keep up with

④ do away with

06 밑줄 친 부분의 의미와 가장 가까운 것은?

Sometimes, the behavior of babies can be <u>inscrutable</u> in what they want to express.

① explicable

② conceivable

③ comprehensible

④ enigmatic

07 밑줄 친 부분의 의미와 가장 가까운 것은?

He could <u>detect</u> an escape of gas in the corner of the room.

① defend

② terminate

③ discover

④ profess

08 밑줄 친 부분의 의미와 가장 가까운 것은?

These styles can be <u>adapted</u> to suit individual tastes.

① objected

② adjusted

③ retained

④ solidified

50 회차 생활영어

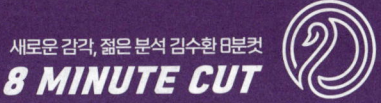

09 대화의 빈칸에 들어갈 말로 가장 적절한 것을 고르시오.

A: Linda, George Stanton is going to leave the company next week.
B: Yeah. He's been a great help to our team. I want to do something to thank him.
A: Me, too. Why don't we have a farewell party for him before he goes?
B: _____

① Good idea. Let's do it this Friday.
② Sorry. I had to leave early yesterday.
③ No. The team meeting was canceled.
④ Thanks. We had a great time at the party.

10 대화의 빈칸에 들어갈 말로 가장 적절한 것을 고르시오.

A: I want to buy that convertible.
B: Get real. Maybe that car is beyond your budget. It costs $2 million or so.
A: I didn't know that. It's a(n) _____.

① piece of cake
② apple of my eye
③ pie in the sky
④ blessing in disguise

메타인지 분석표

메타인지 분석을 통해 내가 알고 모르는 것을 정확하게 파악하여, 내가 몰랐던 부분을 완벽하게 복습하도록 계획을 세우세요!

번호	유형	난이도	복습체크	자가 채점	실제 득점	코드 및 메모
01	문법					
02	문법					
03	문법					
04	문법					
05	어휘					
06	어휘					
07	어휘					
08	어휘					
09	생활영어					
10	생활영어					

51 회차 문법

01 밑줄 친 부분 중 어법상 옳지 <u>않은</u> 것을 고르시오.

Curitiba, known as the Green City of Brazil, has the world's best bus system. The buses drive on bus-only lanes, with a wait of as little as ninety seconds between buses. Bus stops are glass tubes ① <u>where</u> passengers pay before entry. ② <u>Combined</u> with an easy and cheap fare structure, the system is efficient and popular with all classes of society. About 28 percent of bus users do have cars, but they choose not to use them to get to and from work. The city's streets are amazingly free of congestion, and the air is nearly pollution-free. People of the city say the bus system plays a huge role in making their city ③ <u>joyfully</u>. Many other cities around the world wanting to use eco-efficient transportation ④ <u>get</u> inspiration from the bus system of Curitiba.

02 어법상 옳지 않은 것은?

① We own a lot of electronic devices that designed to make our lives easier.

② She is more beautiful than any other girl in the class.

③ Hence, people should be given free access to such facilities.

④ It was perhaps his unconventional approach to life that made him such a great actor.

03 어법상 옳은 것은?

① The law will not allow protests to be held without permission.

② Whatever hard you may try, you cannot carry it out.

③ Each officer must perform their duties efficient.

④ Eloquently though she was, she could not persuade him.

04 우리말을 영어로 잘못 옮긴 것은?

① 많은 사람들은 빨리 읽는 것이 어렵다는 것을 안다.
→ Many people find it hard to read quickly.

② 귀하가 제공하는 아이 돌봄 서비스가 얼마나 필요한지 알고 있습니다.
→ I know how necessary the babysitting service you're providing is.

③ 자신을 바꾸는 것은 종종 세상을 바꾸는 것보다 더 어렵다.
→ Changing oneself is often harder than to change the world.

④ 바다는 강과 호수가 그런 것처럼 흐름을 가지고 있다.
→ The sea has its currents, as do the river and the lake.

51회차 어휘

05 다음 빈칸에 들어갈 말로 가장 적절한 것을 고르시오.

> Swan _____ me at the meeting yesterday because I was sick.

① filled out

② filled in for

③ got along with

④ got away with

06 다음 빈칸에 들어갈 말로 가장 적절한 것을 고르시오.

> Violent protests _____ in response to the military coup.

① handed in

② broke out

③ hung up

④ got over

07 밑줄 친 부분의 의미와 가장 가까운 것은?

> Capsules <u>dissolve</u> in your stomach, releasing the medicine.

① affect

② melt

③ function

④ retreat

08 밑줄 친 부분의 의미와 가장 가까운 것은?

> The report's headline emphasizes that state tax <u>revenues</u> made their biggest gains in seven years.

① drafts

② extroverts

③ incomes

④ wages

51 회차 생활영어

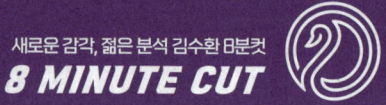

09 대화의 빈칸에 들어갈 말로 가장 적절한 것을 고르시오.

A: Steve, did you place the order for tomatoes for our special menu tomorrow?
B: Yes, Chef. Yesterday I ordered 30 boxes of tomatoes.
A: No. I said 13. Thirty boxes will be too many.
B: _____

① I'm glad you love my new menu.
② Too many cooks won't be helpful.
③ I'll order more tomatoes for the dinner.
④ I'm sorry. I'll call and change the order now.

10 대화의 빈칸에 들어갈 말로 가장 적절한 것을 고르시오.

A: So you want to borrow some money, Mr.Dixon. What exactly is your financial position?
B: The company in which I had invested all my money went bankrupt and I lost my job last month. What is worse, and I've just had a fire, so I need some money for the repairs.
A: I see. You are _____.

① in deep water
② as right as rain
③ a chip off the old block
④ not my cup of tea

메타인지 분석표

번호	유형	난이도	복습체크	자가 채점	실제 득점	코드 및 메모
01	문법					
02	문법					
03	문법					
04	문법					
05	어휘					
06	어휘					
07	어휘					
08	어휘					
09	생활영어					
10	생활영어					

52 회차 문법

01 밑줄 친 부분 중 어법상 옳지 않은 것을 고르시오.

Every object ① <u>is glued</u> to the Earth's surface by its gravitational force. This is demonstrated best by a stone that is thrown up. The Earth's gravity pulls the stone back to its surface. That is why objects that are thrown up always fall down after travelling a certain distance. If you want to throw a stone into space, it should travel at a speed of not less than 40,000 kilometres/hour. This speed is ② <u>known</u> as the Earth's escape velocity. The term refers to the speed ③ <u>which</u> an object has to travel if it wants to escape the Earth's gravity. In the case of a space shuttle, a mixture of liquid hydrogen fuel and liquid oxygen is burned under high pressure to help the rockets reach this speed and ④ <u>push</u> the shuttle out of the Earth's atmosphere.

*velocity 속도 **term 용어

02 어법상 옳지 않은 것은?

① It is during our darkest moments that we must focus to see the light.

② What makes the desert beautiful is that somewhere it hides a well.

③ The average age at which people begin to need eyeglasses varies considerably.

④ The witness insisted that the car accident take place around the corner at about 11 p.m.

03 어법상 옳은 것은?

① Few living things are linked together as intimate as bees and flowers.

② Video phones enable people to talk with friends living abroad.

③ Only in this way it is possible to explain their actions.

④ My goal is to deliver great content to anyone interesting in gardening.

04 우리말을 영어로 잘못 옮긴 것을 고르시오.

① 갑자기, 몇몇 소년들이 도서관에서 소란을 피우기 시작했고, 그것이 그녀를 화나게 만들었다.
→ Suddenly, some boys started making a lot of noise in the library, which made her angry.

② 처음 개를 쓰다듬으려고 시도할 때, 그것은 으르렁거리고 당신을 물려고 한다.
→ The first time you try petting a dog, it snarls and tries to bite you.

③ 한 연구는 여성 방문객들의 수가 가장 빠른 속도로 증가했음을 보여준다.
→ A study shows the number of female visitors has grown at the fastest rate.

④ 정부는 패스트푸드점들이 그들 폐기물의 90%를 재활용하도록 하는 캠페인을 시작했다.
→ The government launched a campaign to get fast food restaurants recycle 90% of their waste.

52회차 어휘

05 밑줄 친 부분의 의미와 가장 가까운 것은?

> These rubber gloves are <u>elastic</u> and will fit any size hand perfectly.

① irrevocable

② flexible

③ finite

④ empirical

06 밑줄 친 부분의 의미와 가장 가까운 것은?

> Have you ever wondered why we tend to <u>crave</u> sweet foods when we're dieting?

① look after

② take back

③ give off

④ long for

07 밑줄 친 부분의 의미와 가장 가까운 것은?

> The popular conception is that ads try to trick or <u>captivate</u> people into spending money unnecessarily.

① assemble

② fascinate

③ revise

④ construct

08 다음 빈칸에 들어갈 말로 가장 적절한 것을 고르시오.

> Sharon will be late for work today. Her car _____ _____ on the freeway.

① brought up

② broke up

③ broke down

④ brought about

52 회차 생활영어

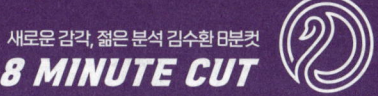

09 대화의 빈칸에 들어갈 말로 가장 적절한 것을 고르시오.

A: David, what are you making out of that paper?
B: I'm making a paper boat, Mom. I'll see if it floats on water.
A: Interesting! Where did you learn to make that?
B: _____

① I'll put the boat on the river later.
② I get seasick whenever I'm on a boat.
③ I taught myself from a book in the library.
④ I wanted to make a boat instead of a train.

10 대화의 빈칸에 들어갈 말로 가장 적절한 것을 고르시오.

A: Was that Peter I saw you talking to?
B: Yes. He's such an interesting man, isn't he?
A: Terribly shy, though. How did you manage to get him talking?
B: His glass flew out of his hand and his drink spilt all over my dress. Then he started a conversation with me.
A: Oh, it _____.

① cut you dead
② drown your sorrows
③ broke the ice
④ pulled your socks up

메타인지 분석표

메타인지 분석을 통해 내가 알고 모르는 것을 정확하게 파악하여, 내가 몰랐던 부분을 완벽하게 복습하도록 계획을 세우세요!

번호	유형	난이도	복습체크	자가 채점	실제 득점	코드 및 메모
01	문법					
02	문법					
03	문법					
04	문법					
05	어휘					
06	어휘					
07	어휘					
08	어휘					
09	생활영어					
10	생활영어					

53회차 문법

01 밑줄 친 부분 중 어법상 옳지 <u>않은</u> 것을 고르시오.

The origins of the alphabet are not precisely known. It is believed to ① <u>have originated</u> between 1700 B.C. and 1500 B.C. in the lands along the eastern Mediterranean. Even the Greeks and the Romans, much ② <u>closer</u> to the problem than ourselves, were not entirely sure where the alphabet had originated. They considered the Phoenicians, Egyptians, Assyrians, Cretians, and Hebrews among the possible inventors. While the nationality of the inventor(s) is unknown, it is clear that the alphabet originated with the North Semitic peoples. It was the Phoenician version of the North Semitic alphabet ③ <u>that</u> eventually was adopted by the Greeks, who then went on to make some changes of their own. The alphabets in use today throughout Western civilization ④ <u>is</u> derived from this Greek alphabet.

02 어법상 옳지 <u>않은</u> 것은?

① No matter how tired you are, removing your makeup is a must.

② Do you mind helping me translate this letter?

③ Children who watch too much television may not talk much about his ideas.

④ He grabbed me by the arm and asked for help.

03 어법상 옳은 것은?

① Alice suggested going to a movie.

② I prefer staying home to go out on a snowy day.

③ The more expensive a hotel is, the good its service is.

④ Owing to the heavy rain, the river has been risen by 120cm.

04 우리말을 영어로 <u>잘못</u> 옮긴 것은?

① 그 책들은 일반적으로 자서전보다 소설로 분류된다.
→ The books are generally classified as fiction rather than as autobiography.

② 대개 줄담배를 피우는 사람들은 수차례 그 습관을 버리려고 노력한다.
→ Heavy smokers usually try to kick the habit many times.

③ 제인은 아주 변변치 않은 대우를 받아 온 것을 개의치 않았다.
→ Jane did not mind having treated so poorly.

④ 1등을 할 수 있다는 당신의 꿈이 가까운 미래에 이루어질 것이다.
→ Your dream that you can win first place will come true in the near future.

53 회차 어휘

05 밑줄 친 부분의 의미와 가장 가까운 것은?

> They heard the <u>perpetual</u> noises of the machines.

① prudent

② inhumane

③ outrageous

④ eternal

06 밑줄 친 부분의 의미와 가장 가까운 것은?

> The law can <u>compel</u> fathers to make regular payments for their children.

① force

② obstruct

③ prevent

④ prohibit

07 밑줄 친 부분의 의미와 가장 가까운 것은?

> There is little <u>prejudice</u> against workers from other EU states.

① obligation

② provision

③ bias

④ delegate

08 다음 빈칸에 들어갈 말로 가장 적절한 것을 고르시오.

> The party in the garden was _____ on account of heavy rain.

① called for

② called off

③ carried out

④ caught up

53회차 생활영어

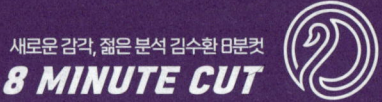

09 대화의 빈칸에 들어갈 말로 가장 적절한 것을 고르시오.

A: You know, you're reading one of my favorite books!
B: Oh, really? I've just started reading it, but it's a bit boring.
A: It is at first, but it gets better if you continue reading it.
B: _____

① I will keep on reading it then.
② You should book a ticket first.
③ I didn't even start reading the book.
④ Let me borrow it after you finish it.

10 다음 빈칸에 들어갈 말로 알맞은 것을 고르시오.

I made _____ in the stock market this year, so I bought a house.

① skeleton in the closet
② a killing
③ a piece of cake
④ an arm and a leg

메타인지 분석표

메타인지 분석을 통해 내가 알고 모르는 것을 정확하게 파악하여, 내가 몰랐던 부분을 완벽하게 복습하도록 계획을 세우세요!

번호	유형	난이도	복습체크	자가 채점	실제 득점	코드 및 메모
01	문법					
02	문법					
03	문법					
04	문법					
05	어휘					
06	어휘					
07	어휘					
08	어휘					
09	생활영어					
10	생활영어					

54 회차 문법

01 밑줄 친 부분 중 어법상 옳지 않은 것을 고르시오.

Today, ① <u>despite</u> what the birthday cards say, turning fifty no longer marks the beginning of a long, slow descent into old age. Instead, it's a time when people start embracing the idea of living better and ② <u>maintaining</u> a balanced, vital lifestyle. This new life stage is still being defined. I simply call it extended middle age. It's now seen as a time when people have the freedom and opportunity to do things they've always wanted to do. Those of us who enter this period of our lives don't want ③ <u>to be defined</u> by our age, and we don't want to live in fear that our possibilities become more limited as we get older. We still want to make a difference in the world. And because of increased longevity and generally better health, we still have a lot of years ④ <u>leaving</u> to do it.

02 어법상 옳지 않은 것은?

① The weather of London is different from that of Seoul.
② The books have remained in print since their initial publication.
③ Allowing the intruder to stay on the system lets him collect more passwords.
④ The weather is good, we can go on a picnic.

03 어법상 옳은 것은?

① Having studied in France, she speaks French very well.
② He strongly believes that the alternatives that was offered by Jane won't work.
③ In the early years, it is necessary of governments to subsidize rents directly.
④ If he had taken more money out of the bank, he could buy the shoes.

04 우리말을 영어로 잘못 옮긴 것을 고르시오.

① 공공 서비스에 만족하는 사람들의 수가 증가하고 있다.
→ The number of people who are satisfied with public services is increasing.

② 이 프로그램은 개인 정보가 노출되는 것을 막아 줄 것이다.
→ This program will prevent personal information from exposing.

③ 지구가 아주 뜨거워지게 된다면, 모든 수원이 증발할 것이다.
→ Were the Earth to become very hot, all the water sources would evaporate.

④ 달뿐만 아니라 별들도 내리비치고 있었다.
→ The stars as well as the moon were shining down on.

54 회차 어휘

05 다음 빈칸에 들어갈 말로 가장 적절한 것을 고르시오.

I've lagged behind in all my classes and I don't know if I can ever _____.

① come about

② clam up

③ come by

④ catch up

06 다음 빈칸에 들어갈 말로 가장 적절한 것을 고르시오.

In many cultures, especially in Korea, it is appropriate to _____ your shoes when entering a house.

① take on

② tell on

③ turn in

④ take off

07 밑줄 친 부분의 의미와 가장 가까운 것은?

The man who filed the suit did not immediately return a phone call to clear up the **discrepancy**.

① difference

② indignation

③ transaction

④ inquiry

08 밑줄 친 부분의 의미와 가장 가까운 것은?

Details are still a bit **scarce** with the description only saying "designed by Tesla."

① adequate

② insufficient

③ substantial

④ relevant

54 회차 생활영어

09 대화의 빈칸에 들어갈 말로 가장 적절한 것을 고르시오.

A: What's up, John? I just finished my chemistry report. Have you done yours?
B: Oh, no! I totally forgot to do it! I've been so busy lately. When is it due?
A: The day after tomorrow. I think you should hurry up.
B: _____

① Okay. I'll never be late for class again.
② Right. You've got lots of time to finish.
③ Really? I'd better get started right away.
④ What? I've already written up the report.

10 대화의 빈칸에 들어갈 말로 가장 적절한 것을 고르시오.

A: Sarah's parties are usually pretty dull.
B: Well, this one certainly wasn't. In fact, it couldn't have been better.
A: In that case, I'm sorry I missed it.
B: I'm sorry you did too. It really _____.

① had itchy feet
② was in the soup
③ showed me the ropes
④ went like a bomb

메타인지 분석표

메타인지 분석을 통해 내가 알고 모르는 것을 정확하게 파악하여, 내가 몰랐던 부분을 완벽하게 복습하도록 계획을 세우세요!

번호	유형	난이도	복습체크	자가 채점	실제 득점	코드 및 메모
01	문법					
02	문법					
03	문법					
04	문법					
05	어휘					
06	어휘					
07	어휘					
08	어휘					
09	생활영어					
10	생활영어					

55회차 문법

01 밑줄 친 부분 중 어법상 옳지 <u>않은</u> 것을 고르시오.

For years man has tamed elephants for all kinds of reasons. Female elephants were used ① **extensively** by various Asian militaries to uproot trees and carry heavy objects. Elephants were also used as means of transport, in circuses and as mounts for hunting. They continue to ② **be used** as mounts in religious ceremonies and in temples across India and many other Asian countries. The military of ancient India used male elephants in wars. These elephants were made ③ **charge** and trample the enemy. Male elephants are preferred as they are faster and more aggressive ④ **than** females. Moreover, female elephants often ran away from other male elephants.

*mount 탈것 **trample 짓밟다

02 어법상 옳지 <u>않은</u> 것은?

① Opera is a complex art that is consisted of many elements.

② Koreans tend to eat food that makes them sweat.

③ He comes from Jeju province, as you can tell from his accent.

④ The higher prices rose, the more money the workers asked for.

03 어법상 옳은 것은?

① She loved the chocolate which I made it for her.

② The house whose roof is old is belonged to me.

③ Robert is the only friend to whom I can open my heart.

④ Happy are those who finds joy and pleasure in helping others.

04 우리말을 영어로 잘못 옮긴 것은?

① 집을 나서자마자 비가 오기 시작했다.
→ I have hardly left home when it began to rain.

② 나의 엄마는 자동차가 그 정비공에 의해 점검받기를 원하셨다.
→ My mother wanted the car to be checked by the mechanic.

③ 환경에 미치는 관광업의 영향은 과학자들에게 명백하다.
→ The impacts of tourism on the environment are evident to scientists.

④ 우리는 Stratford-upon-Avon에 도착했는데, 거기서 셰익스피어가 태어났다.
→ We arrived at Stratford-upon-Avon, where Shakespeare was born.

05 밑줄 친 부분의 의미와 가장 가까운 것은?

> She felt great **indignation** at being asked to leave the room.

① delight

② fury

③ confidence

④ responsibility

07 다음 빈칸에 들어갈 말로 가장 적절한 것을 고르시오.

> I have to _____ my notes once again to make sure I have learned all important details before the exam.

① stand for

② put up with

③ take after

④ go over

06 밑줄 친 부분의 의미와 가장 가까운 것은?

> These proteins quickly **inhibit** the host bacterium's defence system leaving the bacterium vulnerable to infection.

① dwell

② vitalize

③ restrain

④ invigorate

08 다음 빈칸에 들어갈 말로 가장 적절한 것을 고르시오.

> My check-up results indicate that I have to _____ all my bad habits at once.

① keep on

② let down

③ give up

④ bring up

55 회차 생활영어

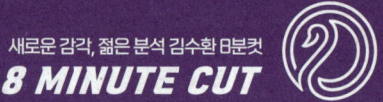

09 대화의 빈칸에 들어갈 말로 가장 적절한 것을 고르시오.

A: Ms. Baker, my eyeglasses got broken during the P.E. class.
B: Oh, no. Are you okay, Kevin?
A: I'm okay, but I can't study without them. Can I go home to get my spare glasses?
B: _____

① That's reasonable. I'll take those glasses.
② Sure. You may go during the lunch break.
③ All right. You can play soccer after school.
④ It's your fault. You need to pay the repair bill.

10 다음 빈칸에 들어갈 말로 알맞은 것을 고르시오.

A: He looks like a rough sort of character.
B: I bet all he is interested in is beer and football.
A: But you're wrong. Actually, he's a very interesting man to talk to. He's very polite and never raises his voice. In fact, he's the most gentle person I've ever met. He _____.

① won the game by the skin of the teeth
② wouldn't touch it with a barge pole
③ wouldn't hurt a fly
④ pulls my leg

메타인지 분석표

메타인지 분석을 통해 내가 알고 모르는 것을 정확하게 파악하여, 내가 몰랐던 부분을 완벽하게 복습하도록 계획을 세우세요!

번호	유형	난이도	복습체크	자가 채점	실제 득점	코드 및 메모
01	문법					
02	문법					
03	문법					
04	문법					
05	어휘					
06	어휘					
07	어휘					
08	어휘					
09	생활영어					
10	생활영어					

56 회차 문법

01 밑줄 친 부분 중 어법상 옳지 않은 것을 고르시오.

William Food Bank (WFB) appreciates and ① **encourages** food donations for the purpose of providing hunger relief in our community. Our policy is ② **to accept**, with gratitude, any food donation; however, we reserve the right to discard any donation, ③ **which** may be potentially harmful to the guests, volunteers, and staff of WFB. Although WFB holds a non-profit status, and is not bound by any Health Department standards, we have a moral responsibility to the people we ④ **serve them**.

02 어법상 옳지 않은 것은?

① During their sleep period, astronauts have reported having dreams.

② My daughter is not yet old enough to go to school.

③ No other man is as richer as Mr. White in this town.

④ Stream pollution of this type is one of the most important problems.

03 어법상 옳은 것은?

① I'm used to wait until the last minute and staying up all night.

② With many people ill, the meeting cancelled.

③ It is not so straightforward a problem as we expected.

④ The girl saw her father to cross the street.

04 우리말을 영어로 잘못 옮긴 것을 고르시오.

① 대단한 열정으로 자신의 바이올린을 연주하는 한 젊은 남자가 있었다.
→ There was a young man playing his violin with great passion.

② 여러분은 200년 전의 삶이 어땠는지 상상할 수 없다.
→ You cannot imagine what life was like 200 years ago.

③ 의사의 조언을 올바르게 이해하는 것이 환자에게 중요하다.
→ Understanding the doctor's advice correct is important to the patient.

④ 그 다리는 예술 작품으로 묘사되어 왔다.
→ The bridge has been described as a work of art.

56회차 어휘

05 다음 빈칸에 들어갈 말로 가장 적절한 것을 고르시오.

> We haven't been able to decide on who is going to _____ our baby while we are on the business trip next week.

① look after

② put away

③ get by

④ fall out

06 다음 빈칸에 들어갈 말로 가장 적절한 것을 고르시오.

> Today, there is a tendency in our culture to _____ the people who haven't been to a university.

① take off

② look down on

③ run out

④ show off

07 밑줄 친 부분의 의미와 가장 가까운 것은?

> Recently, the department has experienced <u>substantial</u> growth.

① universal

② considerable

③ typical

④ comprehensive

08 밑줄 친 부분의 의미와 가장 가까운 것은?

> His presentation attracted worldwide <u>acclaim</u> from the global critics.

① criticism

② persuasion

③ applause

④ submission

56회차 생활영어

09 대화의 빈칸에 들어갈 말로 가장 적절한 것을 고르시오.

A: What business is on your mind?
B: Do you think that owning a flower shop has good prospects nowadays?
A: It could. But have you prepared yourself mentally and financially?
B: _____ .
A: Good! Then you should choose a strategic place and the right segment too. You must do a thorough research to have a good result.

① I plan to go to the hospital tomorrow

② I can't be like that! I must strive to get a job

③ I'm ready to start with what I have and take a chance

④ I don't want to think about starting my own business

10 대화의 빈칸에 들어갈 말로 가장 적절한 것을 고르시오.

A: Look at the time. I'll have to go. Do I look all right?
B: You look very nervous actually. Stop worrying. I'm sure you'll get the job.
A: Do you really think so?
B: Of course. I'm sure you're exactly what they're looking for.
A: Let's hope so. _____ for me.

① Let the cat out of the bag

② Keep your fingers crossed

③ Pull your socks up

④ Set the cat among the pigeons

메타인지 분석표

번호	유형	난이도	복습체크	자가 채점	실제 득점	코드 및 메모
01	문법					
02	문법					
03	문법					
04	문법					
05	어휘					
06	어휘					
07	어휘					
08	어휘					
09	생활영어					
10	생활영어					

57 회차 문법

01 문법상 **틀린** 것을 고르시오.

① You should try to limit foods containing high levels of sodium.

② A constant increase in the earth's temperature is referred to global warming.

③ I ordered a camera online three days ago, but it hasn't arrived yet.

④ I make it a rule to arrive on time for appointments.

02 문법상 옳은 문장을 고르시오.

① Dieting at an early age can damage health, resulted in poor growth.

② Don't forget taking out the food waste before it starts to smell.

③ Did somebody make you to wear that ugly hat?

④ Gender roles in society have been changing for decades now.

03 우리말을 영어로 잘못 옮긴 것은?

① 만약 네가 악어와 마주치게 되면, 그것으로부터 천천히 뒤로 물러나라.
→ If you should encounter a crocodile, slowly back away from it.

② 삶을 소중하게 만드는 것은 바로 삶의 연약함이다.
→ It is the weakness of life that makes it precious.

③ 그는 낙담하여 잠시 쉬기 위해 멈췄다.
→ He got discouraged and stopped resting for a while.

④ 세계를 둘러싸고 있는 많은 미신이 있다.
→ There are many superstitions surrounding the world.

04 밑줄 친 부분 중 어법상 옳지 <u>않은</u> 것을 고르시오.

Every company, industry or even small office has a culture. So knowing what that culture is ① <u>gives</u> you the key to success. The culture is ② <u>how</u> the people do things. This culture is sometimes led by companies. But mostly people generate it and it grows without plan or strategy. If you don't know this culture or fail to make use of it, you can end up looking ③ <u>foolishly</u> and then easy to be belittled. If they all play golf and you want to be successful and you also want to be part of a particular company ④ <u>where</u> playing golf is the company culture, then you must play it.

57 회차 어휘

05 밑줄 친 부분의 의미와 가장 가까운 것은?

> During short conversation with the reporter, he was somewhat **blunt** but at least he was quite gentle in tone.

① sensitive

② fraudulent

③ subtle

④ straightforward

06 밑줄 친 부분의 의미와 가장 가까운 것은?

> We are not interested in the source of the **fictitious** rumor.

① fastidious

② false

③ gregarious

④ reticent

07 밑줄 친 부분의 의미와 가장 가까운 것은?

> At one time, China was North Korea's biggest **benefactor**.

① recipient

② candidate

③ supporter

④ reciprocity

08 다음 빈칸에 들어갈 말로 가장 적절한 것은?

> We had originally intended to go to Mexico for our vacation, but our trip _____ when I got sick.

① went through

② racked up

③ fell through

④ sewed up

57 회차 생활영어

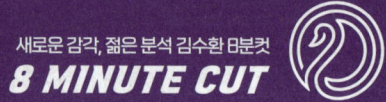

09 대화의 빈칸에 들어갈 말로 가장 적절한 것을 고르시오.

A: Hello, welcome to Tiffany Jewelry. May I help you, sir?
B: Yes. My wife's birthday is coming up and I want to get her a special present.
A: That is lovely. I would like to show you these anniversary bands. We have these in yellow gold, white gold, and platinum.
B: _____. She loves stones like pearls or emeralds.
A: Then, how about this pearl necklace?
B: Oh, it's beautiful! I'm sure my wife is going to like it. I'll take it.
A: Would you like it gift wrapped?
B: Yes, please.

① They really fit the bill
② They are not her kind of thing
③ I decided to pull out all the stops
④ I feel pretty proud of myself

10 두 사람의 대화 중 가장 어색한 것은?

① A: Hi, Jessi, What's up?
　B: Not much.

② A: Does Mr. Kim work here?
　B: Could you tell me a full name? There are five Kims in our office.

③ A: Oh, no. We've run out of gas.
　B: We should have filled the gas up last night.

④ A: Do you have any idea who she went with?
　B: Yes, but she just stepped out.

메타인지 분석표

메타인지 분석을 통해 내가 알고 모르는 것을 정확하게 파악하여, 내가 몰랐던 부분을 완벽하게 복습하도록 계획을 세우세요!

번호	유형	난이도	복습체크	자가 채점	실제 득점	코드 및 메모
01	문법					
02	문법					
03	문법					
04	문법					
05	어휘					
06	어휘					
07	어휘					
08	어휘					
09	생활영어					
10	생활영어					

58 회차 문법

01 문법적으로 틀린 것을 고르시오.

① It was really stupid of Martin to speed past that police officer.
② The movie makes Amber to cry every time she watches it.
③ My new dogs, which I got from an animal shelter, are shy around strangers.
④ On the top shelf of the bookcase are his favorite comic books.

02 문법적으로 올바른 문장을 고르시오.

① The more widely you read, the much your vocabulary will improve.
② Most of the world's major cities still lie on the banks of rivers.
③ In ancient times, women were not allowed taking part in the Olympic Games.
④ I think inner beauty is more significant as a good-looking appearance.

03 우리말을 영어로 잘못 옮긴 것은?

① 그는 너를 결코 속이지 않을 사람이다.
→ He is the last person to deceive you.

② 밖이 추워서 차를 마시려고 물을 좀 끓였다.
→ It being cold outside, I boiled some water to have tea.

③ 우리는 매일 웹을 검색하며 지나치게 많은 시간을 보낸다.
→ We spend an excessive amount of time browsing the Web every day.

④ 내가 아무리 열심히 노력해도, 나는 서버에 접속할 수가 없었다.
→ However hard I tried, I could not access to the server.

04 밑줄 친 부분 중 어법상 옳지 않은 것을 고르시오.

One day you'll look back on today, and ① <u>wonder</u> why you were so afraid to take action. One day you'll look back on today, wondering why you let so many of life's minor inconveniences ② <u>getting</u> you down. What would you regret ③ <u>not doing</u>, if you could look back on today, ten years in the future? What would you consider ④ <u>important</u> about today, looking back? Today is an opportunity to build the life you want. Though it is impossible to know what the future will bring, one thing is certain. You'll never regret making the most of the day that you have right now.

58 회차 어휘

05 밑줄 친 부분의 의미와 가장 가까운 것을 고르시오.

> The pastor of the church is **scornful** of anyone who disagrees with his political beliefs.

① stingy

② capable

③ moderate

④ contemptuous

06 밑줄 친 부분의 의미와 가장 가까운 것을 고르시오.

> The difference between the two sides of a noise barrier should be determined on aesthetic as well as **acoustic** grounds.

① artistic

② auditory

③ structural

④ pathetic

07 밑줄 친 부분의 의미와 가장 가까운 것을 고르시오.

> Despite **bringing about** an immediate, temporary end to the problematic behavior, taking such action can cause long-term educational repercussions.

① cease

② strive

③ cause

④ repeat

08 대화의 빈칸에 들어갈 말로 가장 적절한 것을 고르시오.

> Thousands of volunteers were desperate to _____ the disastrous oil spill.

① let off

② look up

③ hold back

④ keep up

58 회차 생활영어

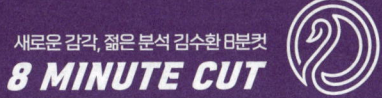

09 대화의 빈칸에 들어갈 말로 가장 적절한 것을 고르시오.

> A: I got this new skin cream from a drugstore yesterday. It is supposed to remove all wrinkles and make your skin look much younger.
> B: _____
> A: Why don't you believe it? I've read in a few blogs that the cream really works.
> B: I assume that the cream is good for your skin, but I don't think that it is possible to get rid of wrinkles or magically look younger by using a cream.
> A: You are so pessimistic.
> B: No, I'm just being realistic. I think you are being gullible.

① I don't buy it.
② It's too pricey.
③ I can't help you out.
④ Believe it or not, it's true.

10 두 사람의 대화 중 가장 어색한 것은?

① A: He's finally in a hit movie!
   B: Well, he's got it made.

② A: I'm getting a little tired now.
   B: Let's call it a day.

③ A: The kids are going to a birthday party.
   B: So, it was a piece of cake.

④ A: I wonder why he went home early yesterday.
   B: I think he was under the weather.

메타인지 분석표

번호	유형	난이도	복습체크	자가 채점	실제 득점	코드 및 메모
01	문법					
02	문법					
03	문법					
04	문법					
05	어휘					
06	어휘					
07	어휘					
08	어휘					
09	생활영어					
10	생활영어					

01 문법상 틀린 것을 고르시오.

① I've finished writing the survey questions.

② Some rules must be followed for society to work well.

③ These children that we hope to help are often seen work in factories.

④ I've come to the conclusion that it is important to be someone special.

02 문법상 옳은 문장을 고르시오.

① Since he is outgoing, he should have no problem making friends.

② Danny couldn't understand what everyone was laughing at him.

③ Don't compare yourself with other, but rather just with yourself.

④ Taiwanese dramas used to being broadcast on German TV.

03 우리말을 영어로 잘못 옮긴 것은?

① 자신감 있고 편안해 보이는 것이 중요하다.
→ It is important to appear confident and relaxed.

② 그 경험은 그의 일생에 거친 저술 작업의 토대를 놓았다.
→ The experience laid the foundation for his lifework of writing.

③ 악수는 처음 인사할 때 또는 헤어질 때 행해진다.
→ Handshake is performed both on initial greeting and on departure.

④ 면접관들은 어떤 정보를 직접적으로 물어보는 것을 법으로 금지된다.
→ Interviewers are prevented by law from asking some information directly.

04 밑줄 친 부분 중 어법상 옳지 않은 것을 고르시오.

For thousands of years, people have looked up at the night sky and ① <u>looked</u> at the moon. They wondered what the moon was made of. They wanted to know how big it was and how far away it was. One of the most interesting questions ② <u>was</u> "Where did the moon come from?" No one knew for sure. Scientists developed many different theories, or guesses, but they could not prove ③ <u>that</u> their ideas were correct. Then, between 1969 and 1972, the United States sent astronauts to the moon for ④ <u>its</u> studying the moon and returning Earth with rock samples.

59 회차 어휘

05 다음 빈칸에 들어갈 말로 가장 적절한 것은?

> Splinters that are deeply embedded or lodged under a fingernail or toenail have to be _____ by medical professionals.
> *splinter 조각, 파편

① removed

② retreated

③ injected

④ hospitalized

06 밑줄 친 부분의 의미와 가장 가까운 것은?

> People with diabetes must **keep away from** sugary drinks.

① adopt

② accumulate

③ avoid

④ endure

07 밑줄 친 부분의 의미와 가장 가까운 것을 고르시오.

> Many patients needlessly suffer from this **debilitating** but reversible condition.

① ameliorating

② admonishing

③ reinforcing

④ weakening

08 밑줄 친 부분의 의미와 가장 가까운 것을 고르시오.

> The escape clause listed natural calamities and similar unavoidable circumstances under which either party may **withdraw** from the contract.

① shrink

② retreat

③ withstand

④ attach

59 회차 생활영어

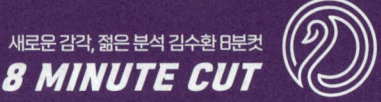

09 대화의 빈칸에 들어갈 말로 가장 적절한 것을 고르시오.

A: Oh, another one! So many junk emails!
B: I know. I receive more than ten junk emails a day.
A: Can we stop them from coming in?
B: I don't think it's possible to block them completely.
A: _____?
B: Well, you can set up a filter on the settings.
A: A filter?
B: Yeah. The filter can weed out some of the spam emails.

① Do you write emails often

② Isn't there anything we can do

③ How did you make this great filter

④ Can you help me set up an email account

10 두 사람의 대화 중 가장 어색한 것은?

① A: Do you know what time it is?
　B: Sorry, I'm busy these days.

② A: Hey, where are you headed?
　B: We are off to the grocery store.

③ A: Can you give me a hand with this?
　B: OK. I'll clap for you.

④ A: Has anybody seen my purse?
　B: Long time no see.

메타인지 분석표

메타인지 분석을 통해 내가 알고 모르는 것을 정확하게 파악하여, 내가 몰랐던 부분을 완벽하게 복습하도록 계획을 세우세요!

번호	유형	난이도	복습체크	자가 채점	실제 득점	코드 및 메모
01	문법					
02	문법					
03	문법					
04	문법					
05	어휘					
06	어휘					
07	어휘					
08	어휘					
09	생활영어					
10	생활영어					

60 회차 문법

01 문법적으로 <u>틀린</u> 것을 고르시오.

① You need not worry about things that are out of your control.

② I found myself completely irritating with her.

③ Creativity is strange in that it finds its way in any kind of situation.

④ Kate has made over 100 friends since high school.

02 문법적으로 올바른 문장을 고르시오.

① The number of views and subscribers are a highly motivating feature.

② With so many people connected, somebody should run across the blog.

③ The jumping of a gazelle is a signal to show how strong and healthy is it.

④ It's often when we want to quit what success is just around the corner.

03 우리말을 영어로 잘못 옮긴 것은?

① Nicole은 나와 함께 시간을 보내는 것을 기대하곤 했다.
→ Nicole used to look forward to spending time with me.

② 성형수술 환자들은 흔히 그 결과가 실망스럽다고 생각한다.
→ Patients of plastic surgery often find the results disappointing.

③ 나의 트레이너는 매일 1마일씩 달릴 것을 추천했다.
→ My physical trainer suggested running a mile each day.

④ 나는 그룹에서 소외되는 것에 대하여 걱정한다.
→ I am worried about leaving out of the group.

04 밑줄 친 부분 중 어법상 <u>옳지 않은</u> 것을 고르시오.

What do you do when you have had an extra tough time or have made some bad mistakes? When this question comes up, I am likely to remember the day a young lawyer came to see me. He was in deep despair and ① **complete** hopeless. He ② **had been let** go, at least temporarily, by a big law firm for having made a serious mistake. I thought it rather ③ **unfair** to penalize a beginner for one mistake, even a big one. I recall reading some years ago that Mrs. Knox of Knox Gelatin had a sign ④ **posted** in her plant: "He deserves to break his own neck who stumbles twice on the same stone." At least she would give employees a second chance.

60 회차 어휘

05 밑줄 친 부분의 의미와 가장 가까운 것을 고르시오.

> This year 2000 saw the **resurrection** of a nation under a charismatic leader.

① decease

② vitality

③ revival

④ recognition

07 밑줄 친 부분의 의미와 가장 가까운 것을 고르시오.

> I'm thankful for my struggle because without it I would not have **stumbled across** my strength.

① deplete completely

② cancel at once

③ discover by chance

④ weaken slowly

06 밑줄 친 부분의 의미와 가장 가까운 것을 고르시오.

> You are not, never have been and never will be **altruistic**.

① selfless

② egoistic

③ hectic

④ crucial

08 다음 빈칸에 들어갈 말로 가장 적절한 것은?

> For many of us, being confined during lockdown makes us crave friends in the same way as we _____ a meal.

① long for

② shudder at

③ throw out

④ turn down

60 회차 생활영어

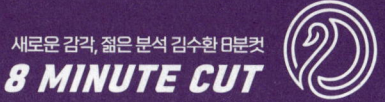

09 대화의 빈칸에 들어갈 말로 가장 적절한 것을 고르시오.

A: Mary, will you do me a favor?
B: Sorry. I have my hands full at the moment.
A: But it won't take long.
B: What is it?
A: Just mail this parcel for me, will you? It should have been sent by now, but I have to run to the boardroom right now.
B: _____.

① OK, I'll throw it away for you

② Surely you can pull yourself together

③ All right, if it's that urgent

④ Yes, it will be a perfect gift

10 두 사람의 대화 중 가장 어색한 것은?

① A: If there's anything else I can do for you, feel free to let me know.
B: You've been so helpful. Thank you.

② A: Would you like to play volleyball with us this weekend?
B: I'd love to, but I'm really out of shape. I haven't exercised much all winter.

③ A: If it rains tomorrow, the party will be ruined.
B: Don't worry. If that happens, we can hold it indoors.

④ A: I'm really tired of working on this paper. I think I'm oing to go see a movie.
B: That's definitely a great idea. If I were in your shoes, I wouldn't do that.

메타인지 분석표
메타인지 분석을 통해 내가 알고 모르는 것을 정확하게 파악하여, 내가 몰랐던 부분을 완벽하게 복습하도록 계획을 세우세요!

번호	유형	난이도	복습체크	자가 채점	실제 득점	코드 및 메모
01	문법					
02	문법					
03	문법					
04	문법					
05	어휘					
06	어휘					
07	어휘					
08	어휘					
09	생활영어					
10	생활영어					

생활영어 · 문법 · 어휘
시간 단축 2세대 하프 모의고사

8분컷

8 MINUTE

/Level 3/

01 어법상 틀린 것을 고르시오.

① A new system should be installed in our office.
② Butter contains too many fat to use it on a daily basis.
③ My Chinese friend wonders whether he can learn Korean.
④ The event is something the whole town has been looking forward to.

02 우리말을 영어로 잘못 옮긴 것은?

① Craig가 읽은 책은 19세기에 쓰였다.
→ The book that Craig read was written in the 19th century.

② 내 컴퓨터는 이번 주 금요일까지 수리될 것이다.
→ My computer will have been repaired until this Friday.

③ Johnny가 담배를 끊은 후 그의 만성 기침은 사라졌다.
→ After Johnny quit smoking, his chronic cough went away.

④ 최근 명성이 하락해 온 그 법률회사는 파산에 직면해 있다.
→ The law firm, whose reputation has declined recently, faces bankruptcy.

03 어법상 옳은 것은?

① What I'd like to know is that it can be used in other contexts or not.
② Visitors must identify themselves before entering the building.
③ As a source of plot, character, and dialogue, the novel seemed more suitably.
④ Ron is working very hardly to graduate on time.

04 밑줄 친 부분 중 어법상 옳지 않은 것을 고르시오.

Not all men want to run the show. I recognized this simple fact early in my childhood by ① <u>observing</u> my parents' marriage. My father was the accommodating partner, while my mother made all the decisions. She decided everything including how money would be managed and spent. My father allowed it to be her call whether he would have one egg or two, or whether he would get the burned piece of toast. I never heard him ② <u>protest</u>, not even when my mother packed him a leftover string-bean sandwich for lunch. Whenever I had a question about anything or needed permission to do something, I went to my mother. So ③ <u>was</u> my father, who seemed content with his childlike subservience. When I was grown, with a family of my own, my parents would visit us in Topeka, Kansas. "What would you like for breakfast, Daddy?" I'd inquire. "Ask Mother ④ <u>what</u> I can have," he'd respond cordially, as if it were simply the natural order of things to pass the decision along to a higher authority.

01 회차 어휘

05 밑줄 친 부분의 의미와 가장 가까운 것은?

> He remained the <u>nominal</u> leader of the group.

① significant

② reticent

③ titular

④ opaque

06 밑줄 친 부분의 의미와 가장 가까운 것은?

> The companies criticized the government for <u>inordinate</u> regulations and inconsistent policies.

① immediate

② analogous

③ expeditious

④ excessive

07 다음 빈칸에 들어갈 말로 가장 적절한 것은?

> Children who have witnessed verbal or physical _____ between their parents may lack the ability to identify and control their emotions.

① designation

② aggression

③ acclamation

④ attraction

08 다음 빈칸에 들어갈 말로 가장 적절한 것은?

> The oil spill could _____ the area's turtle population.

① lay out

② move out

③ wipe out

④ break out

01 회차 생활영어

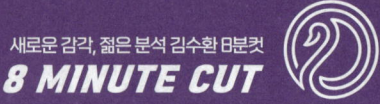

09 대화의 빈칸에 들어갈 말로 가장 적절한 것을 고르시오.

A: May I help you?
B: Yes. _____
A: If you can't find them on the rack, they may be out of stock. But let me look in the stockroom.
B: I'd like to try on a pair if you have them.
A: I'll be right back.
B: Thanks.

① Do you have these shoes in size seven?

② Do you prefer to shop alone or with other people?

③ What makes a pleasant shopping experience?

④ I will pay for that with my credit card.

10 두 사람의 대화 중 가장 어색한 것은?

① A: Okay, that just about wraps it up for today.
　B: Good. See you tomorrow.

② A: I'm looking for a place to unwind after a long day.
　B: If so, Paradise Spa is perfect for you.

③ A: I think wearing a mask violates our freedoms.
　B: Don't be so difficult.

④ A: Your shirt is a bit loud.
　B: I'm reading you loud and clear.

메타인지 분석표

메타인지 분석을 통해 내가 알고 모르는 것을 정확하게 파악하여, 내가 몰랐던 부분을 완벽하게 복습하도록 계획을 세우세요!

번호	유형	난이도	복습체크	자가 채점	실제 득점	코드 및 메모
01	문법					
02	문법					
03	문법					
04	문법					
05	어휘					
06	어휘					
07	어휘					
08	어휘					
09	생활영어					
10	생활영어					

01 어법상 틀린 것을 고르시오.

① Never did Mary do the group assignment and come to school in time.

② There are many excited elements in this dance routine.

③ When you write, it's important to be comfortable.

④ The scientists concluded that there had been no mistakes in the experiment.

03 어법상 옳은 것은?

① The downhill ski is shorter and wider as the cross-country ski.

② Many local banks offer a kid-friendly savings account, often calling a Young Savers Account.

③ A large number of efficiency experts sets up shop in London.

④ There are many policies around the world violating human rights.

02 우리말을 영어로 잘못 옮긴 것은?

① Dennis가 범죄 기록을 가지고 있다는 것이 직업을 구하기 어렵게 했다.
→ That Dennis had a criminal record made it difficult to find a job.

② Jasmin은 바비큐 파티를 할 것이고 모든 이웃이 초대되었다.
→ Jasmin is having a barbecue and all the neighbors are invited.

③ 모든 사람은 도움이 필요할 때 의지할 수 있는 누군가가 필요하다.
→ Everyone needs someone whom they can depend on for help.

④ 자선 사업을 하는 어떤 사람들은 그 사업 목적에 필요한 기금을 모금하기 위해 인터넷을 사용한다.
→ Some people doing charity runs uses the Internet to raise money for the cause.

04 밑줄 친 부분 중 어법상 옳지 않은 것을 고르시오.

The norm of reciprocity creates one of the great benefits of social life. If you do me a favor today, you have the right ① <u>to expect</u> a favor from me tomorrow. Those traded favors allow us to accomplish tasks we could not do alone (moving a heavy dresser, for example) and help us all ② <u>survive</u> through uneven times (buy me lunch today when I'm broke, and I'll buy you lunch when my paycheck comes in). Through the obligated repayment of gifts, favors, and services, people become connected to one another in ongoing relationships. The future reach of this obligation is nicely connoted in a Japanese word for thank you, sumimasen, ③ <u>which</u> means "this will not end" in its literal form. Anyone who violates the norm by taking without giving in return ④ <u>inviting</u> social disapproval and risks the relationship. Most people feel uncomfortable receiving without giving in return because they don't want to be labeled as "takers" or "moochers."

02 회차 어휘

05 밑줄 친 부분의 의미와 가장 가까운 것은?

> Times Square used to be known as the crossroads of the world since the area was <u>**notorious**</u> for its traffic jams.

① agile

② contemporary

③ infamous

④ anonymous

06 밑줄 친 부분의 의미와 가장 가까운 것은?

> Many situations in life demand that we pay no attention to what the words say, since the meaning may often be more <u>intelligible</u> than the surface sense of the words themselves.

① legible

② understandable

③ briliant

④ ambiguous

07 다음 빈칸에 들어갈 말로 가장 적절한 것은?

> No matter how tough things got under the Japanese rule, Koreans never _____. Our folks put up a heck of a fight for freedom.

① tied the knot

② waved the white flag

③ smelt the roses

④ were over the moon

08 다음 빈칸에 들어갈 말로 가장 적절한 것을 고르시오.

> Jaywalking may seem like a minor crime, but it can _____ serious traffic accidents.

① hold on

② look to

③ keep to

④ lead to

02 회차 생활영어

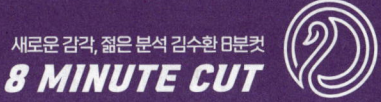

09 대화의 빈칸에 들어갈 말로 가장 적절한 것을 고르시오.

A: Let's go to an amusement park next week.
B: I can't. I'm way too busy.
A: _____?
B: On Monday, I'm going to meet my professor. Tuesday, I have a job interview. Wednesday, I'm going to the dentist. And on Thursday, I have to visit my parents.
A: Why are you so busy?
B: I've been procrastinating for a long time.

① How long are you going to stay

② Where are you going to have lunch

③ When should we meet

④ What are you doing next week

10 대화의 빈칸에 들어갈 말로 가장 적절한 것을 고르시오.

A: Mr. Kim, do you realize what time it is?
B: Yes, Mr. Platt, and I'm very sorry.
A: Do you have some sort of explanation?
B: _____.

① I slept on it

② I don't buy that

③ I slept through the alarm

④ I got the hang of it

메타인지 분석표

메타인지 분석을 통해 내가 알고 모르는 것을 정확하게 파악하여, 내가 몰랐던 부분을 완벽하게 복습하도록 계획을 세우세요!

번호	유형	난이도	복습체크	자가 채점	실제 득점	코드 및 메모
01	문법					
02	문법					
03	문법					
04	문법					
05	어휘					
06	어휘					
07	어휘					
08	어휘					
09	생활영어					
10	생활영어					

03 회차 문법

01 어법상 틀린 것을 고르시오.

① Children learn more from what we do than what we say.

② My sister has been watching TV since she came home.

③ Suddenly, they disappeared without a trace.

④ The rich has far more opportunities than the poor.

02 우리말을 영어로 잘못 옮긴 것은?

① 그 스프는 냄새가 좋다.
→ The soup is smelling good.

② Derek은 수상을 만났었던 반 친구가 있었다.
→ Derek had a classmate who had met the prime minister.

③ 만약 당신이 아파트에 산다면 여전히 정원 가꾸기를 즐기는 것이 가능할까?
→ Would it still be possible to enjoy gardening if you lived in an apartment?

④ 내일 비가 오면, 게임은 취소될 것이다.
→ If it rains tomorrow, the game will be canceled.

03 어법상 옳은 것은?

① Little girls ought to not ask such questions.

② Lie her down here on the bed.

③ The poor were looked down on by her.

④ The woman was seen put the jewellery in her bag.

04 밑줄 친 부분 중 어법상 옳지 않은 것을 고르시오.

Aso oke cloth is an intricately woven cloth ① <u>used</u> for ceremonial dress. It is made by the Yoruba men of Nigeria. The cloth is decorated with elaborate patterns made from dyed strands of fabric that ② <u>are woven</u> into strips of cloth. These strips of cloth are sewn together to form larger pieces. Some Aso oke cloth, ③<u>calling</u> "prestige cloth," has a lace-like appearance with intricate open patterns. Patterns and colors used for Aso oke cloth have special meanings. A purplish-red colored dye called allure is prized among the Yoruba. Some designs are specifically for women's clothing and some are for men's. The cloth is used to make numerous clothing styles, including skirts, shirts, and trousers. Many of the clothes made from Aso oke cloth reflect the strong influence of the Muslim religion in the area, ④ <u>with</u> headwraps and modest gowns being prevalent. The amount of fabric and the patterns used indicate the wealth of the wearer.

*purplish-red: 자홍(紫紅)색의

03 회차 어휘

05 밑줄 친 부분의 의미와 가장 가까운 것은?

> To <u>pacify</u> critics, the wireless industry has launched a $12 million public-education campaign on drive-time radio.

① soothe

② consolidate

③ complicate

④ empower

06 밑줄 친 부분의 의미와 가장 가까운 것은?

> The conference was postponed <u>indefinitely</u>.

① reluctantly

② endlessly

③ unlikely

④ temporarily

07 다음 빈칸에 들어갈 말로 가장 적절한 것은?

> The teacher halted the _____ by separating the two opponents before they could come to blows.

① argument

② extraction

③ seduction

④ nausea

08 다음 빈칸에 들어갈 말로 가장 적절한 것은?

> In order not to lose its market share, our company must _____ the latest technological developments.

① lag behind

② fall apart

③ wear out

④ keep up with

03 회차 생활영어

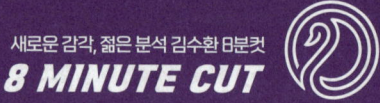

| 체감 난이도 | 자가 채점 | 실제 득점 |

09 대화의 빈칸에 들어갈 말로 가장 적절한 것을 고르시오.

> A: It's beautiful out today. Do you know what the weather is going to be like tomorrow?
> B: _____.
> A: That's great.
> B: Why are you so happy? Do you have anything planned?
> A: Yeah, I'm going to an amusement park with my family this weekend, so I was hoping for good weather.

① I don't know what the weather is going to be like

② It's supposed to rain for the next several days

③ It's supposed to be the same as today

④ My favorite season of the year is Spring

| 체감 난이도 | 자가 채점 | 실제 득점 |

10 두 사람의 대화 중 가장 어색한 것은?

① A: Let me ask you some specific questions.
　B: No problem. I am not in a good mood.

② A: What are your kids doing?
　B: They're doing their homework.

③ A: You're back from the trip! What was it like?
　B: It couldn't have been better.

④ A: I'm moving in a few days and I'd like to rent a trailer.
　B: Would you like to have a look at the one over here?

메타인지 분석표
메타인지 분석을 통해 내가 알고 모르는 것을 정확하게 파악하여, 내가 몰랐던 부분을 완벽하게 복습하도록 계획을 세우세요!

번호	유형	난이도	복습체크	자가 채점	실제 득점	코드 및 메모
01	문법					
02	문법					
03	문법					
04	문법					
05	어휘					
06	어휘					
07	어휘					
08	어휘					
09	생활영어					
10	생활영어					

04 회차 문법

01 어법상 틀린 것을 고르시오.

① Oil made it possible for the automobile to dominate our economy.

② I had the package to deliver last night.

③ The number of cars in Seoul is increasing quite rapidly.

④ It is necessary for students to participate in the discussion.

02 우리말을 영어로 잘못 옮긴 것은?

① 그녀는 시험 결과에 만족했다.
→ She was satisfied with the results of the test.

② 법정판결은 그 지역의 법을 아는 것이 여러분의 책임이라는 것을 명확하게 한다.
→ Court rulings make clear that it is your responsibility to know the local laws.

③ 비밀번호를 잊어버리게 되면 바로 전화하세요.
→ Should you forget the password, just call me right away.

④ 그 숨 막히는 풍경이 나에게 아이슬란드를 떠올리게 했다.
→ That breathtaking landscape reminded me of Iceland.

03 어법상 옳은 것은?

① Your body responds to the challenge by producing something referred to as aerobic enzymes.

② The salesperson assists the advertising department in improvement the company's brochures and advertising.

③ Many writers are paralyzed by the thought which they are competing with everybody else.

④ People with weak social ties were as twice likely to die during life as those with strong ties to others.

04 밑줄 친 부분 중 어법상 옳지 않은 것을 고르시오.

Our facial expressions affect how we ① <u>react to</u> stress. Smilingwhile submerging your hands in ice water for several minutes ② <u>lessens</u> stress and leads to a quicker recovery from the painful incident than if you don't smile. There really is something to the old adage "Grin and bear it." Of course, there is also a catch:this smile technique works best if you don't know you are doing it—if you form an unconscious smile rather than ③ <u>smile</u> intentionally. In the latter case, the brain seems to catch on and doesn't interpret the bodily expression as happiness. But even faking a smile is better than nothing, because our neural circuitry doesn't always make a clear distinction between what is fake and what is real. Even if you "smile while your heart is breaking," as the ballad suggests, at some level your brain can't help but ④ <u>to interpret</u> your smiling as a sign that everything is okay.

04회차 어휘

05 밑줄 친 부분의 의미와 가장 가까운 것은?

> Slaves became partial citizens upon being **emancipated** by their master, but the state granted a freed slave's sons full citizenship.

① enslaved

② imprisoned

③ detained

④ liberated

06 밑줄 친 부분의 의미와 가장 가까운 것은?

> **Prudent** parents know that smoothing out all of life's rough edges will cripple their children and keep them from growing up.

① blind

② cautious

③ reckless

④ audacious

07 다음 빈칸에 들어갈 말로 가장 적절한 것은?

> Though he loved his fiancée very much, the man acted in accordance with his parent's wishes and _____ with her.

① looked into

② broke up

③ made up

④ turned out

08 다음 빈칸에 들어갈 말로 가장 적절한 것을 고르시오.

> Doctors use a tourniquet to temporarily _____ the blood flow in the veins.   *tourniquet 지혈대

① put away

② put on

③ plug into

④ block off

04 회차 생활영어

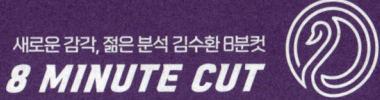

09 대화의 빈칸에 들어갈 말로 가장 적절한 것을 고르시오.

> A: What are you doing tomorrow?
> B: Nothing, really.
> A: Let's watch a movie or something.
> B: _____?
> A: I think they're playing *Parasite*.
> B: That sounds pretty good. Let's watch that.

① Where are you watching it

② What's on these days

③ Who is all going

④ Do you want to join

10 두 사람의 대화 중 가장 어색한 것은?

① A: How long have you been working here?
　B: Since last week.

② A: Would you like a box for your leftovers?
　B: No. I don't want to get left behind.

③ A: I don't feel like going to bed yet.
　B: Remember, you have to be up very early in the morning.

④ A: How many pieces of baggage do you have to check in?
　B: Just one. I'll carry this bag on board.

메타인지 분석표

메타인지 분석을 통해 내가 알고 모르는 것을 정확하게 파악하여, 내가 몰랐던 부분을 완벽하게 복습하도록 계획을 세우세요!

번호	유형	난이도	복습체크	자가 채점	실제 득점	코드 및 메모
01	문법					
02	문법					
03	문법					
04	문법					
05	어휘					
06	어휘					
07	어휘					
08	어휘					
09	생활영어					
10	생활영어					

05 회차 문법

01 어법상 틀린 것을 고르시오.

① More important are security enhancement programs.

② Mom used to ask me which dish I wanted for dinner.

③ If you were to change your job right now, what would you choose?

④ Only then Linda could get rid of the stress she was under.

02 우리말을 영어로 잘못 옮긴 것은?

① 여러분이 참여하는 한 여러분이 이기든 지든 중요하지 않다.
→ Whether you win or lose does not matter as long as you participate.

② 그녀의 트레이너는 그녀가 역도에 집중해야 한다고 제안했다.
→ Her trainer suggested that she focus on powerlifting.

③ 전 결혼한지 10년차입니다.
→ I have been married for 10 years.

④ 이 가구는 골동품으로 여겨질 정도로 충분히 오래되지는 않았다.
→ This furniture is not old enough to consider antique.

03 어법상 옳은 것은?

① We've done everything we can contain costs without compromising quality.

② Incentives will allow employees to having a clear reward they can strive for.

③ TV ads reveal what features and benefits they are promoting on their products.

④ The crop yields of organic farms are very lower than those of traditional farms.

04 밑줄 친 부분 중 어법상 옳지 <u>않은</u> 것을 고르시오.

English speakers have one of the simplest systems for describing familial relationships. Many African language speakers would consider it ① <u>absurd</u> to use a single word like "cousin" to describe both male and female relatives, or not to distinguish whether the person described is related by blood to the speaker's father or to his mother. To be unable to distinguish a brother-in-law as the brother of one's wife or the husband of one's sister would seem ② <u>confused</u> within the structure of personal relationships existing in many cultures. Similarly, how is it possible to make sense of a situation ③ <u>in which</u> a single word "uncle" applies to the brother of one's father and to the brother of one's mother? The Hawaiian language uses the same term to refer to one's father and to the father's brother. People of Northern Burma, who think in the Jinghpaw language, ④ <u>have</u> eighteen basic terms for describing their kin. Not one of them can be directly translated into English.

05회차 어휘

05 밑줄 친 부분의 의미와 가장 가까운 것은?

> <u>Outspoken</u>, Whistler was a leader in art circles both in Europe and America.

① devious
② wary
③ introverted
④ frank

06 밑줄 친 부분의 의미와 가장 가까운 것은?

> Names for nonsolids with an <u>arbitrary</u> shape are taken to apply to substances of that kind.

① random
② consistent
③ timid
④ obvious

07 다음 빈칸에 들어갈 말로 가장 적절한 것은?

> It is obvious that the new law has _____ some revolutionary changes in the current tax system but there are still some points to be revised.

① brought about
② broken away
③ taken in
④ come at

08 다음 빈칸에 들어갈 말로 가장 적절한 것은?

> Launched in 2016, the city-run street fashion show aims to unearth promising new designers and provide them a platform to _____ new market channels.

① blow out
② knock off
③ go without
④ break into

05 회차 생활영어

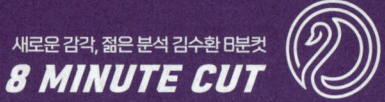

09 대화의 빈칸에 들어갈 말로 가장 적절한 것을 고르시오.

> A: Honey, Jonathan looks bored with his toys. I think he needs some new ones.
> B: I agree. He's five, but his toys are for younger children.
> A: Why don't we _____ instead of buying toys?
> B: How does it work?
> A: You pay a small monthly fee and take any toys you want. Then, you return them later.
> B: Sounds good. That way, we could get Jonathan various new toys without paying much.

① give him a new toy

② try a toy rental service

③ take him to a toy shop

④ share his toy with his friends

10 두 사람의 대화 중 가장 어색한 것은?

① A: Has your life changed since the accident?
　B: Quite a lot. Things will never be the same again.

② A: With winter approaching, millions face starvation.
　B: In winter, people usually spend millions of dollars on facelifts.

③ A: I've heard that your son scored highest on the test.
　B: Yes, he's going to give a speech at the ceremony.

④ A: There's a rumor that Steve is charged with accepting bribes.
　B: He couldn't have done that. He's an honest guy.

메타인지 분석표

메타인지 분석을 통해 내가 알고 모르는 것을 정확하게 파악하여, 내가 몰랐던 부분을 완벽하게 복습하도록 계획을 세우세요!

번호	유형	난이도	복습체크	자가 채점	실제 득점	코드 및 메모
01	문법					
02	문법					
03	문법					
04	문법					
05	어휘					
06	어휘					
07	어휘					
08	어휘					
09	생활영어					
10	생활영어					

06 회차 문법

01 어법상 틀린 것을 고르시오.

① Daniel is the least diligent of all the students.
② Naomi bought a used car because it was much cheaper than a new one.
③ Whoever thought of that idea must be a genius.
④ That chair is such old that it might break if someone sits on it.

02 우리말을 영어로 잘못 옮긴 것은?

① John은 자신이 지난밤에 정말로 UFO를 봤다고 주장한다.
→ John insists that he really saw a UFO last night.

② 법정은 자신의 권리가 침해받았다는 Courtney의 주장을 받아들였다.
→ The court accepted Courtney's claim which her rights were violated.

③ 천문학, 즉 별에 관한 학문은 수천 년 동안 존재해 왔다.
→ Astronomy, or the study of the stars, has existed for thousands of years.

④ 배심원단은 그 목격자의 증언이 사실인지에 대해 의심을 갖고 있다.
→ The jury has doubts about whether the witness's testimony is true.

03 어법상 옳은 것은?

① A good way to purify indoor air are keeping house plants.
② Beauty is a concept that differs between societies and time periods.
③ We urged anybody with information to contact to us.
④ Extra virgin olive oils are as distinctively as regional wines.

04 밑줄 친 부분 중 어법상 옳지 않은 것을 고르시오.

Because conflicting views are commonplace, you and your friends may never resolve ① <u>them</u>. Other positions may be right and you may be wrong, or you may be right and they may be wrong. Because the purpose of moral reasoning is to seek moral truth to guide day-to-day conduct and to regulate social institutions, discussions about moral issues may ② <u>be resulted</u> in arguments. Such arguing is not necessarily bad, as some people may believe. Moral arguing may help you ③ <u>reach</u> agreement through a systematic reasoning process. Arguing is not so good if it is irrational or if the persons engaged in it are unreasonable. At the same time, such unreasonableness may be helpful if it is used to make progress in discovering moral truth. Arguing does not necessarily mean fighting or even heated disagreements. Rather, the point of arguing is to attempt to demonstrate ④ <u>that</u> some beliefs are truebased on the truth of other beliefs.

06회차 어휘

05 밑줄 친 부분의 의미와 가장 가까운 것은?

> Few people would dispute that in the eighteenth and nineteenth centuries, Europe and especially Great Britain <u>dominated</u> the world culturally, politically and economically.

① submitted

② ruled

③ obeyed

④ neglected

06 밑줄 친 부분의 의미와 가장 가까운 것은?

> Without the sound of <u>intermittent</u> explosions reverberating throughout the village, Seogwipo in Jeju is actually very quiet.

① reminiscent

② adjacent

③ sporadic

④ invincible

07 다음 빈칸에 들어갈 말로 가장 적절한 것은?

> In a new study of math testing, psychologists are reporting that intense exam pressure is actually more likely to _____ the performance of very good students than improve it.

① aid

② reveal

③ impair

④ control

08 다음 빈칸에 들어갈 말로 가장 적절한 것을 고르시오.

> Paul was so nervous about his job interview that he _____ just before he left for it.

① blew up

② broke up

③ threw up

④ brushed up

06 회차 생활영어

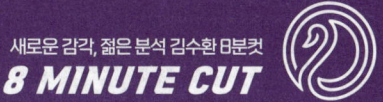

09 대화의 빈칸에 들어갈 말로 가장 적절한 것을 고르시오.

A: Ms. Baker, what are you doing?
B: I'm grading exam papers. I actually enjoy reading my students' answers with their own ideas.
A: Oh, it's an essay test. That must take a lot of time to grade. I prefer multiple-choice tests since scoring is quick and easy.
B: Those tests are more efficient if you have a large number of students.
A: And they are graded objectively.
B: True. I know the benefits, but _____.
A: Why is that?
B: On those tests, students can just guess correctly, which doesn't prove they really know the answer.

① it is too quick and easy to grade all of them
② it takes too much effort to design subjective tests
③ failure in tests leads to loss of confidence for many students
④ I still try to avoid giving multiple-choice tests

10 대화의 빈칸에 들어갈 말로 가장 적절한 것을 고르시오.

A: Jack is throwing a party tomorrow.
B: I know. I was invited, too.
A: You're coming to the party, aren't you?
B: Yes, but I was wondering if you could _____.
A: Of course, I can. I'll come to your place at seven.
B: That's really kind of you.

① get to the point
② give the cold shoulder
③ give me a lift
④ give me the green light

메타인지 분석표

메타인지 분석을 통해 내가 알고 모르는 것을 정확하게 파악하여, 내가 몰랐던 부분을 완벽하게 복습하도록 계획을 세우세요!

번호	유형	난이도	복습체크	자가 채점	실제 득점	코드 및 메모
01	문법					
02	문법					
03	문법					
04	문법					
05	어휘					
06	어휘					
07	어휘					
08	어휘					
09	생활영어					
10	생활영어					

07 회차 문법

01 어법상 틀린 것을 고르시오.

① Almost every sentence contains at least one noun phrase.

② There are more than 6,000 languages speaking on Earth.

③ The brains of fish are very similar to those of humans.

④ Most of the people that she socialized with were from Germany.

02 우리말을 영어로 잘못 옮긴 것은?

① 꼬리를 흔드는 개들이 가장 온순한 개들이다.
→ The dogs wagging their tails are the ones that are the friendliest.

② 그 상사는 그 고객을 잘 대우하라고 명령했다.
→ The boss ordered that the customer be treated well.

③ Chris가 왜 자신의 직장을 그만두었는지는 알려져 있지 않다.
→ Why did Chris quit his job remains unknown.

④ 솔직히 말해서, 내가 잘못이 있다는 것을 인정하는 것은 어렵다.
→ Truthfully, it is difficult to admit that I have my own faults.

03 어법상 옳은 것은?

① I am more than happy to work late tonight to help you finish the project.

② Some areas of the city are so dangerous to travel alone.

③ Included in the massive dumping is millions of tons of paper, glass, and plastic.

④ The ad said the apartment was quiet, but I hear my neighbors very clear.

04 밑줄 친 부분 중 어법상 옳지 않은 것을 고르시오.

When we are young, our families influence us more than outsiders ① <u>do</u>. For example, if your parents participated in sport, took you to sporting contests, ② <u>helped</u> you learn basic sport skills, and encouraged you to participate, chances are good that you gave sport a try. Alternatively, you may have been encouraged to participate in sport byother family members, such as grandparents, aunts, uncles, or older siblings. In any case, if you tried a sport, your decision about whether to continue it ③ <u>influenced</u> by critical factors, including whether you felt comfortable in the environment created by the coach and other athletes. Indeed, coaches, teachers, camp counselors, and older children can powerfully influence us as we try to figure out ④ <u>what</u> is important in life. In addition, your attitude about sport may have been shaped by your own success or failure in competition.

07 회차 어휘

05 밑줄 친 부분의 의미와 가장 가까운 것은?

> One Italian aerospace company, Finmeccanica SpA, offered to place a statue of his telescope inside the Vatican gardens to **commemorate** the anniversary.

① ratify

② celebrate

③ abrogate

④ persecute

06 밑줄 친 부분의 의미와 가장 가까운 것은?

> Mold usually **proliferates** in rainy, humid conditions.

① overlooks

② multiplies

③ suppresses

④ excavates

07 밑줄 친 부분의 의미와 가장 가까운 것은?

> Three of those we invited to the party didn't **show up**.

① were poorly dressed

② didn't come

③ came on foot

④ didn't show off

08 다음 빈칸에 들어갈 말로 가장 적절한 것은?

> Melissa _____ depression for most of her adult life.

① laid off

② let off

③ suffered from

④ resigned from

07 회차 생활영어

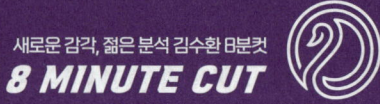

09 대화의 빈칸에 들어갈 말로 가장 적절한 것을 고르시오.

A: Do you have the time?
B: It's almost midnight.
A: Oh, I think _____. It's been a long day.
B: Come on! We've only just started the game.
A: I know, but I'm too tired.
B: Okay, I'll ask Alex to play.

① I'm going to call a spade a spade

② I'm on cloud nine

③ I'm going to hit the sack

④ I'm a chip off the old block

10 다음 빈칸에 들어갈 말로 알맞은 것을 고르시오.

A: You know what! I just saw Emma Watson! She was stunning.
B: Wow. You know I'm a big fan of her. _____?
A: She looks so much younger in real life.
B: Did you get her autograph?
A: Right here, on my tee-shirt.
B: Oh, I'm so jealous.

① Is she an actress

② Can I see her autograph

③ How was the movie

④ Does she look different in person

메타인지 분석표

메타인지 분석을 통해 내가 알고 모르는 것을 정확하게 파악하여, 내가 몰랐던 부분을 완벽하게 복습하도록 계획을 세우세요!

번호	유형	난이도	복습체크	자가 채점	실제 득점	코드 및 메모
01	문법					
02	문법					
03	문법					
04	문법					
05	어휘					
06	어휘					
07	어휘					
08	어휘					
09	생활영어					
10	생활영어					

01 어법상 틀린 것을 고르시오.

① A ship full of containers came into the port.

② The lunchbox between the lockers is belonged to Ryan.

③ Alarmed at the announcement, the girls remained silent.

④ Sarah and Orlando discussed their plans for the weekend.

02 우리말을 영어로 잘못 옮긴 것은?

① 웹페이지를 디자인하는 것을 배우는 것이 처음에는 불가능해 보인다.
→ Learning to design websites seems impossible at first.

② 명왕성은 너무 작아서 행성으로 간주되지 않는다.
→ Pluto is so small that it is not considered a planet.

③ 주의 깊게 계획을 세우는 것이 목표를 달성하는 데 도움을 줄 것이다.
→ Careful making a plan will help you achieve your goals.

④ 내가 샀던 기계는 완벽한 커피를 만든다.
→ The machine that I bought makes the perfect cup of coffee.

03 어법상 옳은 것은?

① There being no further questions, we will adjourn this meeting.

② The fact that the ground is wet mean nothing to the dogs.

③ Teri is very proud of winning the debate championship when she was young.

④ NASA has around 18 satellites, all of them send a tremendous amount of data from around the globe continuously.

04 밑줄 친 부분 중 어법상 옳지 않은 것을 고르시오.

A fascinating characteristic of roles is ① <u>that</u> we tend to become the roles we play. That is, roles become incorporated into our self-concept, especially rolesfor which we prepare long and hard and that become part of our everyday lives. Helen Ebaugh experienced this firsthand when she quit ② <u>being</u> a nun to become a sociologist. With her own heightened awareness of role exit, she interviewed people who had left marriages, police work, the military, medicine, and religious vocations. Just as she had experienced, the role had become intertwined so extensively with the individual's self-concept ③ <u>which</u> leaving it threatened the person's identity. The question these people struggled with ④ <u>was</u> "Who am I, now that I am not a nun (or wife, police officer, colonel, physician, and so on)?"

08 회차 어휘

05 밑줄 친 부분의 의미와 가장 가까운 것은?

> The **simultaneous** road construction has caused major traffic jam.

① steady

② nominal

③ subsequent

④ synchronous

07 밑줄 친 부분의 의미와 가장 가까운 것은?

> You have to **put up with** his rudeness.

① disregard

② forgive

③ endure

④ postpone

06 밑줄 친 부분의 의미와 가장 가까운 것은?

> Teenagers would rather spend time with their **peer** groups than with their parents.

① superior

② colleague

③ junior

④ subordinate

08 다음 빈칸에 들어갈 말로 가장 적절한 것을 고르시오.

> Everybody is always "thinking" about quitting their job, but very few people actually _____ it.

① make light of

② go through with

③ come down to

④ get back at

08 회차 생활영어

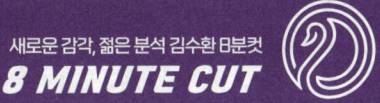

09 대화의 빈칸에 들어갈 말로 가장 적절한 것을 고르시오.

A: Where did you get that bookshelf? It's nice.
B: I bought it at a garage sale last week.
A: What did you pay for it?
B: Just $50.
A: Really? _____!
B: I know.
A: You always do well when you go to garage sales.
B: I know. I guess I've got the knack.

① That's a steal
② Too steep
③ You got ripped off
④ It's totally broken

10 대화의 빈칸에 들어갈 말로 가장 적절한 것을 고르시오.

A: Excuse me. Hello, Professor Lee. I think I need your help.
B: Sure. What can I do for you?
A: Would you mind writing me a reference?
B: What kind of reference do you need?
A: I'm going to apply for a scholarship for overseas students, and they require a reference from an academic advisor.
B: All right. _____?
A: Two weeks from today.
B: Okay. I'll leave it with my secretary by next Wednesday.

① Are you going alone
② When is the deadline
③ Do you have any special plans
④ Where do you live

메타인지 분석표

메타인지 분석을 통해 내가 알고 모르는 것을 정확하게 파악하여, 내가 몰랐던 부분을 완벽하게 복습하도록 계획을 세우세요!

번호	유형	난이도	복습체크	자가 채점	실제 득점	코드 및 메모
01	문법					
02	문법					
03	문법					
04	문법					
05	어휘					
06	어휘					
07	어휘					
08	어휘					
09	생활영어					
10	생활영어					

09 회차 문법

01 어법상 틀린 것을 고르시오.

① Earth is a pale blue dot when seen from space.

② Genes are tiny units of heredity located within every living thing.

③ Jake and his father are resembling with each other.

④ The woman sitting on the couch over there is William's aunt.

02 우리말을 영어로 잘못 옮긴 것은?

① 그녀는 암 연구에 종사하는 과학자들 중 한 명이다.
→ She is one of the scientists who are engaged in cancer research.

② 그 일이 마쳐지게 하기 위해 필요한 조치는 무엇이든 취하라.
→ Take whatever action is necessary to get the job done.

③ 내가 찾고 있었던 서류가 캐비닛 안에서 발견되었다.
→ The document which I was looking has been found in the cabinet.

④ 그의 어머니는 매일 전화를 하는데, 그것은 내 내 취향에 비해 너무 자주이다.
→ His mother calls every day, which is too often for my taste.

03 어법상 옳은 것은?

① The dog had been sick for many days before it took to the vet.

② This is a washing machine making out of cheap plastic barrels.

③ Thomas saved some money and has started his own business five years ago.

④ He urged me to put the book back into print.

04 밑줄 친 부분 중 어법상 옳지 않은 것을 고르시오.

Very little sunlight ① <u>reaches</u> the floor of a conifer forest, such as the forest in the Rocky Mountains. What light ② <u>does</u> penetrate the dense canopy is often blocked out by a lower layer of ferns. So how do young trees get the light they need to grow? The seeds get a leg-up on their fallen neighbours. When one of the huge conifers falls, perhaps after a storm, the top of the horizontal trunk is above the height of the ferns, so any seeds falling onto it can begin to grow and stand a reasonable chance of getting the light they need. In effect, the dead tree supports and nurtures the young saplings, so people call ③ <u>it</u> a nurse log. Sometimes, trees of the same age can be seen ④ <u>grow</u> in a straight line — the line of the fallen nurse log.

09 회차 어휘

05 밑줄 친 부분의 의미와 가장 가까운 것은?

> It is important to try to become a wise and experienced person rather than become a boastful and <u>arrogant</u> person.

① haughty

② destitute

③ naive

④ radical

06 밑줄 친 부분의 의미와 가장 가까운 것은?

> Senior citiznes have <u>tremendous</u> breadth of experience.

① extravagant

② innocent

③ indiscriminate

④ enormous

07 밑줄 친 부분의 의미와 가장 가까운 것은?

> I can't <u>figure out</u> what he means.

① believe

② understand

③ explain

④ tolerate

08 다음 빈칸에 들어갈 말로 가장 적절한 것은?

> Tom returned home from South Africa when his money _____.

① gave in

② brushed up on

③ ran out

④ made out

09 회차 생활영어

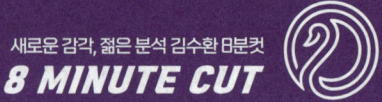

09 대화의 빈칸에 들어갈 말로 가장 적절한 것을 고르시오.

A: May I help you?
B: _____, please?
A: Do you want the same design?
B: Yes, I love the design. It's just they are too tight for my feet.
A: I'm sorry. We don't have the next size in the same design.
B: Then, is it possible to have a refund?
A: Yes, of course. Do you have the receipt?
B: Here you are.

① Could you wrap it up for me

② Is there anything else you would like to buy

③ Could you exchange these shoes for a larger size

④ Do you think it's possible to get a discount

10 두 사람의 대화 중 가장 어색한 것은?

① A: Oh, no! We should have turned right at the first light.
   B: We must have missed it while we were talking.

② A: You seem rather down today.
   B: I am down-to-earth.

③ A: Hello, can I speak to Mr. Kim?
   B: Speaking.

④ A: Excuse me. Where is the restroom?
   B: I'm a stranger here, too

메타인지 분석표

메타인지 분석을 통해 내가 알고 모르는 것을 정확하게 파악하여, 내가 몰랐던 부분을 완벽하게 복습하도록 계획을 세우세요!

번호	유형	난이도	복습체크	자가 채점	실제 득점	코드 및 메모
01	문법					
02	문법					
03	문법					
04	문법					
05	어휘					
06	어휘					
07	어휘					
08	어휘					
09	생활영어					
10	생활영어					

01 어법상 틀린 것을 고르시오.

① Ken must have an interesting experience when he lived in Canada.

② The virus has been spread across South America by mosquitoes.

③ They suggest visiting the park when the cherry blossoms are in bloom.

④ My daughter's wish is to receive a present from Santa Claus.

02 우리말을 영어로 잘못 옮긴 것은?

① Mr. Cohen은 우리에게 말하고 싶어 하는 것이 있다.
→ Mr. Cohen has something that he wants to tell us.

② Vicky가 하고자 결정한 것을 나에게 알려주세요.
→ Please let me know what Vicky decides to do.

③ Robin의 사무실을 방문하는 사람은 누구든지 항상 따뜻하게 환영 받는다.
→ Whoever visits Robin's office is always warmly welcomed.

④ 당신의 돈을 필요 없는 것들에 쓰지 않는 게 좋다.
→ You had not better spend your money on useless things.

03 어법상 옳은 것은?

① If you had any sense you wouldn't do so a stupid thing.

② The domestic company might insist that it be protected from the foreign competition.

③ There was once a time before life which the Earth was barren and utterly desolate.

④ Only in the cities women's tasks began to shift substantially.

04 밑줄 친 부분 중 어법상 옳지 않은 것을 고르시오.

One particular squash player I agreed to coach invited me to watch him ① <u>play</u>. On the day in question I arrived ② <u>late</u>, so he did not know when I was there. Very quickly I noticed that while his good shots went seemingly unnoticed, he 'rewarded' bad shots with angry verbal abuse and continuous cursing. I asked him about this after his game. "Does getting angry with yourself make you play any better?" I asked. The answer ③ <u>he gave</u> is probably obvious. "Well," I said, "instead of cursing yourself after each bad shot, stop for a moment and ④ <u>to remember</u> yourself hitting the ball correctly." He tried this technique repeatedly, and before long it started to work and he became a far superior player. He said to me later:"This is so easy and feels so good that it almost seems as though I am cheating."

*verbal abuse: 악담

10 회차 어휘

05 밑줄 친 부분의 의미와 가장 가까운 것은?

> The benefit of **concealing** coloration is not that it provides a solid guarantee of survival, but that it consistently yields a small advantage in the chance of living through each successive threatening encounter.

① revealing

② disguising

③ disclosing

④ ignoring

06 밑줄 친 부분의 의미와 가장 가까운 것은?

> There can be no future for such an iniquitous, unfair, inefficient and **capricious** tax.

① vital

② bulky

③ forthright

④ unpredictable

07 밑줄 친 부분의 의미와 가장 가까운 것은?

> If you are going to Mexico, you should **brush up on** your Spanish.

① review

② memorize

③ study

④ speak

08 다음 빈칸에 들어갈 말로 가장 적절한 것을 고르시오.

> The government is now trying to _____ the uprising with the help of some outside forces.

① put down

② build up

③ chill out

④ embark on

10 회차 생활영어

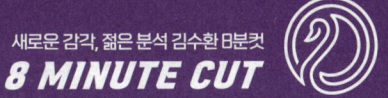

09 대화의 빈칸에 들어갈 말로 가장 적절한 것을 고르시오.

A: How's your new boss?
B: Frankly, I don't think my new boss knows what he is doing.
A: He is young, Tom. You have to _____.
B: Why should I do that? He's doing terribly.
A: At least, he has a good personality.
B: Speak of the devil.
A: What? Where?
B: Over there. He just turned around the corner.

① wish him luck
② give him a chance
③ drop him a line
④ jump on the bandwagon

10 두 사람의 대화 중 가장 어색한 것은?

① A: Could you give me a ballpark figure for my insurance premium?
　B: It depends on which policy you choose.

② A: How are you and your girlfriend getting along?
　B: Great. We have a lot in common.

③ A: Did you enjoy your trip to the amusement park?
　B: Not really. We had to wait in a long line.

④ A: Guess who I bumped into today.
　B: Oh, no! Did you hurt yourself?

메타인지 분석표

메타인지 분석을 통해 내가 알고 모르는 것을 정확하게 파악하여, 내가 몰랐던 부분을 완벽하게 복습하도록 계획을 세우세요!

번호	유형	난이도	복습체크	자가 채점	실제 득점	코드 및 메모
01	문법					
02	문법					
03	문법					
04	문법					
05	어휘					
06	어휘					
07	어휘					
08	어휘					
09	생활영어					
10	생활영어					

11회차 문법

01 어법상 **틀린** 것을 고르시오.

① The time spent on regular checkups is a sensible investment.

② Elizabeth has been crying since this afternoon when she heard the sad news.

③ The number of visitors to the Grand Canyon increases every year.

④ The man worked in the hospital is my elder brother.

02 우리말을 영어로 잘못 옮긴 것은?

① 지구가 둥글다는 것은 과학적으로 증명된 사실이다.
→ That the Earth is round is a scientifically proven fact.

② 그 지역의 농장들은 많은 다양한 동물들을 소유하고 있다.
→ The farms in the region to have many different animals.

③ 어떤 사람들은 도움이 필요할 때 너무 쑥스러워서 도움을 청하지 못한다.
→ Some people are too embarrassed to ask for help when they need it.

④ 우리의 상사가 그만둔 이후로 너무나 많은 문제가 있어 왔다.
→ There have been so many problems since our boss quit.

03 어법상 옳은 것은?

① The risk of catching the disease reduces by washing your hands.

② For years, I convinced myself what I couldn't speak in front of groups.

③ The most vital lesson I have ever learned is the importance of what we think.

④ Strangely as it may seem, I don't enjoy watching Youtube.

04 밑줄 친 부분 중 어법상 옳지 **않은** 것을 고르시오.

Culture shock is normal for people who suddenly get into a new culture. You may feel ① <u>depressed and isolated</u>, once the first excitement of arrival has worn off. Struggling with foreign ways and idioms is a stressful situation. You may even conclude Americans are unpredictable and insincere, and you may wish ② <u>you were back home</u>. Understanding ③ <u>why do Americans behave the way they do</u> may help you ④<u>understand your own feelings</u>.

11회차 어휘

05 밑줄 친 부분의 의미와 가장 가까운 것은?

> Aircraft bombings were an essential part of the military campaigns carried out in different countries in Europe and Asia to <u>intimidate</u> and demoralize the enemy.

① threaten

② exploit

③ complicate

④ depict

06 밑줄 친 부분의 의미와 가장 가까운 것은?

> As he drove along the highway, he had a quick <u>glimpse</u> at the construction site.

① judgement

② glance

③ determination

④ ignorance

07 다음 빈칸에 들어갈 말로 가장 적절한 것은?

> If man were to _____ his desire to aspire for the better, progress will be hampered and everything will be doomed to complete stagnation.

① hold onto

② put together

③ give up

④ tear apart

08 다음 빈칸에 들어갈 말로 가장 적절한 것은?

> All those weeks of studying will eventually _____ when you take the exam.

① cut off

② tear off

③ take off

④ pay off

11회차 생활영어

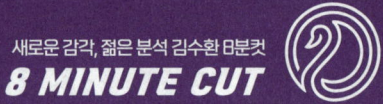

| 체감 난이도 | 자가 채점 | 실제 득점 |

09 대화의 빈칸에 들어갈 말로 가장 적절한 것을 고르시오.

> A: Can I help you?
> B: Yes, I'd like to return these jeans.
> A: May I ask why you're returning them?
> B: I bought them for my son, but they're too short.
> A: Do you have the receipt?
> B: Yes, here it is.
> A: I'm sorry. These jeans were on sale.
> _____.
> B: Then, do you have the jeans in a larger size?

① We don't give refunds if the items were on sale

② We have a bigger one on sale

③ We don't have a sale at the moment

④ The sale is still on

| 체감 난이도 | 자가 채점 | 실제 득점 |

10 두 사람의 대화 중 가장 어색한 것은?

① A: I need more excitement in my life.
  B: Why don't you take up sky diving?

② A: How was your presentation?
  B: It was awful. It went off without a hitch.

③ A: You sure bought a lot of groceries.
  B: Yeah. I guess I went overboard.

④ A: You're taking five classes this term? That's way too much.
  B: Yes, I'm afraid I bit off more than I could chew this time.

메타인지 분석표

메타인지 분석을 통해 내가 알고 모르는 것을 정확하게 파악하여, 내가 몰랐던 부분을 완벽하게 복습하도록 계획을 세우세요!

번호	유형	난이도	복습체크	자가 채점	실제 득점	코드 및 메모
01	문법					
02	문법					
03	문법					
04	문법					
05	어휘					
06	어휘					
07	어휘					
08	어휘					
09	생활영어					
10	생활영어					

12 회차 문법

01 어법상 틀린 것을 고르시오.

① What makes us Americans is our shared commitment to an idea.

② She gets up early in the morning, and so is her husband.

③ My father was doing laundry looking at his new cell phone.

④ This week's book reviews are better than those of last week.

02 우리말을 영어로 잘못 옮긴 것은?

① 저 건물은 정말 작다, 그렇지 않니?
→ That building is really small, isn't it?

② 시계가 12시를 알리자, 강 건너에서 불꽃놀이가 시작되었다.
→ When the clock struck 12, fireworks were set off over the river.

③ 내가 그때 좀 더 분별이 있었더라면 그 차에 타지 않았을 텐데.
→ I would never get in the car if I had known better at that time.

④ Craig는 그 잡지의 표지에 실릴 모델로 선택되었다.
→ Craig was chosen as the model who would be on the magazine's cover.

03 어법상 옳은 것은?

① The unemployed in the society who objected to the powerful politician is at a substantial disadvantage.

② The more violent programs a boy watches at age 9, the more aggressively he is likely to be at age 19.

③ Many organizations and government agencies are devoted to conservation living things.

④ Two teenagers were talking while one was eating and the other was not.

04 밑줄 친 부분 중 어법상 옳지 않은 것을 고르시오.

The dominance of big-money sports can affect ① <u>local</u> sports. For example, in the 1970s and 1980s, the Caribbean ② <u>has had</u> the most feared and respected cricket team in the world. Its talented players were heroes around the world. However, in recent years, young people in the Caribbean have become more likely to play football or basketball, ③ <u>attracted</u> by television coverage of the English Premier League and NBA. This has led to a decline in a sport that is part of the culture of the region. Although fans of Caribbean cricket see this as a bad thing, young people in the region may benefit from ④ <u>being exposed</u> to a wider range of sports.

12회차 어휘

05 밑줄 친 부분의 의미와 가장 가까운 것은?

> The symptoms of the disease have continued to **perplex** her doctors.

① puzzle

② please

③ amaze

④ frustrate

06 밑줄 친 부분의 의미와 가장 가까운 것은?

> The paint can be **diluted** with water to make a lighter shade.

① escalated

② weakened

③ endorsed

④ deteriorated

07 다음 빈칸에 들어갈 말로 가장 적절한 것은?

> The bomb shoots out blue sparks and explodes instantly, then thick _____ smoke spreads about, killing hundreds of people.

① detrimental

② innocuous

③ wholesome

④ lucid

08 다음 빈칸에 들어갈 말로 가장 적절한 것은?

> Yesterday, investigators _____ arson that damaged a printing press at the New York Post.

① fell into

② looked into

③ ran into

④ turned into

12 회차 생활영어

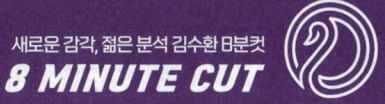

09 대화의 빈칸에 들어갈 말로 가장 적절한 것을 고르시오.

> A: Look at that. There are still light on in the insurance company again.
> B: Yes, it looks nice and warm, doesn't it? I sometimes wish I worked there.
> A: You do? Really?
> B: Uh-huh. Sometimes.
> A: I heard the boss there is too bossy.
> B: But still... a nice office, a desk, lots of people around... It can't be bad.
> A: You know what they say: "_____."
> B: I suppose you're right.

① Icing on the cake
② The grass is always greener on the other side of the fence
③ There is no rest for a family with many children
④ It's no use crying over spilt milk

10 두 사람의 대화 중 가장 어색한 것은?

① A: I'll come by your place at seven.
　B: That's really kind of you.

② A: Do you think I should take an umbrella?
　B: Not really. The chance of rain is almost nil today.

③ A: Did you do well on the science exam today?
　B: Well, I screwed up. I should have studied harder.

④ A: I can't stand it anymore. It's too hot and humid today!
　B: I'm afraid not. We need a wall-mounted air-conditioner since our house is not big enough.

메타인지 분석표

번호	유형	난이도	복습체크	자가 채점	실제 득점	코드 및 메모
01	문법					
02	문법					
03	문법					
04	문법					
05	어휘					
06	어휘					
07	어휘					
08	어휘					
09	생활영어					
10	생활영어					

13회차 문법

01 어법상 틀린 것을 고르시오.

① Feeling worthy isn't something given to us by others.

② Keep quiet so that you don't disturb the asleep baby.

③ I have four writing instruments. One is a pen, and the others are pencils.

④ However humble it may be, there is no place like home.

02 우리말을 영어로 잘못 옮긴 것은?

① 어떠한 것도 여러분의 건강보다 더 중요한 것은 없습니다.
→ Nothing is more important than your health.

② 당신이 채소만 먹든지 고기를 먹는 사람이든지간에 당신은 이 것을 좋아할 것이다.
→ You will like this if you eat only vegetables or you are a meat-eater.

③ 백두산은 한국의 다른 어떤 산보다도 더 높다.
→ Mt. Baekdu is higher than any other mountain in Korea.

④ Gary가 우유를 더 많이 마셨더라면 키가 더 크게 자랐을 것이다.
→ Gary would have grown taller if he had drunk more milk.

03 어법상 옳은 것은?

① Some of the money from cutting timber in tropical forests are used to plant new trees.

② His house is three times as big as we.

③ He found it convenient to take the subway in Seoul.

④ We are far more empowered by science than any previous generation did.

04 밑줄 친 부분 중 어법상 옳지 않은 것을 고르시오.

① <u>Arriving</u> in a new country, we often find that there are many things we already understand. The buildings, clothes, or shopping centers may seem much like they do back home. But if we stay a bit longer or look more ② <u>close</u>, we begin to notice differences. People not only eat different foods and speak a different language — they think and act differently. The more interaction we have with this new place and its people, ③ <u>the more</u> we realize that despite commonalities, things do not work in the new country the way they do back home. Because of this, it can be difficult to fully understand ④ <u>what</u> things mean. To do so requires looking more deeply.

*commonality 공통성, 공통점

13 회차 어휘

05 밑줄 친 부분의 의미와 가장 가까운 것은?

> Government will **publicize** air-quality standard regulation and require itself to revise those standards periodically.

① prosecute

② persecute

③ announce

④ withdraw

06 밑줄 친 부분의 의미와 가장 가까운 것은?

> The slight temperature changes might cause **factitious** results of the experiment.

① stable

② static

③ accurate

④ fake

07 밑줄 친 부분의 의미와 가장 가까운 것은?

> Kate **turned in** her assignment full of mistakes.

① withdrew

② rejected

③ submitted

④ discarded

08 다음 빈칸에 들어갈 말로 가장 적절한 것은?

> The refugees will need help to _____ the winter.

① get through

② get rid of

③ get across

④ get back to

13 회차 생활영어

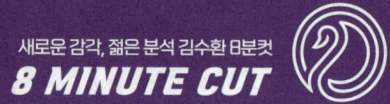

09 대화의 빈칸에 들어갈 말로 가장 적절한 것을 고르시오.

A: Hi, Alice.
B: Hi, Tony. Where are you going?
A: To the store to buy a camping stove. Mine is broken.
B: A camping stove? Where are you planning to go?
A: To the beach. I found a really nice place for camping.
B: You seem to like camping very much.
A: Yeah. I go camping with my friends almost every weekend.
B: _____?
A: Setting up a tent and cooking on the fire. I also love the cool air at night and the clear starry sky. Hey, how about trying it this time?
B: Sounds interesting, but I've never done it before.

① What makes you crazy about it
② Can I take a look at it?
③ Where are you heading for this weekend
④ Are you going to have dinner at home

10 두 사람의 대화 중 가장 어색한 것은?

① A: Why don't we share a taxi and split the fare?
   B: Sounds like a good idea!

② A: I got this new bag for about 10 pounds or so.
   B: That's a steal!

③ A: How long has your boyfriend been over there?
   B: Only a few months, but it feels like ages.

④ A: Would you go see the movie again tomorrow?
   B: Don't mention it! I could see it a hundred more times.

메타인지 분석표

번호	유형	난이도	복습체크	자가 채점	실제 득점	코드 및 메모
01	문법					
02	문법					
03	문법					
04	문법					
05	어휘					
06	어휘					
07	어휘					
08	어휘					
09	생활영어					
10	생활영어					

01 어법상 틀린 것을 고르시오.

① She had the mechanic repair the machine.

② Unemployed last month, Mary had nothing to do.

③ The singer seems to be very popular when he was young.

④ Were it not for air and water, we could not live.

02 우리말을 영어로 잘못 옮긴 것은?

① 그녀는 몇몇 십 대 청소년들이 유치원에서 봉사 활동하는 것을 보았다.
→ She saw some teenagers to do volunteer work in the kindergarten

② 이 기술로 Tom은 Wall Street에서 직업을 찾을 수 있을 것이다.
→ This skill will enable Tom to find a job on Wall Street.

③ 우리는 우리가 함께 일하는 대부분의 사람들을 동료라고 여긴다.
→ We consider most of the people we work with coworkers.

④ 그 가게는 안전 규정을 지켰기 때문에 그 사고에 대해 법적인 책임이 없다.
→ Having followed the safety regulations, the store isn't liable for the accident.

03 어법상 옳은 것은?

① The best way of dealing with demanding family is to help them realize how busy are you.

② The school had the student council established rules for students.

③ Our conscious experience is consisted entirely of the activities of 100 billion bits of neurons.

④ The students enjoyed being taught by such an exciting teacher.

04 밑줄 친 부분 중 어법상 옳지 않은 것을 고르시오.

What would it be like if library books ① <u>weren't</u> put into any kind of order? You probably wouldn't be able to find the book ② <u>you wanted</u>. That is why library books are organized. Most public libraries separate books for children and teens from books for adults. That way, children, teens, and adults can find the books they want ③ <u>easier</u>. Most libraries also separate fiction books from nonfiction books. Fiction books are alphabetized by the author's last name. So if you are looking for a children's fiction book, ④ <u>begin</u> by going to the children's section. Next, look for the fiction books in that section. Finally, search alphabetically for the last name of the author, and you will likely find the book.

14 회차 어휘

05 밑줄 친 부분의 의미와 가장 가까운 것은?

> <u>Crude</u> oil is the world's most important commodity.

① expensive

② priceless

③ worthless

④ raw

06 밑줄 친 부분의 의미와 가장 가까운 것은?

> The technology is to <u>harness</u> the power of the waterfall to create electricity.

① halt

② exploit

③ generate

④ abandon

07 밑줄 친 부분의 의미와 가장 가까운 것은?

> The verdict in the trial was <u>up in the air</u> when the jury discussed the case.

① uncertain

② ready

③ upcoming

④ decided

08 다음 빈칸에 들어갈 말로 가장 적절한 것은?

> After five miles, Tara was tired and started to _____ _____.

① set out

② fall behind

③ run away

④ go forward

14 회차 생활영어

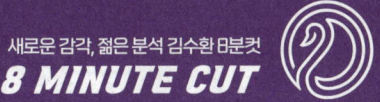

09 대화의 빈칸에 들어갈 말로 가장 적절한 것을 고르시오.

A: Hi, thanks for coming today. I'm Linda Smith. Nice to meet you.
B: Hello, I'm Mark Turner. Nice to meet you, too.
A: Have you read the information about this job?
B: Yes, it sounds very interesting.
A: What did you study?
B: I studied marketing at Swan University.
A: Great. _____?
B: Well, I work in sales and I have managed teams and projects.

① How long have you been in sales

② Why do you want this job

③ Can you tell me about your present jobs

④ What do you do in your free time

10 두 사람의 대화 중 가장 어색한 것은?

① A: Why don't we pull over there and ask for directions?
   B: Good call. I'll stop by the gas station over there.

② A: Would you like another slice of cake?
   B: No, I'm stuffed. If I eat another bite, I think I might burst.

③ A: I haven't seen Victor all day. Have you?
   B: He's a bit under the weather, so he's at home resting.

④ A: Would you mind if I borrowed your clubs?
   B: No problem. They are my brother's. So I have no right to lend them to you.

메타인지 분석표

메타인지 분석을 통해 내가 알고 모르는 것을 정확하게 파악하여, 내가 몰랐던 부분을 완벽하게 복습하도록 계획을 세우세요!

번호	유형	난이도	복습체크	자가 채점	실제 득점	코드 및 메모
01	문법					
02	문법					
03	문법					
04	문법					
05	어휘					
06	어휘					
07	어휘					
08	어휘					
09	생활영어					
10	생활영어					

15 회차 문법

01 어법상 틀린 것을 고르시오.

① The Internet makes it possible for strangers to engage in conversation.

② Listening to the conversation, Ann translated it into Chinese.

③ During in Paris, I stayed at an exclusive hotel.

④ What I really like is reading as many books as I can.

02 우리말을 영어로 잘못 옮긴 것은?

① Taki는 일본에서 자라서, 일본어를 아주 잘 말할 수 있다.
→ Having raised in Japan, Taki can speak Japanese very well.

② 우리 누나는 팔짱을 낀 채로 서 있었다.
→ My sister stood with her arms folded.

③ Dave는 다 닳아빠진 그 군인의 신발을 발견했다.
→ Dave found the soldier's shoes that were all worn out.

④ Nicky는 그 다리의 공사가 즉시 중단되어야 한다고 명령했다.
→ Nicky commanded that the work on the bridge cease immediately.

03 어법상 옳은 것은?

① The Earth surrounds by a protective blanket of air.

② Whoever wants to know the heart of America had better learn baseball.

③ The jungle which the tribe lived was full of strange animals.

④ Children tend to learn all the languages which they are exposed.

04 밑줄 친 부분 중 어법상 옳지 않은 것을 고르시오.

When you imagine the glamorous lifestyle of top athletes, you probably don't picture drug testers bursting into their homes on a holiday and ① <u>following</u> them into the bathroom. However, under the World Anti-Doping Programme, this is a way of life for ② <u>many</u> athletes. A large group of athletes from every country are subject to Registered Training Pool (RTP) rules, ③ <u>which</u> they are randomly drug tested, even when not in competition. These athletes must submit information about where they will be every hour of every day. When the tests are conducted, Anti-Doping personnel stay with the athlete the entire time. If an athlete refuses or misses the doping test three times, he or she will receive the same penalty as athletes who ④ <u>fail</u> a drug test.

*doping 도핑, 금지 약물 복용 **personnel 요원

15 회차 어휘

05 밑줄 친 부분의 의미와 가장 가까운 것은?

> The apartment is to be **demolished** next month.

① destroyed
② erected
③ cherished
④ depleted

06 밑줄 친 부분의 의미와 가장 가까운 것은?

> The rocks continue to **erode** gradually but steadily.

① grow
② disintegrate
③ deteriorate
④ emerge

07 다음 빈칸에 들어갈 말로 가장 적절한 것은?

> This rubber ball is very _____ and immediately springs back into shape after you've squashed it.

① temporary
② resilient
③ negligible
④ lucrative

08 다음 빈칸에 들어갈 말로 가장 적절한 것은?

> George won't be at the office today. He _____ the flu over the weekend.

① came across
② came up with
③ came down with
④ came by

15 회차 생활영어

09 대화의 빈칸에 들어갈 말로 가장 적절한 것을 고르시오.

A: Are you all right?
B: Yes, I'm OK, but what about my car? You shouldn't have been going so fast.
A: Well, it wasn't my fault.
B: What do you mean, it wasn't your fault? I had the right of way.
A: As a matter of fact, you didn't. You shouldn't have come out like that.
B: Why not? There's no sign.
A: Then, what's that?
B: Oh. A stop sign. _____.

① I must have missed it
② I have missed the sign, too
③ Well, you should have been more careful
④ You have followed the signs for the exit

10 두 사람의 대화 중 가장 어색한 것은?

① A: Did he listen to what his teacher said?
　B: Yes. He followed the directions to the letter.

② A: I can't believe what he said!
　B: He really put his foot in his mouth.

③ A: Why the long face, Jason?
　B: My dad bought me a new cellphone.

④ A: The museum is so old and it should be torn down.
　B: I couldn't agree with you more!

메타인지 분석표

번호	유형	난이도	복습체크	자가 채점	실제 득점	코드 및 메모
01	문법					
02	문법					
03	문법					
04	문법					
05	어휘					
06	어휘					
07	어휘					
08	어휘					
09	생활영어					
10	생활영어					

01 어법상 틀린 것을 고르시오.

① Animals appear in the myths, legends, and songs of every culture.

② Male elephants are preferred as they are faster and more aggressive than females.

③ She is one of the greatest contemporary authors of our time.

④ The court ruled in favor of the defendant on both those case.

02 우리말을 영어로 잘못 옮긴 것은?

① Ellen은 그녀의 어머니에 의해 공항으로 데려가졌다.
→ Ellen was taken to the airport by her mother.

② 이 저수지는 그 마을이 충분한 마실 물을 가지는 것을 가능하게 한다.
→ This reservoir makes it possible for the town to have enough drinking water.

③ 4차원이 존재한다는 생각은 꽤 놀라웠다.
→ The idea was quite shocking that a fourth dimension exists.

④ 턱시도를 입은 그 남자가 Gina에게 자기와 춤출 것을 요청했다.
→ Gina asked the man who was in the tuxedo to dance with her.

03 어법상 옳은 것은?

① Beauty is a concept that differ between societies and time periods.

② Half an hour is too a short time to write this paper.

③ My younger sister's name is beautiful if pronounced properly.

④ The cake was so well that I had to take another bite of it.

04 밑줄 친 부분 중 어법상 옳지 않은 것을 고르시오.

Asking questions is one of the most valuable ways for students to participate in class. You should not hesitate to ask questions, especially when something in a lesson puzzles you. Do not feel ① <u>embarrassed</u> about asking questions. Teachers generally appreciate questions because they show that you are taking an active interest in the class. Also, when you ask a reasonable question, other students in the class probably need the answer as ② <u>more</u> as you do, so you are helping everyone. This does not mean that there is no such thing as a bad question or that you should ask questions ③ <u>constantly</u>. Students who raise their hands every minute and ask questions that are better off unasked ④ <u>are</u> definitely not candidates for their teacher's favorite student. There are good and bad questions—and good and bad times to ask them.

05 밑줄 친 부분의 의미와 가장 가까운 것은?

> He plans to try a long-<u>dormant</u> love again.

① attainable

② active

③ awake

④ sleeping

07 밑줄 친 부분의 의미와 가장 가까운 것은?

> The music is really <u>getting on my nerves</u>.

① making me irritated

② making me happy

③ making me excited

④ making me sad

06 밑줄 친 부분의 의미와 가장 가까운 것은?

> I will demonstrate that this project is <u>feasible</u>.

① practicable

② conventional

③ unpredictable

④ novel

08 다음 빈칸에 들어갈 말로 가장 적절한 것은?

> After receiving his two-year jail sentence, it was suspended for three years, and he opened a commercial dog cloning business since there weren't others around the world that had the technology to _____ the difficult job.

① call off

② put up

③ pull off

④ get down

16회차 생활영어

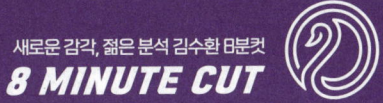

09 대화의 빈칸에 들어갈 말로 가장 적절한 것을 고르시오.

A: Hi, Bob. It's another good picnic, isn't it?
B: Yeah, it really is.
A: Did you get my memo about the meeting Monday?
B: Yeah, ten o'clock, right? It's not bad news, is it?
A: No, don't worry. It's good news, in fact. What we need to do is increase the production of our new personal computer.
B: Terrific!
A: Right, but let's not _____ today. That's not what we're here for.
B: You're right. Have you tried the barbecue ribs?

① talk shop
② cut corners
③ learn the ropes
④ do everything by the book

10 두 사람의 대화 중 가장 어색한 것은?

① A: Has Betty left for Seattle yet?
   B: No, but she will have left here by next Monday.

② A: What did you do last night?
   B: I dated a man who I think was more handsome than Tom Cruise.

③ A: You're going to be very disappointed with me.
   B: Oh? Why not? Your performance has been amazing.

④ A: Could you give me a ride?
   B: Sure. Hop in.

메타인지 분석표

메타인지 분석을 통해 내가 알고 모르는 것을 정확하게 파악하여, 내가 몰랐던 부분을 완벽하게 복습하도록 계획을 세우세요!

번호	유형	난이도	복습체크	자가 채점	실제 득점	코드 및 메모
01	문법					
02	문법					
03	문법					
04	문법					
05	어휘					
06	어휘					
07	어휘					
08	어휘					
09	생활영어					
10	생활영어					

17 회차 문법

01 어법상 틀린 것을 고르시오.

① The princess turned away from the window lest anyone doesn't see her.

② If you have passion, you can achieve whatever you want.

③ There are many reasons why a dog may stop eating.

④ No one was to be seen in the street.

02 우리말을 영어로 잘못 옮긴 것은?

① 우리 모두는 한 주 내내 열심히 일하면서 아주 피곤해진다.
→ We all become very tired working hard throughout the week.

② 지구 중력의 영향은 우리 주위에서 보기 쉽다.
→ Effects of the earth's gravity are easy to see around us.

③ 너는 많은 아름다운 것들이 있다는 것을 발견하고 놀라게 될 거야.
→ You'll be surprised to find that there are many beautiful things.

④ 그는 시카고에서 10년 동안 살고 있지만 거기에 친구가 거의 없다.
→ He has lived in Chicago for 10 years but has little friends there.

03 어법상 옳은 것은?

① Writing down all your expenses help you to save your money.

② You should avoid to make careless mistakes on your tests.

③ The boss made the employees to work late.

④ The nurse asked me to avoid a shower after the flu shot.

04 밑줄 친 부분 중 어법상 옳지 않은 것을 고르시오.

Did you know that lights can be used to ① <u>get</u> more milk from cow? Some scientists kept a group of cows in a barn ② <u>during</u> the winter. Lights were turned on for 16 hours each day. The cows gained extra weight and started giving more milk than before. Cows aren't the only animals that produce more when the lights are kept on. Chickens ③ <u>lie</u> more eggs and lambs grow faster when lights are on for 16 hours. Why does this happen? Scientists believe that the added lights send a special signal to the animals' brains. But no one is sure just exactly ④ <u>how</u> this works.

8분컷 Lv.3

17 회차 어휘

05 밑줄 친 부분의 의미와 가장 가까운 것은?

> I will be in a **precarious** financial situation if stock prices plummet.

① reliable

② insecure

③ lucrative

④ stable

06 밑줄 친 부분의 의미와 가장 가까운 것은?

> They prepared their baby's room with **meticulous** care.

① artful

② thorough

③ careless

④ untruthful

07 밑줄 친 부분의 의미와 가장 가까운 것은?

> The management will only **let in** people who have tickets.

① repel

② seek

③ admit

④ neglect

08 다음 빈칸에 들어갈 말로 가장 적절한 것은?

> The washing machine _____ yesterday, so I had to wash all of the clothes by hand.

① broke down

② went over

③ checked out

④ let down

17 회차 생활영어

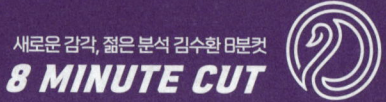

09 대화의 빈칸에 들어갈 말로 가장 적절한 것을 고르시오.

A: Is that you, Peter? What are you doing in Las Vegas?
B: I decided to take a break after exams and have some fun.
A: _____. What a coincidence!
B: I know. I came with my girlfriend. She's never been to Las Vegas before.
A: I see. I hope you have a nice trip.
B: You too. Bye!

① Never thought I'd see you here.

② I came to Las Vegas right after high school.

③ How could you be so gullible?

④ You must have left early this morning, then.

10 두 사람의 대화 중 가장 어색한 것은?

① A: Let's just drop out of the class. It's too boring and useless.
   B: Mind if I sleep on it?

② A: What's your New Year's resolution, Anna?
   B: I'm really going to get in shape this year.

③ A: Do you mind if I order another glass of wine?
   B: Yes, sure. Be my guest.

④ A: Are you being helped?
   B: Not yet. We have to hold off for a few minutes. There's so much on the menu.

메타인지 분석표

메타인지 분석을 통해 내가 알고 모르는 것을 정확하게 파악하여, 내가 몰랐던 부분을 완벽하게 복습하도록 계획을 세우세요!

번호	유형	난이도	복습체크	자가 채점	실제 득점	코드 및 메모
01	문법					
02	문법					
03	문법					
04	문법					
05	어휘					
06	어휘					
07	어휘					
08	어휘					
09	생활영어					
10	생활영어					

18 회차 문법

01 어법상 틀린 것을 고르시오.

① It's important to let the audience be known that you care about them.

② The calmer and more relaxed you remain, the easier it is to solve the issue.

③ She blamed herself for everything that had happened.

④ It's impossible to know for sure if cats dream just like we do.

02 우리말을 영어로 잘못 옮긴 것은?

① 네 그림에 관해 네가 가장 좋아하는 것에 주의를 기울여라.
→ Pay attention to what you like most about your drawings.

② 사해는 바다보다 거의 아홉 배나 더 짜다.
→ The Dead Sea is almost nine times saltier than the ocean.

③ 이기적인 사람들은 감사할 줄 아는 사람들만큼 건전한 결정을 잘 내리지 못한다.
→ Selfish people do not make sound decisions as well as do grateful people.

④ 드론은 접근하기 어렵거나 비용이 많이 드는 장소에서 관련 정보를 수집한다.
→ Drones gather relevant data in places that are difficult or cost to reach.

03 어법상 옳은 것은?

① That matters most is not physical appearance but inner beauty.

② My mom promised that she wouldn't forget to take her pills.

③ This shirt comes in various colors, so you can choose however you like.

④ The hotel will either call or texting you to confirm the reservation.

04 밑줄 친 부분 중 어법상 옳지 않은 것을 고르시오.

Sadly, in many poor areas of the globe, women are not allowed ① <u>to play</u> an important role in society, ② <u>which</u> means half of the knowledge, talent and strength that could improve conditions is literally going to waste. That's why we are focusing on ③ <u>giving</u> power to women worldwide. We're introducing community projects ④ <u>which</u> men and women work together to accomplish what had seemed impossible.

18회차 어휘

05 밑줄 친 부분의 의미와 가장 가까운 것은?

> While the electricity may seem cheaper, the **exorbitant** costs of building and maintaining power plants must be included.

① obsolete

② reasonable

③ excessive

④ slight

06 밑줄 친 부분의 의미와 가장 가까운 것은?

> It is perhaps **inevitable** that advanced technology will increase the pressure on workers.

① escapable

② probable

③ unavoidable

④ diverse

07 밑줄 친 부분의 의미와 가장 가까운 것은?

> The sun **lit up** the sky, which had been cloudy for long.

① surpassed

② evoked

③ darkened

④ illuminated

08 다음 빈칸에 들어갈 말로 가장 적절한 것은?

> The meeting has been _____ for a long time due to a lack of preparation.

① put off

② put on

③ put down

④ put out

18 회차 생활영어

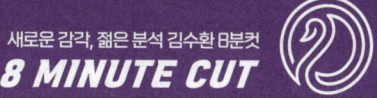

09 대화의 빈칸에 들어갈 말로 가장 적절한 것을 고르시오.

A: What's the daily rate for a compact car?
B: It's 30 dollars a day.
A: Does it come with accidental insurance?
B: No, you have to pay extra for insurance. It's optional.
A: Well, how much is it?
B: Thirteen dollars a day.
A: Does it comes with a full tank of gas?
B: Yes. _____.

① We filled it up this morning

② I'll meet you guys there

③ Always fill your gas tank full

④ A full tank of gas is not guaranteed

10 두 사람의 대화 중 가장 어색한 것은?

① A: Do you have anthing to declare?
　B: Nothing. Here is my customs declarations form.

② A: Are you with me so far?
　B: How far is it?

③ A: Which one should I have to buy? This one or that one?
　B: Suit yourself. It's your money, not mine.

④ A: IVE's new song is really a catchy song.
　B: You're telling me.

메타인지 분석표

메타인지 분석을 통해 내가 알고 모르는 것을 정확하게 파악하여, 내가 몰랐던 부분을 완벽하게 복습하도록 계획을 세우세요!

번호	유형	난이도	복습체크	자가 채점	실제 득점	코드 및 메모
01	문법					
02	문법					
03	문법					
04	문법					
05	어휘					
06	어휘					
07	어휘					
08	어휘					
09	생활영어					
10	생활영어					

19 회차 문법

01 어법상 틀린 것을 고르시오.

① She was unable to help her friend move yesterday.

② He is neither the best or the worst student.

③ The list includes novels, some of which have been translated into English.

④ I heard Mary was in stable condition in the hospital.

02 우리말을 영어로 잘못 옮긴 것은?

① 너는 그들이 무엇을 할 것이라고 생각하니?
→ What do you suppose they will do?

② 나는 내가 노력을 거의 하지 않았던 것이 창피했다.
→ I was ashamed that I had made so little effort.

③ 내가 우리 아이들에게 줄 수 있는 가장 훌륭한 선물 중 하나는 그들과 보내는 나의 시간이었다.
→ One of the greatest gifts that I could give to our children were my time with them.

④ 그의 말에 크게 동기 부여되어, 그 나무꾼은 다음날 더 열심히 일했다.
→ Highly motivated by his words, the woodcutter worked harder the next day.

03 어법상 옳은 것은?

① He always speaks as careful as he acts to the people around him.

② Every dish in that restaurant tastes well.

③ He worked voluntarily at the homeless shelter to help the community.

④ I saw my sister waving on other side of the road.

04 밑줄 친 부분 중 어법상 옳지 않은 것을 고르시오.

Since childhood, Jim had been fascinated by all kinds of ships. He hoped that when he grew up, he could join the hardworking sailors ① **that** he saw down by the docks. He read many books that explained how to sail and what a commander should do in dangerous situations. Moreover, Jim dreamed about ② **taking** a voyage that would last two months. He often made his lists ③ **in which** he would figure out the amount of money it would take to buy a sailboat and the kinds of provisions he would need. After all, the day came when Jim was ready to take the trip he ④ **has dreamed** about.

* provisions: 식량

05 밑줄 친 부분의 의미와 가장 가까운 것은?

> We have a general idea of what we want, but nothing **concrete** at the moment.

① delicate

② specific

③ simple

④ complicated

07 밑줄 친 부분의 의미와 가장 가까운 것은?

> It takes eight hours to **put together** each device.

① purchase

② separate

③ replace

④ assemble

06 밑줄 친 부분의 의미와 가장 가까운 것은?

> We **inadvertently** left the shop without paying the bill.

① subsequently

② deliberately

③ unintentionally

④ on purpose

08 다음 빈칸에 들어갈 말로 가장 적절한 것은?

> Time is _____ so quickly. I can't believe our vacation is almost over.

① going by

② going up

③ going off

④ going over

19 회차 생활영어

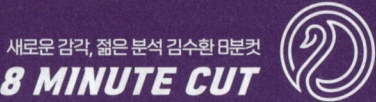

09 대화의 빈칸에 들어갈 말로 가장 적절한 것을 고르시오.

A: Are you going to vote?
B: Yes, are you?
A: Yes, but what day are the elections?
B: They're this coming Tuesday.
A: Good thing you told me.
B: I can't believe you didn't know when the elections were.
A: _____.
B: You should watch the news more often.

① I can feel it in my bones

② It slipped my mind

③ A little bird told me

④ I bent the rules

10 대화의 빈칸에 들어갈 말로 가장 적절한 것을 고르시오.

A: Hey Jill.
B: What's up Mike?
A: I was wondering if you have any plans for tomorrow night.
B: Umm... I don't think I have anything special for tomorrow. Why?
A: Do you want to see Joker with me?
B: _____ Let's go see the movie together.

① I've already seen that movie.

② I'm fed up with that movie.

③ Let's stay in touch.

④ Why not?

메타인지 분석표

메타인지 분석을 통해 내가 알고 모르는 것을 정확하게 파악하여, 내가 몰랐던 부분을 완벽하게 복습하도록 계획을 세우세요!

번호	유형	난이도	복습체크	자가 채점	실제 득점	코드 및 메모
01	문법					
02	문법					
03	문법					
04	문법					
05	어휘					
06	어휘					
07	어휘					
08	어휘					
09	생활영어					
10	생활영어					

20 회차 문법

01 어법상 틀린 것을 고르시오.

① Rex is devoted to being a good husband.
② Gyuho let his son play online games.
③ Who was the girl who dropped the coffee on the floor?
④ Swan took the guitar lessons since last year.

02 우리말을 영어로 잘못 옮긴 것은?

① 한 운전자가 두 소년이 무거운 가방을 들고 가는 것을 봤다.
→ A driver saw two boys carrying heavy bags.

② 인간의 반응은 객관적으로 해석하기엔 너무 까다롭다.
→ Human reactions are too difficult to interpret them objectively.

③ 내가 다른 도시로 이사를 갈 수 있다면 삶이 더 나을 텐데.
→ Life would be better if I were able to move to another city.

④ 웹페이지를 디자인하는 것을 배우는 것이 처음에는 불가능해 보인다.
→ Learning to design websites seems impossible at first.

03 어법상 옳은 것은?

① Barbara's coat is more expensive than Joe.
② Only recently have a video game been considered a form of art.
③ The newest model of this cell phone is superior to the previous one.
④ Fast-food restaurants can be found easy in many countries.

04 밑줄 친 부분 중 어법상 옳지 않은 것을 고르시오.

The largest pyramid of all is the Great Pyramid of Cheops, at Giza. It is as tall as a 48-story Building and ① <u>covers</u> an area the size of ten football fields. Building the Great Pyramid was an enormous task that ② <u>has taken</u> about 20 years. Thousands of craftspeople and laborers built this giant tomb. Every year, when the Nile River flooded the land for three months, the farmers could not grow crops. They ③ <u>were sent</u> to help the other workers who were constructing the pyramid throughout the year. The workers dragged 2.5 million stone blocks up a ramp, one at a time. They placed the blocks one on top of the other. The stones fit together so ④ <u>well</u> that they did not need any cement to hold them in place!

20 회차 어휘

05 밑줄 친 부분의 의미와 가장 가까운 것은?

> Citizens demanded the prosecutors to conduct an **impartial** investigation of the civil servant bribery scandal.

① neutral

② biased

③ unscrupulous

④ rigid

06 밑줄 친 부분의 의미와 가장 가까운 것은?

> Japan's **dubious** colonial claim to Dokdo, Korea's easternmost islets, has been a burning issue for many years between Korea and Japan.

① unflinching

② steadfast

③ fallible

④ suspicious

07 밑줄 친 부분의 의미와 가장 가까운 것은?

> Cathy decided to **abide by** the rules.

① refuse

② create

③ observe

④ revise

08 다음 빈칸에 들어갈 말로 가장 적절한 것은?

> The human rights group has _____ the US to end the death penalty.

① catered to

② called on

③ checked over

④ called off

20 회차 생활영어

09 대화의 빈칸에 들어갈 말로 가장 적절한 것을 고르시오.

> A: Have you heard about the robbery?
> B: What robbery?
> A: Some guy attempted to rob our bank earlier today.
> B: That's insane!
> A: He tried to rob the bank at gunpoint.
> B: Is everyone okay?
> A: _____.
> B: I'm glad to hear that.

① The police don't know who the suspect is

② He didn't hurt anyone

③ I heard he got away

④ They'll catch him

10 두 사람의 대화 중 가장 어색한 것은?

① A: Hey Paul. What are you doing here?
  B: How's it going? I'm expecting company.

② A: I don't know if I can go through with the audition. Look at me. I'm shaking.
  B: Relax. You're getting cold feet.

③ A: What have you been up to?
  B: I think we're going to go for a spin after school.

④ A: What is the weather like today?
  B: It couldn't be better.

메타인지 분석표

번호	유형	난이도	복습체크	자가 채점	실제 득점	코드 및 메모
01	문법					
02	문법					
03	문법					
04	문법					
05	어휘					
06	어휘					
07	어휘					
08	어휘					
09	생활영어					
10	생활영어					

21 회차 문법

01 어법상 틀린 것을 고르시오.

① The Internet has changed the way people buy and sell things.

② You need to convince people that your ideas are worth investing in.

③ The battery runs up to 10 hours, which is other advantage.

④ Cats in the wild are most active in the early morning, in which they do most of their hunting.

02 우리말을 영어로 잘못 옮긴 것은?

① 얼마나 많은 공개가 적절한가에 관한 생각은 문화마다 다르다.
→ Ideas about how much disclosure is appropriate vary among cultures.

② 변화의 느린 속도는 나쁜 습관을 없애는 것을 어렵게 만든다.
→ The slow pace of transformation makes it difficult to break a bad habit.

③ 오늘날 만들어진 제조 식품 중 다수는 아주 많은 화학물질을 함유한다.
→ Many of the manufactured products made today contain so many chemicals.

④ 식품 라벨은 당신이 구입하고 있는 식품 안에 들어 있는 것을 알려준다.
→ Food labels inform you that is inside the food you are purchasing.

03 어법상 옳은 것은?

① This cookie is far much delicious than my mother's.

② A blog is an online space which you can express your ideas.

③ The busier the restaurant, the slower the service.

④ We arrived half an hour lately for the seminar, so we missed the beginning.

04 밑줄 친 부분 중 어법상 옳지 않은 것을 고르시오.

The invention of Ivory Soap, one of the world's most popular brands, ① was an accident. The manufacturer had begun making a product ② calling White Soap in 1878. But one day, a factory worker went to lunch, forgetting ③ to turn off the mixing machine. As a result, much more air than usual was added to the soap. When the air-filled product was unmolded, it became the world's first floating soap. Customers loved the soap because ④ it could not be lost at the bottom of a tub.

*unmold: 틀에서 떼어내다

05 밑줄 친 부분의 의미와 가장 가까운 것은?

> Beginning next year, expressions that imply gender discrimination or <u>belittle</u> awareness of Korea's aging society will be deleted from textbooks.

① disparage

② magnify

③ plummet

④ inflate

06 밑줄 친 부분의 의미와 가장 가까운 것은?

> People are <u>transient</u> and bands are splitting up but songs always remain permanent.

① contemporary

② unbiased

③ perennial

④ momentary

07 밑줄 친 부분의 의미와 가장 가까운 것은?

> The newspapers have <u>zeroed in on</u> his private life.

① glanced at

② wiped out

③ focused on

④ winded up

08 다음 빈칸에 들어갈 말로 가장 적절한 것은?

> It may take more than 2 weeks for your body to _____ COVID-19, the illness caused by the new coronavirus.

① leave off

② get over

③ give in

④ cut out

21회차 생활영어

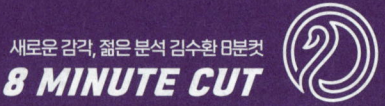

09 대화의 빈칸에 들어갈 말로 가장 적절한 것을 고르시오.

> A: I just recently moved into the neighborhood.
> B: Is that right? How recently?
> A: Just last week.
> B: What kinds of things have you been doing out here?
> A: _____.
> B: Why not?
> A: I don't know what to do.

① There's a lot that you can do

② I haven't been doing much

③ Tell me what there is to do

④ That's more than I've been doing

10 두 사람의 대화 중 가장 어색한 것은?

① A: Do you want to go to the beach?
　B: Now you're talking.

② A: Do you like classical music?
　B: That is not my cup of tea.

③ A: I heard that the computer is really cheap. Where did you get it?
　B: At the mall near my place. I got ripped off.

④ A: She still loves you! Take my word for it.
　B: Well, I don't think so. She is always trying to stay away from me.

메타인지 분석표

메타인지 분석을 통해 내가 알고 모르는 것을 정확하게 파악하여, 내가 몰랐던 부분을 완벽하게 복습하도록 계획을 세우세요!

번호	유형	난이도	복습체크	자가 채점	실제 득점	코드 및 메모
01	문법					
02	문법					
03	문법					
04	문법					
05	어휘					
06	어휘					
07	어휘					
08	어휘					
09	생활영어					
10	생활영어					

22 회차 문법

01 어법상 틀린 것을 고르시오.

① Some protein-rich foods can help maintain your energy level.

② The number of Internet users is doubling every six month.

③ Many areas of Africa suffered severe drought last year.

④ The author left the ending open to the reader's imagination.

02 우리말을 영어로 잘못 옮긴 것은?

① 이 생기 넘치는 시장은 매주 금요일에 열린다.
→ This lively market is held every Friday.

② 당신의 짐을 방치하지 마세요.
→ Don't leave your belongings unattended.

③ 오늘이 어제만큼 습한 것 같지만, 기온은 더 낮다.
→ Today seems as more humid as yesterday, but the temperature is lower.

④ 눈 때문에 나의 대학교는 다른 어떤 대학교보다 더 많은 학교 수업 일수가 줄었다.
→ My college lost more school days than any other college due to snow.

03 어법상 옳은 것은?

① Christina felt nervously when she got a sudden question from a teacher.

② My dog is as smart and brilliant as yours.

③ Julie has suffered from a bad cold a week ago.

④ The lack of confidence in his voice was spoiled his job interview.

04 밑줄 친 부분 중 어법상 옳지 않은 것을 고르시오.

Destruction of the world's rain forests ① **is** a serious problem. Unfortunately, they aredisappearing. As part of a class project, the studentswhose teacher is Mike Myers bought three acres of rain forest in Costa Rica. They hope that the land they bought will be protected and ② **not destroyed**. They became so interested in rain forests ③ **that** they decided to get a closer look at a real rain forest. So last month, Myers and four of his students ④ **has gone** on an eight-day trip to visit the rain forests.

22회차 어휘

05 밑줄 친 부분의 의미와 가장 가까운 것은?

> They have a <u>callous</u> attitude toward the suffering of others.

① sensitive

② wary

③ indifferent

④ stingy

06 밑줄 친 부분의 의미와 가장 가까운 것은?

> Today, the term myth is often used in an unfavorable way to refer to something that is <u>exaggerated</u> or untrue.

① minimized

② accelerated

③ falsified

④ overstated

07 밑줄 친 부분의 의미와 가장 가까운 것은?

> We need a process that <u>weeds out</u> corrupt police officers.

① emits

② eradicates

③ discourages

④ alleviates

08 다음 빈칸에 들어갈 말로 가장 적절한 것은?

> As the clock strikes midnight and _____ a new year, we can't help but look back at the year that has passed.

① usher in

② look into

③ fend off

④ call off

22 회차 생활영어

09 대화의 빈칸에 들어갈 말로 가장 적절한 것을 고르시오.

> A: Hello, Grandma's Kitchen.
> B: Hello. I'd like to reserve a table for two tonight.
> A: At what time?
> B: Around seven p.m.
> A: _____
> B: It's John Connor.

① Is there anything else you need?

② What time shall we make it?

③ Your table is ready for you, sir.

④ May I have your name, please?

10 두 사람의 대화 중 가장 어색한 것은?

① A: Would you like another serving?
　B: Thanks, but no more for me.

② A: Why did he pick up the tab for the meal last night?
　B: He got promoted to the new manager.

③ A: How was that lecture?
　B: Most of that lecture ws over my head.

④ A: I am on maternity leave these days.
　B: I took a day off today.

메타인지 분석표

번호	유형	난이도	복습체크	자가 채점	실제 득점	코드 및 메모
01	문법					
02	문법					
03	문법					
04	문법					
05	어휘					
06	어휘					
07	어휘					
08	어휘					
09	생활영어					
10	생활영어					

01 어법상 틀린 것을 고르시오.

① He hasn't learned how to avoid criticizing others.

② Everyone got excited when the cherry blossoms bloomed.

③ This soup is twice more spicy as the soup I had last night.

④ Whatever problem we may see out there in the world is coming from inside of us.

02 우리말을 영어로 잘못 옮긴 것은?

① 그 전체 수업은 무려 12분이나 진행되었다.
→ The whole lesson lasted no more than 12 minutes.

② 목표를 세우는 것의 목적은 게임에서 승리하는 것이다.
→ The purpose of setting goals is to win the game.

③ 만약 당신이 건강에 좋지 않은 것을 먹을 것이라면, 적어도 그것을 마지막으로 남겨둬라.
→ If you are going to eat something unhealthy, at least save it for last.

④ 당신의 발전을 결정할 것은 바로 그 과정에 대한 당신의 헌신이다.
→ It is your commitment to the process that will determine your progress.

03 어법상 옳은 것은?

① I have subscribed to your magazine last year.

② If the price has been reasonable, I would have bought the running shoes.

③ My watch isn't in its usual place. Someone must move it.

④ She noticed her cousin walking along the shoreline.

04 밑줄 친 부분 중 어법상 옳지 않은 것을 고르시오.

Small talk is a natural human skill. Like walking, running or writing, we are all able to do it at some level. However, the way to get ① much better is to practice. If you ② start practicing small talk, you will notice that the hardest part of having a conversation is starting the conversation. At the beginning you have to find something ③ what the two of you are interested in talking about. Then you can build to a full conversation. The reason why people start talking about the weather or current events ④ is that they are harmless and common to everyone.

23 회차 어휘

05 밑줄 친 부분의 의미와 가장 가까운 것은?

> This enabled the ecosystem to develop checks and balances that prevent lions and sharks from **wreaking too much havoc**.

① contributing

② preventing

③ intimidating

④ damaging

06 밑줄 친 부분의 의미와 가장 가까운 것은?

> The manager is often **obstinate** about a useless point.

① stubborn

② attractive

③ conservative

④ flexible

07 밑줄 친 부분의 의미와 가장 가까운 것은?

> I had four different meetings today. They **wore me out**.

① rejoiced

② annoyed

③ exhausted

④ disappointed

08 다음 빈칸에 들어갈 말로 가장 적절한 것은?

> The newly appointed minister said, "No development can _____ at the cost of people's rights because it is basic and fundamental. So any development will have to first take care of the people's rights."

① hand out

② take place

③ take sides

④ split up

23 회차 생활영어

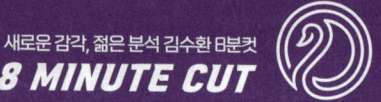

09 대화의 빈칸에 들어갈 말로 가장 적절한 것을 고르시오.

> A: Hey, how's it going?
> B: Good. How are you?
> A: Good. By the way, how's your grandmother doing?
> B: She's fine. Couldn't be better.
> A: Great. I'm always a little worried about her.
> B: _____. She needs to be taken care of well.

① I know. She's over eighty now

② Don't be too hard on yourself

③ We don't have time for this

④ OK. Let me check my schedule

10 두 사람의 대화 중 가장 어색한 것은?

① A: What should we have for dinner?
   B: Anything but pizza.

② A: How much are you asking for your used car?
   B: You name it.

③ A: When is her baby due?
   B: She is expecting a baby in June.

④ A: What brought you here?
   B: By airplane.

메타인지 분석표

메타인지 분석을 통해 내가 알고 모르는 것을 정확하게 파악하여, 내가 몰랐던 부분을 완벽하게 복습하도록 계획을 세우세요!

번호	유형	난이도	복습체크	자가 채점	실제 득점	코드 및 메모
01	문법					
02	문법					
03	문법					
04	문법					
05	어휘					
06	어휘					
07	어휘					
08	어휘					
09	생활영어					
10	생활영어					

24 회차 문법

01 어법상 틀린 것을 고르시오.

① Workers will have to adapt to whatever new environment technology brings.

② Having been unwell, he stayed at home.

③ I'm looking for a job which will enable me to develop my skills.

④ In the movie, the girl mysteriously disappeared during on a picnic at the park.

02 우리말을 영어로 잘못 옮긴 것은?

① 모든 과제는 제시간에 제출될 것으로 예상된다.
→ All assignments are expected to be turned in on time.

② 나는 눈을 감자마자 그녀를 생각하기 시작했다.
→ Hardly had I closed my eyes when I began to think of her.

③ 그 중개인은 그녀에게 즉시 주식을 사라고 권했다.
→ The broker recommended that she bought the stocks immediately.

④ 머리에 연필 끝이 박힌 여자가 마침내 그것을 제거했다.
→ A woman with the tip of a pencil stuck in her head has finally had it removed.

03 어법상 옳은 것은?

① Having fun during the game is more valuable than to win the game.

② The belief that sudden increases in temperature cause headaches are not true.

③ Asking to answer a series of questions in a limited time, students felt nervous.

④ I am happy to be invited to the fund-raising party for the school library.

04 밑줄 친 부분 중 어법상 옳지 않은 것을 고르시오.

The discovery of two more moons around Pluto had ① <u>raised</u> some questions like how it can have 3 moons altogetherdespite its small size. Scientists are already offering opinions on it. One idea is that a large object fell into Pluto, ② <u>breaking</u> pieces off the planet. After billions of years spinning around Pluto, those pieces could have come together to form moons.③ <u>Other</u> opinion is that the two little moons were originally just small asteroids pulled into orbit around Pluto. Astronomers believe ④ <u>that</u> the moon's orbit of Pluto will allow them to learn more about Pluto's size and structure.

*asteroid:소행성

24 회차 어휘

05 밑줄 친 부분의 의미와 가장 가까운 것은?

> Some plans to **curb** inflation were suggested by an expert.

① trigger

② restrain

③ purify

④ promote

06 밑줄 친 부분의 의미와 가장 가까운 것은?

> The judge **suspended** the sentence because of Mr. Daw's mental health.

① reserved

② resumed

③ revolutionized

④ postponed

07 밑줄 친 부분의 의미와 가장 가까운 것은?

> I want to make a complaint. The person who just **waited on** me was very impolite.

① serve at the table of

② drop by one's place

③ wait until someone is done with something

④ go on a strike

08 다음 빈칸에 들어갈 말로 가장 적절한 것은?

> Crossing the bridge, she felt dizzy and _____ the rails.

① gave up

② let go of

③ clung to

④ opted out

24 회차 생활영어

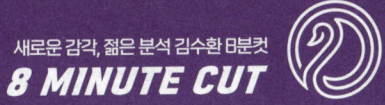

09 대화의 빈칸에 들어갈 말로 가장 적절한 것을 고르시오.

A: Aren't we there yet?
B: No, we need to go a few more blocks.
A: But we passed a church. Didn't you say it's across from a church?
B: _____.
A: My feet are killing me!
B: Come on. Keep moving.

① Yes, the church is back there

② No, I came across it

③ No, I said a bank, not a church

④ Yes, I need it now

10 두 사람의 대화 중 가장 어색한 것은?

① A: What have you been up to lately?
   B: Not much, actually. I have been so busy working.

② A: Your grades are terrible. Get your act together.
   B: I'm doing the best I can.

③ A: Excuse me. How much is this coat?
   B: That sounds a bit too expensive for me.

④ A: Our restaurant has spagetti, pizza, steak, you name it. We can prepare it for you.
   B: I'm so hungry. I'd like to order as much as I can.

메타인지 분석표

메타인지 분석을 통해 내가 알고 모르는 것을 정확하게 파악하여, 내가 몰랐던 부분을 완벽하게 복습하도록 계획을 세우세요!

번호	유형	난이도	복습체크	자가 채점	실제 득점	코드 및 메모
01	문법					
02	문법					
03	문법					
04	문법					
05	어휘					
06	어휘					
07	어휘					
08	어휘					
09	생활영어					
10	생활영어					

25 회차 문법

01 어법상 틀린 것을 고르시오.

① We were at the airport, sent our brother off on his trip.

② Chris has played chess with his mother since he was twelve years old.

③ My physical trainer suggested running a mile each day.

④ New technologies create new possibilities, changing the way people do their jobs.

02 우리말을 영어로 잘못 옮긴 것은?

① 많은 총기 지지자들은 총을 소유하는 것이 타고난 권리라고 주장한다.
→ Many gun advocates claim that owning guns is a natural-born right.

② 당신은 당신이 이야기 나누고 있는 그 사람들을 존중해야 한다.
→ You should respect the people with whom you're speaking.

③ 예술가들이 기후 변화에 어떻게 반응할 것인지를 고려할 가치가 있다.
→ It's worth considering how artists will respond to climate change.

④ 그의 범행 동기는 사람들을 충격받게 했다.
→ His motives for committing the crime made people shocking.

03 어법상 옳은 것은?

① The company interviewed ten applicants, some of them were experienced.

② Your headache might have disappeared if you took this pill.

③ At each end of the bus terminal are information desks for customers.

④ Time management is as importantly as money management to success.

04 밑줄 친 부분 중 어법상 옳지 않은 것을 고르시오.

Many people describe ① <u>themselves</u> as nature worshipers. They love and appreciate all things in nature. But in primitive societies and religions, it went beyond ② <u>simple</u> loving nature to a more intense relationship. The worship of fire ③ <u>was found</u> among many primitive people, perhaps because they could see what fire was capable of doing. In addition to fire, primitive people worshipped heavenly bodies: the moon, the sun, and the stars. Today we have become much more knowledgeable and perhaps too ④ <u>worldly</u> to worship these natural forces; we simply appreciate them.

25 회차 어휘

05 밑줄 친 부분의 의미와 가장 가까운 것은?

> The company could not pay its bills and became **insolvent**.

① extinct
② extant
③ fragile
④ bankrupt

06 밑줄 친 부분의 의미와 가장 가까운 것은?

> We are confident that the policy change will be **instrumental** in bringing the division back to profitability.

① significant
② effective
③ lethargic
④ nominal

07 밑줄 친 부분의 의미와 가장 가까운 것은?

> Paul was so nervous about his job interview that he **threw up** just before he left for it.

① danced
② vomitted
③ cried
④ ached

08 다음 빈칸에 들어갈 말로 가장 적절한 것은?

> Overconsumption of LDL cholesterol can interfere with blood flow or _____ blood vessels with blood clots.

① use up
② blow up
③ clog up
④ come up

25 회차 생활영어

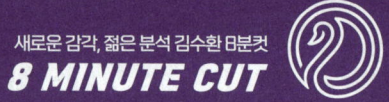

09 대화의 빈칸에 들어갈 말로 가장 적절한 것을 고르시오.

A: Well, this is it. My new apartment!
B: Wow! I love what you've done with it.
A: Thanks. Where do you think I should put this coffee table?
B: _____.
A: You're right. I'll put it there. What do you think?
B: Perfect!

① You can buy one at the furniture wholesalers

② It would look great next to the bookcase

③ I'll bring it here at the beginning of next week

④ I think you left it in the living room

10 두 사람의 대화 중 가장 어색한 것은?

① A: I want to go skiing this weekend.
   B: But it hasn't snowed enough.

② A: How did Paula do in the final?
   B: Couldn't be worse. If she got a passing grade, it would be a miracle.

③ A: Can you recommend any good places to eat?
   B: Make it a point to eat at Les Arlots.

④ A: My apartment is crawling with cockroaches!
   B: I'm fed up with making beds!

메타인지 분석표

메타인지 분석을 통해 내가 알고 모르는 것을 정확하게 파악하여, 내가 몰랐던 부분을 완벽하게 복습하도록 계획을 세우세요!

번호	유형	난이도	복습체크	자가 채점	실제 득점	코드 및 메모
01	문법					
02	문법					
03	문법					
04	문법					
05	어휘					
06	어휘					
07	어휘					
08	어휘					
09	생활영어					
10	생활영어					

01 어법상 틀린 것을 고르시오.

① Each of the books contains valuable information.
② There have been many people laid off from work in the steel business.
③ It goes without saying that honesty is the best policy.
④ Don't forget to bring some warm clothes in case it'll get cold.

02 우리말을 영어로 잘못 옮긴 것은?

① 엄마의 피자는 정말 맛있어서 남은 게 없었다.
→ Mom's pizza tasted so good that there were no leftovers.

② 디즈니 건물들의 일부를 주의 깊게 보아라.
→ Look careful at some of the Disney buildings.

③ 학생들은 그들의 가장 좋아하는 밴드에 관해 생각하도록 시켜졌다.
→ Students were made to think about their favorite band.

④ 만약 내가 너를 공격한다면, 우리는 둘 다 확실히 죽을 거야.
→ If I were to strike you, we would both surely die.

03 어법상 옳은 것은?

① The typhoon made our school cancel all classes.
② It is important for your health to check regularly.
③ If you will see Jane, would you tell her to call me?
④ Most travel agencies sell full package tours which includes flight tickets and hotels.

04 밑줄 친 부분 중 어법상 옳지 않은 것을 고르시오.

More than a billion people in the developing world need glasses. But opticians aren't exactly on every ① <u>block</u> in sub-Saharan Africa. In some places the ratio is one to one million residents. Pondering this problem, Oxford University physics professor Joshua Silver came up with a brilliantly simple solution: a pair of eyeglasses ② <u>which</u> the wearer can adjust. Silicone oil ③ <u>is injected</u> into a gap between two sheets of plastic until the lens provides sharp vision. As director of the new nonprofit Center for Vision in the Developing World, Silver envisions a billion pairs on needy eyes by 2020. So far, 30,000 pairs are in use in Africa and eastern Europe, two-thirds ④ <u>distributing</u> through U.S. military aid programs.

26 회차 어휘

05 밑줄 친 부분의 의미와 가장 가까운 것은?

> The introduction of mass-production methods enabled many people to purchase their own automobiles and gave them an **unprecedented** amount of mobility.

① unmistakable

② elaborate

③ arbitrary

④ unparalleled

06 밑줄 친 부분의 의미와 가장 가까운 것은?

> We have a duty to respond to their **plight**.

① restriction

② predicament

③ vulnerability

④ foundation

07 밑줄 친 부분의 의미와 가장 가까운 것은?

> The government thought it could **count on** the support of the labor unions.

① stick one's nose in

② take over

③ rely on

④ put up with

08 다음 빈칸에 들어갈 말로 가장 적절한 것은?

> The transport service cannot _____ the strain of so many additional passengers.

① mess up

② cope with

③ shake up

④ pull back

26 회차 생활영어

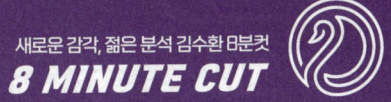

09 대화의 빈칸에 들어갈 말로 가장 적절한 것을 고르시오.

> A: I'm going to be leaving early today, Sean.
> B: Okay, Mr. Pearson. Anything I should do before closing?
> A: _____?
> B: Yes, I'll make sure to set it tonight.
> A: Thank you. Have a nice evening.
> B: You too. Bye.

① Do you have any idea where I can set up the account

② How long will it take to close the whole door

③ Can you make sure to set the security alarm

④ Have you met the new intern

10 두 사람의 대화 중 가장 어색한 것은?

① A: I am in hot water. I wrecked my father's car.
　B: He will hit the ceiling.

② A: How can I help you?
　B: I'd like to have this prescription filled, please.

③ A: Did he ask you to marry him?
　B: Yes, he promised to keep in touch with me.

④ A: My boss is trying to dump all his work on me again.
　B: If I were in your shoes, I'd say no.

메타인지 분석표

메타인지 분석을 통해 내가 알고 모르는 것을 정확하게 파악하여, 내가 몰랐던 부분을 완벽하게 복습하도록 계획을 세우세요!

번호	유형	난이도	복습체크	자가 채점	실제 득점	코드 및 메모
01	문법					
02	문법					
03	문법					
04	문법					
05	어휘					
06	어휘					
07	어휘					
08	어휘					
09	생활영어					
10	생활영어					

27 회차 문법

01 어법상 틀린 것을 고르시오.

① No one would be senseless enough to wear shorts in this weather.
② If the radishes were organic, they would be better for your health.
③ Parents sometimes have babysitters taken photos of their kids.
④ The older you get, the more patient you become.

02 우리말을 영어로 잘못 옮긴 것은?

① 대형화재가 그 건물을 집어삼켰지만, 그 동물이 살아있다는 것을 알게 되었다.
→ I found the animal alive although the big fire consumed the building.

② 그 동물은 목 주위에 어두운 줄무늬가 있는 회색 털을 가지고 있다.
→ The animal has gray hair with dark stripes on their neck.

③ 네가 내일 도착하면 미나가 너를 기다리고 있을 거야.
→ Mina will be waiting for you when you arrive tomorrow.

④ 구할 수 있는 자리가 있었더라면, 사장은 너를 승진시켰을 거야.
→ Had there been a position available, the boss would have promoted you.

03 어법상 옳은 것은?

① He might have gotten overconfident after his victory last week.
② Cats can hear high-pitched sounds very better than humans.
③ Visitors to the park were satisfying with its clean environment.
④ The members with whom I am doing a group project is all trying hard.

04 밑줄 친 부분 중 어법상 옳지 않은 것을 고르시오.

Everyone has a hard time ① <u>controlling</u> their anger when they are in an irritable mood. When we are irritable, we become angry about matters that wouldn't bother us if we ② <u>aren't</u> irritable. We are looking for an opportunity to become angry. When we are irritable, something that might have just annoyed us ③ <u>makes</u> us angrier. Anger felt in an irritable mood lasts longer and is harder ④ <u>to manage</u>. Sometimes we can help ourselves by indulging in activities we really enjoy, but it does not always work. All you have to do is avoid people when you can recognize that you are in an irritable mood. However, the problem is that we don't notice the mood until we have the first angry outburst.

27 회차 어휘

05 밑줄 친 부분의 의미와 가장 가까운 것은?

> The composer produced **immortal** melodies that are still loved worldwide.

① credible

② irretrievable

③ undying

④ conspicuous

06 밑줄 친 부분의 의미와 가장 가까운 것은?

> In total, the government requested around 60 million won to **offset** expenses such as airfare and hotel accommodation.

① initiate

② raise

③ deduct

④ counteract

07 밑줄 친 부분의 의미와 가장 가까운 것은?

> He **pored over** the letter searching for clues about the writer.

① examined

② proliferated

③ collected

④ mitigated

08 다음 빈칸에 들어갈 말로 가장 적절한 것은?

> A politician pulled from a high-rise fire in northern Minnesota has _____, and now the death toll reached an estimated 80.

① set about

② brought about

③ passed away

④ embarked on

27 회차 생활영어

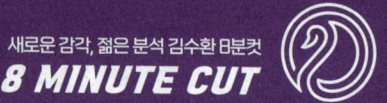

09 대화의 빈칸에 들어갈 말로 가장 적절한 것을 고르시오.

> A: What are the chances of getting a raise this year?
> B: _____.
> A: What makes you so sure?
> B: I haven't got a raise for three years now. The company keeps losing money and they can't afford to give anyone a raise.
> A: This is terrible. Did you ever think of working somewhere else?
> B: Yeah. In fact, I have an interview next Monday.

① Fifty-fifty

② Don't blow the chance

③ Stop crying over spilled milk

④ Chances are slim

10 두 사람의 대화 중 가장 어색한 것은?

① A: Do you have this in another color?
　B: Yes, in red and white.

② A: You won't believe who I talked with today!
　B: You can't trust everybody.

③ A: Swan is in such a bad mood today.
　B: You're telling me!

④ A: Where are those files you promised me?
　B: I left them on your desk this morning.

메타인지 분석표

번호	유형	난이도	복습체크	자가 채점	실제 득점	코드 및 메모
01	문법					
02	문법					
03	문법					
04	문법					
05	어휘					
06	어휘					
07	어휘					
08	어휘					
09	생활영어					
10	생활영어					

28 회차 문법

01 어법상 틀린 것을 고르시오.

① No other house in his town is as large as Fred.

② She looked tired; she must have stayed up all night.

③ Touchscreens are very sensitive, so people find it tough to type accurately.

④ Each year, the ice in the Arctic is melting more quickly than ever.

02 우리말을 영어로 잘못 옮긴 것은?

① 그 실수로 인해 그는 승진하지 못했다.
→ The mistake prevented him from being promoted.

② 많은 학생들이 시험을 통과하기 위해 애쓴다.
→ Many a student try to pass the exam.

③ 나는 채식주의자가 대체로 육식주의자보다 덜 잔인하다고 생각한다.
→ I think vegetarians are mostly less cruel than meat-eaters.

④ 저 강은 너무 오염되어 있어서 물이 오렌지색으로 변했다.
→ That river is so polluted that the water has turned orange.

03 어법상 옳은 것은?

① Much evidence indicates that healthy eating habits increase lifespan.

② Bryan is a firefighter, as his father was used to be a firefighter.

③ My father always remains calmly in any difficult situation.

④ A great deal of damage avoided thanks to the "earthquake-proof" buildings.

04 밑줄 친 부분 중 어법상 옳지 않은 것을 고르시오.

While we don't all have the same amount of money, we ① <u>do</u> have access to the same twenty four hours in every day. Though some people have much less free time than others, nearly everyone has some opportunity to give. The gift of time can sometimes be more ② <u>satisfied</u> and more valuable than money. You can see this by watching those who have volunteered at homeless shelters or ③ <u>brought</u> meals on wheels to seniors. If you are willing to volunteer, there are many organizations and projects that will be glad to welcome you. ④ <u>Whatever</u> you do, it will almost certainly be educational, enjoyable, and rewarding.

28 회차 어휘

05 밑줄 친 부분의 의미와 가장 가까운 것은?

> Certainly, he had an unusual mind and an <u>uncanny</u> ability to see what others didn't see.

① strange

② marvelous

③ normal

④ conventional

06 밑줄 친 부분의 의미와 가장 가까운 것은?

> The Ministry of National Defense is planning a six-month study regarding <u>conscientious</u> objectors.

① mortal

② constructive

③ haphazard

④ scrupulous

07 밑줄 친 부분의 의미와 가장 가까운 것은?

> Rural Americans are often older than those in other parts of America and that may <u>account for</u> the slower adoption rates for internet access.

① delay

② explain

③ quicken

④ impede

08 다음 빈칸에 들어갈 말로 가장 적절한 것은?

> The geologist will explain to us what happens during an earthquake, how to _____ earthquake shaking, and how to stay safe during and after an earthquake.

① keep abreast of

② make up for

③ prepare for

④ catch up

28 회차 생활영어

09 대화의 빈칸에 들어갈 말로 가장 적절한 것을 고르시오.

A: Excuse me. Can I check out this book, please?
B: I'm afraid no. That's one of our periodicals.
A: You mean, I can't take it out of here?
B: _____
A: Really? Are we allowed to make photocopies of them, then?
B: Actually you're not.

① You've borrowed too many books already.

② Will you take it out to the check-out counter?

③ Correct. You can only read it in the reading room.

④ You cannot check out more than five books at a time.

10 두 사람의 대화 중 가장 어색한 것은?

① A: I had a pizza delivered for you.
　B: Why don't you chew it over?

② A: Do you really want to go to the concert?
　B: Yeah, but it may cost me an arm and a leg.

③ A: I got a ticket for speeding this morning.
　B: Been there, done that.

④ A: What are you doing here? You're supposed to be at school now.
　B: We don't have a class today.

메타인지 분석표

메타인지 분석을 통해 내가 알고 모르는 것을 정확하게 파악하여, 내가 몰랐던 부분을 완벽하게 복습하도록 계획을 세우세요!

번호	유형	난이도	복습체크	자가 채점	실제 득점	코드 및 메모
01	문법					
02	문법					
03	문법					
04	문법					
05	어휘					
06	어휘					
07	어휘					
08	어휘					
09	생활영어					
10	생활영어					

29 회차 문법

01 어법상 틀린 것을 고르시오.

① She never so much as smiled.

② A skyscraper's foundation is different from that of a house.

③ It is not hardly the time to discuss it now.

④ The babies looked so alike that I couldn't tell who was who.

02 우리말을 영어로 잘못 옮긴 것은?

① 너 이 이야기 들어본적 없지? 그렇지?
→ You have not heard of this story, do you?

② 인간은 상대적으로 느리게 일하고 실수를 저지른다.
→ Humans work relatively slowly and make mistakes.

③ 우리는 당신으로부터 긍정적인 응답을 받기를 고대합니다.
→ We look forward to receiving a positive reply from you.

④ 몇몇 사람들은 다른 이들보다 더 나은 배우이다.
→ Some people are better actors than others.

03 어법상 옳은 것은?

① A constant increase in the earth's temperature is referred to global warming.

② I ordered a camera online three days ago, but it hasn't arrived yet.

③ I make it a rule arriving on time for appointments.

④ Dieting at an early age can damage health, resulted in poor growth.

04 밑줄 친 부분 중 어법상 옳지 않은 것을 고르시오.

When I started my career, I looked forward to the annual report from the organization showing statistics for each of its leaders. As soon as I received them in the mail, I'd look for my standing and ① <u>compare</u> my progress with the progress of all the other leaders. After about five years of doing that, I realized ② <u>how</u> harmful it was. Comparing yourself to others is really just a needless distraction. The only one you should compare yourself to ③ <u>be</u> you. Your mission is to become better today than you were yesterday. You do that by focusing on what you can do today to improve and grow. Do that enough, and if you look back and compare the you of weeks, months, or years ago to the you of today, you should be ④ <u>greatly</u> encouraged by your progress.

29 회차 어휘

05 밑줄 친 부분의 의미와 가장 가까운 것은?

> It seems that the more dangerous their pursuits are, the more rewards the **intrepid** adventurers seem to feel they will get.

① audacious

② inept

③ illicit

④ malignant

06 밑줄 친 부분의 의미와 가장 가까운 것은?

> He already **anticipated** my next question and prepared for it.

① divulged

② expected

③ reimbursed

④ condemned

07 밑줄 친 부분의 의미와 가장 가까운 것은?

> She is a role model for other players to **look up to**.

① despise

② blame

③ respect

④ scold

08 다음 빈칸에 들어갈 말로 가장 적절한 것은?

> More than 300 pedestrians were _____ on Abu Dhabi roads last year because drivers failed to slow down at crossings.

① got over

② took over

③ turned over

④ run over

29회차 생활영어

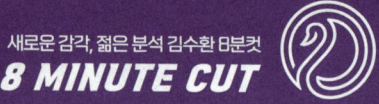

09 대화의 빈칸에 들어갈 말로 가장 적절한 것을 고르시오.

> A: Do you have any plans for tonight?
> B: Yeah, we're going out to a late-night movie.
> A: Who's we?
> B: _____
> A: Sounds fun. Count me in!
> B: Sure! I'll see you tonight then.

① You name it.

② Would you like to come?

③ So far, it's Neil, Jenny and me.

④ He's the director of the movie.

10 두 사람의 대화 중 가장 어색한 것은?

① A: Excuse me, do you know how to get to the city hall?
　B: I'm sorry, I'm a total stranger here, too.

② A: What time is the next train to Seoul?
　B: It's ten to five now.

③ A: Brian was late for his presentation this morning.
　B: Oh, no. Not again!

④ A: Oh, I've ruined the interview.
　B: It's not the end of the world.

메타인지 분석표
메타인지 분석을 통해 내가 알고 모르는 것을 정확하게 파악하여, 내가 몰랐던 부분을 완벽하게 복습하도록 계획을 세우세요!

번호	유형	난이도	복습체크	자가 채점	실제 득점	코드 및 메모
01	문법					
02	문법					
03	문법					
04	문법					
05	어휘					
06	어휘					
07	어휘					
08	어휘					
09	생활영어					
10	생활영어					

30 회차 문법

01 어법상 **틀린** 것을 고르시오.

① Unfortunately, our team has little chance of winning the game.

② The identical twins insist on wearing alike outfits.

③ If you had any sense, you wouldn't do such a stupid thing.

④ We would not even be here were it not for our parents.

02 우리말을 영어로 잘못 옮긴 것은?

① 각각의 모험은 새로운 것을 배울 기회이다.
→ Each adventure is a chance to learn something new.

② 우리는 서로의 옆에 나란히 앉아서 음악을 들었다.
→ We listened to music, sitting besides each other.

③ Tim은 승진하여 다른 지역으로 옮겨졌다.
→ Tim was promoted and transferred to a different location.

④ 이것은 깨지기 쉬우니 깨뜨리지 않도록 조심해라.
→ Since this is fragile, be careful lest you break it.

03 어법상 옳은 것은?

① He lay flowers on his grandfather's grave yesterday.

② It is not optional for you to attend the staff meetings.

③ By the time we had arrived at the airport, the flight already took off.

④ The driving test is consisted of the theory part and the practical part.

04 밑줄 친 부분 중 어법상 옳지 **않은** 것을 고르시오.

Our national park system is a true treasure that must ① **be preserved**. Our country is covered with cities, highways, and factories. The amount of green areas ② **is** shrinking all the time. Private parkland is constantly being sold to developers. Our national parks are among the few places with protection for nature. They are oases ③ **which** we can relax and live in harmony with the wilderness. This untouched land allows us to understand ④ **what** our country looked like hundreds of years ago, when it was pure and unspoiled.

30 회차 어휘

05 밑줄 친 부분의 의미와 가장 가까운 것은?

> The good smell of food was **pervasive** in the house.

① obscure

② elusive

③ profound

④ prevalent

06 밑줄 친 부분의 의미와 가장 가까운 것은?

> He is known as the **ruthless** leader of a terrorist group.

① pitiful

② callous

③ adventurous

④ reckless

07 밑줄 친 부분의 의미와 가장 가까운 것은?

> She would **drop by** shortly to pick up her boarding pass for her flight.

① decrease

② decline

③ visit

④ purchase

08 다음 빈칸에 들어갈 말로 가장 적절한 것은?

> We should _____ our differences and discuss the things we have in common.

① put aside

② let down

③ take away

④ slow down

30 회차 생활영어

09 대화의 빈칸에 들어갈 말로 가장 적절한 것을 고르시오.

A: Hello, welcome to Tiffany Jewelry. May I help you, sir?
B: Yes. My wife's birthday is coming up and I want to get her a special present.
A: That is lovely. I would like to show you these anniversary bands. We have these in yellow gold, white gold, and platinum.
B: _____. She loves stones like pearls or emeralds.
A: Then, how about this pearl necklace?
B: Oh, it's beautiful! I'm sure my wife is going to like it. I'll take it.
A: Would you like it gift wrapped?
B: Yes, please.

① They really fit the bill
② They are not her kind of thing
③ I decided to pull out all the stops
④ I feel pretty proud of myself

10 두 사람의 대화 중 가장 어색한 것은?

① A: You look exhausted.
　B: Yes, I've been on the go all day.

② A: Do you want to go out for some ice cream?
　B: Did you just read my mind? You know I'm on a diet.

③ A: What have you been up to?
　B: Same old, same old.

④ A: What's eating you?
　B: I'm quite nervous about the upcoming midterm exam.

메타인지 분석표

메타인지 분석을 통해 내가 알고 모르는 것을 정확하게 파악하여, 내가 몰랐던 부분을 완벽하게 복습하도록 계획을 세우세요!

번호	유형	난이도	복습체크	자가 채점	실제 득점	코드 및 메모
01	문법					
02	문법					
03	문법					
04	문법					
05	어휘					
06	어휘					
07	어휘					
08	어휘					
09	생활영어					
10	생활영어					

MEMO

MEMO

새로운 감각, 젊은 분석 김수환 8분컷

8 MINUTE CUT

김수환 영어

8 MINUTE

8 MINUTE CUT | VOLUME.2

생활영어 · 문법 · 어휘
시간 단축 2세대 하프 모의고사

8분컷 Vol.2

정답과 해설

김수환 편저

커넥츠 공단기   김수환 영어

31 회차 / 정답과 해설

상세한 해설은 공단기 김수환 8분컷 강의를 통해 확인하세요

정답표

| 01 | ④ | 02 | ④ | 03 | ④ | 04 | ④ | 05 | ② |
| 06 | ③ | 07 | ③ | 08 | ③ | 09 | ② | 10 | ① |

01

정답 | ④ (supported → are supported)

해설 | **CODE 4-1** 문맥상 주어인 many of our beliefs가 우리가 받은 정보에 의해서 '뒷받침된다'라는 수동의 의미가 되어야 하므로, supported를 수동태 동사 are supported로 고쳐야 한다.
① **CODE 10-1** 동사 begin의 목적어인 to부정사를 완성하는 question이 바르게 쓰였다.
② **CODE 20-2** 행위의 주어인 You와 목적어가 같은 대상이므로, 목적어 자리에 재귀대명사 yourself가 바르게 쓰였다.
③ **CODE 12-1** 주어 questions가 '권한을 부여하는' 능동의 의미가 되므로, be동사의 보어 자리에 현재분사 empowering이 바르게 쓰였다.

해석 | 우리가 뭔가를 믿을 때마다, 우리는 어쨌든 더 이상 그것에 의문을 갖지 않는다는 것을 기억해라. 우리가 솔직히 우리의 믿음에 의문을 갖기 시작하는 순간, 우리는 더 이상 그것들에 관해 절대적으로 확신하지 못한다. 뭔가를 하는 여러분의 능력을 의심해 본 적이 있는가? 어떻게 하다가 그랬는가? 여러분은 아마도 스스로에게 "잘 안 되면 어떡하지?" 같은 형편없는 질문들을 했을 것이다. 하지만 우리가 그저 맹목적으로 받아들였을 수 있는 믿음에 대한 타당성을 조사하기 위해 그것들(질문들)을 사용한다면 질문들은 분명 엄청나게 힘을 줄 수 있을 것이다. 실제로, 우리의 많은 믿음들은 우리가 그 당시 의문을 갖지 못했던 다른 사람들로부터 받은 정보에 의해 뒷받침된다.

02

정답 | ④ (who → whose)

해설 | **CODE 13-3** 주격/목적격 관계대명사 자리에 쓰는 who 뒤에는 불완전한 문장이 와야 하는데, 뒤에 완전한 문장이 있으므로, who를 hearts를 수식하는 소유격 관계대명사 whose로 고쳐야 한다.
① **CODE 2-2** A of B 구조에서 A에 부분을 나타내는 수량표현 some이 있을 경우, 동사의 수는 B에 일치시키므로, 복수명사 stars 뒤에 복수동사 are의 수일치가 올바르다.
CODE 20-1 앞의 복수명사 stars를 받는 복수 대명사 them도 바르게 쓰였다.
CODE 21-1 명사구 their traveling light 앞에 전치사 because of의 쓰임도 올바르다.
② **CODE 2-1** 단수주어 An email 뒤에 단수동사 disappears의 수일치가 올바르다.
CODE 11-1 'remember RVing(~했던 것을 기억하다)'의 remember 뒤에 동명사 receiving도 바르게 쓰였다.
CODE 18-1 동사 disappears를 수식하는 부사 mysteriously의 쓰임도 올바르다.
③ **CODE 15-1** 동사 tell의 직접목적어인 뒤에 완전한 문장을 이끄는 명사절 접속사 that이 바르게 쓰였다.

해석 | ① 별들 중 일부는 이미 죽었지만 그것들(별들)의 이동하는 빛 때문에 우리는 여전히 그것들을 본다.
② 우리가 받았던 것으로 기억하는 것 같은 이메일이 미스터리하게 우리의 받은 메일함에서 사라진다.
③ 대다수의 사람들은 우리에게 그들이 더 많은 대안을 갖는 것을 선호한다고 말할 것이다.
④ 119 구조 대원들은 다양한 기술들로 그 심장이 뛰는 것이 멈춘 많은 환자들을 되살릴 수 있다.

03

정답 | ④

해설 | **CODE 17-1** 병렬구조를 묻는 문제이다. poured와 placed는 and로 연결된다.
① **CODE 1-2** 주어 The unemployed가 나타내는 'the+형용사(분사)(~한 사람들)'는 복수 취급하므로, 이에 수일치되도록 단수동사 is를 복수동사 are로 고쳐야 한다. (is → are)
② **CODE 19-4** the 비교급, the 비교급을 묻는 문제이다.
CODE 18-2 뒤의 be likely to be ~(~할 가능성이 높다) 구문에서 be동사의 보어 자리에는 부사가 아닌 형용사가 들어가야 하므로, 부사 aggressively를 형용사 aggressive로 고쳐야 한다. (aggressively → aggressive)
③ **CODE 11-5** 'be devoted to(~에 전념하다)' 뒤에 명사나 동명사가 올 수 있는데, 뒤에 또 다른 명사 living things가 목적어로 위치하고 있는 것으로 볼 때, 명사가 아닌 동명사가 들어가야 함을 알 수 있으므로, 명사 conservation을 동명사 conserving으로 고쳐야 한다. (conservation → conserving)

해석 | ① 그 힘 있는 정치인을 반대했던 사회의 실업자들은 상당히 불리한 상황에 있다.
② 한 소년이 9살에 폭력적인 프로그램들을 더 많이 볼수록, 19살에 공격적이 될 가능성이 더 높다.
③ 많은 단체와 정부 기관들은 생명체를 보호하는 것에 전념하고 있다.
④ 간호사는 의사에게 차 한 잔을 따라 주고 찻주전자를 테이블 위에 놓았다.

04

정답 | ④ (are → have been)

해설 | **CODE 3-1** 뒤에 시제 단서 since our boss quit가 제시되어 있으므로, 현재완료시제로 고쳐야 한다.
① **CODE 1-1** 명사절 주어 That the Earth 뒤에 단수동사 is의 수일치가 올바르다.
CODE 15-1 뒤의 완전한 문장을 이끄는 명사절 접속사 That도 바르게 쓰였다.
CODE 18-1 부사 scientifically의 형용사 proven의 수식도 올바르다.
② **CODE 4-1** 주어 the espresso가 '내려지고', steamed milk가 '더해지는' 수동의 의미를 나타내는 수동태 동사 has been brewed와 is added가 바르게 쓰였다.
③ **CODE 4-2** 주어 Some people이 당황함을 유발하는 것이 아

닌 '느끼는' 것이므로 과거분사 embarrassed를 사용한다.

05

정답 | ②

해설 | supervise는 '감독하다'를 의미하므로 정답은 '② oversee 감독하다'이다.

해석 | 교사들과 직원들은 감독하고 지지해 줄 수 있지만 그들은 과잉보호할 것 같지는 않다.
① 타협하다
② 감독하다
③ 주장하다
④ 직면하다

06

정답 | ③

해설 | step down은 '사직[사임 하다]'를 의미하므로 정답은 '③ resigns 그만두다, 사임하다'이다.

해석 | 이세돌이 180번째 수를 뒀을 때, '알파고 기권하다'라는 표현이 갑자기 모니터에 불쑥 나타났다.
① 노출시키다
② 벗어나다
③ 그만두다
④ 남아 있다

07

정답 | ④

해설 | last는 '계속되다'의 의미이므로 정답은 '④ continue 지속되다, 계속되다'이다.

해석 | 태풍은 아시아에서 2주 이상 지속될 수 있다.
① 발생하다
② 자라다
③ 사라지다
④ 지속되다, 계속되다

08

정답 | ③

해설 | transcend는 '넘어서다, 초월하다'이라는 의미이므로 정답은 '③ surpass 능가하다, 뛰어나다'이다.

해석 | 최고의 영화는 국가 혹은 문화적인 경계를 넘어서는 영화이다.
① 전염되다, 전송하다
② 수록하다, (병에) 걸리다
③ 능가하다, 뛰어나다
④ 다르다, 다양하다

09

정답 | ②

해설 | 당신이 어느 부서에 배정될지 언제 알 수 있느냐는 A의 질문에 B는 언제 알 수 있다, 혹은 알 수 없다 등의 대답을 해야 자연스럽다. 따라서 빈칸에는 ② 'I'll find out after the training session ends.'가 적절하다.

해석 | A: 연수 기간 중에 무엇을 할 것인가요?
B: 다른 부서들을 방문해서 무엇을 하고 있는지 알아볼 거예요.
A: 그것 재미있겠네요. 당신이 흥미롭다고 생각하는 부서가 있으면 좋겠어요.
B: 하나 염두에 둔 것은 있지만, 회사의 결정을 받아들여야 할 거예요.
A: 당신이 어느 부서에 배정될지 언제 확실히 알 수 있나요?
B: 연수 기간이 끝난 후에 알아볼 거예요.
① 제 동료들과 잘 지낼 거예요.
② 연수 기간이 끝난 후에 알아볼 거예요.
③ 회사 생활이 제가 생각했던 것만큼 쉬울 것 같지 않아요.
④ 누가 그 부서를 담당하게 될지 모르겠어요.

10

정답 | ①

해설 | 해결책을 찾았냐는 A의 질문에 B는 아직 찾지 못했다고 말하고 있다. 이에 대한 A의 반응으로는 이제 포기할 때라는 내용의 '① throw in the towel'이 적절하다.

해석 | A: 이미 해결책을 찾았나요?
B: 아니요, 아직이요. 아직 애쓰고 있어요.
A: 이제 포기할 시간인 것 같네요.
① 포기하다, 패배를 인정하다
② 솔직하게(사실대로) 말하다
③ 아슬아슬하다; 절약하다
④ 화를 참다, 침착하다

32회차 정답과 해설

| 01 | ② | 02 | ③ | 03 | ② | 04 | ③ | 05 | ① |
| 06 | ① | 07 | ② | 08 | ② | 09 | ③ | 10 | ④ |

01

정답 | ② (were → did)

해설 | **CODE 19-7** 앞의 일반동사 have를 받는 대동사가 들어갈 자리이므로, were를 did로 고쳐야 한다.
① **CODE 23-8** 'one of+복수명사' 구문의 복수명사 stories가 바르게 쓰였다.
③ **CODE 13-1** 선행사 evolutionary changes를 수식하며, 주어가 없는 불완전한 문장을 이끄는 관계대명사 that이 바르게 쓰였다.
④ **CODE 11-3** 동사 makes의 가목적어 it 뒤의 목적격보어 자리에 형용사 비교급 more difficult가 바르게 쓰였다.

해석 | 질병을 일으키는 박테리아에 대한 항생제의 승리는 현대 의학의 가장 위대한 성공 스토리들 중 하나이다. 그러나 50년 이상의 광범위한 사용 후에, 많은 항생제들은 한때 그랬던 것과 같은 효과를 내지 못한다. 시간이 지나면서, 일부 박테리아들은 항생제의 효과보다 한 수 앞서는 방법들을 키워왔다. 항생제의 광범위한 사용이 박테리아가 이런 강력한 약에도 살아남을 수 있게 하는 진화적인 변화를 자극했던 것으로 생각된다. 항생제 내성이 미생물에 이득이 되는 반면, 인간에게 커다란 두 가지 문제를 제시하는데, 그것이 인체에 감염을 제거하는 것을 더 어렵게 만들고, 병원에서 감염되는 위험을 높인다는 것이다.

02

정답 | ③ (from joining → to join)

해설 | **CODE 9-4** persuade의 용법을 묻는 문제이다. persuade는 목적보어자리에 부정사를 사용한다.
① **CODE 17-1** 병렬구조를 묻는 문제이다. simple, orderly, slow는 모두 형용사로써 병렬관계를 이룬다. 특히 orderly는 '질서정연한'이라는 의미의 형용사임을 유의해야 한다.
② **CODE 18-2** 5형식 동사 find의 용법을 묻는 문제이다. find는 목적보어자리에 부사가 아닌 형용사가 위치한다.
④ **CODE 10-1** help는 동사원형이나 부정사를 목적어로 취한다.

해석 | ① 영혼의 기술은 단순하고, 질서정연하고 느린 경향이 있다.
② 규호는 규대가 굉장히 매력적이라는 것을 알게되었다.
③ 나는 Jack에게 농구팀에 가입하라고 설득했다.
④ 그 분류가 대화의 양상을 식별하도록 돕다.

03

정답 | ②

해설 | **CODE 11-5** be worth+~ing를 묻는 문제이다.
① **CODE 2-2** [A of B 구조에서 A에 수량표현 some이 있는 경우, 동사의 수는 B에 일치시키므로, 단수명사 the money에 수일치 되도록 복수동사 are를 단수동사 is로 고쳐야 한다. (are → is)
③ **CODE 2-5** those who went bankrupt in the 1990s를 강조하는 It ~ that 강조구문이므로, when을 that으로 고쳐야 한다. (when → that 혹은 who)
④ **CODE 19-7** 비교급 than 뒤에 앞의 be동사를 받는 대동사가 들어가야 하므로, did를 was로 고쳐야 한다. was 뒤에 empowered by science가 생략된 것으로 볼 수 있다. (did → was)

해석 | ① 열대우림에서 목재를 자르는 것에서 나오는 돈의 일부는 새로운 나무를 심는 데 사용된다.
② 당신은 사람들에게 당신의 아이디어가 투자할 만한 가치가 있다는 것을 확신시킬 필요가 있다.
③ 만능의 돈 달러의 추구에 몰두했던 것은 1990년대에 파산했던 이들이었다.
④ 우리는 어느 이전 세대가 그랬던 것보다 과학에 의해 훨씬 더 많은 권한을 받는다.

04

정답 | ③ (would neve get → would never have gotten)

해설 | **CODE 8-3** 'If S+had p.p. ~, S would+have p.p.'의 가정법 과거완료 구문이므로, would never get을 would never have gotten으로 고쳐야 한다.
① **CODE 18-2** 2형식 동사 keep의 용법을 묻는 문제이다. keep은 2형식동사로 사용될 때 형용사를 주격보어로 취한다.
② **CODE 4-1** 주어 fireworks가 '시작된' 수동의 의미를 나타내는 수동태 동사 were set off가 바르게 쓰였다.
④ **CODE 4-1** 주어 Craig가 '선택된' 수동의 의미를 나타내는 수동태 동사 was chosen이 바르게 쓰였다.
CODE 13-2 사람 선행사 the model을 수식하며, 주어가 없는 불완전한 문장을 이끄는 주격 관계대명사 who도 바르게 쓰였다.

05

정답 | ①

해설 | extreme은 '극도의, 극심한'을 의미하므로 정답은 '① drastic 극도의, 극단적인'이다.

해석 | 우리는 현재 극도의 압력을 받으며 일하고 있다.
① 극도의, 극단적인
② 필수적인
③ 반드시 해야 하는
④ 내구성 있는

06

정답 | ①

해설 | exterminate는 '몰살시키다'를 의미하므로 정답은 '① annihilate 몰살시키다, 전멸시키다'이다.

해석 | 한 전염병이 전체 종을 몰살시킬 수 있다.
① 몰살시키다, 전멸시키다
② 속이다
③ 복수하다, 보복하다
④ 의심하다

07

정답 | ②

해설 | tremble은 '(몸을) 떨다, 떨리다'의 의미이므로 정답은 '② shiver 떨다'이다.

해석 | 그 화재 사고를 생각하면 아직도 다리가 떨린다.
① 얼굴이 빨개지다
② 떨다
③ 강조하다
④ 해치다, 다치다

08

정답 | ②

해설 | confront는 '맞서다'라는 의미이므로 정답은 '② face 직면하다, 맞서다'이다.

해석 | 우리는 죽음에 직면하는 법을 배우고 있다.

① 피하다
② 직면하다, 맞서다
③ 연기하다, 미루다
④ 조절하다

09

정답 | ③

해설 | 대출한 책의 몇 페이지가 뜯어져 있는 것을 보고 이것에 대해 비난하고 있다. 따라서 빈칸에 들어갈 가장 적절한 말은 ③ 'Probably. It's inconsiderate to damage public property.'이다.

해석 | A: 우리 역사 과제를 위해 책 대출했니?
B: 응, 그런데 우리가 필요한 몇 페이지가 빠져 있어.
A: 오, 안 돼! 누군가 그것들을 뜯어낸 게 틀림없네.
B: 아마도. 공공 재산을 훼손하는 것은 사려 깊지 못해.
① 네가 그것이 어디 있었는지 기억할 수 있으면 좋겠어.
② 그것 아주 좋겠는데. 모든 게 지금까지 잘되어가고 있어.
③ 아마도. 공공 재산을 훼손하는 것은 사려 깊지 못해.
④ 넌 그 과자에 마감일을 맞춰야만 했어.

10

정답 | ④

해설 | A가 다른 사람 때문에 아직 리포트를 끝내지 못했다고 말하자 B가 그러지 말라고 충고하고 있다. 따라서 빈칸에 들어갈 말로 가장 적절한 것은 '④ pass the buck'이다.

해석 | A: 왜 네 리포트 아직도 안 끝냈니?
B: 하려고 했는데, Jane이 자기 컴퓨터 고치는 걸 도와달라고 했어.
A: 그래서, 무슨 말을 하려는 거야?
B: 그러니까 보고서 작성할 시간이 없었다고.
A: 다른 사람에게 책임을 전가하려 하지 마.
① 정면 승부하다, 정면 돌파하다
② 그녀를 차갑게 대하다
③ 요점을 피하다, 빙빙 둘러대다
④ 책임을 전가하다

33 회차 / 정답과 해설

| 상세한 해설은 공단기 김수환 8분컷 강의를 통해 확인하세요.

정답표

| 01 | ① | 02 | ④ | 03 | ④ | 04 | ① | 05 | ③ |
| 06 | ① | 07 | ② | 08 | ① | 09 | ① | 10 | ① |

01

정답 | ① (evidencing → evidenced)

해설 | **CODE 17-1** 등위접속사 and는 went와 evidenced라는 동사를 연결하는 역할을 하고 있다. 따라서, 현재분사인 evidencing을 과거동사 evidenced로 고쳐야한다.
② **CODE 15-1** 동사 supplemented의 목적어로, 뒤에 동사 lacked의 목적어가 없는 불완전한 문장을 이끄는 명사절 접속사 what이 바르게 쓰였다.
③ **CODE 13-1** 선행사 Galileo를 수식하는 관계절의 동사 consider의 목적어인 목적격 관계대명사 whom이 바르게 쓰였다.
④ **CODE 6-1** 주어 Galileo 뒤에 관계사절 수식어가 온 뒤, 콤마 뒤에는 문장의 본동사가 올 자리이다.

해석 | 과학의 탐구는 많은 성공과 고뇌를 봐 왔다. 그것들은 대개 함께 갔고 과학에 대한 믿음의 역할을 똑같이 잘 입증했다. 첫 번째 주요한 승리는 행성의 질서에 관한 코페르니쿠스의 개요였다. 그는 분명히 태양 중심적인 명제를 입증하는 것과는 거리가 멀었다. 그러나 그는 자연에 대한 믿음으로 물리적인 증거의 부족함을 보완했다. 그것은 대담한 견해였고, 사람들이 못 미더워 고개를 저었지만 그는 그것을 고수했다. 그러나 사람들이 실험적인 방법의 아버지라고 여기는 갈릴레오는 그가 한 일, 즉 그의 신념을 유지한 것에 대해 코페르니쿠스를 정확하게 칭찬했다.

02

정답 | ④ (prompted → is prompted)

해설 | **CODE 4-1** 문장의 주어인 과식은 감정에 의해서 촉발된다는 수동관계이기 때문에, 동사의 태를 능동태가 아닌 수동태로 고쳐야한다.
① **CODE 18-2** 'seem to be 형/명'을 묻는 문제이다. to be를 생략할 수도 있다.
② **CODE 2-1** 동사의 수일치 문제이다. 문장의 주어가 단수이기 때문에 단수동사를 사용한다.
③ **CODE 18-2** 2형식 동사 look은 형용사를 주격보어로 취한다.

해석 | ① 당신의 바지를 청바지라고 부르는 것은 거의 불필요해보인다.
② 당신에게 못되게 대우해온 누군가는 당신의 삶에 있을 자격이 없다.
③ 이 드레스의 색상은 조명에 따라 다르게 보인다.
④ 대다수의 과식은 물리적인 굶주림보다는 감정에 의해서 촉발된다.

03

정답 | ④

해설 | **CODE 12-1** 분사의 태를 묻는 문제이다. 의미상의 주어인 그 남자가 비행기를 탑승하도록 예정되어있는 대상이기 때문에 과거분사가 타당하다.
① **CODE 9-4** 동사 cause의 목적격보어 자리에는 to부정사가 와야 하므로, falling을 to fall로 고쳐야 한다. (falling → to fall)
② **CODE 13-4** 뒤에 완전한 문장이 있으므로, which를 관계부사와 같은 역할을 하는 전치사+관계대명사 형태의 in which로 고쳐야 한다. (which → in which)
③ **CODE 2-1** 동사의 수일치 문제이다. 문장의 주어가 복수명사 (people)이기 때문에 복수동사를 사용한다. (feels → feel)

해석 | ① Meredith는 가끔 그를 쓰러지게 하는 특이한 병을 앓았다.
② 현장 연구는 대부분의 문화 인류학자들이 그들의 전문적인 지위를 얻고 유지하는 방법이다.
③ 알레르기가 있는 사람들은 흔히 재채기를 하고 가려움을 느낀다.
④ 괌으로 가는 그 항공편에 탑승할 예정이었던 그 남자는 마지막 순간에 표를 교환했다.

04

정답 | ① (lays → lies)

해설 | **CODE 5-3** 자동사 lie와 타동사 lay의 구분을 묻는 문제이다. 주어진 문장에는 목적어가 없기 때문에 자동사로 고쳐야 한다.
② **CODE 15-2** 완전한 문장 뒤에 부사절을 이끄는 접속사 whether가 바르게 쓰였다.
③ **CODE 12-1** than 앞뒤에 비교 대상은 서로 동일한 품사와 대상으로 일치시켜야 하므로, 앞의 A brain을 수식하는 분사구의 changing과 같이 뒤의 one을 수식하는 분사구가 되도록 현재분사 focusing을 사용한다.
④ **CODE 8-3** 'If S+had p.p. ~, S would+have p.p.'의 가정법 과거완료 구문이 바르게 쓰였다.

05

정답 | ③

해설 | strive는 '분투하다'를 의미하므로 정답은 '③ struggle 열심히 노력하다, 분투하다'이다.

해석 | 여러분의 삶에 균형을 위해 항상 <u>열심히 노력해야</u> 한다.

① (몸을) 쇠약하게하다
② 인내하다
③ 열심히 노력하다, 분투하다
④ 표현하다

06

정답 | ①

해설 | candid는 '솔직한'을 의미하므로 정답은 '① straightforward 솔직한'이다.

해석 | 그들은 현재의 위기에 관해 솔직한 이야기를 나누었다.
① 솔직한
② 필요한
③ 비범한, 뛰어난
④ 감정적인, 정서적인

07

정답 | ②

해설 | turn down은 '거절하다'의 의미이므로 정답은 '② declined 거절하다, 하락하다'이다.

해석 | Sam은 파티 초대를 거절했다.
① 수용하다
② 거절하다
③ 조직하다
④ 요구하다

08

정답 | ①

해설 | inflammable은 '불붙기 쉬운, 잘 타는'이라는 의미이므로 정답은 '① flammable 가연성의'이다.

해석 | 그 공장은 엄청난 양의 가연성 및 폭발성 화학 물질을 사용하고 보관했다.
① 가연성의
② 전염성의
③ 감염된
④ 저항하는

09

정답 | ①

해설 | A가 B의 할아버지가 새로운 일자리를 어디서 어떻게 찾을 수 있을지 설명해주고 있다. 이러한 설명을 들은 B의 대답으로 가장 적절한 것은 할아버지께 이러한 사항을 알려드린다는 의미의 '① Sounds great. I'm going to let him know about it.'이다.

해석 | A: Jack, 요즘 너희 할아버지 어떻게 지내셔?
B: 음... 은퇴하신 이후로 좀 우울해 하고 계셔.
A: 정말? 그러시다니 유감이. 한때 그렇게나 활동적이고 활기찬 분이셨잖아, 그렇지?
B: 응. 그런데 직장을 떠나신 후에 공허감과 외로움을 느끼기 시작하셨어.
A: 새로운 일자리가 너희 할아버지에게 다시 자부심과 자신감을 드릴 수 있을 것 같은데.
B: 네말이 맞아. 그런데 어디서 새로운 일자리를 찾으실 수 있을까?
A: 그거 알아? 주민센터가 노인분들이 일자리를 찾도록 도와줘.
B: 그것 몰랐어! 그런데 만약 그 일자리들이 그분 경험이나 능력과 맞지 않으면 어쩌지?
A: 걱정 마. 센터에서 이전 업무 경험과 관련된 일자리들을 찾으니까. 분명 뭔가 찾으실 수 있을 거야.
B: 좋은 것 같다. 할아버지께 그것에 관해 알려드릴게.
① 좋은 것 같다. 할아버지께 그것에 관해 알려드릴게.
② 확실히. 은퇴를 고대하고 계셔.
③ 주민센터들이 문화 프로그램들을 제공해야 해.
④ 그 제안 고마워. 절실하게 일자리가 필요했어.

10

정답 | ①

해설 | 복사기에 대해 사장님께 말하겠다는 A에게 B는 그것을 언급하면 사장님이 화를 낼 뿐일 것이라고 만류하고 있다. 이러한 상황을 표현하는 표현으로 가장 적절한 것은 '① let sleeping dogs lie'이다.

해석 | A: 복사기에 대해 사장님께 말해봐야겠어요.
B: 잠자는 개를 건드리지 말아야 해요.
A: 무슨 말이에요?
B: 그것을 언급하면 다시 화만 낼 거예요.
A: 당신 말이 맞는 것 같네요.
B: 복사기는 이제 수리됐으니, 그것에 관해서 아무 말 말아요.
① 잠자는 개를 건드리지 마라
② 문제에 정면으로 맞서다
③ 시류에 편승하다
④ 머리를 쥐어짜다

34 회차 / 정답과 해설

01	②	02	④	03	①	04	②	05	④
06	④	07	②	08	①	09	③	10	②

01

정답 | ② (was → were)

해설 | **CODE 2-1** 복수주어 the rounded swirls 뒤에 복수동사가 수일치되어야 하므로, was를 were로 고쳐야 한다.
① **CODE 7-2** 'be used to RV(~하기 위해 사용되다)' 구문을 완성하는 to match가 바르게 쓰였다.
③ **CODE 18-1** 동사 match를 수식하는 부사 closely가 바르게 쓰였다.
④ **CODE 12-1** 명사구 the ocean eddy current가 '발견되는' 수동의 의미가 되고 뒤에 목적어도 없으므로, 과거분사 found가 바르게 쓰였다.

해석 | 위성영상은 1539년 전만큼 오래 전에 만들어진 해류의 지도에 그려진 수온 소용돌이와 조화시키기 위해 사용되어 왔다. 뱀들과 바다 괴물들 사이에 위치해 있는 둥근 소용돌이들은 순전히 예술적인 이유로 그곳에 있었다고 생각되어 왔다. 그러나 그 소용돌이들의 크기, 모양, 위치가 수온의 변화와 너무 밀접하게 일치하여 이것은 우연일 수 없다. 그 지도는 아이슬란드의 남쪽과 동쪽에서 발견되는 맴돌이 해류를 정확히 나타낼 것 같다.

02

정답 | ④ (appropriately → appropriate)

해설 | **CODE 18-2** 2형식 동사 seem의 용법에 관한 문제이다. seem은 2형식 동사로 부사가 아닌 명사나 형용사를 주격보어자리에 취한다.
① **CODE 17-1** 등위접속사 and 앞의 동사 simplify와 병렬구조를 이루는 동사 make가 바르게 쓰였다. **CODE 11-3** 5형식 동사 make의 가목적어 it과 목적격보어인 형용사 비교급 easier, 진목적어인 to부정사 to understand가 모두 바르게 쓰였다.
② **CODE 22-2** so+형용사/부사+that절(너무~해서 ~하다) 구문의 that이 생략된 문장이 바르게 쓰였다. **CODE 20-1** 앞의 명사 the backyard grass를 가리키는 단수 대명사 it의 쓰임도 올바르다.
③ **CODE 4-1** 문장의 주어인 헤드셋은 주어지는 것이기 때문에 능동태가 아닌 수동태가 적절하게 사용되고 있다.

해석 | ① 가정은 복잡한 세계를 단순화하고 이해하기 더 쉽게 만들 수 있다.
② 며칠 동안 비가 내렸고 뒷마당 잔디가 너무 높아져서 내가 그것을 잘라야 했다.
③ TV와 완벽하게 작동하는 무료 블루투스 헤드셋이 모든 구매자에게 제공될 것이다.
④ 어떤 상황에서 적절해 보이는 것이 모두에게 같은 것은 아니다.

03

정답 | ①

해설 | **CODE 16-2** 뒤의 명사 potential을 수식하며 문장의 주어가 되는 명사절을 이끄는 복합관계형용사 Whatever가 바르게 쓰였다. **CODE 17-1** 등위접속사 or 앞뒤에 병렬구조를 이루는 수동태 동사 be enhanced와 (be) stunted의 쓰임도 올바르다.
② **CODE 19-7** 비교대상의 일치를 묻는 문제이다. 해석상 친구와 금을 비교하는 것이기 때문에 금으로 된이라는 의미를 갖는 형용사 golden을 명사로 바꿔야 한다. (golden → gold)
③ **CODE 5-1** 절대자동사 consist는 수동태로 쓸 수 없으므로, is consisted를 consists로 고쳐야 한다. (is consisted → consists)
④ **CODE 15-3** 동사 realize의 목적어로, 의문사가 이끄는 명사절은 '의문사+(주어)+동사' 어순으로 전개되어야 하므로 의문사 how 뒤에 are you를 you are로 고쳐야한다. (are you → you are)

해석 | ① 어떤 잠재력을 물려받게 되든 사회화를 통해 향상되거나 저해될 수 있다.
② 우리는 진정한 친구들을 금보다 더 소중하게 여겨야 한다.
③ 우리의 의식적인 경험은 전적으로 1,000억 비트의 뉴런의 활동으로 구성되어 있다.
④ 요구가 많은 가족과 수다스러운 친구들을 대하는 가장 좋은 방법은 그들이 여러분이 얼마나 바쁜지 깨닫도록 돕는 것이다.

04

정답 | ②(심판이 아니라 선수들이다 → 선수들이 아니라 심판들이다)

해설 | **CODE 1-3** **CODE 17-2** 'not A but B(A가 아닌 B)' 구문으로, A에 해당하는 것이 '선수들'이고 B에 해당하는 것이 '심판들'이므로, 해석상 '심판이 아니라 선수들이다'를 '선수들이 아니라 심판들이다'로 고쳐야 한다.
① **CODE 6-2** every time (that) S+V에서 every time은 부사절을 이끄는 접속사로 주절과 부사절을 연결한다.
③ **CODE 2-3** 복수 선행사 the soldier's shoes를 수식하는 관계절의 복수동사 were의 수일치가 올바르다.
④ **CODE 3-6** 동사 commanded 뒤에 당위의 의미를 나타내는 종속절의 동사 자리에 should가 생략된 동사원형 cease가 바르게 쓰였다.

05

정답 | ④

해설 | relieve는 '완화하다'를 의미하므로 정답은 '④ alleviate 완화시키다'이다.

해석 | 다크 초콜릿을 먹는 것은 스트레스와 긴장을 완화시킬 수 있다.
① 감사하다, 감상하다
② 증언하다
③ 확대하다
④ 완화시키다

06

정답 | ④

해설 | confine은 '국한시키다'를 의미하므로 정답은 '④ restrict 제한하다'이다.

해석 | 의회는 담배의 판매를 제한하는 조치를 고려하고 있다.
① 재개하다
② 강요하다
③ 추월하다, 따라잡다
④ 제한하다

07

정답 | ②

해설 | abandon은 '버리다'의 의미이므로 정답은 '② desert 버리다'이다.

해석 | 만약 방해를 받으면, 새는 그 둥지를 버리고, 새끼들을 죽게 놔둘 수도 있다.
① 청소하다
② 버리다
③ 담그다, 흠뻑 적시다
④ 강탈하다, 빼앗다

08

정답 | ①

해설 | volume은 '양, 용량'이라는 의미이므로 정답은 '① amount 양, 부피'이다.

해석 | 우리는 생산량을 증가시킬 필요가 있었다.
① 양, 부피
② 품질
③ 가격
④ 비용

09

정답 | ③

해설 | A의 말로 미루어보아 B는 사촌인 Sally가 태국으로 이사를 갔고, Sally가 B를 초대하여 태국으로 여행을 가기로 했다고 한다. 따라서 빈칸에 들어갈 말로 가장 적절한 것은 '③ That's right. She's already made plans for me.'이다.

해석 | A: Jane, 너 다음 달에 태국으로 여행 갈 거라고 들었어.
B: 응, 내 사촌 Sally가 작년에 그곳으로 이사한 것 알잖아. 그 애가 나를 자기 집에 초대했어.
A: 잘됐다. 그럼 그 애가 너를 안내해주겠구나.
B: 맞아. 그 애가 이미 나를 위해 계획을 세웠어.
① 그 애가 이번에 나를 방문할 수 있을지 잘 모르겠어.
② 물론이지. 그 애가 곧 그곳으로 이사하는 것에 들떠 있어.
③ 맞아. 그 애가 이미 나를 위해 계획을 세웠어.
④ 내가 너를 안내해줄 적임자인 것 같지 않아.

10

정답 | ②

해설 | A는 자신의 상사는 늘 뭔가 말하는데 오래 걸리고 절대 요점을 말하지 않기 때문에 자신의 상사가 B의 새로운 상사와 같으면 좋겠다고 말하고 있다. B의 상사의 특징이 A의 상사의 특징과 정반대임을 알 수 있으므로 빈칸에는 사실대로 말을 한다는 의미의 '② call a spade a spade'가 적절하다.

해석 | A: 새로운 상사 어때요?
B: 사실대로 말하는 것을 두려워하지 않아서, 몇몇 사람들은 그로 인해 기분이 상하는데, 저는 그분이 마음에 들어요.
A: 우리 상사가 그러면 좋겠어요. 우리 상사는 늘 뭔가 말하는데 오래 걸리고 절대 요점을 말하지 않거든요!
① 그의 후계자/후임이 되다
② 사실대로 말하다, 직언하다
③ 희망이 있다
④ 오늘은 이것으로 마치다

35 회차 정답과 해설

8분컷 Lv.2

정답표									
01	④	02	④	03	①	04	②	05	④
06	④	07	①	08	③	09	④	10	④

01

정답 | ④ (finding → found)

해설 | **CODE 4-1** **CODE 13-4** 전치사+관계대명사 to which는 관계부사처럼 뒤에 완전한 문장이 와야 하고, 관계절의 주어 they가 가리키는 Biological clues가 '발견되는' 수동의 의미가 되므로, finding을 수동태 동사를 완성하는 found로 고쳐야 한다.
① **CODE 15-1** 진주어로 사용되고 있는 명사절을 이끄는 접속사 that이다.
② **CODE 17-1** **CODE 18-1** be동사 are의 보어로 등위접속사 and 앞의 streamlined와 병렬구조를 이루는 형용사 smooth가 바르게 쓰였다.
③ **CODE 20-1** 앞의 명사 a dead bird or mosquito 둘 중 하나를 받는 단수 대명사 its가 바르게 쓰였다.

해석 | 한 동물이 어떤 유형의 행동에 대해 선천적으로 프로그램되어 있을 경우, 그렇다면 생물학적인 단서들이 있을 가능성이 있다. 어류가 지느러미와 강력한 꼬리, 유선형의 매끄러운 몸을 가지고 있는 것은 우연이 아니다. 그것들의 몸은 물속에서 빠르게 움직이는 것에 구조적으로 적응된 것이다. 비슷하게, 죽은 새나 모기를 발견했을 경우, 그 날개를 봄으로써 나는 것이 보통의 이동 수단이었다고 추측할 수 있다. 그러나, 지나치게 낙관해서는 안 된다. 생물학적 단서가 필수적인 것은 아니다. 그것들(생물학적 단서)이 발견되는 정도는 동물마다, 그리고 활동마다 다르다.

02

정답 | ④ (want → who want)

해설 | **CODE 6-2** **CODE 13-1** 동사의 개수=접속사의 개수+1로, 문장에 접속사가 없어, 접속사+대명사 역할을 하는 관계대명사를 이용해 'want ~ to die'까지를 관계절로 만들어야 하므로, want 앞에 who를 넣어줘야 한다.
① **CODE 4-1** 주어 Most garment workers가 '보수를 받는' 수동의 의미를 나타내는 수동태 동사 are paid가 바르게 쓰였다.
CODE 11-4 '형/부 enough to RV(~할 만큼 충분히 …하다)' 구문인 barely enough to survive의 쓰임도 올바르다.
② **CODE 11-1** suggested는 동명사를 목적어로 취하는 동사이므로 뒤에 going이 바르게 쓰였다.
③ **CODE 13-4** 관계부사처럼 뒤에 완전한 문장을 이끄는 전치사+관계대명사 형태의 for which가 바르게 쓰였다.

해석 | ① 대부분의 의류 노동자들은 겨우 생존할 만큼 보수를 받는다.
② 그녀는 회의 후에 저녁 식사하러 나가자고 제안했다.
③ 그는 20권 넘는 시집을 출판했고, 그것으로 전국 도서상을 수상했다.
④ 의학적 도움을 받아 죽음을 원하는 이들은 참을 수 없는 고통을 겪어야 한다.

03

정답 | ①

해설 | **CODE 10-1** 부사의 용법을 묻는 문제이다. to learn은 형용사적 용법이 되어 선행하는 명사인 능력(ability)을 수식한다.
② **CODE 18-1** 동사 is monitored를 수식할 수 있는 것은 부사이므로, 형용사 careful을 부사 carefully로 고쳐야 한다.(careful → carefully)
③ **CODE 10-1** 'in order to부정사' 구문이므로, extracting을 extract로 고쳐야 한다. (extracting → extract)
④ **CODE 15-3** 명사절을 이끄는 의문사절에 관한 문제이다. 의문사절에서는 의문사+주어+동사의 어순이 중요하다. 따라서, won't you를 you won't로 바꿔야 한다.(won't you → you won't)

해석 | ① Alice는 모든 사람에게 배울 능력이 있다고 언제나 믿는다.
② 채굴이 아무리 주의 깊게 감시되더라도, 그것은 환경에 상당한 스트레스를 준다.
③ 귀중한 자원을 추출하기 위해, 막대한 양의 물질이 처리되어야 한다.
④ 나는 네가 왜 나를 돕지 않으려 하는지를 이해하지 못한다.

04

정답 | ② (see → saw)

해설 | **CODE 3-6** 주어진 문장은 당위성을 포함한 내용이 아니기 때문에 that절 안에 should를 사용하거나 생략할 필요가 없다.
① **CODE 2-1** 동사의 수일치를 묻는 문제이다. 주어가 단수주어(All the furniture)이기 때문에 관계사절의 동사와 본동사 모두 단수동사를 사용한다.
③ **CODE 18-1** 부사 freshly가 형용사(분사) baked를 수식하고, 형용사(분사) baked는 명사인 chocolate chip cookie를 수식하고 있다.
④ **CODE 10-3** **CODE 12-1** 분사가 본동사(isn't)보다 앞선 시제이고, 의미상 주어인 the store가 '따른' 능동의 의미이며 뒤에 목적어 the safety regulations도 있으므로, 현재분사 Having followed가 바르게 쓰였다.

05

정답 | ④

해설 | fond는 '좋아하는'을 의미하므로 정답은 '④ loving 애정있는'이다.

해석 | 난 예전만큼 그녀를 좋아하지 않는다.
① 무의미한
② 각각의
③ 맛없는
④ 애정있는

06

정답 | ④

해설 | get over는 '극복하다'를 의미하므로 정답은 '② overcome 극복하다'이다.

해석 | 슬럼프 기간을 극복하는 방법들은 무엇인가요?
① 감독하다
② 극복하다
③ 추월하다, 앞지르다
④ 간과하다

07

정답 | ①

해설 | seduce는 '유혹하다'의 의미이므로 정답은 '① tempt 유혹하다'이다.

해석 | 그리스 신화에서, 제우스신은 레다를 유혹하기 위해 백조의 모습으로 나타났다.
① 유혹하다
② 경악시키다
③ 단열시키다
④ 만족시키다

08

정답 | ③

해설 | visualize는 '마음속에 그려 보다, 상상하다'라는 의미이므로 정답은 '③ imagine 상상하다, 그리다'이다.

해석 | 난 이 방이 장식되기 전에 어떤 모습이었을지 상상할 수가 없다.
① 인정하다, 시인하다
② 붙다
③ 상상하다, 그리다
④ 포함하다

09

정답 | ④

해설 | 여행 후 시차 때문에 고생을 하고 있는 B에게 A가 햇볕을 쬐라는 조언을 해주고 있다. 이어지는 B의 말로 가장 적절한 것은 그 조언을 따르겠다는 의미의 '④ Really? I'd better go outside to get some.'이다.

해석 | A: 안녕하세요, Alan. 뉴욕 여행은 어땠어요? 긴 비행 후에 엄청 피곤하겠네요.
B: 여행은 아주 좋았는데, 시간대 차이(시차) 때문에 어젯밤에 잠을 못 잤어요.
A: 아, 햇볕을 쬐는 게 아주 도움이 된다고 들었어요. 몸이 더 빨리 회복될 거예요.
B: 정말이요? 밖으로 나가서 좀 쬐야겠네요.
① 음, 당신은 먼저 낮잠을 자야겠네요.
② 잘됐네요. 안전한 여행하기를 바랄게요.
③ 당신이 고집한다면, 제가 비행기 일정을 다시 잡을게요.
④ 정말이요? 밖으로 나가서 좀 쬐야겠네요.

10

정답 | ④

해설 | 콘서트를 보러 가자는 A의 말에 B는 그럴 수 없다고 대답하며 그 이유로 시험을 들고 있다. 즉, 시험이 마음에 걸린다는 의미이므로 빈칸에는 '④ weigh on my mind'가 적절하다.

해석 | A: 나랑 같이 콘서트 갈래?
B: 그러고 싶지만, 다음을 기약해야겠다.
A: 왜?
B: 시험이 항상 마음에 걸려.
A: 그렇구나, 그럼 다음에 같이 가자
① 말하지 않다, 잠자코 있다
② 결혼하다
③ 놀리다
④ 마음에 걸리다

36 회차 정답과 해설

8분컷 Lv.2

| 상세한 해설은 공단기 김수환 8분컷 강의를 통해 확인하세요 |

정답표

| 01 | ④ | 02 | ① | 03 | ① | 04 | ② | 05 | ④ |
| 06 | ④ | 07 | ① | 08 | ③ | 09 | ④ | 10 | ④ |

01

정답 | ④ (to play → playing)

해설 | **CODE 11-1** 문맥상 '연주하기 위해 멈춘' 것이 아닌 '연주하는 것을 멈춘' 의미가 되어야 하므로, 'stop RVing(~하는 것을 멈추다)' 구문이 되도록 to play를 playing으로 고쳐야 한다.
① **CODE 4-1** 주어 A symphony가 '연주되는' 수동의 의미가 되고 뒤에 목적어도 없으므로, 수동태를 완성하는 be performed가 바르게 쓰였다.
② **CODE 9-4** 사역동사 had의 목적어 the flutist 뒤의 목적격보어 자리에 동사원형 play가 바르게 쓰였다.
③ **CODE 18-1** 동사 worked를 수식하는 부사 perfectly가 바르게 쓰였다.

해석 | 한 교향곡이 필라델피아에서 연주될 예정이었다. 그 악장 중 하나는 플루트 솔로를 특징으로 했다. 지휘자는 멀리서 (들리는) 플루트의 효과를 원해서, 플루트 연주자가 무대 뒤에서 독주를 하게 했다. 그것은 리허설에서 완벽히 진행되었다. 그러나, 그 공연 당일 밤에, 플루트 연주자가 독주를 시작했고, (연주가) 잘 되어가는 것 같았다. 갑자기, 찍찍거리는 소리가 있었고 플루트 연주자가 독주를 멈췄다. 지휘자가 격노했다. 공연 후에, 그는 플루트 연주자를 찾아 그에게 화를 내며 이야기 했다.

02

정답 | ① (learn → be learned)

해설 | **CODE 4-1** 관계절의 선행사인 a set of skills가 '학습되는' 수동의 의미를 나타내기 때문에 능동태를 수동태로 고쳐야한다.
② **CODE 18-2** 2형식 동사 feel은 주격보어 자리에 부사가 아닌 형용사가 위치한다.
③ **CODE 11-5** 'it is no use ~ing(~해봐야 소용없다)' 구문인 It's no use worrying이 바르게 쓰였다.
CODE 13-4 관계부사처럼 뒤에 완전한 문장을 이끄는 전치사+관계대명사 형태의 over which도 바르게 쓰였다.
④ **CODE 4-1** 주어 Someone이 '되살아나는' 수동의 의미를 나타내는 수동태 동사 be brought back to life가 바르게 쓰였다.

해석 | ① 웃기는 학습될 수 있는 일련의 기술들이다.
② 우리는 당신이 우리와 이야기를 나누면서 편안하게 느끼기를 바란다.
③ 여러분이 통제할 수 없는 과거의 일들에 대해 걱정해봐야 소용없다.
④ 임상적으로만 죽은 누군가가 종종 되살아날 수도 있다.

03

정답 | ①

해설 | **CODE 9-4** 하여금동사 force의 목적격보어 자리에 to부정사 to eat가 바르게 쓰였다.
CODE 18-2 2형식 동사 stay의 주격보어 자리에 형용사 healthy의 쓰임도 올바르다.
② **CODE 22-2** Only recently가 문두에 위치해 주어와 동사가 도치된 문장으로, 단수주어 a video game에는 단수동사가 수일치되어야 하므로, have를 has로 고쳐야 한다. (have → has)
③ **CODE 21-1** 접속사 while 뒤에는 절이 와야 하므로, 접속사 while을 명사를 목적어로 가질 수 있는 전치사 during으로 고쳐야 한다. (while → during)
④ **CODE 18-1** 동사 can be found를 수식할 수 있는 것은 형용사가 아닌 부사이므로, 형용사 easy를 부사 easily로 고쳐야 한다. (easy → easily)

해석 | ① 일부 사람들은 건강을 유지하기 위해 억지로 채소를 더 많이 먹는다.
② 최근에야 비디오 게임이 예술의 한 형태로 여겨졌다.
③ 나는 겨울 방학 동안 동물 보호소에서 자원봉사를 했다.
④ 패스트푸드점은 많은 나라들에서 쉽게 발견될 수 있다.

04

정답 | ② (to repeat → repeat)

해설 | **CODE 9-4** 사역동사 have의 용법에 관한 문제이다. 목적어인 참가자가 과업을 반복하는 주체이기 때문에 능동관계이다. 사역동사 have는 능동관계일 때, 동사원형을 사용한다.
① **CODE 9-4** 지각동사 saw 뒤의 목적어 two boys가 행위의 주체이므로, 현재분사 carrying이 바르게 쓰였다.
③ **CODE 8-2** 'If S+과거시제 ~, S+would+동사원형'의 가정법 과거 문장이 바르게 쓰였다.
④ **CODE 12-1** 분사의 태를 묻는 문제이다. 의미상의 주어인 음식이 저장되는 대상이기 때문에 과거분사가 사용된다.

05

정답 | ②

해설 | cherish는 '소중하게 여기다'를 의미하므로 정답은 '② valued 소중하게 여기다'이다.

해석 | Sam은 그의 이모가 준 선물을 소중하게 여겼다.
① 모욕했다
② 소중하게 여겼다
③ 수락했다
④ 거절했다

06

정답 | ②

해설 | mourn은 '애도하다, 슬퍼하다'를 의미하므로 정답은 '② grieve 슬퍼하다'이다.

해석 | 그들은 전쟁 동안 죽은 모든 사람들을 애도했다.
① 기뻐하다
② 슬퍼하다
③ 선포하다
④ 도발하다

07

정답 | ①

해설 | do away with는 '없애다'의 의미이므로 정답은 '① remove 제거하다'이다.

해석 | 정부는 엄격한 요구 조건을 없애기로 결정했다.
① 제거하다
② (에너지를) 발생시키다
③ 충족하다
④ 배포하다

08

정답 | ②

해설 | firm은 '확고한'이라는 의미이므로 정답은 '② stable 안정적인'이다.

해석 | 그 나라는 확고한 이민법이 있다.
① 정교한, 복잡한
② 안정적인
③ 복잡한
④ 시급한, 긴급한

09

정답 | ④

해설 | B의 아버지가 돌아가신 것에 대해 A가 위로의 말을 건네고 있다. 이에 대한 B의 반응으로 가장 적절한 것은 '④ Thank you for your condolences.'이다.

해설 | A: 지난달에 아버지가 돌아가셨다고 들었어요.
B: 네. 심각한 천식 발작으로 돌아가셨어요.
A: 그런 소식을 들어 정말 안타깝네요.
B: 위로 감사해요.
① 천식으로 숨 쉬기가 힘들어요.
② 심각한 인후암으로 돌아가셨어요.
③ 당신을 탓하지 않아요.
④ 위로 감사해요.

10

정답 | ②

해설 | A는 지난 비행의 기억 때문에 비행을 하고 싶지 않다고 말하고 있고, B는 그것이 난기류였다고 말하고 있다. 따라서 빈칸에 들어갈 말로 가장 적절한 것은 '② a close call'이다.

해설 | A: 어디로 여행 가고 싶나요?
B: 몬트리올은 어때요? 흥미로운 도시라고 읽어서 알고 있어요.
A: 몬트리올이 과거 한때 화산이었던 섬에 지어졌다는 것 몰라요?
B: 그것은 미신이에요. 사실이 아니에요.
A: 음, 우리가 어디를 가든, 비행하고 싶지 않아요. 지난번에 구사일생 같았거든요.
B: 지난번 비행할 때 난기류가 좀 있었을 뿐인데. 괜찮을 거예요.
① 승산이 거의 없는 것
② 구사일생, 위기일발
③ 우울한 표정, 시무룩한 얼굴
④ 아주 기쁜 일, 행복의 절정

8분컷 Lv.2
37 회차 / 정답과 해설
상세한 해설은 공단기 김수환 8분컷 강의를 통해 확인하세요.

정답표

| 01 | ③ | 02 | ③ | 03 | ② | 04 | ③ | 05 | ③ |
| 06 | ① | 07 | ② | 08 | ③ | 09 | ③ | 10 | ④ |

01
정답 | ③ (closing → closed)

해설 | **CODE 12-2** 'with+명사+분사' 구문으로, 명사 his eyes가 '감긴' 수동의 의미가 되어야 하므로, 현재분사 closing을 과거분사 closed로 고쳐야 한다.
① **CODE 23-8** 'one of+복수명사'를 묻는 문제이다.
② **CODE 15-2** 동사 tell의 목적어가 되는 명사절을 이끄는 명사절 접속사 whether가 바르게 쓰였다.
④ **CODE 11-4** 'too 형/부 to RV(너무 ~해서 …할 수 없다)' 구문의 to give가 바르게 쓰였다.

해석 | 나는 내가 그를 위해 일했던 가장 똑똑한 I.T. 임원들 중 한 명이 당시에 인기 있었던 프로그래머 생산성을 측정하려는 움직임에 강하게 반대하던 것을 기억한다. 그는 컴퓨터 프로그래머들을 관리하는 것에 가장 큰 문제는 그들을 살펴봄으로써 그들이 일하고 있는지 여부를 결코 알 수 없는 것이라고 말하는 것을 좋아했다. 두 명의 프로그래머들이 나란히 일하고 있는 모습을 그려보라. 한 명은 눈을 감고 책상 위에 발을 올려놓은 채 상체를 뒤로 젖히고 있다. 다른 한 명은 자신의 컴퓨터에 코드를 입력하면서, 열심히 일하고 있다. 발을 올리고 있는 한 사람은 생각 중일 수 있고, 다른 한 사람은 타이핑에 너무 바빠 충분히 생각할 수 없는 것일 수 있다.

02
정답 | ③ (safely → safe)

해설 | **CODE 18-2** be동사의 주격보어는 부사가 아닌 형용사가 오기 때문에 safely를 safe로 고쳐야 한다.
① **CODE 4-1** 주어 People에게 '선고된' 수동의 의미가 되고 뒤에 목적어도 없으므로, 수동태 동사 were declared가 바르게 쓰였다.
CODE 11-1 '~하는 것을 멈추다'는 의미를 나타내는 'stop RVing' 구문의 stopped beating도 바르게 쓰였다.
② **CODE 15-3** 동사 understand의 목적어로, 의문사 why로 시작하는 완전한 문장을 이끄는 명사절이 바르게 쓰였다.
CODE 18-1 동사 behave를 수식하는 부사 occasionally의 쓰임도 올바르다.
④ **CODE 12-1** 분사의 태를 묻는 문제이다. 의미상의 주어인 그녀가 좌절감을 느끼는 수동관계이기 때문에 과거분사가 사용된다. 단, 2형식 동사로 사용되고 있는 feel은 자동사이기에 현재분사를 사용한다.

해석 | ① 사람들은 그들의 심장이 뛰는 것을 멈췄을 때 사망한 것으로 선고되었다.
② 많은 부모들은 왜 그들의 십대 자녀들이 때때로 비이성적인 방법으로 행동하는지 이해하지 못한다.
③ 그들은 이 농약이 얼마나 안전한지 모른다는 것을 인정했다.
④ 좌절감을 느끼며, 그녀는 경주에서 포기하는 것에 대해 생각하기 시작했다.

03
정답 | ②

해설 | **CODE 5-4** regard A as B(A를 B로 간주하다)를 묻는 문제이다. regard A as B는 think of A as B라고도 할 수 있다.
① **CODE 6-1** 문장에는 최소 하나의 주어와 동사가 있어야 하므로, 앞의 동사 Read를 동명사 주어 Reading이나 to부정사 주어 To read로 고쳐야 한다. (Read → Reading or To read)
③ **CODE 13-1** 관계대명사와 관계부사의 구분 문제이다. 완전한 문장이 이어지고 있기 때문에 관계대명사가 아닌 관계부사가 타당하다. (which → where)
④ **CODE 18-4** 문맥상 '늦게 도착했다'라는 의미가 되어야 하므로, '최근에'라는 뜻의 부사 lately를 '늦게'라는 뜻의 부사 late로 고쳐야 한다. (lately → late)

해석 | ① 규칙적으로 책을 읽는 것은 깊고 창의적인 사고를 자극한다.
② 나는 그녀의 엄청나게 큰 인기를 위험하다고 생각한다.
③ 블로그는 여러분의 생각을 표현할 수 있는 온라인 공간이다.
④ 우리가 세미나에 30분 늦게 도착해서, 시작을 놓쳤다.

04
정답 | ③ (that → whether)

해설 | **CODE 15-2** that과 whether 둘다 명사절을 이끌지만, 뒷부분에 or not이 있는 것으로보아 whether가 타당하다.
① **CODE 4-1** 주어 This lively market이 '열리는' 수동의 의미를 나타내는 수동태 동사 is held가 바르게 쓰였다.
② **CODE 9-4** 하여금동사 force의 목적격보어 자리에는 to부정사가 온다.
④ **CODE 10-1** 명사 surfaces를 수식하는 형용사적 용법의 to부정사 to land가 바르게 쓰였다.

05
정답 | ③

해설 | outstanding은 '뛰어난'을 의미하므로 정답은 '③ excellent 뛰어난, 훌륭한'이다.

해석 | 그는 뛰어난 과학자로 알려져 있다.
① 예민한, 민감한
② 외향적인, 사교적인
③ 뛰어난
④ 일반적인

06
정답 | ①

해설 | indispensable은 '없어서는 안 될, 필수적인'을 의미하므로 정답은 '① essential 없어서는 안 될, 필수적인'이다.

해석 | 스마트폰은 현대 생활에 없어서는 안 될 기기이다.
① 없어서는 안 될, 필수적인
② 악의 없는, 무해한
③ 비싼
④ 혁신적인

07
정답 | ②

해설 | neglect는 '도외시하다, 등한하다'의 의미이므로 정답은 '② ignored 무시되다, 방치되다'이다.

해석 | 때때로, 사람들이 다른 문제들에 마음을 두고 있기 때문에 화재 예방책이 무시된다.
① 강조하다
② 무시되다, 방치되다
③ 분석하다
④ 대체하다

08
정답 | ③

해설 | criticize는 '비판[비난]하다'라는 의미이므로 정답은 '③ condemned 비난받은, 비판받는'이다.

해석 | 그 개편은 또한 내부 갈등으로 비판받아 온 마이크로소프트의 더욱 협력적인 기업 문화를 조성하기 위한 것이기도 하다.
① 빛을 받은, 조명된, 계몽된
② 연관된
③ 비난받은, 비판받는
④ 지지하는

09
정답 | ③

해설 | B가 아무것도 먹고 싶지 않은 이유로 가장 자연스러운 것은 '③ I have a stomachache.'이다.

해석 | A: 아, 저 배고파요. 뭐 좀 먹어야겠어요. 벌써 저녁 먹었어요?
B: 아니요, 그런데 지금 아무것도 먹고 싶지 않아요.
A: 왜요?
B: 배가 아파요.
① 저는 제 친구들과 잘 지내요.
② 저는 보통 아침을 걸러요.
③ 배가 아파요.
④ 기분이 좋아요.

10
정답 | ④

해설 | 차의 엔진이 꺼진 상황에서 무엇을 해야 할지 묻는 A에게 B의 대답으로 가장 적절한 것은 도로 서비스에 전화를 하자고 말하는 '④ We can call the emergency road service.'이다.

해석 | A: 우리 왜 여기서 멈춘 거죠, John?
B: 뭔가 이상해요. 엔진이 꺼졌어요.
A: 오, 이런. 어떻게 하죠?
B: 긴급 도로 서비스에 전화하면 돼요.
① 남은 공간이 많이 있어요.
② 우리가 아는 길을 고수하죠.
③ 제가 액셀러레이터를 밟을게요.
④ 긴급 도로 서비스에 전화하면 돼요.

38 회차 정답과 해설

정답표

| 01 | ④ | 02 | ② | 03 | ④ | 04 | ④ | 05 | ② |
| 06 | ② | 07 | ③ | 08 | ③ | 09 | ③ | 10 | ④ |

01

정답 | ④ (the little → the less)

해설 | **CODE 19-3** 'the+비교급~, the+비교급~(~할수록 ~하다)' 구문으로 the 뒤에 비교급이 와야 하므로 the little을 the less로 고쳐야 한다.
① **CODE 3-1** 뒤의 since와 함께 쓰이는 현재완료시제 동사 have emerged가 바르게 쓰였다.
CODE 5-1 emerge는 절대자동사로 수동태나 명사를 수식하는 과거분사로 쓸 수 없다는 것을 알아둔다.
② **CODE 15-1** 주어, 동사, 보어로 이루어진 완전한 절을 이끄는 명사절 접속사 that이 바르게 쓰였다.
③ **CODE 4-1** 주어인 fuel이 '소비되는' 수동의 의미로 전개되어야 하므로, is와 함께 수동태 동사를 완성하는 consumed가 바르게 쓰였다.

해석 | 나는 국가 제한속도 55마일을 없애려는 최근의 시도들에 동의하지 않는다. 모든 주에 의한 동일한 속도 제한의 채택 이래로 두 가지 부인할 수 없는 증거가 나타났다. 첫째, 교통 사망률이 크게 감소했다. 더 낮은 속도에서의 충돌이 사망이나 심각한 부상을 초래할 가능성이 더 적은 것은 분명하다. 둘째, 고속에서보다 저속에서 더 적은 연료가 소비된다는 것이 입증되었다. 우리가 수입해야 하는 연료가 더 적을수록 더 좋다는 것은 일반적으로 동의된다. 인명 구조와 연료 절약 조치는 국법으로 남아 있어야 한다.

02

정답 | ② (warm → warmth)

해설 | **CODE 17-1** 병렬구조를 묻는 문제이다. confidence와 warm은 동사 portray의 목적어이기에 품사가 명사로 일치되어야 한다. 따라서, 형용사인 warm을 명사 warmth로 바꿔야 한다.
① **CODE 5-1** 절대자동사 consist of는 수동태로 사용할 수 없다.
③ **CODE 2-1** 복수주어 Memories 뒤에 복수동사 seem의 수일치가 올바르다.
CODE 18-2 주격보어를 취하는 동사 seem 뒤에 형용사 funny도 바르게 쓰였다.
④ **CODE 15-1** 주어, 동사, 목적어로 이루어진 완전한 절을 이끄는 명사절 접속사 that이 바르게 쓰였다.

해석 | ① 우리는 세계가 오직 두 나라로 구성되어 있고 각 나라가 단 두 상품만 생산한다고 가정할 수 있다.
② 누군가를 직접 만날 때, 몸짓 언어 전문가들은 미소가 자신감과 따뜻함을 나타낼 수 있다고 말한다.
③ 오늘 우리가 어떻게 소통했는지에 관한 기억이 나한테는 재미있어 보인다.
④ 연구는 적당한 운동은 일반적인 감기의 지속 시간이나 심각성에 아무런 영향이 없다는 것을 보여준다.

03

정답 | ④

해설 | **CODE 4-1** 문장의 주어인 자신감 부족이 그의 면접을 망친 주체이기 능동태로 적절하게 사용되고 있다.
① **CODE 18-2** 감각동사 felt의 주격보어 자리에는 형용사가 와야 하므로, 부사 nervously를 형용사 nervous로 고쳐야 한다. (nervously → nervous)
② **CODE 19-4** 비교급 강조를 묻는 문제이다. 비교급을 강조할 때는 much, still, far, even, a lot 중에서 하나를 사용할 수 있다. 따라서, very를 much로 바꿔야한다. (very → much)
③ **CODE 3-2** 과거의 특정 시점 a week ago가 제시되어 있으므로, 현재완료시제 동사 has suffered를 과거시제 동사 suffered로 고쳐야 한다. (has suffered → suffered)

해석 | ① Christina는 선생님으로부터 갑작스러운 질문을 받았을 때 긴장했다.
② Linda가 방금 구입한 자동차는 그녀의 이전 자동차보다 훨씬 더 좋다.
③ Julie는 일주일 전에 심한 감기를 앓았다.
④ 그의 목소리에 자신감의 부족이 그의 일자리 면접을 망쳤다.

04

정답 | ④ (that → what)

해설 | **CODE 15-1** 동사 inform의 직접목적어인 뒤의 명사절이 불완전한 문장이므로, 완전한 문장을 이끄는 that을 불완전한 문장을 이끄는 명사절 접속사 what으로 고쳐야 한다.
① **CODE 2-1** 복수주어 Ideas에 복수동사 vary의 수일치가 올바르다.
CODE 15-3 전치사 about의 목적어로 의문사 how가 이끄는 명사절도 바르게 쓰였다.
② **CODE 11-3** 5형식 동사 makes 뒤에 가목적어 it과 목적격보어인 형용사 difficult, 진목적어인 to부정사 to break가 모두 바르게 쓰였다.
③ **CODE 2-2** [A of B 구조에서 A에 수량표현 Many가 있을 때, 동사의 수는 B에 일치시키므로, 복수명사 the manufactured products 뒤의 복수동사 contain의 수일치가 올바르다.
CODE 12-1 의미상 주어 the manufactured products가 '만

들어진' 수동의 의미가 되고 뒤에 목적어도 없으므로, 과거분사 made도 바르게 쓰였다.

05

정답 | ②

해설 | ratio는 '비율'을 의미하므로 정답은 '② proportion 비율'이다.

해석 | 그 회의에 참석한 남녀의 비율은 10:1이었다.
① 수
② 비율
③ 근절
④ 묘사

06

정답 | ②

해설 | persevere는 '인내하며 굴하지 않고 계속하다'를 의미하므로 정답은 'endure 견디다, 인내하다'이다.

해석 | 우리는 이 문제를 견뎌내기로 결심했다.
① 해결하다, 풀다
② 견디다, 인내하다
③ 피하다
④ 고려하다

07

정답 | ③

해설 | deliberately는 '고의로, 의도적으로'의 의미이므로 정답은 '③ intentionally 고의로, 의도적으로'이다.

해석 | 경찰은 누군가가 고의로 불을 질렀을 것이라고 의심하고 있다.
① 충동적으로
② 우연히, 뜻하지 않게
③ 고의로, 의도적으로
④ 상습적으로, 습관적으로

08

정답 | ③

해설 | intolerable은 '참을 수 없는'이라는 의미이므로 정답은 '③ unbearable 참을 수 없는'이다.

해석 | 그 환자는 참을 수 없는 고통에 호소하고 있었다.
① 무의식적인, 의식이 없는
② 멈출 수 없는
③ 참을 수 없는
④ 만질 수 없는, 손댈 수 없는

09

정답 | ③

해설 | B는 응급 상황이라면서 당장 구급차를 보내주라고 말하고 있다. 이러한 B가 처한 상황으로 가장 적절한 것은 '③ Somebody's badly injured.'이다.

해석 | A: 교환원입니다. 무엇을 도와드릴까요?
B: 응급 상황이에요! 여기는 킹스턴 로드 352번지이고요. 지금 당장 구급차를 보내주세요!
A: 무슨 일이 있었는지 말씀해 주세요.
B: 누군가가 심하게 부상당했어요.
① 제 차가 시동이 안 걸려요.
② 제 딸을 찾을 수가 없어요.
③ 누군가가 심하게 부상당했어요.
④ 이 근처에 이용 가능한 구급차가 없어요.

10

정답 | ④

해설 | A는 자신에게도 작년에 산 새 차가 있지만 B의 것과 같은 새 차를 또 원하고 있다. 이러한 A의 심정으로 가장 적절한 표현은 '④ the grass is always greener on the other side.'이다.

해석 | A: 새 차 샀어요? 저도 당신 것 같은 새 차를 사고 싶네요.
B: 작년에 새 차 사지 않았나요?
A: 네, 그랬는데, 남의 떡이 더 커 보이잖아요.
① 제때 한 땀이 아홉 번 바느질을 던다. (호미로 막을 것을 가래로 막는다.)
② 제비 한 마리 왔다고 여름은 아니다. (한 가지 징조를 보고 속단해서는 안 된다.)
③ 심지어 호머도 때로 고개를 끄덕인다. (원숭이도 나무에서 떨어질 때가 있다.)
④ 늘 다른 편에 잔디가 더 푸르다. (남의 떡이 커 보인다.)

39 회차 정답과 해설

상세한 해설은 공단기 김수환 8분컷 강의를 통해 확인하세요.

정답표

01	④	02	③	03	④	04	①	05	①
06	①	07	④	08	③	09	①	10	②

01

정답 | ④ (is → does)

해설 | **CODE 19-7** 앞의 일반동사 cleans를 가리키는 대동사가 들어갈 자리이므로, is를 does로 고쳐야 한다.
① **CODE 13-1** 선행사 riverbanks and streams를 수식하는 뒤의 완전한 문장을 이끄는 관계부사 where가 바르게 쓰였다.
② **CODE 18-1** 동사 regulates를 수식하는 부사 automatically가 바르게 쓰였다.
③ **CODE 20-1** 단수명사 the washing machine을 가리키는 단수 대명사 its가 바르게 쓰였다.

해석 | 세탁기가 발명되기 전에, 사람들은 문질러 빨기 위해 빨래판을 이용하거나 세탁물을 강둑이나 개울로 가져가, 그곳에서 두들기고 바위에 대고 문질렀다. 그러한 대단히 힘든 노동은 세계 일부 지역에서 아직도 아주 흔하지만, 대부분의 집을 가진 사람들에게 그 일은 이제 자동으로 수온을 조절하고, 세제의 양을 재어 덜어내고, 빨고, 헹구고, 원심력으로 탈수하는 기계에 의해 이루어진다. 그 전기적이고 기계적인 시스템을 가진, 세탁기는 대형 가전제품 중 가장 기술적으로 진보한 사례의 하나이다. 그것은 옷을 깨끗하게 할 뿐만 아니라, 손으로 빠는 것이 요구하는 것보다 훨씬 적은 물과 세제, 에너지를 가지고 그렇게 한다(옷을 빤다).

02

정답 | ③ (which → who)

해설 | **CODE 13-2** 해석을 해보면 책을 구매할 여력이 없는 것은 공동체가 아니라 아이들이기 때문에 which를 who로 바꿔야 한다.
① **CODE 19-7** 일반동사 transfer를 받는 대동사 does가 적절하게 사용되고 있다.
② **CODE 15-2** 동사 ask의 목적어가 되는 명사절 접속사 whether가 바르게 쓰였다. 'be supposed to~(~하기로 되어 있다)'를 덩어리 표현으로 알아둔다.
④ **CODE 18-4** hard는 부사로 동사 tried를 수식한다.

해석 | ① 고체는 보통 공기보다 음파를 훨씬 더 잘 전달한다.
② 구내식당 보조원이 그들이 더 먹고 싶은지 여부를 물어보기로 되어 있었다.
③ 여러분의 기부가 아이들이 읽고 싶은 책을 살 여유가 없을지도 모르는 우리 지역사회의 어린이들을 지원하도록 도울 것이다.
④ David는 그의 수학 숙제를 끝내려고 열심히 노력했다.

03

정답 | ④

해설 | **CODE 2-1** 단수주어 The benefit 뒤의 단수동사 is의 수일치가 올바르다.
CODE 15-1 be동사 is의 보어인 뒤에 완전한 문장을 이끄는 명사절 접속사 that도 바르게 쓰였다.
① **CODE 3-2** 과거의 특정 시점을 나타내는 last year가 있으므로, 현재완료시제 동사 have subscribed를 과거시제 동사 subscribed로 고쳐야 한다. (have subscribed → subscribed)
② **CODE 8-3** 'If S+had p.p. ~, S would+have p.p.'의 가정법 과거완료 구문이므로, were를 had been으로 고쳐야 한다. (were → had been)
③ **CODE 7-1** 문맥상 과거 상황을 나타내는 must have p.p.(틀림없이 ~했을 것이다) 구문으로 전개되어야 하므로, must move를 must have moved로 고쳐야 한다. (must move → must have moved)

해석 | ① 저는 작년에 귀하의 잡지를 구독했습니다.
② 그 때 그 가격이 합리적이었다면, 나는 그 운동화를 샀을 것이다.
③ 내 시계가 원래 있던 곳에 있지 않다. 누군가 틀림없이 그것을 옮겼을 것이다.
④ 그룹 작업의 이점은 다른 사람과 아이디어를 공유할 수 있다는 것이다.

04

정답 | ① (Being cold → Because it is cold or It being cold)

해설 | **CODE 12-3** 부사절의 주어와 주절의 주어가 다르기 때문에 부사절을 온전하게 사용하거나 독립분사구문을 사용해야 한다. 'Because it is cold'라는 부사절을 독립분사구문으로 만들면 'It being cold'가 된다.
② **CODE 2-1** 복수주어 Workers 뒤의 복수동사 were의 수일치가 올바르다.
CODE 19-4 비교급 강조부사 far도 바르게 쓰였다.
CODE 20-4 앞의 복수주어 Workers를 받는 복수 대명사 those의 쓰임도 올바르다.
③ **CODE 4-4** **CODE 9-4** 동사 require의 수동태가 되어도 목적격보어 자리에 to부정사가 오므로 to have가 바르게 쓰였다.
④ **CODE 3-4** 반복적으로 일어나는 일에는 현재시제를 사용한다.

05

정답 | ①

해설 | inadequate는 '불충분한, 부적당한'를 의미하므로 정답은 '① deficient 불충분한, 부족한'이다.

해석 | 생산량이 수요를 충족시키기에 전적으로 불충분하다.
① 불충분한, 부족한
② 관련 있는, 적절한
③ 충분한
④ 과도한, 터무니없는

06

정답 | ①

해설 | ignite는 '불이 붙다, 불을 붙이다'를 의미하므로 정답은 '① inflame 불을 붙이다, 점화시키다'이다.

해석 | 사회 보장 제도는 세대 간 전쟁에 불을 붙일 가능성이 없다.
① 불을 붙이다, 점화시키다
② 할당하다, 배정하다
③ 간섭하다, 개입하다
④ 줄이다, 삭감하다

07

정답 | ④

해설 | esteem은 '(대단한) 존경'의 의미이므로 정답은 '④ admiration 존경, 존중'이다.

해석 | 그는 그의 동료들에 의해 큰 존경을 받았다.
① 탄압, 억압
② 지배, 우세
③ 적당함, 중용, 절제
④ 존경, 존중

08

정답 | ③

해설 | ailment는 '병, 질병'이라는 의미이므로 정답은 '③ illness 병'이다.

해석 | 우울증은 빨리 치료되어야 하는 심각한 질병이다.
① 낙관주의
② 비관주의
③ 병
④ 의도

09

정답 | ①

해설 | A가 잠시 자리를 비우는 사이 B가 A의 일을 대신해주겠다고 하고 있다. 급한 일이 생기면 자신의 휴대폰으로 연락하라는 A의 말에 B의 대답으로 가장 적절한 말은 '① Sure, let me write the number down.'이다.

해석 | A: 제가 오늘 오후에 치과 예약이 있는데요.
B: 괜찮아요, 나가 있는 동안 제가 대신할게요.
A: 고마워요, 하지만 긴급한 일이 생기면 제 휴대폰으로 전화해요.
B: 네, 제가 번호를 적어 놓을게요.
① 네, 제가 번호를 적어 놓을게요.
② 좋은 치과의사를 추천해 드릴까요?
③ 제가 나중에 따라갈게요.
④ 너무 자책하지 마세요.

10

정답 | ②

해설 | 책을 찾고 있는 B에게 A가 죄송하다고 하는 것으로 보아 그 책은 현재 없는 것으로 보인다. 따라서 빈칸에 들어갈 말로 가장 적절한 것은 '② out of print'이다.

해석 | A: 무엇을 도와 드릴까요?
B: 네, Swan Kim의 '8분컷'이라는 책을 찾고 있는데요.
A: 죄송하지만, 그것은 절판되었어요.
① 당신 일 아닌
② 절판된
③ 최후의 결정타
④ 만물박사, 팔방미인

40 회차 / 정답과 해설

상세한 해설은 공단기 김수환 8분컷 강의를 통해 확인하세요.

정답표

| 01 | ① | 02 | ① | 03 | ③ | 04 | ④ | 05 | ② |
| 06 | ① | 07 | ② | 08 | ② | 09 | ⑤ | 10 | ② |

01

정답 | ① (understand → understands)

해설 | CODE 17-1 앞의 동사 observes와 병렬구조를 이루는 동사가 들어갈 자리이므로, understand를 understands로 고쳐야 한다.
② **CODE 9-4** help+목적어+동사원형 구문에 동사원형 discover가 바르게 쓰였다.
③ **CODE 4-1** 주어 The English scientist가 행위의 주체이고, 뒤에 목적어 the question이 있으므로 능동태의 현재완료진행 시제를 완성하는 pondering이 바르게 쓰였다.
④ **CODE 10-1** be동사 is의 보어가 되는 to부정사 to keep이 바르게 쓰였다.

해석 | 한 미국 남자가 우연히 뜨거운 난로 위에 약간의 고무를 떨어뜨리고 고무를 가공하는 방법을 발견한다. 한 영국 과학자가 사과가 나무에서 떨어지는 것을 관찰하고 갑자기 무엇이 달과 행성들을 그것들의 궤도에 있게 하는지 이해한다. 이것들은 예상치 못한 위대한 발견의 예이다. 그러나 이러한 발견들 중 어느 것도 행운의 결과만은 아니었다. 그 미국 남자는 그 우연한 사고가 그런 결과를 발견하도록 돕기 전에 몇 년 동안 고무로 실험을 했었다. 그 영국 과학자는 떨어지는 사과가 그에게 영감을 주기 훨씬 전에 우주가 어떻게 함께 결합되는지에 관한 질문을 곰곰이 생각해 왔다. 핵심은 계속 연구하고 예기치 않게 일어나는 일을 이용한다는 것이다.

02

정답 | ① (such → so)

해설 | CODE 23-7 형용사(small)를 수식하는 것은 such가 아닌 so이다.
② **CODE 2-4** 'a number of+복수명사+복수동사'를 묻는 문제이다.
③ **CODE 3-4** 반복적인 일에는 현재시제를 사용한다. 시간부사구인 every day를 통해서 시장에서 식료품을 구매하는 일이 반복적인 일임을 알 수 있다.
④ **CODE 19-4** 비교급 louder 수식 강조 부사 much도 바르게 쓰였다.

해석 | ① 대리석에 마찰이 너무 작아서 그 영향은 무시할 만하다.
② 수많은 제품이 판매중이다.
③ Jane은 매일 지역 시장에서 식료품을 구매한다.
④ 당신이 듣는 소리의 음량은 훨씬 더 크다.

03

정답 | ③

해설 | CODE 12-1 분사의 태를 묻는 문제이다. 의미상 주어인 students가 '요청받는' 수동의 의미가 되기 때문에 (Being) asked가 타당하다.
① **CODE 17-3** 비교 대상은 동일한 품사와 대상으로 일치시켜야 하므로, to win을 winning으로 고치거나 Having을 To have로 고쳐야 한다. (Having → To have or to win → winning)
② **CODE 2-1** 단수주어 The belief 뒤에 단수동사가 수일치되어야 하므로, 복수동사 are를 단수동사 is로 고쳐야 한다. (are → is)
④ **CODE 10-3** 부정사의 태를 묻는 문제이다. 의미상의 주어인 내가 초대를 받는 대상이기 때문에 to invite를 to be invited로 고쳐야 한다. (to invite → to be invited)

해석 | ① 경기 중에 즐기는 것이 경기에 이기는 것보다 더 가치 있다.
② 온도에 갑작스러운 상승이 두통을 일으킨다는 믿음은 사실이 아니다.
③ 제한된 시간에 일련의 질문들에 대답하도록 요청받아, 학생들이 긴장감을 느꼈다.
④ 나는 학교 도서관을 위한 기금 모금 파티에 초대받게 되어 기쁘다.

04

정답 | ④ (to have → have)

해설 | CODE 6-1 문장의 동사가 없기 때문에 to have를 have로 고쳐야 한다.
① **CODE 15-1** 동사 claim의 목적어인 뒤의 완전한 문장을 이끄는 명사절 접속사 that이 바르게 쓰였다.
② **CODE 13-4** 선행사 the people을 수식하는 완전한 문장 앞에, 관계부사와 같은 역할을 하는 전치사+관계대명사 with whom이 바르게 쓰였다.
③ **CODE 11-5** 'be worth ~ing(~할 가치가 있다)' 구문의 is worth considering이 바르게 쓰였다.
CODE 9-1 뒤의 전치사 to와 함께 목적어 climate change를 취하는 자동사 respond의 쓰임도 올바르다.

05

정답 | ②

해설 | demonstrate는 '보여주다, 증명하다'를 의미하므로 정답은 '②'

show '보여주다'이다.

해석 | 우리는 범죄에 대한 우리의 반감을 여러 가지 방식으로 보여줄 수 있다.
① 알리다, 발표하다
② 보여주다
③ 축적하다
④ 전달하다

06

정답 | ①

해설 | deflect는 '피하다[모면하다]'를 의미하므로 정답은 '① deviate 일탈하다, 벗어나다'이다.

해석 | 비난을 피하기 위해, 정부는 그 고등법원 합의가 길고 복잡했다고 주장했다.
① 일탈하다, 벗어나다
② 보여주다
③ 하락하다, 거절하다
④ 반사하다, 반영하다

07

정답 | ②

해설 | inborn은 '타고난, 선천적인'의 의미이므로 정답은 '② innate 선천적인, 타고난'이다.

해석 | 다운증후군은 유전적 구조와 관련된 선천적인 질병이다.
① 감염된
② 선천적인, 타고난
③ 즉석의, 즉각적인
④ 중간의, 중급의

08

정답 | ②

해설 | nourish는 '영양분을 공급하다'라는 의미이므로 정답은 '② feed 먹이다'이다.

해석 | 아이들은 그들에게 영양분을 공급할 양질의 신선한 음식이 많이 필요하다.
① 자라다, 커지다
② 먹이다
③ 삼키다
④ 요구하다

09

정답 | ③

해설 | 계좌가 없다는 A에게 B가 할 말로 계좌를 개설하라는 내용의 '③ OK, then, open an account first.'이 적절하다.

해석 | A: 온라인에서 책을 구입하는 방법을 설명해 주시겠어요?
B: 계좌가 있으신가요?
A: 없을 걸요.
B: 네, 그럼 먼저 계좌를 개설하세요.
① 왜 안 되겠어요?
② 제 말 이해하고 있나요?
③ 네, 그럼 먼저 계좌를 개설하세요.
④ 계좌번호가 어떻게 되세요?

10

정답 | ②

해설 | 친구가 기말고사 준비를 위해 열심히 했냐는 A의 질문에 B가 'Yeah'라고 대답하는 것으로 보아 그가 공부를 열심히 했다는 내용이 빈칸에 들어가는 것이 자연스럽다. 따라서 빈칸에는 '② burning the midnight oil'이 적절하다.

해석 | A: 네 친구는 기말 고사를 준비하기 위해 열심히 공부해 왔니?
B: 응, 그는 매일 밤 밤늦게까지 공부해 왔어요.
① 전세를 역전시키는, 상황을 뒤집는
② 밤늦게까지 공부하는, 열심히 노력하는
③ 무사히 위기를 모면하는
④ 내 손에 장을 지지는

41 회차 / 정답과 해설

상세한 해설은 공단기 김수환 8분컷 강의를 통해 확인하세요

정답표

| 01 | ② | 02 | ④ | 03 | ② | 04 | ① | 05 | ① |
| 06 | ② | 07 | ② | 08 | ① | 09 | ③ | 10 | ① |

01

정답 | ② (has → have)

해설 | **CODE 2-1** 주어와 동사의 수일치를 묻는 문제이다. 문장의 주어인 few myths는 복수명사이기 때문에 복수동사를 사용해야 한다.
① **CODE 18-2** 형용사와 부사의 구분을 묻는 문제이다. be동사는 보어를 취하며, 그 보어자리에는 형용사가 위치한다.
③ **CODE 18-2** 형용사와 부사의 구분을 묻는 문제이다. 2형식 동사인 become은 보어를 취하며, 그 보어자리에는 형용사나 명사가 위치한다.
④ **CODE 17-1** 병렬구조를 묻는 문제이다. unify와 strenghten은 병렬관계이다.

해석 | 고대 이집트의 많은 신들은 기원과 본성이 다양했다. 어떤 신들은 보통 동물의 머리를 한 것으로 그려졌고 또 다른 신들은 항상 인간의 형상이 주어졌다. 신들의 기원과 모험에 관한 신화는 거의 남아 있지 않지만 풍부한 구전이 있었던 것은 틀림없다. 많은 도시에는 그 지역에서 유명한 신을 섬기는 신전이 있었다. 한 도시가 통치 왕조의 수도가 되면 그 도시의 최고위 신은 전국적으로 유명해졌다. 그리하여 Memphis의 Ptah, Heliopolis의 Re, Thebes의 Amon은 전 이집트의 신이 되어 국가를 통일하고 군주제를 강화하는 데 기여했다. Mesopotamia에서처럼 몇몇 신전은 예속 소작농에 의해 경작된 대규모의 토지를 소유했고 신의 재물을 관리한 사제는 그 지역에서 그리고 때로는 전국적으로도 영향력이 있었다.

02

정답 | ④ (misses → missed)

해설 | **CODE 3-2** 동사의 시제를 묻는 문제이다. 공항에 도착한 시점이 과거이기 때문에 본동사 또한 과거시제를 사용해야 한다.
① **CODE 1-1** 명사절 주어 That some organisms must starve in nature 뒤에 단수동사 is의 수일치가 올바르다. **CODE 15-1** 문장의 주어로, 뒤의 완전한 문장을 이끄는 명사절 접속사 That도 바르게 쓰였다.
② **CODE 18-2** prove의 주격보어 자리에 형용사 expensive가 바르게 쓰였다.
③ **CODE 9-4** 준사역동사 help의 목적격보어 자리에 동사원형 achieve가 바르게 쓰였다.

해석 | ① 일부 유기체가 자연에서 굶주려야 하는 것은 매우 유감스럽고 안타깝다.
② 재처리하는 것은 돈이 많이 드는 것으로 입증되었고 처리의 문제를 악화시킬 수 있다.
③ 강력한 이미지 제어를 함으로써, 그녀는 스스로 자신의 목표를 달성하도록 도왔다.
④ Jeff는 공항에 늦게 도착했기 때문에 비행기를 놓쳤다.

03

정답 | ②

해설 | **CODE 13-3** whose 뒤의 문장을 보면 주어(views), 동사(reinforce), 목적어(their ideology)로 완전하다. 따라서 주격·목적격 모두 불가하며 의미상 '~의'에 해당되는 소유격 관계대명사 whose가 와야 하므로 그 쓰임이 옳다.
① **CODE 3-2** 동사의 시제를 묻는 문제이다. 과거시간부사인 last night이 있기 때문에 과거시제를 사용해야 한다. (goes → went)
③ **CODE 2-1** 단수주어 The desire 뒤에 단수동사가 수일치되어야 하므로, 복수동사 are를 단수동사 is로 고쳐야 한다. (are → is)
④ **CODE 4-1** 주어인 A great deal of your time이 '쓰이는' 수동의 의미가 돼야하므로 spend를 수동태 be spent로 고쳐야 한다. (spend → be spent)

해석 | ① Mary는 어젯밤 친구와 함께 체육관에 갔다.
② 일부 사람들은 리더의 관점이 그들의 이데올로기를 강화시켜주는 리더들을 따르는 경향이 있다.
③ 다른 사람들의 활동과 보조를 맞추려는 경향은 새로운지 않다.
④ 당신의 상당히 많은 시간이 아이를 키우는데 소요될 것이다.

04

정답 | ① (movies → movie)

해설 | **CODE 19-6** '비교급+than any other+단수N' 형태로 전개되어야 하므로, 복수명사 movies를 단수명사 movie로 고쳐야 한다.
② **CODE 2-4** 'the number of+복수N+단수V' 형태로 전개되므로, The number 뒤에 단수동사 is의 수일치가 올바르다.
③ **CODE 3-6** 동사 demanded 뒤의 종속절이 당위의 의미를 나타낼 때 종속절의 동사 자리에는 '(should) 동사원형'을 쓰므로, should가 생략된 동사원형 be moved가 바르게 쓰였다.
④ **CODE 22-1** 형용사 Rare가 문두에 위치해 주어와 동사가 도치된 구문으로, 복수주어 are와 복수동사 the musical organizations의 수일치가 올바르다.
CODE 14-1 선행사 the musical organizations를 수식하는 불완전한 문장을 이끄는 주격 관계대명사 that도 바르게 쓰였다.

정답 | ①

해설 | dispute는 '갈등'이란 의미이므로 정답은 conflict '갈등'이다.

해석 | 두 나라 사이의 갈등이 끝났다.
① 갈등, 분쟁
② 야망
③ 협력, 협동
④ 거래

05

정답 | ②

해설 | conduct는 '품행, 행동'의 의미이므로 정답은 behavior '행동'이다.

해석 | 교장은 그녀의 품행에 대해 그녀를 칭찬했다.
① 주장
② 행동
③ 노력
④ 시도, 재판

06

정답 | ②

해설 | avoid는 '피하다'의 의미이므로 정답은 steer clear of '피하다'이다.

해석 | 우리는 의료 서비스에 예산 적자의 문제를 피할 수 없다.
① (분위기 등을) 밝게/환하게 하다
② 피하다
③ 구성하다, 화장하다
④ 촉발시키다, 시작하다

07

정답 | ①

해설 | aesthetic은 '미적인'의 의미이므로 정답은 artistic '예술적인'이다.
해석 | 방음벽의 양측 사이의 차이는 음향적 견지뿐만 아니라 심미적인 견지에서 결정되어야 한다.
① 예술적인, 미술적인
② 기괴한
③ 구조적인
④ 애처로운

08

정답 | ③

해설 | A가 마지막에 도와주셔서 너무 감사하다는 말을 한 것으로 보아, B가 적극적으로 도와주려고 하는 것을 추론할 수 있다. 따라서, 정답은 ③번이 타당하다.

해석 | A: 안녕하세요. 오스틴 교수님. 잘지내시죠?
B: 안녕 제임스. 응 잘 지낸단다. 넌 어떠니?
A: 덕분에 잘지내요. 이 친구는 엠마라고 하는데요. 저희 학교에 지원할 생각이예요. 그래서 몇가지 질문이 있는데요. 혹시 지원 과정에 대해서 말씀해주실 수 있을까요?
B: 안녕 엠마야! 만나서 반갑구나. 같이 얘기하게 돼서 너무나 기쁘구나. 다음주에 내 사무실에 방문하거라.
A: 도와주셔서 너무 감사합니다. 교수님!
① 그럼 나중에 보자. 행운을 빌어.
② 그것 아주 좋겠다. 모든 게 지금까지 잘되어가고 있어.
③ 아마도. 공공 재산을 훼손하는 것은 사려 깊지 못해.
④ 전화거신분이 누구시죠?

09

정답 | ①

해설 | 소식에 관해 얘기하고 있는 상황이므로 가장 적절한 답은 ① '풍문으로 들었다'이다.

해석 | A: 그 소식 들었어요?
B: 무슨 소식이요?
A: 음, 우리 회사가 프랑스로 이전될 것이라고 풍문으로 들었어요.
B: 아, 안 돼요! 전 프랑스어 못해요!
① 풍문으로 들었다
② 기분이 너무 좋았다
③ 정곡을 찔렀다
④ 맨 처음부터 다시 시작했다

42회차 / 정답과 해설

상세한 해설은 공단기 김수환 8분컷 강의를 통해 확인하세요.

정답표

01	①	02	①	03	②	04	①	05	③
06	①	07	②	08	①	09	①	10	④

01

정답 | ① (considered → is considered)

해설 | **CODE 4-1** 주어인 Jack Welch가 '간주되는' 동작의 대상(객체)이 되므로, 수동태인 is considered로 고쳐야 한다.
② **CODE 9-4** 준사역동사 get 뒤에 목적어 task와 목적격보어 done의 관계가 수동이고 뒤에 전명구가 왔으므로 바르게 쓰였다.
③ **CODE 14-3** 추상명사 fact 뒤에 완전한 절을 이끄는 동격의 접속사 that이 바르게 쓰였다.
④ **CODE 17-3** 동사 find와 look up이 비교급 rather than 앞뒤에서 동사원형으로 올바르게 병렬 구조를 이루고 있다.

해석 | Jack Welch는 미국의 최고 비즈니스 리더들 중 한 명으로 여겨진다. 상징적이면서 실질적이었던 몸짓으로, Welch는 구식의 GE Blue Books의 불태우기 의식을 지시했다. Blue Books는 GE 관리자들이 그 조직에서 업무가 어떻게 처리되도록 해야 하는지 말해주는 일련의 경영 교육 매뉴얼이었다. 이 교육용 책들이 15년 동안 이용되지 않았다는 사실에도 불구하고, 그것들은 여전히 GE 관리자들의 행동에 큰 영향력을 미쳤다. 이제, GE 관리자들은 먼지 쌓인 낡은 책에서 해결책을 찾기보다 자신들만의 해결책을 찾도록 배운다.

02

정답 | ① (rose → rises, set → sets)

해설 | **CODE 3-4** 늘, 항상, 반복적인 일에는 과거시제가 아닌 현재시제를 사용한다.
② **CODE 19-3** 'the+비교급, the+비교급' 구문을 묻는 문제이다.
③ **CODE 3-2** 동사의 시제를 묻는 문제이다. three years ago라는 명확한 과거시간부사구가 있기 때문에 과거시제가 사용되고 있다.
④ **CODE 12-1** 분사구문의 의미상 주어인 the boy가 행위의 주체이므로, 현재분사인 understanding과 believing이 바르게 쓰였다.

해석 | ① 해는 언제나 동쪽에서 떠서 서쪽으로 진다.
② 데님은 더 많이 세탁될수록, 더 부드러워질 것이다.
③ 그 소년과 그의 남동생은 3년 전에 마을을 떠났다.
④ 완전히 이해하지 못했지만 자신의 스승을 믿으면서, 소년은 계속 훈련했다.

03

정답 | ②

해설 | **CODE 4-1** 주어인 Children이 가르침을 받는 행위의 대상이 되므로 수동태 be taught(=learn)는 바르게 쓰였다.
① **CODE 8-2** 가정법 과거를 묻는 문제이다. 부사절의 동사가 과거시제이기 때문에 주절의 조동사 또한 과거로 바꿔야 한다. (can → could)
③ **CODE 6-1** 동명사로 쓰인 Understanding이 주어로 쓰이게 되면 문장의 본동사가 없는 불완전한 문장이다. 따라서 동명사인 Understanding을 문장의 본동사가 되도록 Understand로 고쳐야 한다. (Understanding → Understand)
④ **ode 7-2** 주어가 사물이므 are now used 뒤에 목적을 나타내는 to부정사(to+동사원형)가 와야 하므로 to connecting을 to connect로 고쳐야 한다. (to connecting → to connect)

해석 | ① 만약 Bill이 너의 전화번호를 안다면, 너에게 전화할 수 있을 텐데.
② 어린이들은 동물들과 상호 작용하는 법을 배울 필요가 있다.
③ 여러분이 하고자 하는 것을 이해하지 못하는 친구를 이해하라.
④ 휴대 전화는 이제 환자를 의사들에게 연결하기 위해 이용된다.

04

정답 | ① (which → where)

해설 | **CODE 13-1** 선행사가 gardens이고, which 뒤에 주어, 동사, 목적어로 이루어진 완전한 문장이 있으므로, 관계대명사 which를 관계부사 where로 고쳐야 한다.
② **CODE 11-1** keep+~ing를 묻는 문제이다.
③ **CODE 11-4** too 형용사 to RV(너무 ~해서 ~.할 수 없다)' 구문을 완성하는 too stupid to do가 바르게 쓰였다.
④ **CODE 12-1** 분사의 태를 묻는 문제이다. 의미상의 주어인 여자는 앉는 행위를 하는 주체이기 때문에 현재분사를 사용한다.

05

정답 | ③

해설 | hostile은 '적대적인' 의미이므로 정답은 unfriendly '비우호적인'이다.

해석 | 서구는 이 영향력 있는 국가에 대한 그 적대적인 태도를 점차 완화해 왔다.

① 호화로운, 사치스러운
② 정교한
③ 비우호적인
④ 호의적인

06
정답 | ①

해설 | gather은 '모으다'의 의미이므로 정답은 assemble '모으다'이다.

해석 | 사람들은 다양한 방법들로 정보를 모으고 기억한다.
① 모으다
② 흩어지다
③ 닮다
④ 떼다 (↔ attach)

07
정답 | ②

해설 | neutral은 '중립적인'의 의미이므로 정답은 unbiased '편파적이지 않은'이다.

해석 | 그 나라는 전쟁에서 중립을 유지하고자 노력한다.
① 지루한
② 편파적이지 않은
③ 논란이 되는
④ 자발적인

08
정답 | ①

해설 | strict는 '엄격한'의 의미이므로 정답은 stern '엄한'이다.

해석 | 그는 엄하기도 하고 다정하기도 하다.
① 엄한
② 질투하는
③ 불법의
④ 관대한

09
정답 | ①

해설 | 백화점에서 소포가 온 상황이므로 가장 적절한 답은 ① '잘됐네요. 그것을 기다리고 있었어요'이다.

해석 | A: Moore 씨, 당신에게 온 소포가 있어요.
B: 아? 누구한테 온 것이죠?
A: 뉴욕 백화점이요.
B: 잘됐네요. 그것을 기다리고 있었어요.
① 잘됐네요. 그것을 기다리고 있었어요.
② 속달로 보낼 수 있을까요?
③ 이 근처가 가장 좋아요.
④ 약 일주일 걸릴 거예요.

10
정답 | ④

해설 | B가 새해 결심으로 담배를 끊는다고 말하자 A가 놀란 반응으로 보아 가장 적절한 답은 ④ '내 손에 장을 지지다'이다.

해석 | A: 새해 결심이 뭔가요?
B: 담배를 끊을 거예요.
A: 정말이요? 당신이 담배를 끊으면 내 손에 장을 지지겠어요.
① 전세를 역전시키다, 상황을 뒤집다
② 밤늦게까지 일하다(혹은 열심히 공부하다), 열심히 노력하다
③ 무사히 위기를 모면하다
④ 내 손에 장을 지지다

43회차 정답과 해설

8분컷 Lv.2

상세한 해설은 공단기 김수환 8분컷 강의를 통해 확인하세요.

정답표

01	③	02	①	03	①	04	④	05	④
06	②	07	②	08	③	09	①	10	④

01

정답 | ③ (recovering → recovered)

해설 | **CODE 12-1** 수식받는 명사인 의미상 주어 fossil fuels가 행위의 대상이 되고 뒤에 전명구이므로, 현재분사 recovering을 과거분사 recovered로 고쳐야 한다.
① **CODE 2-1** 주어 layers가 복수이므로 복수동사 were가 바르게 쓰였다.
② **CODE 4-1** 문장 맨 앞에 목적어 The energy가 있으므로 능동태 동사 release는 바르게 쓰였다. 참고로 '목적어+주어+동사' 어순의 도치 구문이다.
④ **CODE 13-1** 앞의 선행사 carbon dioxide를 수식하는 주격관계대명사 that이 바르게 쓰였다.

해석 | 에너지가 풍부한 유기 물질의 축적되고 있는 층들이 위에 쌓인 땅의 압력에 의해 점차 석탄과 석유로 변하게 되었다. 지금 우리는 그것들의 분자 구조에 저장된 에너지를 연소함으로써 방출할 수 있고, 우리의 현대 문명은 땅에서 되찾은 그런 화석 연료로부터 나오는 엄청난 양의 에너지에 의존한다. 화석 연료를 태움으로써, 우리는 마침내 저장된 에너지의 대부분을 열로써 환경으로 전달한다. 우리는 또한 수백만 년에 걸쳐 서서히 제거되어 왔던 많은 양의 이산화탄소를 대기로 다시 돌려보내고 있다.

02

정답 | ① (made possible → made it possible)

해설 | **CODE 11-3** 가목적어 구문을 묻는 문제이다. 5형식동사 바로 뒤에 목적보어가 위치하고 진목적어가 이어지고 있기 때문에 가목적어 it을 추가해야한다.
② **CODE 9-4** 과거시제 사역동사 let의 목적어 the students가 행위의 주체이므로, 목적격보어 자리에 동사원형 take가 바르게 쓰였다.
③ **CODE 2-4** 문장의 주어가 단수명사(the number)이기 때문에 단수동사를 사용하고 있다.
④ **CODE 11-2** 가주어 It과 형용사 necessary, 의미상의 주어 for students와 진주어인 to부정사 to participate가 모두 바르게 쓰였다.

해석 | ① 석유는 자동차가 우리 경제를 지배하는 것을 가능하게 만들었다.
② 선생님이 학생들에게 10분 동안 낮잠을 자게 했다.
③ 서울에 자동차의 수가 상당히 빠르게 증가하고 있다.
④ 학생들이 토론에 참여하는 것이 필요하다.

03

정답 | ①

해설 | **CODE 18-2** 5형식 동사 make는 목적보어자리에 부사가 아닌 형용사나 명사가 위치한다. 따라서, 문법적으로 올바른 문장이다.
② **CODE 12-1** 분사의 태를 묻는 문제이다. 의미상의 주어인 작은 소녀가 사만다라고 이름이 지어진 대상이기 때문에 현재분사가 아닌 과거분사가 타당하다. (naming → named)
③ **CODE 18-2** find는 3형식과 5형식으로 모두 사용될 수 있다. 그러나, 3형식과 5형식으로 사용될 때 의미가 다르기 때문에 문장의 해석이 필수적이다. 3형식으로 사용되는 find는 '무언가를 찾다'라는 의미인 반면에, 5형식으로 사용되는 find는 '~가 ~라는 것을 알게되다'라는 의미를 갖는다. 문장을 해석해보면 find가 5형식으로 사용되는 것이 타당하다는 것을 알 수있기에 목적보어 자리에 부사가 아닌 형용사가 위치해야한다. (usefully → useful)
④ **CODE 10-1** 이유를 나타내는 부사적 용법의 to부정사가 와야 하므로 to change로 고쳐야 한다. (to changing → to change)

해석 | ① Ryan의 태도는 그를 자기 동료들 사이에서 매우 평이 나쁘게 만들었다.
② 그 노인은 사만다라는 이름을 가진 작은 소녀를 특히 좋아했다.
③ 빅토리아는 약간의 의심이 있긴 했지만, 그 수업이 굉장히 유용하다는 것을 알게되었다.
④ 그는 항상 약속을 바꾸다니 변덕스러운 사람임에 틀림없다.

04

정답 | ④ (Recognized → Recognizing)

해설 | **CODE 12-1** 분사의 의미상 주어인 many hospitals가 행위의 주체로 '인식하는' 능동의 의미가 되고, 뒤에 목적어 the healing power도 있으므로, 과거분사 Recognized를 현재분사 Recognizing으로 고쳐야 한다.
① **CODE 18-2** 감각동사 sound의 보어 자리에 형용사 strange가 바르게 쓰였다.
② **CODE 4-1** 동사의 태를 묻는 문제이다. 문장의 주어인 그 사람이 여기에 있어야 한다고 생각되는 대상이기에 수동태가 타당하다. 그리고 'be supposed to ~(~하기로 되어 있다)'는 하나의 구문으로 암기해두길 추천한다.
③ **CODE 11-1** 동사 choose의 to부정사 목적어 to drive가 바르게 쓰였다.

05

정답 | ④

해설 | robust는 '원기왕성한, 튼튼한'의 의미이므로 정답은 strong '강한'이다.

해석 | 그 튼튼한 포장은 모든 내부 부품들을 믿을 수 있게 보호한다.
① 공격적인
② 많은, 다량의
③ 싸움의 (cf. martial art 무술)
④ 강한, 튼튼한

06

정답 | ②

해설 | unanimous는 '만장일치의'의 의미이므로 정답은 agreed '일치된'이다.

해석 | 오랜 토론 후에 우리는 그 제안에 만장일치의 결정에 도달했다.
① 점차적인
② 일치된, 합의된
③ 타고난
④ 감사하는

07

정답 | ②

해설 | proficient는 '능숙한'의 의미이므로 정답은 skilled '능숙한'이다.

해석 | 그는 그 총의 사용에 능숙했다.
① 건전한, 견실한
② 능숙한
③ 평상시의, 편한
④ 수동의 (↔ automatic)

08

정답 | ③

해설 | gaze는 '응시하다'의 의미이므로 정답은 stare '응시하다'이다.

해석 | 그는 우울한 미소를 띤 채 그녀를 응시했다.
① 마주치다
② 설득하다
③ 응시하다
④ 주저하다

09

정답 | ①

해설 | 입사 지원 결과에 대해 문의하고 있는 상황이므로 가장 적절한 답은 ① '저희가 전화나 이메일로 알려드릴 거예요'이다.

해석 | A: 영어 선생님을 채용하신다고 들었는데요. 그 직책에 어떻게 지원할 수 있나요?
B: 그냥 저희에게 입사 지원서를 보내세요.
A: 결과는 어떻게 알게 되나요?
B: 저희가 전화나 이메일로 알려드릴 거예요.
① 저희가 전화나 이메일로 알려드릴 거예요.
② 저희에게 결과를 알려주셔야 해요.
③ 귀하의 입사 지원서를 기다릴게요.
④ 관심이 있으면 저희에게 알려주세요.

10

정답 | ④

해설 | 승진할 희망이 없다는 A의 말에 B가 다른 기회가 있다고 말하는 것으로 보아 빈칸에는 ④ '기운 내라'가 적절하다.

해석 | A: 저 이번 승진에서 배제되었어요.
B: (그렇다니) 유감이네요.
A: 저는 승진할 희망이 거의 없어요.
B: 기운 내요. 다른 기회가 있을 거예요.
① 낮말은 새가 듣고 밤말은 쥐가 듣는다 (=The walls have hears.)
② 정곡을 찌르지 마라
③ 자화자찬하지 마라
④ 기운 내라

44회차 / 정답과 해설

| 상세한 해설은 공단기 김수환 8분컷 강의를 통해 확인하세요.

정답표

| 01 | ② | 02 | ② | 03 | ② | 04 | ② | 05 | ③ |
| 06 | ① | 07 | ② | 08 | ④ | 09 | ② | 10 | ① |

01

정답 | ② (associating → associated)

해설 | **CODE 12-1** 수식받는 명사 legends가 행위의 대상이고, 뒤에 목적어 없이 전명구가 있으므로 현재분사 associating을 과거분사 associated로 고쳐야 한다.
① **CODE 22-1** 복수주어 numerous myths and legends와 복수동사 were의 수일치가 올바르다.
③ **CODE 10-1** 목적을 나타내는 to부정사의 부사적 용법으로 바르게 쓰였다.
④ **CODE 4-1** cultivated 뒤에 목적어가 없고, 주어인 belief가 '조성되는' 수동의 의미이므로 수동태 may have been cultivated는 올바르게 쓰였다.

해석 | 보석과 관련된 수많은 신화와 전설이 있다. 어떤 사람들은 저주받은 돌에 대해 말하고, 다른 이들은 특별한 치유력을 가지고 있거나 휴대하고 있는 이를 보호하거나 행운을 준다고 말한다. 알려진 가장 큰 다이아몬드들의 일부는 수세기에 걸쳐 들려지고 다른 말로 고쳐지면서 그것들과 관련된 전설이 있고, 현재 사라진 많은 다이아몬드는 음모와 살인에 관한 이야기들로 둘러싸여 있다. 일부 광산들은 저주받은 것으로 생각되는데, 아마도 원치 않는 시굴자들을 멀리하기 위해 광산 소유주들에 의해 퍼진 소문일 것이다. 예를 들어, 모든 원석이 군주의 소유였던 미얀마에서, 광산에서 돌을 가져간 사람은 누구나 저주받을 것이라는 믿음은 귀중한 국가 자산의 손실을 억제하기 위해 의도적으로 조성되었을지도 모른다.

02

정답 | ② (fair → fairly)

해설 | **CODE 18-1** 형용사와 부사의 구분을 묻는 문제이다. 형용사 fair는 또 다른 형용사인 unhappy를 수식할 수 없다. 형용사를 수식하는 것은 부사이기 때문에 fair를 fairly로 고쳐야한다.
① **CODE 4-1** 동사의 태를 묻는 문제이다. 문장의 주어인 회의는 조직되는 대상이기에 수동태가 사용되고 있다.
③ **CODE 18-1** 부사는 또 다른 부사를 수식할 수 있다. extremely는 badly를 올바르게 수식하고 있다.
④ **CODE 10-1** 부사 역할을 하는 to부정사가 바르게 쓰였다.
⑤ **CODE 12-1** money가 '쓰이는' 행위의 대상이므로, 과거분사 used가 바르게 쓰였다.
CODE 2-1 단수주어(the money) 뒤에 단수동사 comes의 쓰임도 올바르다.

해석 | ① 그 회의는 지극히 잘못 계획되었다.
② 음식점에서 우리 부모님은 서비스에 매우 불만족하셨다.
③ 이 마을에 사람들은 그 돈을 가난한 사람들을 돕는데 썼다.
④ 가난한 사람들을 돕는 데 쓰이는 돈은 그의 주머니에서 나온다.

03

정답 | ②

해설 | **CODE 4-1** 동사의 태를 묻는 문제이다. damage의 주어인 컴퓨터는 손상되는 대상이기에 수동태가 타당하다.
① **CODE 6-1** 진주어인 that절의 주어가 필요하다. 따라서 praise를 동명사인 praising으로 고쳐야 한다. (praise → praising)
③ **CODE 9-4** 사역동사 made 뒤는 목적격 보어로 동사원형이 와야 한다. 따라서 look으로 고쳐야 한다. (to look → look)
④ **CODE 12-1** 분사구문의 의미상 주어인 most people이 질문을 받는 행위의 대상이 되므로, 현재분사인 asking을 과거분사인 asked로 고쳐야 한다. (asking → asked)

해석 | ① 여러분 자녀의 지능을 칭찬하는 것은 아이의 자존감을 북돋게 하는 것처럼 보일 수 있다.
② 그가 베트남에서 찍은 Saigon Execution 사진이 그에게 퓰리처상을 안겨주었다.
③ 그들의 멋진 옷이 파티에서 그들을 훌륭해 보이도록 했다.
④ 심리학자들에 의해 질문 받을 때, 대부분의 사람들이 자신을 평균 이상으로 평가한다.

04

정답 | ② (has been → was)

해설 | **CODE 3-2** 동사의 태를 묻는 문제이다. Layla가 깨달은 과거시점과 버스가 늦은 시점이 동일하기에 현재완료 has been을 was로 고쳐야한다.
① **CODE 12-1** 분사의 의미상 주어인 she가 행위자이고, 뒤에 목적어 him이 있으므로 현재분사 Seeing이 바르게 쓰였다.
③ **CODE 2-1** 복수주어 The molecules 뒤에 복수동사 are의 수일치가 올바르다.
④ **CODE 15-1** 주어(no system) 동사(can be), 보어(safe)로 이루어진 완전한 2형식이므로 명사절 접속사 that이 바르게 쓰였다.

05

정답 | ③

해설 | zealous는 '열정적인'의 의미이므로 정답은 passionate '열정적인'이다.

해석 | 성장하는 기업은 성공하기 위해 대담하고 열정적인 리더가 있도록 요구된다.
① 미묘한
② 순종적인, 복종하는 (↔ disobedient)
③ 열정적인 (cf. zeal 열심, 열정)
④ 솔직한, 쉬운

06

정답 | ①

해설 | thrive는 '번창하다'의 의미이므로 정답은 flourish '번영하다'이다.

해석 | 자유 시장은 투명성과 정직성으로 번창한다.
① 번영하다, 번창하다
② 인지하다
③ 뒤집다, 전도하다
④ 운영하다, 작동하다

07

정답 | ②

해설 | equivalent는 '동등한'의 의미이므로 정답은 parallel '평등한'이다.

해석 | 그 수치는 하루에 대략 43명에 상당한다.
① 계산할 수 없는, 막대한 (cf. calculate 계산하다)
② 평등한, 상당하는
③ 인내심 있는, 집요한
④ 간결한

08

정답 | ④

해설 | extent는 '크기(규모), 정도'의 의미이므로 정답은 scale '규모'이다.

해석 | 이 음모에 의해 야기된 피해의 전체 규모를 알아내기에는 너무 이르다.
① 배경
② 기원
③ 연장, 확장
④ 규모, 정도

09

정답 | ②

해설 | A가 배가 아파서 병원이 어디 있냐고 물어본 상황이므로 가장 적절한 답은 ② '지금 바로 거기에 데려다 줄게요'이다.

해석 | A: 이 근처에 병원 있나요?
B: 네, 여기서 그리 멀지 않아요. 무슨 일이죠?
A: 배가 너무 아파요.
B: 지금 바로 거기에 데려다 줄게요.
① 그들이 올해 의료 보험을 최대 2%까지 인상했어요
② 지금 바로 거기에 데려다 줄게요
③ 저는 그것에 대답할 적임자가 아니에요
④ 예약하는 것이 끔찍하네요

10

정답 | ①

해설 | 빌린 책이 내일 아침까지 반납되어야 할 상황이므로 가장 적절한 답은 ① '샅샅이 뒤지다, 온갖 수단을 강구하다'이다.

해석 | A: 잃어버린 책 찾았나요?
B: 아니요, 아직 못 찾았어요. 너무 바빠서 온종일 지쳐 있었어요.
A: 서둘러야 할 것 같은데요. 알다시피, 그 책은 내일 아침까지 반납되어야 하잖아요.
B: 알아요, 그래서 오늘 밤에 샅샅이 뒤져볼 거예요.
① 샅샅이 뒤지다
② 정곡을 찌르다
③ 사소한 일을 크게 만들다(침소봉대하다)
④ 내 목숨을 구해주다

8분컷 Lv.2
45 회차 / 정답과 해설

상세한 해설은 공단기 김수환 8분컷 강의를 통해 확인하세요.

정답표

| 01 | ③ | 02 | ① | 03 | ② | 04 | ① | 05 | ③ |
| 06 | ① | 07 | ② | 08 | ① | 09 | ① | 10 | ④ |

01

정답 | ③ (which → what)

해설 | **CODE 15-1** 동사 fueled와 병렬 구조를 이루는 be동사 were의 보어가 되는 명사절이 필요하므로, 형용사절을 이끄는 which를 명사절을 이끌며 선행사를 포함하는 관계대명사 what으로 고쳐야 한다.
① **CODE 10-2** 전치사 of 뒤에 동명사 목적어 attaining이 바르게 쓰였다.
② **CODE 12-1** '~ after they were stripped ~'에서 my parents를 가리키는 동일 주어 they를 생략하고, were를 being으로 나타낸 현재분사 구문으로 바르게 쓰였다.
④ **CODE 20-1** 앞의 명사 thousands of business executives and professional athletes를 가리키는 소유격 대명사 their가 바르게 쓰였다.

해석 | 큰 부를 가지고 태어났지만 나는 10대 때 가난에 빠진, 나는 그것(성공을 얻는 비결보다 성공을 잃는 것의 위험에 관해 더 잘 알고 자랐다. 내 부모님은 중년에 모든 것을 박탈당한 후에 회복되셨지만, 그들은 결코 번창하는 사고방식을 되찾지 못했다. 그리고 나는 그들의 성공보다 그들의 두려움을 더 완전히 흡수했다. 그런 두려움이 경제적으로 성공하려는 나의 욕망을 부채질했고, 부분적으로, 내가 사람들에게 성취하는 방법을 가르쳐 생계를 꾸려나가게 만들었다. 나는 자라서 수천 명의 기업 경영진과 프로 운동선수들이 귀중한 성공의 원리를 이용해 자신들의 목표를 달성하도록 영감을 주는 동기 부여 연설가가 되었다.

02

정답 | ① (fell → fall)

해설 | **CODE 17-1** 병렬구조를 묻는 문제이다. rise와 fall은 병렬되어 조동사 may에 걸린다.
② **CODE 4-1** 앞의 명사 symbol이 '이해되는' 행위의 대상이 되고, 뒤에 목적어가 없으므로 수동태 동사 is understood가 바르게 쓰였다.
CODE 21-1 뒤에 절이 있으므로 접속사 because의 쓰임도 올바르다.
③ **CODE 4-1** 앞의 대명사 it이 '포장되는' 행위의 대상이 되고 뒤에 목적어가 없으므로 수동태 동사 is wrapped가 바르게 쓰였다. unless는 'if ~not'의 의미를 가지므로, 뒤에 not이 없는 unless의 쓰임도 올바르다.
④ **CODE 18-2** remain은 뒤에 보어를 취하는 동사이므로, 부사 purely를 형용사 pure로 고쳐야 한다.

해석 | ① 사람은 죽을 수도 있고 국가는 흥망성쇠를 겪을 수도 있지만 사상은 계속 살아 남는다.
② 하나의 기호는 단지 공유되는 전통적인 의미가 있기 때문에 이해된다.
③ 선물은 종이에 포장되지 않으면 정말로 선물이 아니다.
④ 최근에 다른 말들은 수입된 적 없었기 때문에, 번식용 가축은 순종인 상태로 남아 있다.

03

정답 | ②

해설 | ② **CODE 2-1** 단수주어 One 뒤에 단수동사 is의 수일치가 올바르다.
① **CODE 1-1** 주어 The idea와 동격인 that절의 주어가 동명사 visiting이므로, 복수동사 reduce를 단수동사 reduces로 고쳐야 한다. (reduce → reduces)
③ **CODE 9-4** 준사역동사 get의 용법에 관한 문제이다. 목적어인 크림파이는 얼굴에 던져진 대상이기 때문에 현재분사가 아닌 과거분사가 타당하다. (smashing → smashed)
④ **CODE 15-1** 뒤에 완전한 문장이 있으므로 what을 명사절 접속사 that으로 고쳐야 한다. (what → that)

해석 | ① 공원 같은 녹지 공간을 방문하는 것이 스트레스를 줄인다는 생각이 반드시 새로운 것은 아니다.
② 스포츠가 할 수 있는 가장 중요한 것들 중 하나는 자존감을 길러 준다는 것이다.
③ Joshua가 크림 파이를 자기 얼굴에서 박살 나게 하자 모두 웃었다.
④ 요오드화는 소량의 요오드가 소금에 첨가되었다는 것을 의미한다.

04

정답 | ① (drawn → draw)

해설 | **CODE 9-4** 사역동사의 목적어인 them이 행위를 하는 능동의 의미이므로, 과거분사 drawn을 동사원형 draw로 고쳐야 한다.
② **CODE 15-1** 동사 thought 뒤에 명사절 접속사 that과 선행사 job을 수식하는 관계대명사 that도 바르게 쓰였다
CODE 20-3 부정대명사 another 뒤에 단수명사 job의 쓰임도 올바르다.
③ **CODE 19-4** 비교급 less stressful을 강조하는 강조 부사 much가 바르게 쓰였다.

④ **CODE 11-2** 가주어 It과 진주어 to take care of 이하 구문이 바르게 쓰였다.

05

정답 | ②

해설 | perish는 '죽다, 소멸되다'의 의미이므로 정답은 die '죽다'이다.

해석 | 수백명의 사람들이 지진으로 사망했다.
① 생존하다
② 죽다
③ 구조하다
④ 붕괴하다

06

정답 | ①

해설 | adhere는 '고수하다'의 의미이므로 정답은 stick '고수하다'이다.

해석 | 여러분의 원래 계획을 고수할 필요는 없다.
① 고수하다
② 번식하다, 복제하다
③ 혐오하다
④ 우려하다

07

정답 | ④

해설 | facilitate는 '촉진하다'의 의미이므로 정답은 promote '촉진하다'이다.

해석 | 새로운 무역 협정은 더 빠른 경제 성장을 촉진해야 한다.
① 전멸시키다, 몰살하다
② 줄어들다
③ 소중하게 여기다
④ 촉진하다

08

정답 | ①

해설 | opt는 '택하다'의 의미이므로 정답은 chose '선택하다'이다.

해석 | 많은 직원들이 임금 삭감을 당하기보다 일을 그만두는 것을 택했다.
① 선택하다
② 억압하다
③ 극복하다
④ 낭독하다

09

정답 | ④

해설 | A가 Mary를 궁금해하는 모습을 보고 B가 Mary에게 A를 소개시켜주는 장면이다. 따라서, 정답은 ④번이 타당하다.

해석 | A: 바바라 옆에 있는 키 큰 여자가 누구야?
B: 바바라 친구 메리야. 스티브 파티장에서 안만났었어?
A: 아니, 난 스티브 파티장에 안갔었어.
B: 아! 그럼 내가 바로 소개시켜줄게. 메리야, 얘는 내 친구 짐이야!
① 걔는 모르는게 좋아.
② 고마워요. 당신이 제 목숨을 구했어요.
③ 네, 제가 당신의 애완동물을 돌볼게요.
④ 그러면 내가 바로 소개시켜줄게.

10

정답 | ①

해설 | 길을 걷는 중 도로 표지판이 바로 뒤에 떨어졌다는 내용이므로 가장 적절한 답은 ① '당신 정말 구사일생이었네요'이다.

해석 | A: 맙소사!
B: 무슨 일이에요?
A: 제가 길을 걷고 있었는데 거대한 도로 표지판이 떨어져서 제 바로 뒤의 땅에 충돌했어요!
B: 당신 정말 구사일생이었네요.
① 당신 정말 구사일생이었네요.
② 호랑이도 제 말하면 온다더니!
③ 당신이 제 후임이 되면 좋겠네요.
④ 다른 사람들에게 책임을 전가하지 말아요.

8분컷 Lv.2 46회차 / 정답과 해설

상세한 해설은 공단기 김수환 8분컷 강의를 통해 확인하세요.

정답표

01	②	02	②	03	②	04	②	05	②
06	④	07	③	08	①	09	①	10	③

01

정답 | ② (carry → carrying 혹은 to carry)

해설 | **CODE 5-2** 지각동사의 수동태를 묻는 문제이다. 지각동사가 수동태로 사용된 경우에는 부정사나 현재분사가 이어진다. 따라서, 동사원형 carry를 carrying 혹은 to carry로 고쳐야 한다.
① **CODE 3-2** 과거 한때를 나타내는 부사 once 뒤에 과거시제 동사 lived가 바르게 쓰였다.
③ **CODE 15-1** 뒤에 주어(this), 동사(would be), 보어(an easy place)로 이루어진 완전한 문장이 있으므로 명사절 접속사 that이 올바르게 사용되고 있다.
④ **CODE 4-1** 뒤에 전치사 by가 있고, 주어인 the work and pleasure of parenting이 동작의 대상이 되므로, 수동태 동사 was shared가 바르게 쓰였다.

해석 | 나는 한때 파푸아 뉴기니의 한 해안 마을에 살았다. 그곳의 아이들은 자신들의 부모와 함께 살지 않았고 원하는 대로 집집마다 옮겨 다녔다. 열 살짜리 아이들이 아기들을 업고 있거나 요리 불을 돌보는 것을 볼 수 있었다. 열네 살 때 그들은 자신감과 자부심을 가지고 어른들 일을 하고 있었다. 그 마을에서 가장 새롭고 가장 흥미로운 일로, 나는 12명 정도의 아이들을 내 베란다에서 재웠다. 나에게 이곳은 부모가 되기 쉬운 곳이겠다는 생각이 들었는데, 육아라는 일이 온 마을에 의해 공유되었기 때문이다.

02

정답 | ② (that → if)

해설 | **CODE 15-2** 동사 asked 뒤의 절에 should가 없는 것으로 볼 때, 'ask+if+S+V(~인지 물어보다)' 구문임을 알 수 있으므로, that을 if로 고쳐야 한다. 'ask+that+S should RV(~해야 한다고 요구하다)'와 'ask if S+V(~인지 물어보다)' 구문을 구별해서 알아둔다.
① **CODE 3-1 CODE 19-1 CODE 0-2** 원급 비교의 'as+원급+as' 구문으로 원급에는 형용사와 부사가 들어갈 수 있지만 술어동사가 be동사인 is이므로 보어에 해당하는 형용사 old가 올바르게 쓰였다. 원급 비교구문에 이어서 language라는 불가산명사를 강조하기 위해 재귀대명사 itself 또한 바르게 쓰였다. 현재완료 단서인 'throughout ~ history'는 '인간의 역사를 통해(통틀어)'라는 의미로 시제가 과거에서 현재까지 이어졌다는 것을 알 수 있다. 따라서 현재완료인 has taken도 올바르다.
③ **CODE 9-4** 준사역동사 help의 목적격보어 자리에 동사원형 notice가 바르게 쓰였다.
④ **CODE 13-1** 앞의 명사 process를 수식하는 절에 관계대명사 that이 생략된 구문(process that people use)이다.
CODE 10-1 목적을 나타내는 부사적 용법의 to부정사 to understand의 쓰임도 올바르다.

해석 | ① 토론은 언어 만큼이나 오래된 것이고 인류 역사를 통해 많은 형태를 취해왔다.
② David는 감기에 걸렸고 Patrick에게 그날 그를 대신해줄 수 있는지 물었다.
③ 다른 사람들에 대한 인식을 발전시키는 것이 여러분이 칭찬할 것들에 대해 알아차리도록 도와줄 것이다.
④ 철학자들은 사람들이 서로를 이해하기 위해 사용하는 과정에 대해 오랫동안 논쟁해왔다.

03

정답 | ②

해설 | ② **CODE 11-2** 난이형용사 구문으로 가주어 It과 의미상의 주어 for her 그리고 진주어 to work가 모두 바르게 쓰였다.
① **CODE 9-4** 하여금동사 allow의 목적격보어 자리에는 to부정사가 와야 하므로 fall을 to fall로 고쳐야 한다. (fall → to fall)
③ **CODE 15-3** 간접의문문의 어순은 '의문사+주어+동사' 순이다. 따라서 are we를 we are로 고쳐야 한다. (are we → we are)
④ **CODE 11-10 CODE 17-1** consider는 동명사만을 목적어로 취하는 동사이므로 to purchase를 purchasing으로 고쳐야 한다. (to purchase → purchasing)

해석 | ① 가장 중요한 것은 여러분을 자신의 환경에 희생되도록 용납하지 않는 것이다.
② 안전한 핵 시설을 갖는 것이 얼마나 다행인지 상상하지 못할 것이다.
③ 일하며 동시에 아기를 돌보는 것은 그녀에게 힘든 일이었다.
④ 사람들은 보트를 구입하거나 해안가 집을 임대하는 것을 고려하지 않는다.

04

정답 | ② (were → had been)

해설 | **CODE 8-3** 가정법 과거완료를 묻는 문제이다. 주절은 조동사 과거형+have p.p.이고 If절은 주어+had p.p. 형태가 되어야 하므로, were를 had been으로 고쳐야 한다.
① **CODE 3-1** Since 뒤에 현재완료시제 동사 have been이 바르게 쓰였다.
CODE 20-3 부정대명사 other 뒤에 가산 복수명사 cyclists의 쓰임도 올바르다.
③ **CODE 2-1** 단수주어 The essence와 단수동사 is의 쓰임이

올바르다.
CODE 5-1 절대자동사 happen은 과거분사 형태로 쓸 수 없으므로, happening이 바르게 쓰였다.
④ **CODE 4-1** 동사의 태를 묻는 문제이다. 명사절 that절 안의 주어인 상품은 배송되는 대상이기 때문에 수동태가 타당하다.

05

정답 | ②

해설 | collide는 '충돌하다'의 의미이므로 정답은 crash '충돌하다'이다.

해석 | 이 물체들 중 두 개가 충돌할 때, 뭔가 경이적인 일이 일어난다는 것을 상상할 수 있다.
① 주다, 전하다
② 충돌하다
③ 미끄러지다
④ 찬성하다 (↔ dissent)

06

정답 | ④

해설 | inject는 '주입하다'의 의미이므로 정답은 administer '(약물) 투여하다, 관리하다'이다.

해석 | 약물을 주입하는 사람들은 또한 간염(B, C, 그리고 심지어 A)과 HIV에 걸릴 위험이 더 높다.
① 저지르다
② 부여하다, 승인하다
③ 통합하다
④ (약물) 투여하다, 관리하다

07

정답 | ③

해설 | concise는 '간결한'의 의미이므로 정답은 terse '간결한'이다.

해석 | Kim 씨는 발표가 간결해야 한다고 생각한다.
① 장황한
② 충분한
③ 간결한
④ 꾸준한, 안정적인

08

정답 | ①

해설 | portable은 '휴대 가능한'의 의미이므로 정답은 compact '소형으로 가지고 다니기 쉬운'이다.

해석 | 그 디자이너는 항상 그가 작업하는 휴대 가능한 제도판을 가지고 다닌다.
① 소형의
② 다재다능한, 다용도의
③ 가치 없는
④ 불편한

09

정답 | ①

해설 | 마지막 질문이 언제쯤 준비가 되냐고 물어보고 있으므로 정답은 ① '한 시간 안에 끝날 거예요'이다.

해석 | A: 안녕하세요, Johnson씨. 이 바지 수선할 수 있을까요? 2센티 줄이고 싶어서요.
B: 그럼요, Kevin. 이 작업 끝낸 후에 고쳐드릴 수 있어요.
A: 네, 언제쯤 준비가 될까요?
B: 한 시간 안에 끝날 거예요.
① 한 시간 안에 끝날 거예요.
② 그것들은 어제 준비되었어요.
③ 그것들이 제 바지인지 보죠.
④ 노력했지만, 그것들을 고칠 수 없었어요.

10

정답 | ③

해설 | 빈칸 뒤에서 A가 대회에서 이길 수 있는 방법이 없다고 했으므로 앞서 올 표현으로 가장 적절한 것은 ③ '패배를 인정하다, 항복하다'이다.

해석 | A: 이번 시합에서는 패배를 인정해야 할까 봐요.
B: 당신 말에 동의해야겠네요.
A: 우리가 그 대회에서 이길 수 있는 방법이 없네요.
B: 아 음, 뭔가 다른 것을 해볼게요.
① 잠잠해진 문제를 들추지 마라
② 주객을 전도하다
③ 패배를 인정하다, 항복하다
④ 비밀을 누설하다

47 회차 정답과 해설

상세한 해설은 공단기 김수환 8분컷 강의를 통해 확인하세요.

정답표

| 01 | ④ | 02 | ④ | 03 | ① | 04 | ② | 05 | ② |
| 06 | ① | 07 | ③ | 08 | ② | 09 | ③ | 10 | ② |

01

정답 | ④ (permitting → permitted)

해설 | CODE 6-1 문장의 동사를 묻는 문제이다. 문장이 성립할 수 있는 최소의 요건은 주어와 동사가 있어야 한다는 점이다. 주어진 문장엔 동사가 없기 때문에 현재분사 permitting을 과거동사인 permitted로 고쳐야 한다.
① CODE 18-2 2형식 동사 remain은 주격보어를 취하며, 주격보어자리엔 명사나 형용사가 위치한다.
② CODE 18-1 부사 exclusively느느 동사인 rely를 수식한다.
③ CODE 21-1 접속사 while은 절을 안는다. others가 부사절의 주어이고 took up이 부사절의 동사이다.

해석 | 자연 그대로의 식량이 풍부한 세계의 여러 건조 지역에서는 사람들이 농업에 종사하지 않았다. 예를 들어, 호주 주민들은 최근 몇 세기까지 오로지 수렵 채집에만 계속 의지했다. Alaska에서 Mexico만에 이르는 건조한 목초지의 많은 아메리카 원주민들은 들소를 사냥했던 반면에 북서 태평양 지역의 다른 사람들은 연어 사냥에 종사했다. 물고기, 조개류, 수생 동물의 풍부한 공급은 Mississippi 강 동부의 식량 채집자들이 번창하는 것을 가능하게 했다. 아프리카에서는 환경 때문에 적도 열대 우림과 대륙 남부의 옛 방식을 유지하는 것이 더 유리했다. 북유라시아의 순록 기반 사회 역시 농업의 확산에 영향을 받지 않았다.

02

정답 | ④ (silently → silent)

해설 | CODE 18-2 2형식동사는 주격보어자리에 부사가 아닌 형용사가 위치한다.
① CODE 1-1 주어 a joy와 동사 is의 수일치가 올바르다.
② CODE 4-1 주어 a joy가 '느껴지는' 행위의 대상이 되고, 뒤에 목적어가 없으므로 수동태 동사 be felt의 쓰임도 올바르다.
② CODE 17-1 주어 Bob 뒤에 동사 got과 asked의 병렬구조가 올바르다.
CODE 15-2 ask if는 '어떤 여부를 물어보다'라는 뜻이다.
③ CODE 16-3 완전한 문장인 부사절을 이끄는 복합관계부사 whenever가 바르게 쓰였다.

해석 | ① 어떤 다른 방식으로 느낄 수 없는 신체적 놀이의 즐거움이 있다.
② Bob은 퇴근하고 집에 와서 Jason에게 야구를 하고 싶은지 물었다.
③ 축구 경기가 시작되려고 했던 것으로 드러났다.
④ 판사는 피고에게 조용히 하라고 지시했다.

03

정답 | ①

해설 | CODE 16-3 완전한 문장을 이끄는 복합관계부사 Whenever가 바르게 쓰였다
CODE 9-5 remind A of B(A에게 B를 상기시키다) 구문의 쓰임도 올바르다.
② CODE 1-1 동명사(Exploring)가 주어로 쓰이면 동사는 단수여야 한다. 따라서 are를 is로 고쳐야 한다. (are → is)
③ CODE 15-1 뒤의 문장이 'there+동사+주어' 구조의 1형식으로 완전하다. 따라서 what을 that으로 고쳐야 한다. (what → that)
④ CODE 15-1 뒤에 주어와 동사 he owns뿐인 목적어가 없는 불완전한 문장이므로 that을 what으로 고쳐야 한다. (that → what)

해석 | ① 내 딸의 얼굴을 들여다볼 때마다, 그 아이의 얼굴이 나에게 우리 엄마의 헌신을 상기시킨다.
② 여러분의 개인적인 그림 스타일을 탐구하는 것이 중요하다.
③ 이용 가능한 대여 스케이트가 없다는 것을 유념해 주세요.
④ 구두쇠는 돈을 모으려 애쓰지만, 자신의 소유한 것을 활용하지는 못한다.

04

정답 | ② (during→while)

해설 | CODE 21-1 전치사 during과 접속사 while을 구분하는 문제이다. during 뒤에는 명사는 오지만, 전명구(on a picnic)가 올 수는 없다. 반면 while은 주어와 동사를 포함한 절이나 전명구가 이어질 수 있다.
① CODE 5-3 절대자동사 lie(~에 있다)가 능동태로 바르게 쓰였다. 절대자동사 lie(~에 있다)가 능동태로 바르게 쓰였다. 타동사 lay(놓다)와 구별해서 기억해 둔다
③ CODE 19-2 비교급 more가 나온 경우엔 비교대상 앞에 than을 사용한다.
④ CODE 19-7 CODE 22-4 일반동사 make 뒤에 대동사 do가 바르게 쓰였다. as 뒤에 선택적 도치 구문의 쓰임도 올바르다.

05

정답 | ②

해설 | withstand는 '견디다'의 의미이므로 정답은 endure '견디다'이다.

해석 | 이 빌딩은 심한 지진을 견디도록 지어졌다.
① 영양분을 공급하다
② 견디다
③ 혹사시키다
④ 보류하다

06

정답 | ①

해설 | converge는 '모이다'의 의미이므로 정답은 meet '만나다'이다.

해석 | 그 네 개의 강은 동쪽으로 흘러가면서 한곳으로 모인다.
① 만나다
② 나뉘다
③ 넘치다
④ 우세하다(널리 퍼지다)

07

정답 | ③

해설 | attribute는 '~덕분으로 돌리다'의 의미이므로 정답은 ascribe '~에 돌리다'이다.

해석 | 우리는 에디슨의 성공을 지성과 노고의 덕분으로 돌린다.
① 기여하다, 기부하다
② 추측하다
③ ~탓으로 돌리다
④ 실망, 경악시키다

08

정답 | ②

해설 | impeccable은 '흠 잡을 데 없는'의 의미이므로 정답은 perfect '완벽한'이다.

해석 | Urjit Patel 박사는 흠 잡을 데 없는 진실성을 가진 철저한 전문가이다.
① 본질적인, 내재된
② 완벽한
③ 보통의, 중간의
④ 무관심한

09

정답 | ③

해설 | 빈칸 앞에서 네가 Judy의 생일 파티에 오면 더 재미있을 것이라고 말을 했으므로 가장 적절한 답은 ③ '알았어. 최대한 가도록 할게'이다.

해석 | A: Amy, 이번 주 금요일 밤에 Judy의 생일 파티 갈 거야?
B: 잘 모르겠어. 금요일 늦게 출장에서 돌아올 것 같아.
A: 제발. 네가 오면 더 재미있을 거야.
B: 알았어. 최대한 가도록 할게.
① 좋아. 여행 잘 다녀와.
② 그렇군. 내가 전화해서 그녀를 초대할게.
③ 알았어. 최대한 가도록 할게.
④ 미안해, 그 파티가 지연됐어.

10

정답 | ②

해설 | 복권을 샀는데 당첨이 되면 새 차와 집을 살거라는 말에 가장 적절한 반응은 ② '허황된 꿈을 꾸고 있는'이다.

해석 | A: 오늘 아주 행복해 보이네요. 뭐 좋은 일 있었어요?
B: 있고 말고요. 복권을 샀는데 당첨되면, 새 차와 집을 살 거예요.
A: 당신 허황된 꿈을 꾸고 있는 것 같네요.
① 전화로 병가를 내는
② 허황된 꿈을 꾸고 있는
③ 면목이 없는
④ 어색한 분위기를 깨는

48 회차 정답과 해설

8분컷 Lv.2

| 상세한 해설은 공단기 김수환 8분컷 강의를 통해 확인하세요.

정답표

| 01 | ① | 02 | ② | 03 | ② | 04 | ② | 05 | ② |
| 06 | ③ | 07 | ② | 08 | ① | 09 | ② | 10 | ① |

01

정답 | ① (are → is)

해설 | **CODE 2-1** 주어가 One이므로 이에 수일치 되도록 are를 단수동사 is로 고쳐야 한다.
② **CODE 4-1** **CODE 9-5** deprive의 목적어가 없고 의미상 주어인 No person이 '빼앗기게 되는' 수동의 의미이므로 수동태 be deprived는 바르게 쓰였다.
③ **CODE 18-1** 동사 may be taken을 수식하는 것은 부사이다. 따라서 physically는 바르게 쓰였다.
④ **CODE 15-3** 간접의문문의 어순인 '의문사(how much)+주어(the compensation)+동사(should be)'의 구조가 올바르게 쓰였다.

해석 | 환경 보호 목적으로 지역의 토지 이용 통제 이용에 있어 가장 논란이 되는 사안들 중 하나는 "수용" 문제이다. 미국 헌법 수정 제5조에는 다음과 같은 말이 포함되어 있는데, "어떤 사람도 정당한 법적 절차 없이 생명, 자유 또는 재산을 빼앗겨서는 안 되며, 정당한 보상 없이 공용을 위해 사유 재산이 수용되어서도 안 된다." 이는 정부에 사유 재산을 "수용할" 권한을 부여하지만, 공공 목적이거나 소유주들이 정당한 보상 받을 경우에만 그렇다. 토지는 물리적으로(예를 들어 공원이나 고속도로를 위해) 수용될 수 있는데, 주된 문제는 얼마나 보상될지 위주로 돌아갈 것이다.

02

정답 | ② (if → whether)

해설 | **CODE 15-2** whether와 if의 차이를 묻는 문제이다. 전치사의 목적어 자리에는 if가 사용될 수 없다. 따라서, if를 whether로 바꿔야 한다.
① **CODE 15-1** 뒤에 완전한 문장을 이끄는 접속사 that이 바르게 쓰였다.
③ **CODE 12-1** 분사의 태를 묻는 문제이다. 의미상의 주어인 제임스가 일을 하는 행위자이기 때문에 능동의 의미를 갖는 현재분사가 사용되고 있다.
④ **CODE 21-1** 명사구를 이끄는 전치사 Unlike가 바르게 쓰였다. **CODE 18-2** 동사 changed를 수식하는 부사 little의 쓰임도 올바르다.

해석 | ① 곤충들은 종종 혐오스럽다고 여겨진다.
② 여성 관리자들은 바지를 입을지 또는 치마를 입을지에 관한 선택권이 있다.
③ 그를 위해 일하는 동안, James는 부업으로 장사를 하면서 돈을 벌었다.
④ 다른 미디어 유형들과 달리, 라디오 광고 수익은 거의 변하지 않았다.

03

정답 | ②

해설 | **CODE 18-2** 동사 keep의 목적격보어 자리에 형용사 clean의 쓰임이 올바르다.
① **CODE 3-2** 동사의 시제를 묻는 문제이다. 명백하게 과거시점을 나타내는 시간부사구인 in 2004가 주어져있기 때문에 동사의 시제를 과거로 바꿔야한다. (are → were)
③ **CODE 9-4** 하여금동사 allow는 to부정사를 목적격보어로 취하므로 to reach로 고쳐야 한다. (reaching → to reach)
④ **CODE 4-1** 주어인 Weekends가 '보내지는' 수동의 의미가 되어야 하고, 뒤에 목적어도 없으므로 수동태 be spent로 고쳐야 한다. (spend → be spent)

해석 | ① 아시아 해안지대의 많은 부분들이 2004년 쓰나미로 파괴되었다.
② 여러분은 집의 공기를 깨끗하게 유지하기 위해 많은 것들을 할 수 있다.
③ 그 의사는 그의 환자들이 자신들의 상태에 대해 정보에 근거한 결정을 내릴 수 있게 한다.
④ 주말은 헛되이 보내져서는 안 된다.

04

정답 | ② (that → what)

해설 | **CODE 15-1** 전치사 from 뒤에 명사절이 불완전하므로, that을 불완전한 절을 이끄는 what으로 고쳐야 한다.
① **CODE 20-3** 부정대명사를 묻는 문제이다. 양말은 한짝이 2개로 이루어져있다. 따라서, 둘중 하나는 one, 그리고 나머지 하나는 the other라고 표현한다.
③ **CODE 9-4** 사역동사 make의 목적격보어 자리에 동사원형 laugh가 바르게 쓰였다.
④ **CODE 2-1** 복수주어 Individuals 뒤에 복수동사 are가 바르게 쓰였다.

05

정답 | ②

해설 | call on은 '방문하다, 빌리다'의 의미이므로 정답은 visit '방문하다'이다.

해석 | 당신의 상태를 확인하기 위해 오늘밤에 방문할게요.
① 매우 좋아하다
② 수정하다, 개정하다
③ 달성하다, 이루다
④ 극복하다

06

정답 | ③

해설 | capable은 '능력있는, 유능한'의 의미이므로 정답은 able '유능한'이다.

해석 | 난 유능한 스노우보드 선수이지만, 샘이 훨씬 낫다.
① 결단력 있는
② 책임감있는
③ 유능한
④ 가난한

07

정답 | ②

해설 | assess는 '평가하다'의 의미이므로 정답은 estimate '추산하다'이다.

해석 | 그들이 지불될 보상액을 평가했다.
① 규정하다
② 추산하다, 추정하다
③ 갱신하다
④ 구성하다

08

정답 | ①

해설 | tolerate는 '견디다'의 의미이므로 정답은 endure '견디다'이다.

해설 | 온도의 갑작스러운 변화를 견딜 식물들은 거의 없다.
① 견디다, 참다
② 재촉하다
③ 거부하다
④ (고통을) 입다, 겪다

09

정답 | ②

해설 | 7시에 저녁을 먹기로 했지만 친구들과 축구를 해서 8시가 넘어 집에 온 상황이므로 가장 적절한 답은 ② '죄송해요. 완전히 잊고 있었어요'이다.

해석 | A: Jonathan, 왜 그렇게 집에 늦게 왔니? 벌써 8시가 넘었잖아.
B: 엄마, 학교 끝나고 친구들이랑 축구를 했어요.
A: 우리는 널 기다리고 있었는데. 7시에 저녁 먹기로 한 거 기억 안나니?
B: 죄송해요. 완전히 잊고 있었어요.
① 고맙지만, 그들은 이미 먹었어요.
② 죄송해요. 완전히 잊고 있었어요.
③ 물론이죠. 제가 내일 제 친구들을 초대할게요.
④ 그렇지 않아요. 축구는 제가 가장 좋아하는 스포츠가 아니에요.

10

정답 | ①

해설 | 감기에 걸려 기절할 것 같다는 A의 말에 B가 심각하지 않으니 코 풀고 레몬차를 마시라고 했으므로 빈칸에 들어갈 답은 ① '과장하지 말아라'이다.

해석 | A: 오 이런, 저 감기 걸렸어요. 오늘은 일을 쉬고 병원을 갈게요. 안 그러면 기절할 것 같아요.
B: 과장하지 말아요. 그렇게 심각하지 않잖아요. 그냥 코 풀고 레몬차 좀 마셔요.
① 과장하지 말아라
② 자화자찬해라
③ 풍문으로 듣지 마라
④ 자리를 피하지 마라

49 회차 정답과 해설

상세한 해설은 공단기 김수환 8분컷 강의를 통해 확인하세요.

정답표

| 01 | ④ | 02 | ④ | 03 | ② | 04 | ④ | 05 | ③ |
| 06 | ② | 07 | ③ | 08 | ① | 09 | ④ | 10 | ③ |

01

정답 | ④ (have been → be)

해설 | **CODE 8-2** 가정법 과거 구문은 'if+S+과거시제, S+조동사과거+동사원형'으로 써야 하므로 have been을 be로 고쳐야 한다.
① **CODE 13-1** 선행사 tickets를 수식하며, 뒤에 불완전한 문장이 있으므로 관계대명사 which가 바르게 쓰였다.
② **CODE 11-5** 동명사 관용어구 'have problem/difficulty/trouble ~ing'를 완성하는 동명사 accepting이 바르게 쓰였다.
③ **CODE 15-1** 동사 told의 직접목적어인 뒤에 완전한 문장을 이끄는 명사절 접속사 that이 바르게 쓰였다.

해석 | 제 아내와 제가 지난달에 귀하의 영화관을 방문했습니다. 저희는 총 44달러가 되는 티켓 두 장을 구입했습니다. 구매 시에, 안내 데스크의 안내원이 저희에게 신용카드 결제를 받는 것에 문제가 있다고 말했습니다. 당시에 제 신용카드 결제에 대해 걱정했지만, 그 안내원이 제 결제에 문제가 없다고 말했습니다. 그런데, 제 은행 명세서를 받았을 때, 제 카드에 두 번 청구한 것을 발견했습니다. 이 문제를 빨리 해결해줄 수 있다면 감사하겠습니다.

02

정답 | ④ (does your food come → your food comes)

해설 | **CODE 15-3** 전치사 over의 목적어인 의문사가 이끄는 명사절은 의문사+주어+동사 어순이 되어야 하므로, does your food come을 does를 빼고 your food comes from으로 고쳐야 한다.
① **CODE 3-5** 시간조건 부사절에서는 미래의 일을 나타내는 경우에도 미래시제 대신 현재시제를 사용한다.
② **CODE 11-3** 5형식 동사 make 뒤에 가목적어 it과 목적격보어 possible, 진목적어 to focus가 바르게 쓰였다.
③ **CODE 11-2** 가주어 It과 사람의 성격을 나타내는 형용사 careless 뒤에 of+의미상의 주어인 of you, 진주어 to leave가 모두 바르게 쓰였다.

해석 | ① 네가 오늘 밤 요리를 하면 나는 설거지를 하겠다.
② 여러분은 여러분의 꿈을 이루는 데 창의적인 에너지를 집중하는 것을 가능하게 할 것이다.
③ 문을 잠그지 않은 채로 놔둔 것은 네가 부주의했다.
④ 여러분의 음식이 나오는 곳에 대해 얼마나 많은 통제력을 가질 수 있는가?

03

정답 | ②

해설 | **CODE 9-4** 사역동사의 용법을 묻는 문제이다. 목적어인 참가자가 반복하는 행위자이기 때문에 능동관계를 나타내는 동사원형을 올바르게 사용하고 있다.
① **CODE 18-1** 원급 구문의 형용사 strong을 수식하기 위해서는 부사가 필요하다. 따라서 physical을 physically로 고쳐야 한다. (physical → physically)
③ **CODE 9-4** 하여금 동사 allow는 목적보어 자리에 부정사를 사용한다. (controlling → to control)
④ **CODE 3-3** 첫 첼로 곡을 쓴 것이 앞의 과거시제 was보다 상대적으로 더 먼저 있었던 일임을 알 수 있으므로, 현재완료가 아닌 과거완료로 고쳐야한다. (has → had)

해석 | ① 우리는 예전만큼 신체적으로 튼튼하지 않다.
② 그 연구원은 그 참가자에게 그 과업을 다시 반복하게 했다.
③ 그 앱은 여러분이 보안 카메라를 원격으로 작동하는 것을 가능하게 한다.
④ Tom은 막 자신의 첫 첼로 곡을 썼던 유망한 젊은 작곡가였다.

04

정답 | ④ (felt → feel)

해설 | **CODE 9-4** 사역동사 make의 목적어인 당신이 느끼는 주체이기 때문에 목적보어자리에 동사원형이 위치해야 한다.
① **CODE 4-1** 주어인 The walls가 '만들어지는' 행위의 대상이므로 수동태 동사 are made가 바르게 쓰였다.
CODE 17-1 등위접속사 and 앞뒤에 전치사 by의 목적어인 동명사 stacking과 putting의 병렬구조도 올바르다.
② **CODE 13-2** 선행사인 복수명사 No universal customs를 수식하는 관계대명사절의 동사 dictate의 수일치가 올바르다.
CODE 5-1 절대자동사 exist도 알아둔다. 관계대명사절인 that 절은 exist의 목적어가 아니라, 선행사인 customs를 설명하는 내용이다.
③ **CODE 2-1** 복수주어 Many experts 뒤에 복수동사 think의 수일치가 올바르다.

05

정답 | ③

해설 | inconceivable은 '상상도 할 수 없는'의 의미이므로 정답은 unimaginable '상상할 수 없는'이다.

해석 | "Scott가 어디론가 가서 절벽에서 뛰어내린 것은 저에게 상상도 할 수 없는 일이었습니다,"라고 진실을 위해 캠페인을 펼치고 있는 그의 형 Steve가 말했다.
① 합리적인
② 자연스러운
③ 상상할 수 없는
④ 공정한

06

정답 | ②

해설 | lucrative는 '수익성이 있는'의 의미이므로 정답은 profitable '수익성 좋은'이다.

해석 | 그들은 겨울 동안 남쪽으로 갈 것이고, 4개월의 기간 동안 국회의원들에게 자신들의 집을 임대하는 것은 그들에게 아주 수익성이 좋았다.
① 특이한 (=uncommon)
② 수익성 좋은 (=lucrative)
③ 일시적인, 순간적인
④ 잠정적인

07

정답 | ③

해설 | 거짓말을 하고 있다고 생각하는 이유는 말도 안되는 말을 하고 있기 때문임을 추론할 수 있다. 따라서, 정답은 ③번이 타당하다.

해석 | 그녀의 이야기는 이치에 맞지 않다. 내 생각엔 그녀가 거짓말을 하고 있는 것 같다.
① 계속 이어가다
② 돌보다
③ 이치에 맞다, 말이 되다
④ 일시적으로 문을 닫다

08

정답 | ①

해설 | 예시가 필요한 이유는 의견에 힘을 싣기 위한것임을 추론할 수 있다. 따라서, 정답은 ①번이 타당하다.

해석 | 당신의 의견을 뒷받침하기 위해서는 예시가 필요하다.
① 뒷받침하다
② 고장 나다, 오열하다
③ 야기하다
④ 요청하다
back up 뒷받침하다
break down 고장 나다, 오열하다
bring on 야기하다
call for 요청하다

09

정답 | ④

해설 | 할아버지 생신 선물로 새로운 모자를 사자고 제안하고 있으므로 가장 적절한 답은 ④ '좋아. 상점에서 하나 사자'이다.

해석 | A: Kate, 엄마가 우리 다음 주말에 할아버지 생신 파티에 간다고 하셨어.
B: 알았어. 어떤 선물이 좋을까?
A: 음... 새 모자를 사드리는 게 어떨까?
B: 좋아. 상점에서 하나 사자.
① 응, 할아버지가 곧 집에 돌아오실 거야.
② 맞아. 나는 그 파티에 가지 않을 거야.
③ 아니, 우리는 아직 선물을 주문 안 했어.
④ 좋아. 상점에서 하나 사자.

10

정답 | ③

해설 | 다음 주에 아주 중요한 시험이 있지만 공부를 하지 않았다고 했으므로 이에 대한 B의 반응으로 적절한 것은 ③ '너 오늘 밤에 밤늦게까지 공부할 것 같네'이다.

해석 | A: 나 다음 주에 중요한 시험이 있어.
B: 응, 그 시험이 너한테 아주 중요하다는 것 알아.
A: 그런데 공부를 전혀 안 했어.
B: 너 오늘 밤에 밤늦게까지 공부해야겠다.
① 너 오늘 밤에 기분이 아주 좋을 것 같네.
② 너는 겨우 먹고 살 것 같네.
③ 너 오늘 밤에 밤늦게까지 공부할 것 같네.
④ 네가 잘못 짚을 것 같네.

8분컷 Lv.2
50 회차 — 정답과 해설
상세한 해설은 공단기 김수환 8분컷 강의를 통해 확인하세요.

정답표

| 01 | ③ | 02 | ① | 03 | ① | 04 | ③ | 05 | ④ |
| 06 | ④ | 07 | ③ | 08 | ② | 09 | ① | 10 | ③ |

01

정답 | ③ (provides → provide)

해설 | **CODE 2-3** 선행사와의 수일치를 묻는 문제이다. 문맥상 선행사가 복수명사인 investments임을 알 수 있다. 따라서, 관계사절 안에 있는 동사도 복수동사로 고쳐야한다.
① **CODE 12-1** 앞의 명사 question이 '발견되는' 행위의 대상이 되고, 뒤에 목적어가 없으므로 과거분사인 found가 바르게 쓰였다.
② **CODE 18-1** 뒤의 형용사 foolish를 수식하는 부사 equally가 바르게 쓰였다.
④ **CODE 13-2** 관계사 who 바로 뒤에 동사가 나오는 것으로 보아 who는 관계대명사 주격으로 사용되고 있다.

해석 | 나는 누구인가? 이것은 신입생 철학 시험에서 발견되는 문제처럼 들릴지 모르지만, 소크라테스가 자신의 학생들에게 "네 자신을 알라"라고 말했을 때 그는 진지했다. 여러분이 아파트에 산다면, 소를 사는 것은 어리석은 일일 것이다. 만약 여러분이 돈을 계속 이용해야 한다면, 부동산에 투자하는 것도 마찬가지로 어리석은 일일 것이다. 그렇다면 투자자가 가장 먼저 봐야 하는 곳은 거울 속이다. 주름이 보이는가? 아마도 여러분은 은퇴를 향해 가고 있고 따라서 여러분에게 꾸준한 소득을 제공하는 투자가 필요할 것이다. 딸의 교육을 위해 많은 돈이 필요한 젊은 부모가 보이는가? 그러면 여러분은 고수익을 위한 고위험 투자를 받아들일 수 있다.

02

정답 | ① (is → was)

해설 | **CODE 3-2** 동사의 시제를 묻는 문제이다. about 4.6 billion years ago라는 명백한 과거시간부사구가 있기 때문에 과거동사를 사용해야 한다.
② **CODE 4-1** 주어인 Jack Welch가 '여겨지는' 행위의 대상이 되며, 뒤에 목적어가 없으므로 수동태 동사 is considered가 바르게 쓰였다. 'one of ~' 구문에서 of 뒤에는 복수명사가 온다는 것도 알아둔다.
③ **CODE 1-1** 동명사 주어 뒤에 단수동사 leads가 바르게 쓰였다.
④ **CODE 20-4** 앞의 단수명사 The decrease rate를 받는 대명사 that이 바르게 쓰였다.

해석 | ① 그 교과서는 지구가 46억 년 전에 생겨났다고 말한다.
② Jack Welch는 미국의 최고 경영자들 중 한 명으로 여겨진다.
③ TV 앞에서 빈둥거리며 노는 것은 조기 사망을 초래한다.
④ 상류층의 감소율이 중산층의 그것(감소율)보다 3배만큼 더 높았다.

03

정답 | ①

해설 | **CODE 4-1** 동사의 태를 묻는 문제이다. 문장의 주어인 건물은 건축의 행위자가 아니라 대상이기 때문에 능동태가 아닌 수동태가 적절하게 사용되고 있다.
② **CODE 9-1** 절대자동사 graduate뒤에 목적어가 있으면 전치사 from이 와야 한다. (graduated → graduated from)
③ **CODE 11-2** which 뒤의 문장이 주어(cooking), 동사(is), 보어(an activity)로 완전한 2형식 문장이므로 which를 that으로 고쳐야 한다. (which → that)
④ **CODE 13-1** which 뒤의 문장이 주어(some big news), 동사(was delivered)로 수동태로 끝난다. 따라서 which를 앞의 선행사가 시간을 나타내는 a time이므로 when으로 고쳐야 한다. (which → when)

해석 | ① 그 건물은 유명한 건축가 Frank Lloyd Wright에 의해 디자인되었다.
② 그는 Alabama 대학을 졸업한 최초의 아프리카계 미국인이었다.
③ 요리가 인간을 정의하는 활동이라는 것은 새로운 생각이 아니다.
④ 여러분의 인생에 몇몇 중대한 소식들이 전해졌던 때를 되돌아보세요.

04

정답 | ③ (disappointing → disappointed)

해설 | **CODE 4-2** 감정동사의 태를 묻는 문제이다. 의미상의 주어인 소녀들이 실망감을 느꼈다는 내용이기 때문에 현재분사가 아닌 과거분사를 사용해야 한다.
① **CODE 1-1** 동명사 주어 reading 뒤에 단수동사 is의 수일치가 올바르다.
② **CODE 2-1** 단수주어 The skin 뒤에 단수동사 forms의 수일치가 올바르다.
④ **CODE 4-2** 주어 I가 '전율을 느낀' 수동의 의미가 되므로, 수동태 동사 was so thrilled가 바르게 쓰였다.
CODE 18-1 의문사 how로 시작하는 명사절에 be동사 are의 보어 intense가 수식을 받는 how 바로 옆으로 이동한 구문으로, 형용사 보어 intense가 바르게 쓰였다.

05
정답 | ④

해설 | 사형제도에 비판적인 사람들은 사형제도를 폐지하길 원한다는 말이 와야한다. 따라서, 정답은 ④번이 타당하다.

해석 | 일부 미국인들은 사형제도가 비인간적이고 공정하지 않다고 생각하기 때문에 사형제도를 폐지하기를 원한다.
① (생각을) 떠올리다
② (질병에) 걸리다
③ 보조/속도를 맞추다
④ 없애다, 제거하다

06
정답 | ④

해설 | inscrutable는 '불가해한, 헤아릴 수 없는'의 의미이므로 정답은 enigmatic '난해한, 수수께끼와 같은'이다.

해석 | 때로는 아기들의 행동은 그들이 무엇을 표현하고자 하는지 헤아리기 어렵다.
① 설명되는
② 상상할 수 있는
③ 이해할 수 있는
④ 난해한, 수수께끼와 같은

07
정답 | ③

해설 | detect는 '감지하다'의 의미이므로 정답은 discover '발견하다'이다.

해석 | 그는 방구석에서 가스의 누출을 감지할 수 있었다.
① 방어하다
② 끝내다, 종료하다
③ 감지하다, 발견하다
④ 공언하다, 주장하다

08
정답 | ②

해설 | adapt는 '조정하다'의 의미이므로 정답은 adjust '조정하다'이다.

해석 | 이 스타일들은 개인 취향에 어울리도록 조정될 수 있다.
① 반대되는
② 조정되는
③ 보유되는
④ 굳어진

09
정답 | ①

해설 | 팀에 큰 도움이 됐던 Santon이 회사를 떠날 예정이니 송별회를 열자는 제안에 가장 적절한 반응으로는 ① '좋은 생각이에요. 이번 주 금요일에 하죠'이다.

해석 | A: Linda, George Stanton이 다음 주에 회사를 떠날 예정입니다.
B: 네. 우리 팀에 큰 도움이 되었는데. 그에게 뭔가 감사를 하고 싶네요.
A: 저도요. 그가 가기 전에 송별회를 하는 게 어때요?
B: 좋은 생각이에요. 이번 주 금요일에 하죠.
① 좋은 생각이에요. 이번 주 금요일에 하죠.
② 죄송해요. 제가 어제 일찍 떠나야 했어요.
③ 아니요. 그 팀 회의가 취소됐어요.
④ 고마워요. 저희가 파티에서 즐거운 시간을 보냈어요.

10
정답 | ③

해설 | 차를 사고 싶다는 A의 말에 B가 그 차는 당신의 예산을 초과할 것이라고 했으므로 A가 보인 적절한 반응은 ③ '그림의 떡'이다.

해석 | A: 저 컨버터블을 사고 싶어요.
B: 꿈 깨요. 아마 저 차는 당신 예산을 초과할걸요. 2백만 달러 정도 하니까요.
A: 몰랐네요. 그림의 떡이네요.
① 식은 죽 먹기
② 가장 아끼는 것, 애지중지
③ 그림의 떡
④ 전화위복, 뜻밖의 좋은 결과

8분컷 Lv.2
51회차 / 정답과 해설

상세한 해설은 공단기 김수환 8분컷 강의를 통해 확인하세요

정답표

| 01 | ③ | 02 | ① | 03 | ① | 04 | ③ | 05 | ② |
| 06 | ② | 07 | ② | 08 | ③ | 09 | ④ | 10 | ① |

01

정답 | ③ (joyfully → joyful)

해설 | CODE 18-2 5형식 동사 make의 목적격보어 자리에는 부사가 아닌 형용사 joyful이 위치해야한다.
① **CODE 13-1** 관계부사 where 뒤에 나오는 문장을 보면 주어(passengers), 동사(pay)로 완전한 1형식 문장이다. 따라서 관계부사 where는 올바르게 쓰였다. 참고로 pay를 3형식으로 생각하고 where를 which로 바꾸면 '유리관을 지불하다'는 의미가 돼 어색하다.
② **CODE 12-1** 분사구문의 생략된 주어는 주절의 주어(the system)와 같다. 뒤에 목적어 없이 전치사가 왔고 주어(the system)와 분사의 관계가 의미상 '~와 결합 되는' 수동의 의미이므로 과거분사 Combined는 바르게 쓰였다.
④ **CODE 2-1** 주어(Many other cities)가 복수이므로 복수동사가 와야 한다. 따라서 복수동사 get은 적절하게 사용되고 있다.

해석 | 브라질의 녹색 도시로 알려진 Curitiba는 세계 최고의 버스 체계를 가지고 있다. 버스들은 버스 전용 차선에서만 운행하고, 배차 대기 시간은 90초밖에 되지 않는다. 버스 정류장은 유리관 형태이고 그곳에서 승객들은 들어가기 전에 돈을 낸다. 쉽고 저렴한 요금 구조와 결합 된, 이 시스템은 효율적이고 사회의 모든 계층에서 인기가 있다. 버스 이용자들의 약 28퍼센트는 차를 가지고 있지만, 그들은 출퇴근하는 데 그것들(차들)을 이용하지 않기로 선택한다. 도시의 거리들은 놀랄 만큼 혼잡이 없고, 공기는 거의 오염되지 않았다. 그 도시의 사람들은 버스 체계가 그들의 도시를 즐겁게 만드는 데 큰 역할을 한다고 말한다. 환경 효율적인 교통 수단을 이용하고 싶어 하는 전 세계 많은 다른 도시들은 Curitiba 버스 체계에서 영감을 얻는다.

02

정답 | ① (designed → are designed)

해설 | CODE 4-1 주격 관계대명사 that 뒤로 동사 designed가 왔지만 뒤에 목적어가 없고 의미상 '고안된다'의 수동의 의미가 적절하므로 designed를 수동태 are designed로 고쳐야 한다.
② **CODE 19-6** 최상급 대용표현은 '비교급+than any other+단수N'로 쓴다. 따라서 단수명사 girl은 바르게 쓰였다.
③ **CODE 4-3** 수여동사 give는 'give+간접목적어+직접목적어'로 쓰이고 수동태가 되면 '간접목적어(주어)+be given+직접목적어'의 형태로 올 수 있어서 수동태가 돼도 뒤에 목적어가 올 수 있다. 따라서 should be given free access는 올바르게 쓰였다.
④ **CODE 2-5** 'It was ~ that' 강조구문으로 주어인 his unconventional approach to life가 강조되고 있다. 따라서 올바르게 쓰였다. 참고로 made는 5형식으로 쓰였다.

해석 | ① 우리는 우리의 삶을 더 편리하게 만들도록 고안된 많은 전자 기기들을 가지고 있다.
② 그녀는 학급의 다른 어떤 소녀보다도 더 아름답다.
③ 그러므로, 사람들은 그런 시설을 무료로 이용할 수 있어야 한다.
④ 그를 그렇게 훌륭한 배우로 만든 것은 아마 삶에 대한 그의 자유로운 접근법이었다.

03

정답 | ①

해설 | CODE 10-3 부정사의 태를 묻는 문제이다. 부정사의 의미상의 주어인 시위는 열리는 대상이기 때문에 능동태가 아닌 수동태로 적절하게 사용되고 있다.
② **CODE 16-3** 뒤에 부사인 hard를 수식하기 위해서는 복합관계부사가 필요하다. 따라서 Whatever를 However로 고쳐야 한다. (Whatever → However)
③ **CODE 18-1** 동사 perform을 수식할 수 있는 것은 부사이므로, 형용사 efficient를 부사 efficiently로 고쳐야 한다. (efficient → efficiently)
④ **CODE 23-6** '명/형/부+though/as+S+V'는 양보의 의미로 'S가 ~일지라도'의 의미이다. 부사절의 동사가 be동사인 was이므로 보어에 해당되는 부사가 아닌 형용사 Eloquent가 와야한다. (Eloquently → Eloquent)

해석 | ① 그 법은 허가 없이 시위가 열리는 것을 허락하지 않을 것이다.
② 당신이 아무리 열심히 노력한다 해도, 그것을 수행할 수 없다.
③ 각 담당관은 자신들의 의무를 효율적으로 수행해야 한다.
④ 비록 그녀가 말을 잘했을지라도, 그를 설득할 수 없었다.

04

정답 | ③ (to change → changing)

해설 | CODE 19-7 비교대상의 일치에 관한 문제이다. 부정사는 부정사끼리 그리고 동명사는 동명사끼리 비교해야 한다. 따라서, to change를 changing으로 고쳐야 한다.
① **CODE 11-3** 5형식 동사 find 뒤에 가목적어 it과 진목적어 to read는 바르게 쓰였다.
② **CODE 18-2** be동사 is의 보어 자리에는 형용사가 온다. 참고로 you're providing은 앞의 service를 수식해주는 관계대명사절이다.
④ **CODE 19-7** 일반동사 has를 받는 대동사 do는 바르게 쓰였다.

05
정답 | ②

해설 | 아파서 참석하지 못한 회의를 스완이 대신했다는 내용이 와야 한다.

해석 | 내가 아팠기 때문에 스완이 어제 회의에서 나를 <u>대신해서 참석했다</u>.
① 작성하다
② ~을 대신하다(보통 대신해서 일해준다는 의미)
③ ~와 사이좋게 지내다
④ 처벌을 받지 않다

06
정답 | ②

해설 | 군사 쿠데타에 대응해서 시위가 일어났다는 내용이 적절하다.

해석 | 군사 쿠데타에 대응하여 폭력적인 시위가 <u>일어났다(발발했다)</u>.
① 제출하다
② (전쟁, 화재) 발생하다, 발발하다
③ 전화를 끊다
④ 극복하다

07
정답 | ②

해설 | dissolve는 '용해하다'의 의미이므로 정답은 melt '녹다'이다.

해석 | 캡슐은 약 성분을 방출하면서, 여러분의 위에서 <u>용해된다</u>.
① affect 영향을 미치다
② melt 녹다, 용해되다
③ function 기능하다
④ retreat 후퇴하다

08
정답 | ③

해설 | revenue는 '수입'의 의미이므로 정답은 income '수입'이다.

해석 | 기사의 헤드라인은 주 <u>세수입</u>이 7년 만에 가장 큰 이익을 냈다는 것을 강조한다.
① drafts 초안, 징병
② extroverts 외향적인 사람
③ incomes 수입
④ wages 임금

09
정답 | ④

해설 | 토마토 13박스를 주문해야 하는 상황에서 30박스로 주문한 상황이므로 가장 적절한 답은 ④ '죄송해요. 지금 전화해서 주문을 변경할게요'이다.

해석 | A: Steve, 내일 우리 특별 메뉴를 위한 토마토 주문했니?
B: 네, 요리사님. 제가 어제 토마토 30박스 주문했어요.
A: 아니. 난 13박스라고 했는데. 30박스는 너무 많구나.
B: <u>죄송해요. 지금 전화해서 주문을 변경할게요</u>.
① 제 메뉴가 마음에 든다니 기쁘네요.
② 너무 많은 요리사는 도움이 안 될 거예요.
③ 저녁식사를 위해 토마토를 더 주문할게요.
④ 죄송해요. 지금 전화해서 주문을 변경할게요.

10
정답 | ①

해설 | 회사가 파산하고, 직장을 잃고 집에 불이 나 수리 작업을 위해 돈이 필요한 상황이므로 이에 A가 보인 반응으로 적절한 것은 ① '곤경에 처한, 궁지에 빠진'이다.

해석 | A: 그래서 돈을 좀 빌리고 싶으시군요, Dixon 씨. 귀하의 재정 상태가 정확히 어떤가요?
B: 전 재산을 투자했던 회사가 파산했고 지난달에 제 직장을 잃었어요. 설상가상으로, (집에) 불이 났어서 수리 작업을 위해 돈이 좀 필요해요.
A: 그렇군요. <u>곤경에 처해 계시네요</u>.
① 곤경에 처한, 궁지에 빠진
② 건강이 좋은, 상태가 좋은
③ 부모를 꼭 닮은 판박이
④ 내 취향이 아닌

52 회차 정답과 해설

| 01 | ③ | 02 | ④ | 03 | ② | 04 | ④ | 05 | ② |
| 06 | ④ | 07 | ② | 08 | ③ | 09 | ③ | 10 | ③ |

01

정답 | ③ (which → at which)

해설 | **CODE 13-4** 관계사 which 뒤로 완전한 문장이 오기 때문에 which를 at which로 바꿔야한다. 참고로, travel은 자동사이기 때문에 목적어가 없어도 완전한 문장이라고 볼 수 있다.
① **CODE 4-1** 동사의 태를 묻는 문제이다. 문장의 주어인 사물이 중력에 의해 바닥에 붙는 대상이기 때문에 수동태가 적절하다.
② **CODE 12-1** 분사의 태를 묻는 문제이다. 의미상의 주어인 속도가 velocity라고 알려진 대상이기 때문에 과거분사가 적절하다.
④ **CODE 17-1** 병렬구조를 묻는 문제이다. reach와 push를 병렬관계이다.

해석 | 모든 물체는 중력에 의해 지구의 표면에 붙어 있다. 이것은 위로 던져진 돌에 의해 가장 잘 증명이 된다. 지구의 중력은 돌을 표면으로 다시 끌어 내린다. 그것이 위로 던져진 물체들이 얼마간의 거리를 이동한 이후에 항상 떨어지는 이유이다. 여러분이 돌을 우주 공간으로 던지기를 원한다면, 그것은 적어도 시속 40,000 킬로미터의 속도로 이동해야 한다. 이 속도는 지구 탈출 속도로 알려져 있다. 그 용어는 물체가 지구의 중력을 벗어나기를 원한다면 이동해야 하는 속도를 말한다. 우주 왕복선의 경우, 로켓이 이 속도에 도달하는 데 도움을 주고 우주 왕복선이 지구의 대기를 벗어나도록 밀어 올리기 위해, 액체 수소연료와 액체 산소의 혼합물이 고압 상태에서 연소된다.

02

정답 | ④ (take place → took place / had taken place)

해설 | **CODE 3-3** insisted 뒤에 당위성의 내용이 오면 조동사 should가 생략되어 뒤에 동사원형이 온다. 하지만 이 문장은 당위성이라기 보다는 과거의 사실을 얘기하고 있다. 따라서 시제를 맞춰줘야 한다. 목격자가 말하는 시점은 과거(insisted)이고 교통사고가 있었던 시점은 말하기 이전 일이므로 대과거로 고쳐야 한다. 따라서 take place를 과거완료 had taken place로 고쳐야 한다.
① **CODE 2-5** 'It is ~ that' 강조구문으로 부사구인 'during ~ moments'가 강조되고 있다. 따라서 올바르게 쓰였다.
② **CODE 15-1** 주어가 없는 불완전한 문장이므로 명사절 접속사 what은 올바르게 쓰였다. 참고로 is의 뒤에 나오는 문장이 주어(it), 동사(hides), 목적어(a well)로 완전하므로 보어로 쓰인 명사절 접속사 that도 올바르다.
③ **CODE 2-1** 주어(The average age)가 단수이므로 단수동사 varies는 올바르게 쓰였다. 참고로 '전치사+관계대명사' 뒤에 완전한 문장이 와야한다. 주어(people), 동사(begin to need), 목적어(eyeglasses)로 완전하므로 '전치사+관계대명사'는 올바르게 쓰였다.

해석 | ① 우리가 빛을 보기 위해 집중해야 하는 때는 바로 가장 어두운 순간 중이다.
② 사막을 아름답게 만드는 것은 그것이 어딘가에 우물을 숨기고 있다는 것이다.
③ 사람들이 안경을 필요하기 시작하는 평균 연령은 상당히 다르다.
④ 목격자는 교통사고가 오후 11시쯤 모퉁이 쪽에서 발생했었다고 주장했다.

03

정답 | ②

해설 | **CODE 9-4** 하여금 동사인 enable은 목적보어자리에 부정사가 위치한다.
① **CODE 18-1** 동사 are linked를 수식해야하므로 형용사인 intimate를 부사 intimately로 고쳐야한다. (intimate → intimately)
③ **CODE 22-2** Only 뒤에 부사·부사구·부사절이 오면 주절은 도치돼야 한다. 따라서 it is를 의문문 어순인 is it으로 바꿔야한다. (it is → is it)
④ **CODE 4-2** interesting 뒤에 목적어가 없고 의미상의 주어인 anyone이 '관심이 있는' 수동의 의미이므로 interested로 고쳐야 한다. (interesting → interested)

해석 | ① 벌과 꽃만큼 서로 친밀하게 연결되어 있는 생물들은 거의 없다.
② 화상전화는 사람들이 해외에 사는 친구들과 이야기하는 것을 가능하게 해 준다.
③ 오직 이런 방법으로만 그들의 행동을 설명하는 것이 가능하다.
④ 내 목표는 원예에 관심 있는 누구에게나 훌륭한 콘텐츠를 전달하는 것이다.

04

정답 | ④ (recycle → to recycle or recycling)

해설 | **CODE 9-4** 준사역동사 get의 용법을 묻는 문제이다. get의 목적어인 패스트푸드점들이 재활용을 하는 주체이기 때문에 목적어와 목적보어의 관계는 능동관계이다. 능동관계에서는 부정사 혹은 현재분사를 사용해야 한다.
① **CODE 14-2** 콤마 뒤에 계속적 용법을 나타내며, 주어가 없는 불완전한 문장을 이끄는 관계대명사 which가 바르게 쓰였다. 참고로 which는 앞 문장 전체를 받는 관계사이다.
② **CODE 11-1** try RVing는 '(시험삼아) 해보다'의 의미이고 try toRV는 '~하려고 애쓰다, 노력하다'의 의미이다. 따라서 try petting과 tries to bite 모두 의미상 올바르게 쓰였다.

③ **CODE 2-4** 'the number of+복수명사+단수동사'를 묻는 문제이다.

05
정답 | ②

해설 | elastic은 '탄력 있는'의 의미이므로 정답은 flexible '신축성 있는'이다.

해석 | 이 고무장갑은 탄력있고 어떤 크기의 손에도 완벽하게 맞을 것이다.
① 변경할 수 없는
② 신축성 있는, 유연한
③ 한정된, 유한한
④ 경험적인, 실증적인

06
정답 | ④

해설 | crave는 '갈망하다'의 의미이므로 정답은 long for '갈망하다'이다.

해석 | 우리가 다이어트를 할 때 왜 단 음식을 갈망하는 경향이 있는지 궁금해 본 적 있나요?
① 돌보다
② 반품하다, 취소하다
③ 발산하다, 방출하다
④ 갈망하다

07
정답 | ②

해설 | captivate는 '사로잡다'의 의미이므로 정답은 fascinate '매료시키다'이다.

해석 | 대중적인 개념은 광고가 쓸데없이 돈을 쓰도록 사람들을 속이거나 사로잡으려 애쓰는 것이다.
① 모으다, 조립하다
② 매료시키다, 사로잡다 (=captivate)
③ 수정하다, 개정하다
④ 건설하다

08

정답 | ③

해설 | 샤론이 지각하게 될 이유가 될 만한 것을 선택해야한다. 고속도로에서 무슨 안좋은 일이 발생해야 지각에 대한 타당한 이유가 될 것이다. 따라서, 정답은 ③번이 타당하다.

해석 | 샤론은 오늘 지각할 것이다. 그녀의 차가 고속도로에서 고장났다.
① 기르다(양육하다), 구토하다, 문제를 제기하다
② 헤어지다
③ 고장나다
④ 야기하다

09
정답 | ③

해설 | 종이배를 만드는 것을 어디서 배웠냐고 마지막에 물어봤으므로 정답은 ③ '도서관에 있는 책을 보며 독학했어요'이다.

해석 | A: David, 그 종이로 뭘 만들고 있니?
B: 종이배를 만들고 있어요, 엄마. 이게 물에 뜨는지 볼 거예요.
A: 흥미롭구나! 그것 만드는 것을 어디서 배웠니?
B: 도서관에 있는 책을 보며 독학했어요.
① 나중에 배를 강에 띄울거에요.
② 배를 탈 때마다 뱃멀미를 해요.
③ 도서관에 있는 책을 보며 독학했어요.
④ 열차 대신에 배를 만들고 싶었어요.

10
정답 | ③

해설 | 수줍음을 많이 타는 peter가 술을 쏟게 되었고 그로 인해 B에게 말을 붙이기 시작했다고 했으므로 대화의 흐름상 적절한 답은 ③ '서먹한 분위기를 깼다'이다.

해석 | A: 너랑 얘기하고 있던 사람이 Peter지?
B: 응. 걔 정말 재미있는 애야, 그렇지 않아?
A: 하지만 너무 수줍음을 많이 타. 어떻게 그를 말하게 만든 거야?
B: 그의 손에서 술잔이 날아갔고 그게 내 드레스에 쏟아졌어. 그러자 그가 말 붙이기 시작했어.
A: 오, 그게 서먹한 분위기를 깼구나.
① 못 본 척했다
② 술로 슬픔을 달랬다
③ 서먹한 분위기를 깼다
④ 분발했다

53 회차 정답과 해설

8분컷 Lv.2

| 상세한 해설은 공단기 김수환 8분컷 강의를 통해 확인하세요.

정답표

| 01 | ④ | 02 | ③ | 03 | ① | 04 | ③ | 05 | ④ |
| 06 | ① | 07 | ③ | 08 | ② | 09 | ① | 10 | ② |

01

정답 | ④ (is → are)

해설 | **CODE 2-1** 주어(The alphabets)가 복수이므로 동사도 복수여야 한다. 따라서 단수동사 is를 복수동사 are로 고쳐야 한다.
① **CODE 10-3** 뒤에 과거를 나타내는 시점 부사(1700 B.C.~1500 B.C.)가 있으므로 문장의 동사 is보다 더 이전 시제를 나타내는 완료부정사(to have originated)는 올바르게 쓰였다.
② **CODE 19-2** 비교급 강조부사 much가 비교급 closer를 바르게 수식하고 있다.
③ **CODE 2-5** 'It was ~ that' 강조구문으로 주어(the Phoenician version of the North Semitic alphabet)가 강조되고 있다. 따라서 올바르게 쓰였다.

해석 | 알파벳의 기원은 정확히 알려져 있지 않다. 그것은 기원전 1700년과 1500년 사이에 지중해 동부 지역에 있는 나라에서 유래된 것으로 생각된다. 우리보다 그 문제에 훨씬 더 가까운 곳에 있는 그리스인과 로마인들조차도 알파벳이 어디에서 유래했는지 완전히 확신하지 못했다. 그들은 페니키아인들, 이집트인들, 아시리아인들, 크레타인들, 그리고 히브리인들이 가능성 있는 발명가라고 생각했다. 발명가(들)의 국적은 알려져 있지 않지만, 알파벳이 북부 셈족에서 유래되었다는 것은 분명하다. 결국 그리스인들에 의해 차용된 것은 바로 북부 셈족의 알파벳의 페니키아어 버전이었고, 이들은 곧 계속해서 자신들의 것에 변화를 주었다. 오늘날 서구 문명 전역에서 사용 중인 알파벳은 이 그리스 알파벳에서 파생됐다.

02

정답 | ③ (his → their)

해설 | **CODE 20-1** 티비를 많이 보는 아이들은 자신의 의견을 이야기하지 않는다고 했는데, 여기서 아이들(children)은 복수명사이기 때문에 대명사로 받을 때 단수가 아닌 복수로 받아야한다. 따라서 his를 their로 바꿔야한다.
① **CODE 16-3** 복합관계부사 No matter how 뒤의 어순은 'No matter how 형/부+주어+동사'순이다.
② **CODE 11-1** 동사 mind는 동명사를 목적어로 취한다.
④ **CODE 17-1** 등위접속사 and 앞뒤로 과거동사 grabbed와 asked가 서로 병렬로 올바르게 연결되어 있다. 참고로 '잡다'류의 동사 표현은 'grab[hold, catch, take +사람+by+the+신체 부위]'이다.

해석 | ① 아무리 피곤하다 해도, 화장을 지우는 것은 필수이다.
② 내가 이 편지를 번역하는 것을 도와줄래?
③ 텔레비전을 너무 많이 보는 아이들은 그들의 생각에 대해 많이 이야기하지 않을 수도 있다.
④ 그가 내 팔을 붙잡고 도움을 청했다.

03

정답 | ①

해설 | **CODE 11-1** suggest는 부정사가 아닌 동명사를 목적어로 취한다.
② **CODE 17-3** prefer A to B에서 to는 전치사이므로 뒤에는 (동)명사가 와야 한다. 따라서 go를 동명사인 going으로 고쳐야 한다. (go → going)
③ **CODE 19-3** 'the+비교급 ~, the+비교급 …(~할수록 더 …하다)' 표현이다. 따라서 good을 better로 고쳐야 한다. (good → better)
④ **CODE 5-3** rise는 절대자동사로 수동태로 쓸 수 없다. 따라서 been을 삭제해야 한다. (has been risen → has risen)

해석 | ① Alice는 영화 보러 가는 것을 제안했다.
② 나는 눈 오는 날에 외출하는 것보다 집에 있는 것을 더 좋아한다.
③ 호텔이 더 비쌀수록, 그 서비스가 더 낫다.
④ 폭우 때문에, 강이 120cm까지 불어났다.

04

정답 | ③ (having treated → having been treated)

해설 | **CODE 10-3** 동명사의 태를 묻는 문제이다. 동명사의 의미상의 주어인 제인은 대우를 받는 대상이기 때문에 능동이 아닌 수동의 형태로 바꿔야한다.
① **CODE 4-1** 동사 뒤에 목적어가 없고 의미상 주어(The books)가 '분류되는' 수동을 의미하므로 수동태인 'are ~ classified'는 바르게 쓰였다.
② **CODE 11-1** 'try to부정사(~하려고 노력하다)' 표현으로 try to kick은 바르게 쓰였다.
④ **CODE 14-3** that 뒤에 나오는 문장을 보면 주어(you), 동사(can win), 목적어(first place)로 완전한 문장이므로 that은 동격 접속사로 올바르게 쓰였다. 참고로 2형식 동사 come은 보어로 형용사가 올 수 있다. 따라서 true도 바르게 쓰였다.

05

정답 | ④

해설 | perpetual은 '끊임없는'의 의미이므로 정답은 eternal이다.

해석 | 그들은 기계들의 끊임없는 소음을 들었다.
① 신중한
② 비인간적인
③ 터무니없는
④ 끊임없는, 영구적인

06

정답 | ①

해설 | compel은 '강제하다'의 의미이므로 정답은 force이다.

해석 | 그 법은 아버지들이 자녀들을 위해 정기적으로 돈을 지불하도록 강제할 수 있다.
① 강요하다, 강제하다
② 막다, 방해하다
③ 예방하다
④ 금지하다

07

정답 | ③

해설 | prejudice는 '편견'의 의미이므로 정답은 bias이다.

해석 | 다른 유럽 연합 국가들 출신의 노동자들에 대한 편견은 거의 없다.
① 의무
② 공급, 대비
③ 편견
④ 대표, 사절

08

정답 | ②

해설 | 폭우 때문에 파티가 취소되었다는 말이 오는 것이 타당하다.

해석 | 폭우 때문에 정원에서 열릴 예정이었던 파티가 취소되었다.
① 요청하다
② 취소하다
③ 수행하다
④ (뒤처져 있다가) 따라잡다

09

정답 | ①

해설 | 책을 읽는 것이 지루하자 A가 계속 읽으면 괜찮다고 했으므로 대화의 흐름상 적절한 답은 ① '그럼 계속 읽어볼게요'이다.

해석 | A: 내가 가장 좋아하는 책들 중 하나를 읽고 있네요!
B: 아, 정말이요? 막 읽기 시작했는데, 조금 지루하네요.
A: 처음에는 그런데, 계속 읽으면 괜찮아요.
B: 그럼 계속 읽어볼게요.
① 그럼 계속 읽어볼게요.
② 먼저 티켓을 예약해야 해요.
③ 그 책 읽는 것 시작도 안 했어요.
④ 그것 다 읽으면 저한테 빌려줘요.

10

정답 | ②

해설 | 뒤에서 집 한 채를 샀다고 했으므로 정답은 ② '큰돈, 대박'이다.

해석 | 나는 올해 주식 시장에서 큰돈을 벌어서, 집을 한 채 샀다.
① 남의 이목을 꺼리는 비밀
② 큰돈, 대박
③ 식은 죽 먹기
④ 막대한 경비, 거액의 돈

8분컷 Lv.2 54회차 / 정답과 해설

| 상세한 해설은 공단기 김수환 8분컷 강의를 통해 확인하세요.

정답표

| 01 | ④ | 02 | ④ | 03 | ① | 04 | ② | 05 | ④ |
| 06 | ④ | 07 | ① | 08 | ② | 09 | ③ | 10 | ④ |

01

정답 | ④ (leaving → left)

해설 | **CODE 12-1** 분사의 태를 묻는 문제이다. 의미상의 주어인 많은 시간(a lot of years)이 남겨져있다는 내용이기 때문에 현재분사가 아닌 과거분사가 타당하다.
① **CODE 21-1** 전치사 despite 뒤에 명사절을 이끄는 what절이 위치하고 있다.
② **CODE 17-1** 등위접속사 and 앞뒤로 동사 start의 목적어인 동명사(embracing, maintaining)이 서로 병렬구조로 연결되어 있으므로 바르게 쓰였다.
③ **CODE 10-3** 부정사의 태를 묻는 문제이다. 우리가 나이에 의해서 정의되는 대상이기 때문에 수동태가 사용되고 있다.

해석 | 오늘날, 생일 카드에 적혀 있는 것과 달리, 50세가 되는 것은 더 이상 길고 느린 노년으로의 하강의 시작을 알리지는 않는다. 대신에, 사람들이 보다 잘 사는 생각을 포용하고 균형 있고 활기찬 생활방식을 유지하기 시작하는 때이다. 이 새로운 삶의 단계는 여전히 정의되고 있다. 나는 이를 그저 연장된 중년이라고 부른다. 이것은 지금 사람들이 늘 하고 싶었던 것들을 할 자유와 기회를 갖는 시기로 여겨진다. 우리 인생의 이 시기에 들어서는 이들은 우리의 나이로 정의되는 것을 원하지 않고, 우리는 나이가 들수록 우리의 가능성이 더 제한되는 것을 두려워하며 살고 싶지 않다. 우리는 여전히 세상에 변화를 만들고 싶다. 그리고 늘어난 수명과 전반적으로 더 나아진 건강으로 인해, 우리는 그것을 할 수 있는 시간이 여전히 많이 남아 있다.

02

정답 | ④ (is → being)

해설 | **CODE 12-2** 하나의 문장에는 접속사가 없이 동사가 2개가 올 수 없다. 따라서, is를 being으로 바꿔서 독립분사구문으로 만들거나, 접속사를 추가하여 "If the weather is good, we can go on a picnic."으로 문장을 재구성하면 된다.
① **CODE 20-4** 전명구(of Seoul)의 수식을 받으면서 앞의 단수명사(The weather)를 지칭하는 단수대명사 that은 바르게 쓰였다.
② **CODE 3-1** since는 주로 현재완료 시제와 함께 쓰인다. 따라서 have remained는 바르게 쓰였다.
③ **CODE 1-1** 동명사(Allowing)가 주어로 쓰이면 동사는 단수여야 한다. 따라서 단수동사 lets은 올바르게 쓰였다. 참고로 allow는 to부정사로 목적격보어 자리에 to부정사 와야 하므로 to stay도 올바르며 let은 사역동사로 목적격 보어 자리에 동사원형

을 쓴다. collect 또한 올바르게 쓰였다.

해석 | ① 런던의 날씨는 서울의 날씨와 다르다.
② 그 책들은 처음 출판된 이래로 여전히 인쇄된 상태로 있었다.
③ 침입자가 시스템에 머물도록 허용하는 것은 그가 더 많은 비밀번호를 수집하게 한다.
④ 만약 날씨가 좋으면, 우리는 소풍을 갈 수 있다.

03

정답 | ①

해설 | ① **CODE 12-1** 분사의 태와 시제를 묻는 문제이다. 의미상의 주어인 그녀는 공부를 한 주체(행위자)이기 때문에 having p.p와 같은 능동태를 사용할 수 있다. 그리고 having p.p는 주절의 동사보다 상대적으로 먼저 발생했음을 나타내 주는 상대적 과거시제(완료시제라고 칭함)이다.
② **CODE 13-2** 주격 관계대명사 that은 앞의 복수명사(the alternatives)를 수식하므로 관계절 내의 동사도 복수여야 한다. 따라서 was를 were로 고쳐야 한다. (was → were)
③ **CODE 11-2** necessary는 사람의 성격 형용사가 아니므로 의미상 주어를 나타낼 때 전치사 for를 써야 한다. 따라서 of를 for로 고쳐야 한다. (of → for)
④ **CODE 8-3** 'If S+had p.p. ~, S could+have p.p.'의 가정법 과거완료 문장이므로, could buy를 could have bought로 고쳐야 한다. (could buy → could have bought)

해석 | ① 프랑스에서 공부를 했기 때문에, 그녀는 프랑스어를 아주 잘 말한다.
② 그는 Jane에 의해 제안된 대안이 효과가 없을 것이라고 굳게 믿고 있다.
③ 초기에는 정부가 임대료를 직접 보조하는 것이 필요하다.
④ 그가 은행에서 더 많은 돈을 인출했었다면, 그는 신발을 살 수 있었을 것이다.

04

정답 | ② (exposing → being exposed)

해설 | **CODE 10-3** 동명사의 태를 묻는 문제이다. 의미상의 주어인 개인정보는 노출되는 대상이기 때문에 능동태가 아닌 수동태가 타당하다.
① **CODE 2-4** 'the number of+복수N+단수V'를 묻는 문제이다.
③ **CODE 8-5** 가정법 미래를 표현하는 'If S were to RV'가 If가 사라지면 주어와 동사가 도치돼 'Were S to RV'가 된다. 따라서 'Were the Earth to become'은 올바르게 쓰였다. 참고로 원래 문장은 'If the Earth were to become~'이다.

④ **CODE 1-3** 'A as well as B'가 주어로 쓰이면 동사의 단·복수 결정은 A에 의해 결정된다. 주어가 The stars 복수이므로 복수동사 were shining down on은 올바르게 쓰였다.

05
정답 | ④

해설 | 수업에서 뒤쳐진 사람 입장에서 과연 뒤따라잡을 수 있을지가 의문이 들어야한다.

해석 | 난 모든 수업에서 뒤쳐졌기에 내가 따라잡을 수 있을지 모르겠다.
① (우연히) 발생하다
② 입을 다물다
③ (얻기 힘든 것을) 획득하다
④ (뒤처져 있다가) 따라잡다

06
정답 | ④

해설 | 한국과 같은 문화권에서는 실내에 들어갈 때 신발을 벗는다는 내용이 들어가야한다.

해석 | 많은 문화권(특히, 한국)에서는 집에 들어갈 때 신발을 벗는 것이 적절하다.
① (책임, 일을) 받아들이다
② (경찰에) 고발하다, 신고하다
③ 잠자리에 들다
④ 벗다

07
정답 | ①

해설 | discrepancy는 '불일치'의 의미로 정답은 difference이다.

해석 | 그 소송을 제기한 남자는 (진술의) 불일치를 설명하기 위해 즉시 전화에 답하지 않았다.
① 차이
② 분개, 분노
③ 거래
④ 문의, 탐구

08
정답 | ②

해설 | scarce는 '부족한'의 의미로 정답은 insufficient이다.

해석 | 자세한 내용은 "테슬라가 설계했다"는 설명만 나와 있어 아직 좀 부족하다.
① 적당한, 충분한
② 불충분한, 부족한
③ 상당한, 실질적인
④ 관련된

09
정답 | ③

해설 | 내일 모레가 화학 보고서 마감이라고 했으므로 이에 적절한 반응은 ③ '정말? 당장 시작하는 게 좋겠네'이다.

해석 | A: 넌 어때, John? 난 방금 내 화학 보고서 끝냈어. 네 것 다 했니?
B: 어, 아니! 그것 하는 것 까맣게 잊고 있었어! 최근에 아주 바빴거든. 마감일이 언제지?
A: 모레. 서둘러야 할 것 같은데.
B: 정말? 당장 시작하는 게 좋겠네.
① 알았어. 다시는 수업에 늦지 않을게.
② 맞아. 끝낼 시간이 많잖아.
③ 정말? 당장 시작하는 게 좋겠네.
④ 뭐라고? 나는 이미 보고서 작성했는데.

10
정답 | ④

해설 | Sarah의 파티가 더 좋을 수 없었다고 앞에서 언급했으므로 정답은 ④ '대박이었다, 잘 진행되었다'이다.

해석 | A: Sarah의 파티는 대개 꽤 지루하잖아.
B: 음, 이번엔 확실히 그렇지 않았어. 사실, 그보다 더 좋을 수 없었지.
A: 그거라면, 못가서 유감이다.
B: 나도 그래. 진짜 대박이었어.
① 안달 나다, 안절부절못했다
② 곤경에 처했다
③ 나에게 요령을 가르쳐줬다
④ 대박이었다, 잘 진행되었다

55 회차 / 정답과 해설

상세한 해설은 공단기 김수환 8분컷 강의를 통해 확인하세요.

정답표

| 01 | ③ | 02 | ① | 03 | ③ | 04 | ① | 05 | ② |
| 06 | ③ | 07 | ④ | 08 | ③ | 09 | ② | 10 | ③ |

01

정답 | ③ (charge → to charge)

해설 | **CODE 5-2** 사역동사의 수동태를 묻는 문제이다. 사역동사 make가 수동태가 되면 목적보어자리에는 부정사가 위치한다. 따라서, charge를 to charge로 고쳐야한다.
① **CODE 18-1** 형용사와 부사의 구분을 묻는 문제이다. 부사 extensively는 동사 use를 수식한다.
② **CODE 10-3** 부정사의 태를 묻는 문제이다. 의미상의 주어인 코끼리는 종교의식에서 사용되는 대상이기에 수동태가 타당하다.
④ **CODE 19-2** 비교급에서 비교대상 앞에는 than(~보다)가 위치한다.

해석 | 여러 해 동안, 인간은 온갖 이유로 코끼리들을 길들여 왔다. 암컷 코끼리들은 나무를 뿌리째 뽑고 무거운 물건을 운반하기 위해 다양한 아시아의 군대들에 의해 널리 이용되었다. 코끼리들은 또한 교통수단으로, 서커스에서, 그리고 사냥을 위한 탈것으로 사용되기도 했다. 그것들은 인도와 다른 많은 아시아 국가들에 걸쳐 종교 의식에서 그리고 사원에서 탈것으로 계속 이용되고 있다. 고대 인도의 군대는 전쟁에서 수컷 코끼리들을 이용했다. 이 코끼리들은 적에게 돌진해 짓밟아야 했다. 수컷 코끼리들은 암컷 코끼리들보다 더 빠르고 공격적이기 때문에 선호되었다. 게다가, 암컷 코끼리들은 흔히 다른 수컷 코끼리들을 피해서 달아났다.

02

정답 | ① (is consisted of → consists of)

해설 | **CODE 5-1** consist는 자동사이기 때문에 수동태가 불가한 동사이다.
② **CODE 9-4** 사역동사의 용법을 묻는 문제이다. 사역동사 make의 목적어인 그들이 땀을 흘리는 주체이기 때문에 동사원형이 사용되고 있다.
③ **CODE 6-2** 동사의 개수=접속사의 개수+1로, 접속사 as 앞뒤에 두 절이 바르게 쓰였다.
④ **CODE 19-3** 'the+비교급 ~, the+비교급 …(~할수록 더 …하다)'의 표현으로 The higher와 the more money는 바르게 쓰였다.

해석 | ① 오페라는 많은 요소들로 구성된 복합 예술이다.
② 한국인들은 땀이 나게 만드는 음식을 먹는 경향이 있다.
③ 여러분이 억양에서 알 수 있듯이, 그는 제주도 출신이다.
④ 가격이 더 높이 오를수록, 근로자들이 더 많은 돈을 요구했다.

03

정답 | ③

해설 | **CODE 13-4** 전치사+관계대명사의 용법을 묻는 문제이다. 선행사가 있고 관계사절로 완전한 문장이 이어지고 있기 때문에 전치사+관계대명사는 적절하게 사용되고 있다.
① **CODE 13-2** 관계대명사 목적격을 묻는 문제이다. 관계대명사 목적격에서는 목적어가 없어야하기에 it을 삭제해야한다. (it삭제)
② **CODE 5-1** belong의 용법을 묻는 문제이다. belong은 자동사이기 때문에 수동태가 불가하다. (is belonged → belongs)
④ **CODE 2-3** 관계대명사 주격의 수일치를 묻는 문제이다. 선행사가 복수명사 those이기 때문에 관계사절의 동사 역시 복수동사를 사용해야한다. (finds → find)

해석 | ① 그녀는 내가 그녀를 위해 만든 초콜릿을 좋아했다.
② 지붕이 오래된 그 집은 나의 것이다.
③ Robert는 내가 마음을 열 수 있는 유일한 친구이다.
④ 다른 사람들을 돕는 것에서 기쁨과 쾌락을 찾는 사람들은 행복하다.

04

정답 | ① (have → had)

해설 | ① **CODE 22-2** 'had hardly/scarcely p.p. ~ before/when S 과거V' 구문을 묻는 문제이다. 시제가 잘못되었기에 have를 had로 고쳐야한다.
② **CODE 10-3** 부정사의 태를 묻는 문제이다. want의 목적어인 자동차는 수리의 대상이기 때문에 수동태가 적절하게 사용되고 있다.
③ **CODE 2-1** 주어(The impacts)가 복수이므로 동사도 복수로 적절하게 사용되고 있다.
④ **CODE 13-1** 관계대명사와 관계부사의 차이를 묻는 문제이다. 관계사절 뒤로 완전한 문장이 오고 있기 때문에 관계부사가 적절하게 사용되고 있다.

05
정답 | ②

해설 | indignation은 '분노'의 의미로 정답은 fury이다.

해석 | 그녀는 방을 나가라는 요구에 엄청난 분노를 느꼈다.
① 기쁨
② 분노, 분개
③ 자신감
④ 책임

06
정답 | ③

해설 | inhibit은 '억제하다'의 의미로 정답은 restrain이다.

해석 | 이 단백질들은 숙주 박테리아의 방어 체계를 빠르게 억제하여 박테리아가 감염에 취약하게 만든다.
① 거주하다
② 활력을 부여하다, 원기를 북돋우다
③ 억제하다
④ 활기를 북돋우다

07
정답 | ④

해설 | 시험전에 중요한 내용이 숙지되었는지를 확인하기 위해서는 전체적인 검토가 필요하다. 따라서, 정답은 ④번이 타당하다.

해석 | 나는 시험전에 모든 중요한 내용이 숙지가 되었는지 분명히 하기 위해서 다시 한번 내 노트를 검토해야한다.
① 상징하다, 나타내다
② 참다, 견디다
③ 닮다
④ 살펴보다

08
정답 | ③

해설 | 검진결과는 나쁜 습관을 중단해야한다는 내용을 담고 있을것이기에 정답은 ③번이 타당하다.

해석 | 정기적인 검진결과에 따르면 나는 내 모든 나쁜 습관을 한번에 모두 중단해야한다고 한다.
① 계속~하다
② 실망시키다
③ 포기하다
④ 기르다, 문제를 제기하다, 토하다

09
정답 | ②

해설 | 체육시간에 안경이 망가졌고 안경이 없으면 공부를 할 수 없어서 집에 가서 가져와도 되냐고 했으므로 정답은 ② '그럼. 점심시간에 가면 되겠구나'이다.

해석 | A: Baker 선생님, 체육 수업 중에 제 안경이 망가졌어요.
B: 오, 이런, 너 괜찮니, Kevin?
A: 괜찮기는 한데 안경 없이는 공부할 수가 없어요. 집에 가서 여분의 안경을 가져와도 될까요?
B: 그럼. 점심시간에 가면 되겠구나.
① 그게 합리적이네요. 그 안경을 가져갈게요.
② 그럼. 점심시간에 가면 되겠구나.
③ 그래. 방과 후에 축구를 할 수 있단다.
④ 네 잘못이잖니. 네가 수리비를 내야 한단다.

10
정답 | ③

해설 | 거친 캐릭터인 것처럼 보이지만 사실은 아주 흥미롭고, 공손하고, 절대 언성을 높이지 않는 사람이라고 했으므로 대화의 흐름상 적절한 것은 ③ '파리 한 마리도 못 죽일 것이다'이다.

해석 | A: 그는 뭔가 거친 캐릭터 같아 보여요.
B: 그는 확실히 맥주와 축구에만 관심 있죠.
A: 하지만 당신이 틀렸어요. 실제로, 그는 대화하기에 아주 흥미로운 사람이에요. 아주 공손하고 절대 언성을 높이지 않죠. 사실, 제가 만났던 가장 점잖은 사람이에요. 그는 파리 한 마리 해치지 않을 거예요.
① 게임에서 겨우 이겼다
② 거들떠보지도 않을 것이다, 딱 질색일 것이다
③ 파리 한 마리도 못 죽일 것이다
④ 나를 놀리다

56회차 / 정답과 해설

상세한 해설은 공단기 김수환 8분컷 강의를 통해 확인하세요.

정답표

| 01 | ④ | 02 | ③ | 03 | ③ | 04 | ③ | 05 | ① |
| 06 | ② | 07 | ② | 08 | ③ | 09 | ⑤ | 10 | ⑤ |

01

정답 | ④ (serve them → serve)

해설 | `CODE 13-3` the people과 we 사이에는 목적격 관계대명사 whom이나 that이 생략됐다. 따라서 뒤에는 목적어 자리가 비어 있어야 한다. 따라서 마지막에 있는 them은 삭제해야 한다.
① `CODE 17-1` 등위접속사 and 앞뒤의 단수동사 appreciates와 encourages가 올바르게 병렬로 연결되어 있다.
② `CODE 10-1` be동사 is의 보어 역할을 하는 명사적 용법의 to부정사인 to accept는 바르게 쓰였다.
③ `CODE 14-2` 앞에 콤마가 있고 동사 may be 앞에는 주어가 필요하므로 주격 관계대명사 which는 올바르게 쓰였다. 참고로 that은 콤마 뒤에 쓸 수 없다.

해석 | William 푸드 뱅크(WFB)는 우리 지역 사회의 기아 구호물자를 제공하기 위한 음식 기부를 감사히 여기고 장려한다. 우리의 정책은 어떤 음식 기부도 감사하게 받아들이는 것이다. 그러나 WFB의 손님들과 자원봉사자들, 그리고 직원들에게 잠재적으로 해가 되는 어떤 기부물이든 버릴 권리가 있다. 비록 WFB가 비영리적인 지위를 보유하고, 보건부 기준에 구속되지 않지만, 우리가 봉사하는 사람들에게는 도의적인 책임을 갖고 있다.

02

정답 | ③ (richer → rich)

해설 | `CODE 19-1` 동등비교 as~as 사이에는 비교급이 아닌 원급이 위치한다.
① `CODE 21-1` 전치사 during 뒤에는 명사가 위치한다.
② `CODE 11-4` 형/부 enough to RV(~할 만큼 충분히 …하다) 구문의 old enough to go는 바르게 쓰였다.
④ `CODE 2-1` `CODE 23-8` 주어(Stream pollution)가 단수이므로 단수동사 is는 올바르게 쓰였다. 참고로 '~중에 하나'라는 의미의 'one of the 복수명사(problems)'도 올바르게 쓰였다.

해석 | ① 수면 기간 동안, 우주 비행사들은 꿈을 꾼다고 보고했다.
② 내 딸은 아직 학교에 갈 만큼 충분한 나이가 되지 않았다.
③ 어떤 사람도 이 도시에서 White 씨만큼 부유하지 않다.
④ 이런 유형의 하천 오염은 가장 중요한 문제들 중 하나이다.

03

정답 | ③

해설 | `CODE 13-4` `CODE 22-5` as/so+원급+as 사이의 형용사가 명사를 꾸밀 때 'A ~ as/so+형+a(n)+명 as ~ B' 어순이 되므로, 이에 맞게 so straightforward a problem as가 바르게 쓰였다.
① `CODE 7-2` 'be/get used to RVing(~하는 데 익숙하다)' 표현이다. wait를 waiting으로 고쳐야 한다. (wait → waiting)
② `CODE 4-1` 문맥상 the meeting이 '취소된' 수동의 의미가 되어야 하므로, 동사 cancelled를 수동태 동사 was cancelled로 고쳐야 한다. (cancelled → was cancelled)
④ `CODE 9-4` 지각동사의 용법을 묻는 문제이다. 지각동사 see의 목적어인 그녀의 아빠가 길을 건너는 행위자이기 때문에 능동 관계이다. 지각동사의 목적어와 목적보어의 능동관계인 경우엔 동사원형이나 현재분사를 사용해야한다. (to cross → cross 혹은 crossing)

해석 | ① 난 마지막 순간까지 기다리고 밤새는 것에 익숙하다.
② 많은 사람들이 아파서, 회의가 취소되었다.
③ 그것은 우리가 예상했던 만큼 쉬운 문제는 아니었다.
④ 그 소녀는 자신의 아빠가 길을 건너를 것을 보았다.

04

정답 | ③ (correct → correctly)

해설 | `CODE 18-1` 부사의 용법을 묻는 문제이다. correct는 문맥상 동명사 understanding을 수식해야한다. 따라서, 형용사 correct를 부사로 고쳐야한다.
① `CODE 22-1` 유도부사 There로 시작하여 도치된 문장의 단수동사 was와 단수명사 a young man의 수일치가 올바르다. `CODE 12-1` 주어인 a young man이 '연주하는' 행위의 주체이고 뒤에 목적어 his violin도 있으므로, 현재분사 playing도 바르게 쓰였다.
② `CODE 15-1` `CODE 15-3` 명사절을 이끄는 의문사 how와 같은 의미를 나타내는 what ~ like 표현이 바르게 쓰였다.
④ `CODE 4-1` 동사의 태를 묻는 문제이다. 문장의 주어인 다리가 묘사되는 대상이기 때문에 능동태가 아닌 수동태가 적절하게 사용되고 있다.

05

정답 | ①

해설 | 출장을 가게 된 경우 아이를 누구에게 맡겨야하는지를 결정하지

못했다는 말이 와야하기 때문에, 정답은 ①번이 타당하다.

해석 | 우리가 다음주에 출장을 가는 동안 우리의 아기를 누가 <u>돌볼지</u>에 관한 결정을 내릴 수가 없었다.
① 돌보다
② 제자리에 놓다
③ 그럭저럭 살아가다
④ 헐거워지다, 해산하다

06

정답 | ②

해설 | 대학을 가지 못한 사람들에 대한 잘못된 편견이 빈칸에 들어가야 하기 때문에 정답은 ②번이 타당하다.

해석 | 오늘날 대학에 진학하지 못한 사람들을 <u>무시하는</u> 경향이 우리 문화권에 존재한다.
① ~을 벗기다, 이륙하다
② 무시하다
③ 다 떨어지다
④ 과시하다, 자랑하다

07

정답 | ②

해설 | substantial은 '상당한'의 의미로 정답은 considerable이다.

해석 | 최근에, 그 부서는 <u>상당한</u> 성장을 경험했다.
① 보편적인
② 상당한
③ 전형적인
④ 포괄적인

08

정답 | ③

해설 | acclaim은 '찬사'의 의미로 정답은 applause이다.

해석 | 그의 발표는 세계 평론가로부터 전 세계적인 <u>호평</u>을 이끌어냈다.
① 비난
② 설득
③ 박수갈채, 찬사
④ 복종, 순응

09

정답 | ③

해설 | 정신적으로 그리고 재정적으로 준비가 되어있냐고 질문하고 있으므로 가장 적절한 답은 ③ '제가 가진 것으로 시작하고 한번 해볼 준비가 되어 있어요'이다.

해석 | A: 어떤 비즈니스를 염두에 두고 있나요?
B: 요즘 꽃가게를 소유하는 것이 전망이 좋을 것 같나요?
A: 그럴 수도 있죠. 하지만 정신적으로 그리고 재정적으로 스스로 준비를 했나요?
B: 제가 가진 것으로 시작하고 한번 해볼 준비가 되어 있어요.
A: 좋아요! 그럼 전략적인 장소와 적합한 부문도 선택해야 해요. 좋은 결과를 얻으려면 철저한 조사도 해야 하고요.
① 저는 내일 병원에 갈 계획이에요
② 그렇게 될 수는 없어요! 전 일자리를 얻기 위해 노력해야 해요
③ 제가 가진 것으로 시작하고 한번 해볼 준비가 되어 있어요
④ 저만의 사업을 시작하는 것을 생각하고 싶지 않아요

10

정답 | ②

해설 | 일자리 면접을 보러 가는 상황이므로 대화의 흐름상 가장 적절한 것은 ② '행운을 빌어주다'이다.

해석 | A: 시간 좀 봐요. 저 가야겠어요. 저 괜찮아 보이나요?
B: 사실 아주 긴장한 것 같아요. 걱정 말아요. 분명 당신이 그 일자리를 얻을 거예요.
A: 정말 그렇게 생각해요?
B: 물론이죠. 분명 당신이 그들이 찾고 있는 바로 그 사람이라고요.
A: 그러기를 바라죠. 날 위해 <u>행운을 빌어줘요</u>.
① 비밀을 누설해주세요
② 행운을 빌어주세요
③ 분발하세요
④ 소동을 일으키세요

57 회차 / 정답과 해설

상세한 해설은 공단기 김수환 8분컷 강의를 통해 확인하세요.

정답표

| 01 | ② | 02 | ④ | 03 | ③ | 04 | ③ | 05 | ④ |
| 06 | ② | 07 | ③ | 08 | ③ | 09 | ② | 10 | ④ |

01

정답 | ② (referred to → referred to as)

해설 | **CODE 5-4** 구동사 'refer to A as B(A를 B라고 부르다)' 표현을 수동태로 바꾼 것이므로, is referred to 뒤에 as를 추가하여 is referred to as로 고쳐야 한다.
① **CODE 12-1** 의미상 주어 foods가 '포함하는' 주체이고 뒤에 목적어 high levels of sodium도 있으므로, 현재분사 containing이 바르게 쓰였다.
③ **CODE 3-2** 과거 특정 시점을 나타내는 three days ago가 있으므로, 과거시제 동사 ordered가 바르게 쓰였다.
④ **CODE 11-3** 동사 make의 진목적어 자리에 to부정사가 나오는 'make it a rule+to부정사(~하는 것을 원칙으로 하다)' 구문이다.

해석 | ① 나트륨을 많이 포함한 음식을 제한하도록 노력해야 한다.
② 지구 온도의 지속적인 상승은 지구 온난화라고 불린다.
③ 내가 3일 전에 온라인으로 카메라를 주문했는데 아직 도착하지 않았다.
④ 나는 약속에 제때 도착하는 것을 원칙으로 한다.

02

정답 | ④

해설 | **CODE 3-1** 'for decades now'는 '현재까지 수십 년 동안'이라는 의미로 과거에서 현재까지의 영향력을 내포하고 있는 시간부사구이다. 따라서, 현재완료나 현재완료 진행형이 타당하다.
① **CODE 9-1** **CODE 12-1** 동사 result는 전치사 in과 함께 뒤에 목적어를 취하는 자동사이므로, 과거분사 resulted를 현재분사 resulting으로 고쳐야 한다. (resulted → resulting)
② **CODE 11-1** 문맥상 'forget to RV(~할 것을 잊다)'가 쓰여야 하므로, taking을 to take로 고쳐야 한다. (taking → to take)
③ **CODE 9-4** 사역동사의 목적어인 당신이 모자를 쓰는 행위자이기 때문에 능동관계이다. 능동관계일때는 동사원형을 사용한다. 따라서, to wear를 wear로 고쳐야한다. (to wear → wear)

해석 | ① 어린 나이에 다이어트를 하는 것은 건강을 해치고 저조한 성장을 초래할 수 있다.
② 냄새가 나기 시작하기 전에 음식물 쓰레기를 내가는 것을 잊지 마라.
③ 누군가가 너에게 그런 못난 모자를 쓰게 했니?
④ 사회에서의 성 역할은 현재 수십 년 동안 변화되어 왔다.

03

정답 | ③ (resting → to rest)

해설 | **CODE 11-1** 'stop to RV(~하려고 멈추다)'에 맞추어 resting을 to rest로 고쳐야 한다.
① **CODE 8-5** 'if S+should+RV'은 '혹시라도 ~하게 되면'이라는 의미를 가지며, 매우 약한 가능성을 이야기할 때 사용된다.
② **CODE 2-5** 본래 'The weakness of life makes it(=life) precious.'인 문장에서 주어를 'it is ~ that' 사이에 넣어 강조한 문장이다. 강조어구인 주어 the weakness of life가 단수명사구이므로 that 뒤에 단수동사 makes가 바르게 쓰였다.
④ **CODE 22-1** 유도부사 There로 시작하여 도치된 문장의 복수동사 are와 복수주어 many superstitions의 수일치가 올바르다. 'surrounding ~'은 주어를 꾸미는 현재분사구이다.

04

정답 | ③ (foolishly → foolish)

해설 | **CODE 18-2** 감각동사 look의 주격보어 자리에는 형용사가 와야 하므로, 부사 foolishly를 형용사 foolish로 고쳐야 한다.
① **CODE 1-1** 명동사구가 주어가 될 때는 단수동사를 사용한다.
② **CODE 15-3** be동사 is의 보어로 명사절을 이끄는 간접의문문이 왔다. how 뒤의 문장을 보면 주어(the people), 동사(do), 목적어(things)로 완전하고 의미상 '방식'이란 의미의 how가 올바르게 쓰였다.
④ **CODE 13-1** 선행사 a particular company를 수식하는 완전한 관계절을 이끄는 관계부사 where가 바르게 쓰였다.

해석 | 모든 회사, 산업 또는 심지어 작은 사무실도 문화가 있다. 그래서 그 문화가 무엇인지 아는 것이 여러분에게 성공의 열쇠를 준다. 문화는 사람들이 일하는 방식이다. 이러한 문화는 때때로 기업들에 의해 주도된다. 그러나 대부분의 사람들이 문화를 만들어내고 그것은 계획이나 전략 없이 점차 커진다. 여러분이 이런 문화를 모르거나 그것을 이용하지 못한다면, 여러분은 결국 바보처럼 보일 수 있고 그러면 무시당하기 쉽다. 만약 사람들이 다 골프를 치는데, 여러분이 성공하고 싶고, 또 골프 치는 것이 문화인 어떤 회사의 중요 일원이 되고 싶다면, 여러분은 골프를 쳐야만 한다.

05

정답 | ④

해설 | blunt는 '무딘, 뭉툭한, 직설적인'이라는 의미를 갖기 때문에 정답은 ④번 straightforward(직설적인, 솔직한)이 타당하다.

해석 | 기자와의 짧은 대화 중에, 그는 다소 직설적이었지만 적어도 말투는 꽤 온화했다.
① 예민한
② 사기의, 사기를 치는
③ 미묘한, 섬세한
④ 직설적인, 솔직한

06
정답 | ②

해설 | fictitious는 '허구의'라는 의미를 갖기 때문에, 정답은 ②번 false(거짓의)가 타당하다.

해석 | 우리는 그 허위 소문의 출처에 관심이 없다.
① 세심한, 꼼꼼한
② 거짓의
③ 사교적인
④ 말이 없는

07
정답 | ③

해설 | benefactor는 '후원자'라는 의미를 갖기 때문에, 정답은 ③번 supporter(후원자)가 타당하다.

해석 | 한때, 중국은 북한의 가장 큰 후원국이었다.
① 받는 사람, 수령인
② 후보자
③ 후원자
④ 호혜(서로 특별한 혜택을 주고 받는 일)

08
정답 | ③

해설 | 아팠기 때문에 멕시코 여행이 취소되었다는 말이 들어가는 것이 타당하다. 따라서, 정답은 ③번 fall through(실현되지 못하다)가 타당하다.

해석 | 우리는 원래 휴가로 멕시코에 가려고 했는데, 내가 병이 났을 때 여행이 무산되었다.
① (나쁜 경험을) 겪다
② 달성했다, 획득했다
③ 무산되었다, 실현되지 못하다
④ 꿰맸다, 잘 매듭지었다

09
정답 | ②

해설 | 빈칸 뒤에 제시된 B의 말을 통해서 A가 추천해준 종류가 마음에 들지 않는다는 것을 추론할 수 있다.

해석 | A: 안녕하세요, Tiffany Jewelry에 오신 것을 환영합니다. 도와드릴까요, 손님?
B: 네. 제 아내의 생일이 다가오고 있어 특별한 선물을 사 주고 싶은데요.
A: 멋지시네요. 기념일 밴드를 보여드리고 싶은데요. 옐로우 골드, 화이트 골드, 그리고 백금으로 된 것이 있습니다.
B: 그것들은 그녀의 취향이 아니에요. 진주나 에메랄드 같은 보석을 좋아해요.
A: 그럼, 이 진주 목걸이는 어떠세요?
B: 아, 아름답네요! 분명 제 아내가 좋아할 거예요. 그것으로 할게요.
A: 선물 포장해 드릴까요?
B: 네, 부탁해요.
① 그것들은 정말 딱 들어맞네요
② 그것들은 그녀의 취향이 아니에요
③ 저는 온갖 노력을 다하기로 결심했어요
④ 제 자신이 꽤 자랑스러워요

10
정답 | ④

해설 | 그녀가 누구와 함께 갔는지 묻는 A의 질문에 yes라고 답변한 뒤 이어지는 말은 문맥상 적절치 않다.

해석 | ① A: 안녕, Jessi, 어떻게 지내?
B: 별일 없어.
② A: Kim 씨가 여기서 일하나요?
B: 전체 성함을 말씀해 주시겠어요? 저희 사무실에 Kim 씨가 다섯 분이에요.
③ A: 오, 안 돼. 기름이 다 떨어졌어요.
B: 어젯밤에 기름을 가득 채웠어야 했어요.
④ A: 그녀가 누구와 같이 갔는지 아세요?
B: 네, 하지만 그녀가 방금 나갔어요.

Level.2 | 57회차 - 정답과 해설 55

58 회차 정답과 해설

| 01 | ② | 02 | ② | 03 | ④ | 04 | ② | 05 | ④ |
| 06 | ① | 07 | ③ | 08 | ③ | 09 | ③ | 10 | ③ |

01

정답 | ② (to cry → cry)

해설 | **CODE 9-4** 사역동사의 목적어가 행위의 주체일 때, 목적격보어 자리에 동사원형이 와야 한다. 여기서도 Amber가 '우는' 행위의 주체이므로, to cry를 cry로 고쳐야 한다.
① **CODE 11-2** 가주어-진주어 구문으로, 사람의 성격을 나타내는 형용사 stupid가 있으므로 의미상의 주어 Martin 앞에 전치사 of를 쓴 것은 적절하다.
③ **CODE 2-1** 복수주어 My new dogs 뒤에 복수동사 are의 수일치가 올바르다. 선행사인 dogs 수식하는 which는 목적격 관계대명사로 got의 목적어 역할을 한다.
④ **CODE 22-1** 전명구가 문두에 위치해 주어와 동사가 도치된 문장으로, 동사는 복수주어 his favorite comic books에 수일치되어야 한다. 따라서 is를 are로 고쳐야 한다.

해석 | ① Martin이 그 경찰관을 지나쳐 과속해간 것은 정말 어리석었다.
② 그 영화는 Amber가 그것을 볼 때마다 울게 만든다.
③ 동물 보호소에서 데려온 새로운 우리 개들은 낯선 사람들 주위에서 수줍어한다.
④ 책장의 맨 위 선반에 그가 가장 좋아하는 만화책들이 있다.

02

정답 | ②

해설 | **CODE 5-3** 뒤에 목적어 없이 전명구만 나오므로 자동사 lie가 바르게 쓰였다.
① **CODE 19-3** 'the+비교급 ~, the+비교급 …'(~할수록 더 …하다)' 구문이므로, 콤마 뒤의 the much를 the more로 고쳐야 한다. (much → more)
③ **CODE 4-4** 수동태로 쓰인 하여금 동사 allowed의 목적격보어 자리에는 현재분사가 아닌 to부정사가 와야 한다. (taking → to take)
④ **CODE 19-2** 앞에 비교급 more significant가 있으므로 as 대신 than을 써야 한다. (as → than)

해석 | ① 여러분이 더 폭넓게 읽을수록, 여러분의 어휘는 더 향상될 것이다.
② 세계의 주요 도시 대부분은 여전히 강둑에 있다.
③ 고대에, 여성들은 올림픽 경기에 참가하는 것이 허락되지 않았다.
④ 나는 내면의 아름다움이 잘생긴 외모보다 더 중요하다고 생각한다.

03

정답 | ④ (access to → to 삭제)

해설 | **CODE 9-3** access는 타동사이기 때문에 목적어를 취할 때 전치사가 불필요하다.
① **CODE 10-1** the last N toRV는 '~하지 않을 N'라는 뜻이다.
② **CODE 12-3** 독립분사구문을 묻는 문제이다. 'As it was outside'를 분사구문으로 축약해서 'It being cold outside'가 된 것이다.
③ **CODE 11-5** 동명사 관용표현 'spend+시간/돈+~ing(~하는 데 …을 쓰다)' 구문을 완성하는 동명사 browsing이 바르게 쓰였다.

04

정답 | ② (getting → get)

해설 |
CODE 9-4 사역동사 let의 목적어인 삶의 작은 불편한 것들이 당신을 우울하게 만드는 행위이다. 따라서, 능동관계로 볼 수 있다. let의 목적어와 목적보어가 능동관계일때는 동사원형을 사용한다.
① **CODE 17-1** 등위접속사 and 앞뒤로 조동사 will에 연결되는 동사원형 2개가 병렬구조를 이루고 있다.
③ **CODE 10-2** **CODE 11-1** 'regret RVing(~했던 것을 후회하다)'라는 의미를 나타내는 동명사와 그 앞에 위치하는 부정어 not doing이 바르게 쓰였다.
④ **CODE 18-2** 동사 consider의 목적격보어 자리에 형용사 important가 바르게 쓰였다.

해석 | 언젠가 여러분은 오늘을 되돌아보고, 행동하는 것을 왜 그렇게 두려워했는지 궁금해할 것이다. 언젠가 여러분은 오늘을 되돌아보고, 왜 그렇게 많은 삶의 사소한 불편들이 여러분을 우울하게 만들게 했는지 궁금해할 것이다. 10년 후 미래에 오늘을 되돌아볼 수 있다면, 무엇을 하지 않은 것을 후회하겠는가? 되돌아보면, 오늘에 대해 무엇이 중요하다고 생각하겠는가? 오늘이 여러분이 원하는 삶을 만들 기회이다. 미래가 무엇을 가져올지 아는 것은 불가능하지만, 한 가지는 확실하다. 여러분은 바로 지금 여러분한테 있는 하루를 최대한 활용했다고 해서 결코 후회하지 않을 것이다.

05

정답 | ④

해설 | scornful은 '경멸하는, 조롱하는'이라는 의미를 갖기 때문에 정답은 ④번 contemptuous(경멸하는)가 타당하다.

해석 | 그 교회의 목사는 자신의 정치적 신념에 동의하지 않는 사람은 누구든 경멸한다.
① 인색한
② 유능한, ~할 수 있는
③ 중간의, 적당한
④ 경멸하는, 업신여기는

06

정답 | ①

해설 | acoustic은 '청각의, 음향의'라는 뜻을 가지기 때문에, 정답은 ②번 acoustic '청각의'이다.

해석 | 방음벽의 양측 사이의 차이는 음향적 견지뿐만 아니라 심미적인 견지에서 결정되어야 한다.
① 예술적인, 미술적인
② 청각의
③ 구조적인
④ 애처로운

07

정답 | ③

해설 | bring about은 '야기하다, 초래하다'이라는 의미를 갖기 때문에 정답은 ③번 cause(야기하다)가 타당하다.

해석 | 문제적인 행동에 대한 즉각적이고 일시적인 결말을 야기함에도 불구하고, 그러한 행동을 취하는 것은 장기 교육상의 부정적 영향을 초래할 수 있다.
① 중단하다
② 분투하다
③ 야기하다
④ 반복하다

08

정답 | ③

해설 | 문맥상 자원봉사자들이 기름유출을 막았다라는 내용이 나와야 한다. hold back은 무언가를 저지하다라는 의미이기 때문에 정답은 ③번이 타당하다.

해석 | 수천 명의 자원봉사자들이 재난을 일으키는 기름 유출을 저지하기 위해 필사적이었다.
① 발사하다, 봐주다, 눈감아 주다
② (사전에서 단어를) 찾아보다
③ 저지하다
④ 유지하다, 지속하다

09

정답 | ③

해설 | 빈칸 아래에 A가 왜 안믿느냐(Why don't you believe it?)고 반문하기 때문에 정답은 ①번이 타당하다.

해석 | A: 내가 어제 편의점에서 이 신상 크림을 샀어. 주름개선과 동안으로 만들어준다는데.
B: 난 안믿어.
A: 왜 안믿어? 그 크림이 진짜 효과가 좋다고 몇 개 블로그에서 읽었는데.
B: 그 크림이 피부에는 좋겠지만, 주름개선과 동안으로 만들어준다는 것은 불가능한 일이라고 생각해.
A: 너 되게 비관주의구나.
B: 아니 난 현실주의야. 네가 잘 속는 것 같네.
① 난 안믿어.
② 너무 비싸다.
③ 내가 도와줄 수가 없다.
④ 믿거나 말거나 사실이다.

10

정답 | ③

해설 | 아이들이 생일파티에 간다는 말에 식은죽먹기라는 B의 대답은 부적절하다.

해석 | ① A: 그 친구 드디어 히트작에 출연했어.
B: 그 친구가 잘 풀렸구나.
② A: 이제 약간 피곤하네.
B: 오늘은 여기까지만 하자.
③ A: 그 아이들이 생일파티에 가는 중이다.
B: 그래서 그것은 식은죽 먹기야.
④ A: 그가 어제 왜 집에 일찍 귀가했는지 모르겠네.
B: 내가 생각하기엔 그가 기분이 별로였던 것 같아.

59 회차 정답과 해설

| 01 | ③ | 02 | ① | 03 | ③ | 04 | ④ | 05 | ① |
| 06 | ③ | 07 | ④ | 08 | ② | 09 | ② | 10 | ② |

01

정답 | ③ (work → to work 혹은 working)

해설 | **CODE 5-2** 지각동사 see가 수동태 are often seen으로 쓰이면 목적격보어 자리에 to부정사나 현재분사가 와야 하므로, work를 to work나 working으로 고쳐야 한다.
① **CODE 11-1** finish는 동명사를 목적어로 취하는 동사이므로, writing이 바르게 쓰였다.
② **CODE 4-1** 동사의 태를 묻는 문제이다. 문장의 주어인 규칙은 따라야하는 대상이기 때문에 능동관계가 아닌 수동관계이다.
④ **CODE 14-3** 추상명사 the conclusion 뒤에 주어(it), 동사(is), 보어(important)의 완전한 문장이 있으므로, 동격의 접속사 that이 사용되고 있다.

해석 | ① 나는 설문 조사 질문을 작성하는 것을 끝냈다.
② 사회가 잘 돌아가려면 몇 가지 규칙들은 지켜져야 한다.
③ 우리가 돕고자 하는 이 아이들이 종종 공장에서 일하는 모습이 목격된다.
④ 나는 특별한 누군가가 되는 것이 중요하다는 결론에 도달했다.

02

정답 | ①

해설 | **CODE 11-5** 동명사의 관용표현인 'have problem/difficulty/trouble+~ing' 구문을 묻는 문제이다.
② **CODE 15-3** what 뒤에는 불완전한 문장이 나와야하는데, 여기서는 A laugh at B(A가 B를 비웃다)가 완전한 문형으로 쓰였다. 맥락상 '왜' 모두가 자신을 비웃었는지 몰랐다는 의미가 되어야 적합하므로, what을 why로 고쳐야 한다. (what → why)
③ **CODE 20-3** '다른 사람들'이라는 표현은 불특정 단수를 지칭하는 others로 쓴다. 따라서 other를 others로 고쳐야 한다. other는 단독으로 쓰이지 못하고 반드시 뒤에 복수명사가 따라 나와야 한다. (other → others)
④ **CODE 7-2** 과거에 규칙적으로 일어났던 일을 나타내는 used to는 동사원형과 같이 쓰이므로 used to be로 바꿔야 한다. (being → be)

해석 | ① 그는 외향적이기 때문에 친구를 사귀는 데 문제가 없을 것이다.
② Danny는 왜 모두가 자신을 비웃고 있었는지 이해할 수 없었다.
③ 스스로를 다른 사람들 말고, 그저 자기 자신과만 비교하라.
④ 대만 드라마가 독일 TV에서 방영되곤 했었다.

03

정답 | ③

해설 | **CODE 17-2** both A and B(A와 B 둘 다)와 either A or B(A 또는 B 둘 중 하나)를 구별하는 문제이다. 여기서는 번역상 either A or B를 써야 하므로, both 대신 either를, and 대신 or를 써야 한다.
① **CODE 11-2** 가주어 It과 진주어 to appear 구문이 바르게 쓰였다.
② **CODE 5-3** 뒤에 목적어를 가지는 타동사 lay의 과거시제 동사 laid가 바르게 쓰였다.
④ **CODE 4-1** 주어 Interviewers가 '금지당하는' 대상이므로 수동태 동사 are prevented가 바르게 쓰였다. 참고로 prevent A from ~ing의 수동태 문장이다(A be prevented from ~ing).

04

정답 | ④ (its → their)

해설 | **CODE 20-1** 앞의 복수명사 astronauts를 받는 복수 대명사 their가 바르게 쓰였다.
① **CODE 17-1** 병렬구조를 묻는 문제이다. have looked와 looked는 병렬구조를 이루며, 두 번째 나오는 looked 앞에는 have가 생략되어 있다고 보면된다.
② **CODE 2-1** 단수주어 One 뒤에 단수동사가 나오고 있다.
③ **CODE 15-1** 동사 prove의 목적어인 완전한 문장을 이끄는 명사절 접속사 that이 바르게 쓰였다.

해석 | 수천 년 동안, 사람들은 밤하늘을 올려다보고 달을 보았다. 그들은 달이 무엇으로 만들어졌는지 궁금했다. 그들은 그것이 얼마나 크고 얼마나 멀리 떨어져 있는지 알고 싶어 했다. 가장 흥미로운 질문들 중 하나는 "달은 어디에서 왔는가?"였다. 누구도 확실히 알지 못했다. 과학자들은 많은 다양한 이론들이나 추측들을 전개했지만, 그들의 생각이 옳다는 것을 입증할 수 없었다. 이후 1969년과 1972년 사이에, 미국은 달에 우주비행사를 보내 달을 연구하고 달의 암석 표본을 가지고 지구에 돌아오도록 했다.

05

정답 | ①

해설 | 조각, 파편(splinter)는 의료 전문가들에 의해서 제거되어야하는 대상이기 때문에 정답은 ①번이 타당하다.

해석 | 손톱이나 발톱 밑에 깊이 박히거나 꽂힌 파편들은 의료 전문가들

에 의해 제거되어야 한다.
① 제거하다
② 후퇴하다
③ 주입하다
④ 입원시키다

06

정답 | ③

해설 | keep away from은 '멀리하다, 피하다'라는 의미를 갖기 때문에 정답은 ③번 avoid(피하다)가 타당하다.

해석 | 당뇨병이 있는 사람들은 설탕이 든 음료를 멀리해야 한다.
① 채택하다
② 축하하다
③ 피하다
④ 참다, 견디다

07

정답 | ④

해설 | debilitate는 '약화시키다'라는 의미를 갖기 때문에 정답은 ④번 weaken(약화시키다)이 타당하다.

해석 | 많은 환자들은 쇠약하게 만들긴 하지만 원상복구가 가능한 상태를 불필요하게 겪고 있다.
① 개선하다
② 꾸짖다
③ 강화하다
④ 약화시키다

08

정답 | ②

해설 | withdraw는 '철회하다, 인출하다'라는 의미를 갖기 때문에 정답은 ②번 retreat(후퇴하다)이 타당하다.

해석 | 면책 조항은 자연재해와 어느 한 쪽 당사자가 계약을 철회할 수도 있는 유사한 불가피한 상황들을 열거했다.
① 줄어들다
② 후퇴하다
③ 견디다
④ 붙이다, 첨부하다

09

정답 | ②

해설 | 빈칸 뒤에서 B가 해결책을 제시하는 것으로 보아 A는 스팸메일을 차단하는 방법을 물었음을 예상할 수 있다.

해석 | A: 어, 또 왔네. 스팸메일이 너무 많이와!
B: 맞아. 나도 하루에 10개가 넘는 스팸메일을 받아.
A: 어떻게 하면 막을 수 있을까?
B: 완전히 차단하는 것은 불가능하다고 생각해.
A: 우리가 할 수 있는게 없을까?
B: 환경설정에 필터를 설치해봐.
A: 필터?
B: 응. 필터가 스팸 메일중 일부를 제거할 수 있어.
① 이메일 자주 쓰니?
② 우리가 할 수 있는게 없을까?
③ 이 훌륭한 필터를 어떻게 만들었어?
④ 내가 이메일 계정 만드는 것을 도와줄 수 있어?

10

정답 | ②

해설 | 어디로 가고 있느냐는 A의 질문에 식료품점에 가고 있다는 B의 대답은 적절하다.

해석 | ① A: 몇시야?
B: 미안한데, 지금 바빠.
② A: 어이, 어디 가고 있어?
B: 우리 지금 식료품점으로 가고 있어.
③ A: 이것 좀 도와줄 수 있어?
B: 알았어. 응원할게.
④ A: 내 지갑 본 사람 있나요?
B: 오랜만이야.

60 회차 정답과 해설

정답표

01	②	02	②	03	④	04	①	05	③
06	①	07	③	08	①	09	③	10	④

01

정답 | ② (irritating → irritated)

해설 | **CODE 4-2** 감정동사의 태를 묻는 문제이다. 목적어인 '내 자신(myself)'이 그녀에게 짜증을 느꼈다는 내용이기 때문에 과거분사로 사용하는 것이 타당하다.
① **CODE 7-1** 조동사 need의 용법을 묻는 문제이다. 동사 need를 부정할때는 'don't need to+RV'으로 표기하지만, need가 조동사로 사용되는 경우엔 'need not+RV'으로 사용된다.
③ **CODE 14-2** 접속사 in that에 관해 묻는 문제이다. in that은 '~라는 점에서'라는 의미로 주절과 부사절을 잇는 접속사이다.
④ **CODE 3-2** since가 '~부터, ~이래로'라는 의미로 사용될때는 주절의 동사시제를 현재완료 혹은 현재완료진행형이 사용된다.

해석 | ① 너는 네가 통제할 수 없는 일에 대해서 걱정할 필요는 없다.
② 나 내 자신이 그녀에게 완전히 짜증 났다는 것을 알았다.
③ 창의성은 어떤 상황에서든 길을 찾는다는 점에서 희귀하다.
④ Kate는 고등학교 이후 100명이 넘는 친구를 사귀었다.

02

정답 | ②

해설 | **CODE 12-2** 'with+명사+분사' 구문으로, 뒤에 목적어가 없고 의미상 주어인 so many people이 '연결되는' 행위의 대상이므로 과거분사 connected가 바르게 쓰였다.
① **CODE 2-4** 'the number of+복수N+단수V'에 따라 복수동사 are를 단수동사 is로 고쳐야 한다. (are → is)
③ **CODE 15-3** 동사 show의 목적어인 간접의문문이 '의문사+주어+동사' 어순으로 쓰여야 하므로, is it을 it is로 고쳐야 한다. (is it → it is)
④ **CODE 14-1** 부사절 when we want to quit을 강조하는 'it is ~ that' 강조 구문이다. 따라서 what을 that으로 고쳐야 한다. (what → that)

해석 | ① 조회 수와 구독자 수는 아주 동기부여가 되는 특징이다.
② 그렇게 많은 사람들이 연결되어 있으니 누군가 우연히 그 블로그를 발견할 것이다.
③ 가젤의 점프는 가젤이 얼마나 튼튼하고 건강한지 보여주는 신호이다.
④ 종종 우리가 그만두고 싶어할 때가 바로 성공이 코앞에 있는 때이다.

03

정답 | ④ (leaving → being left)

해설 | **CODE 10-3** 동명사의 태를 묻는 문제이다. 의미상의 주어인 내가(I) 소외되는 대상이기 때문에 동명사 수동태로 사용되는 것이 타당하다.
① **CODE 11-5** 동명사 관용적 표현에 관한 문제이다. 'look forward to'는 '~을 기대하다, ~을 학수고대하다'라는 의미이며, to는 전치사이기 때문에 명사나 동명사가 이어진다.
② **CODE 4-2** 감정동사의 태를 묻는 문제이다. 목적어인 결과가 실망을 유발시키는 것이기 때문에 현재분사가 사용되고 있다.
③ **CODE 11-1** suggest는 부정사가 아닌 동명사를 목적어로 취한다.

04

정답 | ① (complete → completely)

해설 | **CODE 18-1** was의 보어인 형용사 hopeless를 수식할 수 있는 것은 부사이므로, 형용사 complete를 부사 completely로 고쳐야 한다.
② **CODE 4-1** 동사의 태를 묻는 문제이다. 문장의 주어인 그(he)는 해고의 대상이기 때문에 수동태가 사용되고 있다.
③ **CODE 11-3** 가목적어 구문을 묻는 문제이다. 'make/find/think/believe/consider+it+형/명+to RV'는 가목적어 구문이다.
④ **CODE 12-1** 사역동사의 용법을 묻는 문제이다. 목적어인 푯말(sign)은 게시가 되는 대상이기 때문에 수동관계이다.

해석 | 특히 더 힘든 시간을 보내거나 나쁜 실수를 했을 때 여러분은 어떻게 하는가? 이 질문이 나오면, 나는 한 젊은 변호사가 나를 찾아왔던 날이 기억나는 것 같다. 그는 깊은 절망에 빠져 있었고 완전히 희망을 잃은 상태였다. 그는 심각한 실수를 저질렀다는 이유로 어느 대형 로펌에서 적어도 일시적으로 해고되었다. 나는 큰 실수라 해도 한 번의 실수에 대해 초보자를 처벌하는 것은 다소 불공평하다고 생각했다. 나는 몇 년 전에 Knox Gelatin의 Knox 씨가 자신의 식물에 "같은 돌에 두 번 걸려 비틀거린 자는 목이 부러져야 마땅하다"라는 푯말을 걸어놓은 것을 기억한다. 적어도 그녀는 직원들에게 두 번째 기회는 줄 것이다.

05

정답 | ③

해설 | resurrection은 '부활'이라는 의미이기 때문에, 정답은 ③번 revival(부활)이다.

해석 | 2,000년에는 어떤 카리스마가 있는 리더의 지도 아래 한 국가가 부활했다.
① 사망
② 활기, 활력
③ 부활
④ 인정

06

정답 | ①

해설 | altruistic은 '이타적인'이라는 의미이기 때문에, 정답은 ③번 selfless(이타적인)이다.

해석 | 당신은 이타적이지 않고, 그런적도 없고, 그럴 일도 없을 것이다.
① 이타적인
② 이기적인
③ 분주한
④ 중요한

07

정답 | ③

해설 | stumble across는 '우연히 발견하다'라는 의미이기 때문에, 정답은 ③번 discover by chance(우연히 발견하다)이다.

해석 | 고통이 없었다면 나의 강점을 발견하지 않았을 것이기에, 나의 고통에 감사함을 느낀다.
① 완전히 고갈시키다
② 즉시 취소하다
③ 우연히 발견하다
④ 천천히 약화시키다

08

정답 | ①

해설 | 문맥상 crave(갈망하다)의 동의어를 고르는 것이 타당하다. 따라서, ①번 long for(갈망하다)가 타당하다.

해석 | 우리들 중 다수에게, 봉쇄 동안 갇히는 것은 우리가 식사를 갈망하는 것과 마찬가지로 친구들을 원하게 만든다.
① 갈망하다
② 몸서리치다
③ 내쫓다, 물리치다
④ 거절하다

09

정답 | ③

해설 | A가 너무 바빠서 소포 발송을 못하는 상황에서 B에게 그 일을 대신해달라고 부탁하고 있는 상황에서 적합한 대답을 고르면 된다.

해석 | A: Mary, 부탁 하나만 들어줄래요?
B: 미안해요. 지금 아주 바빠서요.
A: 하지만 오래 걸리지 않을 거예요.
B: 뭔데요?
A: 저 대신 이 소포만 우편으로 부쳐줄래요? 지금쯤 이미 부쳤어야 하는데, 제가 지금 바로 이사회실로 급히 가봐야 해서요.
B: 알겠어요, 그렇게 급하다면요.
① 네, 제가 대신 버려줄게요
② 분명 마음을 가다듬을 수 있을 거예요
③ 알겠어요, 그렇게 급하다면요
④ 네, 그것은 완벽한 선물일 거예요

10

정답 | ④

해설 | A의 의견에 좋은 생각이라고 말하고 나서 바로 뒤에서 부정적인 의견을 펼치는 것은 자기모순적인 답변이다.

해석 | ① A: 제가 뭔가 더 해드릴 수 있는 게 있다면, 편하게 알려주세요.
B: 정말 도움이 되었어요. 고마워요.
② A: 이번 주말에 저희랑 배구할래요?
B: 그러고 싶지만, 제가 건강이 좋지 않아요. 겨울 내내 운동을 많이 못했어요.
③ A: 내일 비가 오면, 파티를 망치게 될 거예요.
B: 걱정 말아요. 그 경우엔 실내에서 열면 돼요.
④ A: 이 서류에 작업하는 것 정말 싫증 나요. 저 영화 보러 가야 할 것 같아요.
B: 아주 좋은 생각이네요. 제가 당신 입장이라면, 그러지 않을 거예요.

01 회차 / 정답과 해설

상세한 해설은 공단기 김수환 8분컷 강의를 통해 확인하세요.

정답표

| 01 | ② | 02 | ② | 03 | ② | 04 | ③ | 05 | ④ |
| 06 | ② | 07 | ③ | 08 | ① | 09 | ③ | 10 | ④ |

01

정답 | ② (many → much)

해설 | **CODE 2-4** fat은 셀수 없는 명사이기 때문에 many의 수식을 받는게 아니라 much의 수식을 받는 것이 옳다.
① **CODE 4-1** 문장의 주어인 새로운 시스템은 설치되는 대상이기 때문에 수동태가 바르게 쓰였다.
③ **CODE 15-2** 동사 wonders의 목적어인 명사절을 이끄는 명사절 접속사 whether가 바르게 쓰였다.
④ **CODE 11-5** 관계대명사의 생략과 동명사의 관용적 표현을 묻는 문제이다. 선행사 something 뒤에는 관계대명사 목적격 that이나 which가 생략된 것으로 보면 된다. 그리고 look forward to뒤에는 명사나 동명사가 위치하는데, 전치사 to의 목적어인 something은 선행사가 되어 앞으로 이동했다.

해석 | ① 새로운 시스템이 우리 사무실에 설치되어야 한다.
② 매일 사용하기에는 버터에는 너무 많은 지방이 함유되어 있다.
③ 내 중국인 친구들은 자신이 한국어를 배울 수 있을지 궁금해한다.
④ 그 행사는 마을 전체가 기대해 온 것이다.

02

정답 | ② (until → by)

해설 | **CODE 21-3** 전치사 until과 by의 구분을 묻는 문제이다. 전치사 until은 지속을 나타내는 동사와 사용되는 반면에, 전치사 by는 완료를 의미하는 동사와 사용된다. 이번주 금요일까지 수리가 완료된다는 내용이기 때문에 전치사 until을 by로 고쳐야한다.
① **CODE 2-1 CODE 3-2 CODE 4-1** 주어가 The book이므로 단수동사 was written이 바르게 쓰였다. 주어가 '쓰여지는' 대상이므로 be p.p. 형태의 수동태 동사가 나왔으며, in the 19th century가 과거시제 부사구이므로 시제 또한 과거로 바르게 쓰였다.
③ **CODE 11-1** quit은 동명사를 목적어로 취하는 동사이므로, smoking이 바르게 쓰였다.
④ **CODE 13-3** 주어 The law firm을 수식하는 관계절이 관사 없는 명사로 시작하는 완전한 문장이므로, 소유격 관계대명사 whose를 적절하게 사용하고 있다.

03

정답 | ②

해설 | **CODE 12-1 CODE 20-2** 재귀대명사와 분사의 태를 묻는 문제이다. 문장의 주어와 목적어가 같은 대상이기 때문에 재귀대명사를 적절하게 사용하고 있으며, before entering은 before they enter를 축약한 분사구문이다.
① **CODE 15-2** 명사절 뒷부분에 or not이 있기 때문에 that을 whether로 고쳐야한다. (that → whether)
③ **CODE 18-2** 동사 seemed의 주격보어 자리에는 형용사가 와야 하므로 부사 suitably를 형용사 suitable로 고쳐야 한다. (suitably → suitable)
④ **CODE 18-4** hardly와 hard의 구분을 묻는 문제이다. '열심히'라는 의미를 갖는 것은 hardly(거의~않다)가 아닌 hard이다. 한편, 빈도부사 hardly는 일반동사 뒤가 아니라, 일반동사 앞에 위치해야 한다는 점도 꼭 알아두자. (hardly → hard)

해석 | ① 내가 알고 싶은 것은 이것이 다른 문맥 안에서 사용될 수 있는지 없는지의 여부이다.
② 방문객들은 그 빌딩에 들어가기 전에 자신들의 신분을 밝혀야 한다.
③ 줄거리, 등장인물, 그리고 대화의 원천으로 그 소설이 더 적절해 보였다.
④ Ron은 제때에 졸업을 하기 위해서 매우 열심히 공부하고 있다.

04

정답 | ③ (was -> did)

해설 | **CODE 22-3** 긍정문 뒤의 'so+V+S(~도 역시 그러하다)' 구문에서 앞의 일반동사 went를 받는 대동사가 들어갈 자리이므로, was를 did로 고쳐야 한다.
① **CODE 10-1** 전치사 by의 목적어 자리에 동명사 observing이 바르게 쓰였다.
② **CODE 9-4** 지각동사 heard의 목적격보어 자리에 동사원형 protest가 바르게 쓰였다.
④ **CODE 15-1** 동사 Ask의 직접목적어 역할과 뒤에 나오는 can have의 목적어 역할을 겸할 말로 선행사를 포함한 관계대명사 what이 바르게 쓰였다.

해석 | 모든 남자들이 혼자 (삶을) 꾸려나가기를 원하는 것은 아니다. 나는 어린 시절에 부모님의 결혼 생활을 관찰하며 이 간단한 사실을 일찍 깨달았다. 아버지는 잘 협조하는 파트너이셨던 반면, 어머니는 모든 결정을 하셨다. 어머니는 돈이 어떻게 관리되고 지출될지를 비롯하여 모든 것을 결정하셨다. 아버지는 달걀을 하나 아니면 두 개 먹을지, 또는 타 버린 토스트 조각을 먹을지도 어머니가 결정하게 하셨다. 나는 아버지께서 항의하시는 것을 들은 적이 없는데, 심지어 어머니가 점심으로 남은 깍지 콩 샌드위치를 싸주셨을 때도 그랬다. 내가 뭔가에 관해 질문이 있거나 뭔가를 할 허락이 필요했던 때마다, 나는 어머니에게 갔다. 아버지도 그러셨는데, 아버지는 그런 어린애 같은 복종에 만족하시는 것 같았다. 내가 자라서 내 가정을 꾸렸을 때, 우리 부모님께서 캔자스주 토페카에 우리를 방문하셨다. "아침으로 뭘 드시고 싶으세요, 아버지?" 내가 여쭤봤다. "내가 뭘 먹어도 될지 엄마에게 물어보렴," 아버지는 그저 더 높은 권위에 따라 결정을 넘기는 것이 그

저 일의 당연한 순서인 것처럼, 다정하게 대답하셨다.

05
정답 | ③

해설 | nominal은 '명목상의'라는 의미이므로 정답은 titular '명목상의'이다.

해석 | 그는 그 단체의 <u>명목상</u> 대표로 남아 있었다.
① 중요한
② 말이 없는
③ 명의뿐인, 유명무실한
④ 불투명한

06
정답 | ④

해설 | inordinate은 '과도한, 터무니없는'이라는 의미를 갖기 때문에, 정답은 ④번 excessive(과도한, 지나친)이다.

해석 | 기업들은 정부의 <u>과도한</u> 규제와 일관성 없는 정책을 비판했다.
① 즉각적인
② 유사한
③ 신속한, 효율적인
④ 과도한, 지나친

07
정답 | ②

해설 | 감정을 식별하고 통제하는 능력이 떨어지는 아이들의 원인을 생각해본다면, 부모간의 언어적 혹은 신체적 공격행위가 원인이 됨을 알 수 있다.

해석 | 부모 간에 말로 또는 신체적으로 공격을 주고 받는 것을 목격한 아동들은 감정을 식별하고 조절하는 능력이 부족해질 수 있다.
① 임명, 지명
② 공격(성)
③ 환호
④ 매력

08
정답 | ③

해설 | 석유가 유출되면 해당지역의 거북이 개체수는 현저히 줄거나 사라지게 됨을 추론할 수 있다.

해석 | 석유 유출이 그 지역의 거북이 개체 수를 <u>전멸시킬</u> 수 있다.
① 펼치다, 설계하다
② 이사 나가다
③ 전멸시키다
④ 발생하다, 발발하다

09
정답 | ①

해설 | 빈칸 뒤, A의 답변중 선반에 없으면 재고가 없는 것이라는 말을 통해서 적합한 사이즈나 물건을 찾는 것임을 알 수 있다. 따라서, 정답은 ①번이 타당하다.

해석 | A: 도와드릴까요?
B: 네. 이 신발 7 사이즈 있나요?
A: 선반에서 찾으실 수 없으면, 품절인 것일 수 있는데요. 하지만 제가 창고에서 찾아볼게요.
B: 있으면 한 켤레 신어보고 싶어요.
A: 금방 올게요.
B: 감사합니다.
① 이 신발 7 사이즈 있나요?
② 혼자서 아니면 다른 사람들과 쇼핑하는 것을 좋아하나요?
③ 무엇이 즐거운 쇼핑 경험을 만드나요?
④ 신용카드로 결제할게요.

10
정답 | ④

해설 | loud는 색깔을 묘사할 때는 '화려한'인 반면에 소리를 묘사할 때는 '소리가 큰'이라는 의미이다.

해석 | ① A: 그래요, 오늘은 그냥 그것으로 마무리하죠.
B: 좋아요, 내일 봐요.
② A: 힘든 하루 후에 긴장을 풀 곳을 찾고 있어요.
B: 그렇다면, 파라다이스 스파가 귀하에게 딱입니다.
③ A: 마스크 쓰는 것은 우리의 자유를 침해하는 것 같아요.
B: 너무 까다롭게 굴지 말아요.
④ A: 당신 셔츠가 좀 화려하네요.
B: 전 크고 분명하게 읽어드리고 있어요.

02 회차 정답과 해설

| 상세한 해설은 공단기 김수환 8분컷 강의를 통해 확인하세요.

정답표

| 01 | ② | 02 | ④ | 03 | ④ | 04 | ④ | 05 | ③ |
| 06 | ② | 07 | ② | 08 | ④ | 09 | ④ | 10 | ③ |

01

정답 | ② (excited → exciting)

해설 | **CODE 4-2** 분사의 태를 묻는 문제이다. 의미상의 주어인 요소(elements)가 흥분을 유발시키는 주체이기 때문에 과거분사가 아닌 현재분사가 타당하다.
① **CODE 22-2** 부정부사 Never 뒤로 주어와 동사가 의문문 어순으로 도치된 did Mary do가 바르게 쓰였다.
③ **CODE 11-2** 가주어 it과 진주어 to be comfortable이 바르게 어울려 쓰였다.
④ **CODE 3-3 CODE 15-1** 동사 concluded의 목적어인 완전한 문장을 이끄는 명사절 접속사 that이 바르게 쓰였다. 또한 '실험에 실수가 없었던' 일이 '결론 내린' 일보다 먼저 있었던 일이므로 과거완료 시제 had been의 쓰임도 올바르다.

해석 | ① Mary는 팀 과제를 하지 않았고 제시간에 학교에 오지도 않았다.
② 사람들의 행동은 말보다 더 설득력이 있다.
③ 글을 쓸 때 편안해지는 것이 중요하다.
④ 과학자들은 그 실험에 실수가 없었다고 결론 내렸다.

02

정답 | ④ (uses → use)

해설 | **CODE 2-1** 주어와 동사의 수일치를 묻는 문제이다. 문장의 주어가 복수명사이기 때문에 복수동사를 사용해야한다.
① **CODE 11-3 CODE 15-1** That 뒤에 나오는 문장을 보면 주어(Dennis), 동사(had), 목적어(a ~ record)로 완전하다. 따라서 명사절 접속사 that절이 바르게 쓰였다. 이어서 5형식 동사 made 뒤에 가목적어 it과 목적격보어인 형용사 difficult, 진목적어인 to부정사 to find가 모두 바르게 쓰였다.
② **CODE 4-1** 주어 all the neighbors가 '초대되는' 대상이므로 수동태 동사 are invited가 바르게 쓰였다. 참고로 and 앞의 is having과 같이 가깝고 확정적인 미래를 나타내기 위해 현재진행 시제가 쓰일 수 있다.
③ **CODE 13-2** 선행사 someone을 수식하며 뒤에 전치사 on의 목적어가 없는 관계절을 이끌기 위해 목적격 관계대명사 whom이 바르게 쓰였다.

03

정답 | ④

해설 | 분사의 태를 묻는 문제이다. 의미상의 주어인 정책(policies)가 인권을 위배하는 주체이기 때문에 현재분사가 적절하게 사용되고 있다.
① **CODE 19-2** 비교급 비교 구문에는 as가 아닌 than을 써야 하므로, as를 than으로 고쳐야 한다. (as → than)
② **CODE 4-4 CODE 12-1** 의미상 주어 a kid-friendly savings account가 '불리는' 대상이므로, 현재분사가 아닌 과거분사가 타당하다. a Young Savers Account는 called의 보어이다. (calling → called)
③ **CODE 2-4** 'a number of+복수명사' 뒤에는 복수동사가 나와야 하므로, 단수동사 sets를 복수동사 set으로 고쳐야 한다. (sets → set)

해석 | ① 활강 스키는 크로스컨트리 스키보다 더 짧고 넓다.
② 많은 지역 은행들은 종종 Young Savers Account라고 불리는 어린이 친화적인 저축 예금 계좌를 제공한다.
③ 많은 경영 효율 전문가들이 런던에 가게를 차린다.
④ 전 세계에는 인권을 침해하는 많은 정책들이 있다.

04

정답 | ④ (inviting → invites)

해설 | **CODE 6-1** 주어 Anyone 뒤에 문장의 술어가 있어야 하므로, inviting을 invites로 고쳐야 한다. 주어와 동사 사이의 'who ~ in return'절은 Anyone을 꾸민다. 이때 Anyone who를 한꺼번에 복합관계대명사 Whoever로 대체할 수 있다.
① **CODE 10-1** 앞의 명사 the right를 수식하는 형용사적 용법의 to부정사 to expect가 바르게 쓰였다.
② **CODE 9-4** help는 목적보어 자리에 동사원형 혹은 부정사를 취한다.
③ **CODE 14-2** 콤마 뒤로 주어가 없는 불완전한 문장을 이끄는 주격 관계대명사 which가 바르게 쓰였다. 이때 which는 sumimasen을 선행사로 받는 계속적 용법의 관계사이다.

해석 | 상호주의(호혜주의)의 규범은 사회생활의 큰 이점들 중 하나를 창출한다. 오늘 여러분이 내게 호의를 베풀면, 내일 나로부터 호의를 기대할 권리를 갖는다. 그런 호의 교환은 우리가 혼자 할 수 없는(예를 들어, 무거운 옷장을 옮기는) 일들을 해낼 수 있게 해주고, 우리 모두가 불공평한 시간을 견디도록 도와준다 (오늘 내가 무일푼일 때 점심을 사주면 내가 월급이 들어왔을 때 네게 밥을 사줌에). 선물, 호의 그리고 서비스에 대한 의무적인 상환을 통해, 사람들은 진행 중인 관계로 서로 연결된다. 이러한 의무의 향후 도달은 고마움에 대한 일본어 단어인 '스미마센(sumimasen)'에 잘 내포되어 있는데, 그것은 글자 그대로 "이것은 끝나지 않을 것이다"를 의미한다. 보답으로 주는 것 없이 취하기만 함으로써 규범을 어기는 이는 누구나 사회적 반감을 초래하고 관계를 위태롭게 한다. 대부분의 사람들은 "받(기만 하는) 사람들"이나 "빌붙는 사람들"이라는 꼬리표가 붙는 것을 원하지 않기 때문에 보답을 주지 않고 받는 것에 불편함을 느낀다.

05

정답 | ③

해설 | notorious는 '악명높은'이라는 의미이기 때문에 ③ infamous '악명높은'이 정답이다.

해석 | 타임스퀘어는 교통 체증으로 악명이 높았기 때문에 세계의 교차로로 알려져 있었다.
① 날렵한, 민첩한
② 현대의, 동시대의
③ 악명 높은, 평판이 나쁜
④ 익명의

06

정답 | ②

해설 | intelligible은 '이해할 수 있는'이라는 의미이기 때문에 ②번 understandable '이해할 수 있는'이 정답이다. intellgible(이해할 수 있는)을 intelligent(지적인)와 혼동하지 않도록 유의하자.

해석 | 삶의 많은 상황들은 우리가 단어들이 무엇을 말하는가에 주의를 전혀 안 기울일 것을 요구하는데, 흔히 그 의미가 그 언어 자체의 표면적 의미보다 더 알기 쉬울 수도 있기 때문이다.
① 읽을 수 있는, 또렷한
② 알기 쉬운, 이해할 수 있는
③ 영리한, 밝은
④ 애매모호한

07

정답 | ②

해설 | 빈칸 뒤로 이어지는 정보를 바탕으로 추론해보자면, 일본 통치하에서 아무리 힘들어도 한민족은 절대 굴하지 않았다는 내용이어야 한다.

해석 | 일본의 통치 하에서 아무리 상황이 힘들었다해도, 한국인들은 절대 백기를 든 적이 없었다. 한국인들은 자유를 위해 엄청난 투쟁을 펼쳤다.
① 결혼하다
② 백기를 들다
③ 여유를 즐기다
④ 황홀하다

08

정답 | ④

해설 | 무단횡단이 원인이 되어 심각한 사고라는 결과로 이어질 수 있다는 내용이 자연스럽다. 따라서, 정답은 ④번이 타당하다.

해석 | 무단횡단은 경범죄처럼 보일 수 있지만, 심각한 교통사고로 이어질 수 있다.
① 계속 잡고 있다
② 돌보다, 보살피다
③ 고수하다
④ ~로 이어지다, ~을 초래하다 (=result in)

09

정답 | ④

해설 | 빈칸 뒤에 이어지는 B의 대답을 보면 다음주에 할 일을 상세하게 나열하고 있다. 따라서, 정답은 ④번이 타당하다.

해석 | A: 다음 주에 놀이공원 가자.
B: 안 돼. 너무 바빠.
A: 다음 주에 뭐 할 건데?
B: 월요일에 교수님 뵈러 갈 거야. 화요일은 취업 면접이 있고. 수요일은 치과에 갈 거야. 그리고 목요일에는 부모님 뵈러 가야 하고.
A: 왜 그렇게 바쁜 거야?
B: 오랫동안 미뤄 왔거든.
① 얼마나 오랫동안 머물 건데
② 어디서 점심 먹을 건데
③ 우리 언제 만나야 할까
④ 다음 주에 뭐 할 건데

10

정답 | ③

해설 | B는 지각한 것에 대한 이유를 밝혀야 하는 상황이다 따라서, 정답은 ③번이 타당하다.

해석 | A: Kim 씨, 몇 시인지 알고 있나요?
B: 네, Platt 씨, 정말 죄송해요.
A: 뭐 해명할 것 있나요?
B: 알람을 못 듣고 잤어요.
① 자면서 생각해 봤어요
② 그것을 믿지 않아요.(의견을 받아들이지 않습니다.)
③ 알람을 못 듣고 잤어요
④ 그것을 이해했어요

03 회차 / 정답과 해설

| 상세한 해설은 공단기 김수환 8분컷 강의를 통해 확인하세요.

정답표

| 01 | ④ | 02 | ① | 03 | ③ | 04 | ③ | 05 | ① |
| 06 | ② | 07 | ① | 08 | ④ | 09 | ⑤ | 10 | ① |

01

정답 | ④ (has → have)

해설 | **CODE 1-2** the+형용사는 복수 보통명사가 되어 복수취급한다. 따라서, 복수동사를 사용하는 것이 문법적으로 타당하다.
① **CODE 19-2** '비교급+than' 구문이 바르게 쓰였다. 참고로 비교 대상 자리에 what절이 나왔다.
② **CODE 3-1** since절의 과거시제 동사 came과 주절의 현재완료 진행시제 동사 has been watching이 모두 바르게 쓰였다.
③ **CODE 5-1** 수동태로 쓸 수 없는 절대자동사 disappeared가 능동태로 바르게 쓰였다.

해석 | ① 아이들은 우리의 말보다 행동에서 더 많은 것을 배운다.
② 내 여동생은 집에 온 이후로 계속 TV를 보고 있었다.
③ 갑자기 그들은 흔적도 없이 사라졌다.
④ 부자들은 가난한 사람들보다 훨씬 더 많은 기회를 가진다.

02

정답 | ① (is smelling → smells)

해설 | **CODE 3-7** 감각이나 상태를 나타내는 동사(look, taste, smell, sound)는 2형식 동사로 사용되는 경우엔 진행형이 불가하다.
② **CODE 3-3** 문맥상 Derek의 반 친구가 '총리를 만났던' 것이 상대적으로 더 먼저 있었던 일이므로, 관계절의 과거완료 시제 동사 had met이 바르게 쓰였다.
③ **CODE 8-2** 가정법 과거를 묻는 문제이다. 부사절에 과거시제를 사용했기 때문에 주절에 would+동사원형을 적절하게 사용하고 있다.
④ **CODE 3-5** 시간과 조건의 부사절에서는 현재시제가 미래시제를 대체하므로, 여기서도 조건절의 rains가 현재시제로 바르게 쓰였다.

03

정답 | ③

해설 | **CODE 5-4** 구동사의 수동태를 묻는 문제이다. A look down on B는 'A가 B를 깔보다, 경시하다'라는 의미로 수동태가 되면 B be looked down on by A가 된다.
① **CODE 7-4** 조동사 ought to는 부정할 때 ought not to로 표기한다. (ought to not → ought not to)
② **CODE 5-3** 목적어가 있기 때문에 자동사 lie가 아닌 타동사 lay를 사용해야 한다. (Lie → Lay)
④ **CODE 5-2** 지각동사의 수동태를 묻는 문제이다. 지각동사는 수동태가 되면 목적보어 자리에 부정사 혹은 현재분사가 위치한다. (put → to put 혹은 putting)

해석 | ① 어린 여자아이들은 그런 질문을 해서는 안된다.
② 그녀를 여기 침대에 눕히세요.
③ 가난한 사람들은 그녀에 의해서 무시당했다.
④ 그 여자가 자신의 가방에 보석을 넣은 것이 목격되었다.

04

정답 | ③ (calling → called)

해설 | **CODE 4-4** **CODE 12-1** 의미상 주어인 Aso oke cloth가 '불리는' 대상이고, 동사 call은 수동태가 되어도 뒤에 목적격보어(명사) "prestige cloth"를 취할 수 있으므로, 현재분사 calling을 과거분사 called로 고쳐야 한다.
① **CODE 12-1** 의미상 주어인 an intricately woven cloth가 '사용된' 대상이므로 과거분사 used가 바르게 쓰였다.
② **CODE 2-3** 복수 선행사 dyed strands를 수식하는 관계절의 복수동사 are woven의 수일치가 올바르다.
④ **CODE 12-2** 뒤에 명사 headwraps and modest gowns, 분사 being prevalent와 함께 'with+명사+분사(~한 채로, ~하면서)' 구문을 만드는 전치사 with가 바르게 쓰였다.

해석 | Aso oke 천은 예복을 만드는 데 이용되는, 복잡하게 짜여진 천이다. 그것은 나이지리아의 요루바족 사람들에 의해 만들어진다. 그 천은 가느다란 천 조각들이 짜여진 직물의 염색된 가닥들로 만들어진 정교한 무늬들로 장식된다. 이러한 천의 가닥들이 꿰매어져 더 큰 조각들을 만들어 낸다. "고급 천"이라고 불리는 일부 Aso oke 천은 복잡한 개방형 무늬에 레이스 같은 모습으로 되어 있다. Aso oke 천에 사용되는 무늬와 색깔들은 특별한 의미를 가지고 있다. allure라고 불리는, 자줏빛을 띤 붉은 염료는 요루바족 사이에서 귀하게 여겨진다. 일부 디자인들은 여성 의류 전용이고, 일부는 남성 의류 전용이다. 그 천은 치마, 셔츠 그리고 바지를 포함하여 수많은 옷 스타일을 만드는 데 사용된다. Aso oke 천으로 만들어진 많은 옷들은 머리 덮개와 수수한 가운이 널리 퍼지면서, 그 지역에 이슬람 종교의 강한 영향력을 반영한다. 사용되는 직물의 양과 무늬들이 착용자의 부를 나타낸다.

05

정답 | ①

해설 | pacify는 '달래다, 진정시키다'라는 의미이기 때문에 정답은 ① soothe '달래다, 완화시키다'이다.

해석 | 비판을 달래기 위해 무선 사업자들은 출퇴근 시간대 라디오 방송에 1천 200만 달러를 들여 공익광고를 내보냈다.
① 달래다, 진정시키다
② 강화하다, 통합하다
③ 복잡하게 만들다
④ 권리를 주다

06

정답 | ②

해설 | indefinitely는 '무기한으로'라는 의미이기 때문에 정답은 ② endlessly '끝없이'이다.

해석 | 그 회의는 무기한으로 연기되었다.
① 내키지않게
② 끝없이
③ 일어날 것 같지 않은
④ 일시적으로

07

정답 | ①

해설 | 주먹다짐(blows)를 하기 전에는 말다툼(argument)가 있을 것이라고 추론할 수 있다.

해석 | 선생님은 서로 주먹이 오가기 전에 상대방을 떼어 놓음으로써 언쟁을 중단시켰다
① 언쟁, 논쟁
② 뽑아냄, 추출
③ 유혹
④ 구역질

08

정답 | ④

해설 | 시장점유율을 잃지 않기 위해서 회사가 뒤처지지 않으려는 노력을 해야한다는 내용이 빈칸에 들어가야한다.

해석 | 시장 점유율을 잃지 않기 위해서는 우리의 회사는 최신 기술 발달에 보조를 맞춰야한다.
① 뒤처지다
② 와해되다
③ 닳다, 지치게하다
④ 보조를 맞추다, 속도를 맞추다

09

정답 | ③

해설 | 빈칸 아래에 제시된 A의 말을 통해서 날씨가 좋다는 말이 나와야 함을 추론할 수 있다.

해석 | A: 오늘 바깥 날씨가 정말 좋네요. 내일 날씨는 어떨지 아나요?
B: 오늘과 같을 거예요.
A: 아주 잘됐네요.
B: 왜 그렇게 기뻐해요? 뭐 계획한 것이라도 있어요?
A: 네, 이번 주말에 가족들과 놀이공원에 갈 거라서, 날씨가 좋기를 바라고 있었거든요.
① 날씨가 어떨지 모르겠어요
② 앞으로 며칠 동안 비가 올 거예요
③ 오늘과 같을 거예요
④ 1년 중 제가 가장 좋아하는 계절은 봄이에요

10

정답 | ①

해설 | 구체적인 질문을 하겠다는 A의 말에 B의 말은 동문서답이다.

해석 | ① A: 제가 구체적인 질문 몇가지를 드리겠습니다.
B: 물론이죠. 제가 지금 기분이 별로 좋지 않습니다.
② A: 아이들 뭐 하고 있어요?
B: 숙제하고 있어요.
③ A: 여행에서 돌아왔군요! 어땠어요?
B: 더할 나위 없이 좋았어요.
④ A: 제가 며칠 후에 이사 가는데 트레일러를 빌리고 싶어요.
B: 여기 이쪽에 있는 것을 한번 보시겠어요?

04 회차 / 정답과 해설

| 상세한 해설은 공단기 김수환 8분컷 강의를 통해 확인하세요.

정답표

| 01 | ② | 02 | ② | 03 | ① | 04 | ④ | 05 | ④ |
| 06 | ② | 07 | ② | 08 | ④ | 09 | ② | 10 | ② |

01

정답 | ② (to deliver → delivered)

해설 | **CODE 9-4** 사역동사의 용법을 묻는 문제이다. 사역동사의 목적어인 택배(package)는 배달이 되는 대상이기 때문에 수동관계이다. 따라서, 부정사가 아닌 과거분사로 고치는 것이 타당하다.
① **CODE 11-3** 5형식 동사 made 뒤에 가목적어 it과 목적격보어인 형용사 possible, 의미상 주어인 for the automobile과 진목적어인 to부정사 to dominate가 모두 바르게 쓰였다.
③ **CODE 2-4** 'the number of+복수명사+단수동사' 구문이므로, 복수동사 are를 단수동사 is로 고쳐야 한다.
④ **CODE 11-2** 가주어 It과 형용사 necessary, 의미상의 주어 for students와 진주어인 to부정사 to participate가 모두 바르게 쓰였다.

해석 | ① 석유는 자동차가 우리 경제를 지배하는 것을 가능하게 만들었다.
② 내가 어젯밤에 택배를 배달하도록 시켰다.
③ 서울의 자동차 수가 상당히 빠르게 증가하고 있다.
④ 학생들이 토론에 참여하는 것이 필요하다.

02

정답 | ② (make clear → make it clear)

해설 | **CODE 11-3** 가목적어 구문을 묻는 문제이다. that절 이하에 진목적어가 위치해있기 때문에 가목적어 it을 추가해야한다.
① **CODE 4-2** 감정동사의 태를 묻는 문제이다. 의미상의 주어인 그녀는 만족을 느끼는 대상이기 때문에 과거분사가 타당하다.
③ **CODE 8-5** if 'S should+RV'은 'Should S RV(혹시라도 ~한다면)'로 도치시킬 수 있다.
④ **CODE 11-1** remind A of B(A에게 B를 상기시키다)를 묻는 문제이다.

03

정답 | ①

해설 | **CODE 5-4** **CODE 12-1** 의미상 주어인 something이 '언급되는' 대상이므로 과거분사 referred가 바르게 쓰였다. 참고로 refer to A as B(A를 B라고 일컫다)를 수동태로 쓰면 A be referred to as B(A가 B라고 일컬어지다)가 되기에 여기서도 과거분사 referred 뒤에 to as라는 2개의 전치사가 함께 나왔다.

② **CODE 10-2** 명사는 뒤에 전치사가 있어야 목적어를 취할 수 있기에 '명사+명사'의 연쇄 구조는 합성명사를 만드는 경우를 제외하고는 불가능하다. 반면 동명사는 전치사의 매개 없이 자체적으로 목적어를 취할 수 있으므로, 여기서도 improvement를 improving으로 고쳐서 동명사가 목적어를 취하는 구조를 만들어 주어야 한다. (improvement → improving)
③ **CODE 14-3** 추상명사 the thought 뒤로 주어(they), 동사(are competing with ~)로 완전한 1형식 문장이 나오는 것으로 보아 관계대명사 which 대신 동격의 접속사 that을 써 주어야 한다. (which → that)
④ **CODE 19-5** 'A ~ 배수사(X times)+as+원급+as B' 구문이므로 배수사가 as 앞에 오도록 as twice를 twice as로 고쳐야 한다. (as twice → twice as)

해석 | ① 여러분의 몸은 호기성 효소라고 일컬어지는 물질을 생성하여 도전에 반응한다.
② 영업사원은 회사의 안내 책자와 광고를 개선하는 데 있어 광고 부서를 돕는다.
③ 많은 작가들이 다른 모든 사람과 경쟁하고 있다는 생각에 무력해진다.
④ 사회적 유대감이 약한 사람들은 다른 사람들과 강한 유대감을 가진 이들보다 사는 동안 사망 가능성이 두 배 높았다.

04

정답 | ④ (to interpret → interpret)

해설 | **CODE 11-5** can't (help) but+RV(~할 수 밖에 없다= cannot help RVing) 구문을 묻는 문제이다. but 뒤에는 동사원형이 위치해야한다.
① **CODE 9-1** 자동사 react는 뒤에 전치사 to와 함께 쓰여야 목적어를 취할 수 있다.
② **CODE 1-1** 동명사가 주어인 경우엔 단수동사를 사용한다.
③ **CODE 19-7** 비교구문 병렬구조로 rather than 앞의 동사 form과 같은 형태의 동사원형 smile이 바르게 쓰였다.

해석 | 우리의 얼굴 표정은 우리가 스트레스에 어떻게 반응하는지에 영향을 미친다. 몇 분 동안 얼음물에 손을 담근 상태로 웃는 것은 스트레스를 줄여주고, 웃지 않을 때에 비해 고통스러운 사건으로부터 더 빨리 회복하게 해준다. 실제로 "방긋 웃으면서 참아라"라는 옛 격언에는 진짜로 뭔가 있다. 물론, 한 가지 함정은 있는데, 이 미소 기법은 여러분이 그것을 하고 있다는 것을 모를 경우, 즉 의도적으로 미소짓기보다 무의식적인 미소를 지을 경우에 가장 효과가 있다는 것이다. 후자의 경우에, 뇌는 (미소가 의도되지 않았다는 것을) 아는 듯 하며 신체적인 표현을 행복으로 해석하지 않는다. 그러나 미소를 꾸며내는 것조차 없는 것보다는 더 나은데, 우리의 신경 회로가 가짜인 것과 진짜인 것을 항상 명확히 구별하지는 않기 때문이다. 발라드가 암시하는 것처럼 "마음이 찢어지는 동안에 미소 짓고" 있어도, 어느 정도 여러분의 두뇌는 여러

분의 미소를 모든 것이 괜찮다는 신호로 해석할 수밖에 없다.

05
정답 | ④

해설 | emancipate는 '해방시키다'라는 뜻이기 때문에 정답은 ④ liberate '해방시키다'이다.

해석 | 노예들이 주인들에서 해방됨과 동시에 부분적인 시민이 되었으나, 국가는 해방된 노예의 아들들에게 완전한 시민권을 부여했다.
① 노예가 된
② 수감된, 감금된
③ 구금된, 수감된
④ 자유로운, 해방된

06
정답 | ②

해설 | prudent는 '신중한'이라는 뜻이기 때문에 정답은 ② cautious '신중한'이다.

해석 | 신중한 부모들은 삶의 모든 힘든 위기를 없애는 것이 자녀들에게 심각한 손상을 주고 성장하지 못하게 할 것임을 알고 있다.
① 눈이 먼, 맹인인
② 신중한
③ 분별없는, 무모한
④ 대담한

07
정답 | ②

해설 | 양보의 접속사 though가 주어져 있기 때문에 그 남자가 자신의 약혼녀를 너무나도 사랑했지만 그에 반하는 행동을 할 수 밖에 없었다는 내용이 나와야한다. 따라서, 정답은 ②번이 타당하다.

해석 | 비록 그가 자신이 약혼녀를 굉장히 사랑했지만 그 남자는 자신의 부모님의 바람에 따라 행동했고 그녀와 헤어졌다.
① 들여다보다, 조사하다
② 결별하다
③ 화해하다
④ 모습을 드러내다, ~으로 밝혀지다

08
정답 | ④

해설 | 지혈대를 사용하는 이유는 혈액을 흐름을 멈추도록 하기 위한 것이다. 따라서 ④번이 타당하다.

해석 | 의사들은 정맥의 혈류를 일시적으로 차단하기 위해 지혈대를 사용한다.
① 제자리에 두다
② 입다, 착용하다
③ 플러그를 꽂다
④ 차단하다

09
정답 | ②

해설 | 빈칸 아래에 제시된 A의 답변을 통해서 B의 질문을 추론할 수 있다. 기생충이라는 영화가 상영중이라는 A의 답변을 통해서 B가 어떤 영화를 상영중이냐고 질문했을 것이라고 추론할 수 있다.

해석 | A: 내일 뭐 할 거야?
B: 별것 없는데.
A: 영화 보거나 하자.
B: 요즘 뭐 하는데?
A: 기생충 상영하는 것 같아.
B: 그거 꽤 괜찮겠네. 그거 보자.
① 그것을 어디서 보고 있는데
② 요즘 뭐 하는데
③ 누가 모두 가는 거야
④ 참여하고 싶니

10
정답 | ②

해설 | 남은 음식을 포장해 갈 수 있는 박스가 필요하냐는 A의 질문에 B의 답변은 동문서답이다.

해석 | ① A: 여기서 일한 지 얼마나 됐나요?
B: 지난주부터요.
② A: 남은 음식을 박스에 가져가시겠어요?
B: 아니요. 저는 뒤처지고 싶지 않아요.
③ A: 아직 자러 가고 싶지 않아요.
B: 내일 아침 아주 일찍 일어나야 한다는 것을 기억하렴.
④ A: 수속해야 하는 수하물이 몇 개인가요?
B: 하나요. 이 가방은 가지고 탈 거예요.

05 회차 / 정답과 해설

| 상세한 해설은 공단기 김수환 8분컷 강의를 통해 확인하세요

정답표

| 01 | ④ | 02 | ④ | 03 | ③ | 04 | ② | 05 | ④ |
| 06 | ① | 07 | ① | 08 | ④ | 09 | ⑤ | 10 | ④ |

01

정답 | ④ (Linda could → could Linda)

해설 | **CODE 22-2** Only+부사(구/절)가 문두에 위치해있기 때문에, 주어와 동사가 의문문 어순으로 도치되어야한다.
① CODE 22-1 형용사 More important가 문두에 위치해 주어와 동사가 도치된 구문으로, 복수동사 are와 복수주어 security enhancement programs의 수일치가 올바르다.
② **CODE 7-2** **CODE 15-3** 'used to RV(~하곤 했다)'의 used to 뒤에 동사원형 ask가 바르게 쓰였다. ask 뒤에 직접목적어로 간접의문문이 왔다. 간접의문문의 어순은 '의문사+주어+동사'이다. 여기서 which는 의문형용사로 쓰였고 뒤의 명사(dish)와 함께 의문사 덩어리로 취급한다. 따라서 의문사(which dish), 주어(I), 동사(wanted)로 올바르게 쓰였고 which dish는 wanted의 목적어로 쓰였는데 어순으로 인해 앞으로 나간 구조이다.
③ **CODE 8-2** 가정법 과거(일부 교재에서는 가정법 미래라고 설명하지만 용어의 차이는 전혀 중요하지 않음)를 묻는 문제이다. 부사절에서 과거시제를 사용했기 때문에 주절에서 would/should/could/might+RV를 사용한다.

해석 | ① 더 중요한 것은 보안 강화 프로그램들이다.
② 엄마는 내가 저녁으로 어떤 요리를 먹고 싶은지 물어보곤 하셨다.
③ 네가 지금 당장 직업을 바꿔야 한다면, 어떤 걸 고를 것 같아?
④ 그때서야 Linda는 자신이 받고 있던 스트레스를 해소할 수 있었다.

02

정답 | ④ (consider → be considered)

해설 | **CODE 10-3** 부정사의 태를 묻는 문제이다. 의미상의 주어인 가구는 골동품으로 간주되는 대상이기 때문에 능동태가 아닌 수동태를 사용해야 한다.
① **CODE 1-1** 명사절 주어 Whether you win or lose 뒤에는 단수동사가 나온다.
② **CODE 3-6** 동사 suggested 뒤에 당위의 의미를 나타내는 종속절이 나오면 그 동사 자리에 '(should)+동사원형'이 와야 하므로, should가 생략된 동사원형 focus가 바르게 쓰였다.
③ **CODE 15-2** 동사 determines의 목적어인 명사절을 이끄는 접속사 if가 바르게 쓰였다.

03

정답 | ③

해설 | **CODE 15-1** 동사 reveal의 목적어로 간접의문문이 쓰였다. 간접의문문의 어순은 '의문사+주어+동사'이다. what은 의문형용사로 쓰여 뒤의 명사(features and benefits)와 한 덩어리이다. 따라서 의문사(what ~ benefits), 주어(they), 동사(are promoting)의 어순이 올바르며 'what ~ benefits'는 동사 are promoting의 목적어로 어순으로 인해 앞으로 나간 구조이다.
① **CODE 6-1** **CODE 10-1** everything 뒤에 we can이 everything을 수식하는 관계절이고, 이 뒤로는 따로 접속사가 나오지 않아 동사를 추가할 수 없다. 즉 contain은 준동사가 되어야 하고, 여기서는 목적의 의미(~하기 위해)가 맥락상 어울리므로 to부정사인 to contain으로 고쳐야 한다. (contain → to contain)
② **CODE 9-4** 하여금동사 allow의 목적격보어 자리에 to부정사가 와야 하므로 to having을 to have로 고쳐야 한다. (having → to have)
④ **CODE 19-4** 비교급 강조 부사 자리에는 very를 쓸 수 없으므로, very를 much, still, even, a lot, (by) far 중 하나로 고쳐야 한다. (very → much)

해석 | ① 우리는 품질을 타협하지 않고 비용을 줄일 수 있는 모든 것을 했다.
② 인센티브는 직원들이 얻으려 애쓸 수 있는 분명한 보상을 받게 할 수 있을 것이다.
③ TV 광고들은 회사가 제품에 관해 어떤 특징과 이점을 홍보하고 있는지를 보여준다.
④ 유기농 농장들의 농작물 수확량은 전통적인 농장보다 훨씬 더 낮다.

04

정답 | ② (confused → confusing)

해설 | **CODE 4-2** 감정동사의 태를 묻는 문제이다. 문장의 주어이자 의미상의 주어는 정확한 소속을 구분할 수 없는 행위이다.(To be unable to distinguish a brother-in-law as the brother of one's wife or the husband of one's sister) 이런 모호한 행위는 혼란을 유발시키는 주체이기 때문에 과거분사가 아닌 현재분사를 사용하는 것이 타당하다.
① **CODE 11-3** 동사 consider의 가목적어 it 뒤의 목적격보어 자리에 형용사 absurd가 바르게 쓰였다. 참고로 뒤의 to use는 진목적어이다.
③ **CODE 13-4** 선행사 a situation을 수식하며 관계부사처럼 뒤에 완전한 문장을 이끄는 '전치사+관계대명사' in which가 바르게 쓰였다.

④ **CODE 2-1** 주어와 동사의 수일치를 묻는 문제이다. 문장의 주어인 사람들(people)은 복수명사이기 때문에 복수동사를 적절하게 사용하고 있다.

해석 | 영어 사용자들은 가족 관계를 설명하는 데 가장 간단한 체계들 중 하나를 가지고 있다. 많은 아프리카 언어 사용자들은 "사촌" 같은 단어 하나를 이용해 남성과 여성 친척들을 모두 기술하거나, 기술되는 그 사람이 화자의 아버지나 어머니 중 어느 쪽과 혈연 관계인지를 구별하지 않는 것은 불합리하다고 생각할 것이다. 매부[처남, 아주버님, 시동생]를 아내의 동생인지 아니면 언니의 남편인지 구별할 수 없는 것은 많은 문화에 존재하는 개인의 관계 안에서는 혼란스러울 것 같다. 마찬가지로, '삼촌'이라는 단어 하나가 아버지의 형제와 어머니의 형제에 적용되는 상황을 이해하는 것이 어떻게 가능할까? 하와이 언어는 한 사람의 아버지와 그 아버지의 남자 형제를 일컬을 때 같은 용어를 쓴다. Jinghpaw어로 사고하는 버마 북부의 사람들은 그들의 친족을 기술하는 데 18가지 기본 용어를 가지고 있다. 그것들 중 어떤 것도 영어로 직역될 수 없다.

05

정답 | ④

해설 | outspoken은 '솔직한'이라는 의미이기 때문에 정답은 ④ frank '솔직한'이다.

해석 | 솔직한 Whistler는 유럽과 미국에서 미술계의 리더였다.
① 정직하지 못한, 일탈적인
② 신중한, 조심스러운
③ 내성적인
④ 솔직한

06

정답 | ①

해설 | arbitrary는 '임의적인, 제멋대로인'이라는 의미를 갖기 때문에 정답은 ① random '무작위의'이다.

해석 | 모양이 제멋대로인 고체 이외의 물질들을 위한 이름은 그러한 종류의 물질들에 적용하기 위해 선택된다.
① 무작위의
② 일관적인
③ 소심한
④ 명백한

07

정답 | ①

해설 | 법안이 혁명적인 변화를 가져왔다는 내용이 와야한다.

해석 | 새로운 법안이 현재 조세제도에서의 혁명적인 변화를 가져온 것은 분명하지만 여전히 개선해야할 점이 있다.
① ~을 유발하다, 야기하다
② ~에서 달아나다, 독립하다
③ 섭취하다
④ ~에게 달려들다

08

정답 | ④

해설 | 패션쇼의 목표중 하나가 신인 디자이너를 발굴하는 것이라고 했다. 따라서, 그와 연관된 또 다른 패션쇼의 목표는 신인들이 무언가를 할 수 있도록 도와주는 역할을 한다는 것을 추론할 수 있다. 따라서, 정답은 ④번이 타당하다.

해석 | 2016년에 시작된, 시에서 운영하는 그 패션쇼는 유망한 신인 디자이너를 발굴하고, 그들을 위한 새로운 시장 채널을 개척할 수 있는 발판을 마련하는 것을 목표로 한다.
① (불을) 불어서 끄다
② 중단하다
③ ~없이 지내다
④ 침입하다, 개척하다

09

정답 | ②

해설 | 빈칸 뒤에 제시된 A와 B의 말을 통해서 장난감을 빌려서 이용하는 것에 대해서 얘기하고 있음을 추론할 수 있다. 따라서, 정답은 ②번이 타당하다.

해석 | A: 여보, Jonathan이 자기 장난감에 질린 것 같아요. 새것이 좀 필요한 것 같아요.
B: 동감이에요. 애는 다섯 살인데, 장난감은 더 어린 아이들용이잖아요.
A: 장난감을 사는 대신 장난감 대여 서비스를 써보는 게 어때요?
B: 그건 어떻게 하는데요?
A: 소정의 월간 이용료를 지불하고 원하는 장난감을 가져오는 거예요. 그런 다음 나중에 그것들을 반납하고요.

B: 괜찮겠네요. 그렇게 하면, 많은 돈을 지불하지 않고 Jonathan 에게 다양한 새 장난감을 줄 수 있겠어요.
① 그 애에게 새 장난감을 주는
② 장난감 대여 서비스를 써보는
③ 그 애를 장난감 가게에 데려가는
④ 그의 장난감을 친구들과 공유하는

10

정답 | ②

해설 | 겨울에 수많은 사람들이 아사한다는 A의 말에 B의 말은 동문서답이다.

해석 | ① A: 그 사고 이후 당신의 인생이 달라졌나요?
B: 꽤 많이요. 결코 다시는 예전과 같지 않을 거예요.
② A: 겨울이 다가오면서, 수백만 명이 굶주림에 직면해 있어요.
B: 겨울에 사람들은 대개 주름살 제거 수술에 수백만 달러를 쓰죠.
③ A: 아드님이 시험에서 최고점을 받았다고 들었어요.
B: 네, 그 애가 식에서 연설을 할 거예요.
④ A: Steve가 뇌물을 받은 것으로 기소된다는 소문이 있어요.
B: 그가 그랬을 리 없어요. 그는 정직한 사람이에요.

06 회차 / 정답과 해설

정답표

| 01 | ④ | 02 | ② | 03 | ② | 04 | ② | 05 | ② |
| 06 | ③ | 07 | ③ | 08 | ③ | 09 | ④ | 10 | ③ |

01

정답 | ④ (such → so)

해설 | **CODE 23-7** so와 such의 구분을 묻는 문제이다. so는 부사로써 형용사나 부사를 수식하는 반면에 such는 명사를 수반한다. 따라서, such를 so로 고쳐야한다.
① **CODE 19-6** 최상급 least(little-less-least) 앞에 the가 바르게 쓰였다.
② **CODE 12-1** **CODE 19-4** 분사의 태와 비교급 강조를 묻는 문제이다. 의미상의 주어인 자동차는 사용되는 대상이기 때문에 과거분사로 적절하게 사용되고 있다. 비교급은 much, still, even, far, a lot으로 강조할 수 있다.
③ **CODE 16-1** 문장의 주어로서 동사 must be 앞에 주어가 없는 명사절을 이끄는 복합관계대명사 Whoever(=Anyone who)가 바르게 쓰였다.

해석 | ① Daniel은 모든 학생들 중에 가장 덜 부지런하다.
② Naomi는 중고차가 새 차보다 훨씬 더 쌌기 때문에 그것을 샀다.
③ 누가 그 아이디어를 생각해냈든 천재임에 틀림없다.
④ 그 의자는 너무 오래돼서 누군가 그 위에 앉으면 부서질지도 모른다.

02

정답 | ② (which → that)

해설 | **CODE 14-3** 추상명사 claim 뒤의 절이 주어(her rights), 동사(were violated)로 완전하므로 관계대명사 which 대신 동격 접속사 that을 써야 한다.
① **CODE 3-6** 동사 insist가 '~했다고 주장하다'라는 의미로 쓰인 것이므로, that절의 과거시제 동사 saw가 바르게 쓰였다.
③ **CODE 2-1** **CODE 5-1** 단수주어 Astronomy 뒤의 단수동사 has의 수일치가 올바르다. 수동태로 쓸 수 없는 절대자동사 exist도 능동태로 바르게 쓰였다. 주어와 동사 사이의 명사구 'the study ~'는 주어와 동격을 이룬다.
④ **CODE 15-2** 전치사 about의 목적어로 뒤에 불확실한 내용의 명사절을 이끄는 명사절 접속사 whether가 바르게 쓰였다.

03

정답 | ②

해설 | **CODE 2-3** 선행사와의 수일치를 묻는 문제이다. 선행사가 단수명사(concept)이기 때문에 단수동사를 적절하게 사용하고 있다.
① **CODE 2-1** 수일치를 묻는 문제이다. 문장의 주어가 단수명사이기 때문에 단수동사를 사용해야한다. (are → is)
③ **CODE 9-3** 타동사 contact는 전치사없이 목적어를 바로 취한다. 따라서 contact 뒤에 있는 전치사 to를 삭제해야한다. (contact to us → contact us)
④ **CODE 19-1** be동사 are의 보어인 형용사가 원급 비교 구문으로 쓰인 것이므로, as와 as 사이의 distinctively를 distinctive로 고쳐야 한다. (distinctively → distinctive)

해석 | ① 실내 공기를 깨끗하게 하는 좋은 방법은 실내 화분 식물을 기르는 것이다.
② 미(美)는 사회와 시대 사이에서 달라지는 개념이다.
③ 저희는 정보를 가진 누구든지 우리에게 연락을 취하도록 촉구했다.
④ 엑스트라 버진 올리브 오일은 지역 와인들만큼 독특하다.

04

정답 | ② (be resulted → result)

해설 | **CODE 5-1** 절대자동사 result는 수동태가 불가한 동사이다.
① **CODE 20-1** 복수명사 conflicting views를 받는 복수 대명사 them이 바르게 쓰였다.
③ **CODE 9-4** 준사역동사 help의 목적격보어 자리에 동사원형 reach가 바르게 쓰였다.
④ **CODE 15-1** 명사절을 이끄는 접속사 that의 용법을 묻는 문제이다. 선행하는 명사가 없고 뒤에 완전한 절이 이어지기 때문에 문법적으로 올바른 문장이다.

해석 | 상충되는 견해는 아주 흔하기 때문에, 여러분과 여러분의 친구들은 결코 그것들을 해결하지 못할 수 있다. 다른 입장이 옳고 여러분이 틀릴 수도 있고, 아니면 여러분이 옳고 그들이 틀릴 수도 있다. 도덕적 추론의 목적은 일상적 행동을 지도하고 사회 제도를 규제하기 위한 도덕적 진리를 추구하려는 것이기 때문에, 도덕적 사안들에 관한 논의는 논쟁을 야기할 수 있다. 그렇게 논쟁하는 것이 일부 사람들이 믿듯이 반드시 나쁜 것은 아니다. 도덕적인 논쟁은 체계적인 추론 과정을 통해 여러분이 합의에 이르도록 도와줄 수 있다. 논쟁은 그것이 비합리적이거나 관여된 사람들이 불합리한 경우에는 그렇게 좋지 않다. 동시에, 그러한 불합리함은 도덕적인 진리를 발견하는 데 진전을 이루고자 사용된다면 도움이 될 수도 있다. 논쟁이 반드시 싸움이나 심지어 격렬한 의견 충돌을 뜻하는 것은 아니다. 오히려, 논쟁의 요점은 일부 믿음이

다른 믿음의 진거에 근거할 때 사실임을 보여주고자 시도하는 것이다.

05

정답 | ②

해설 | dominate는 '지배하다'라는 의미이기 때문에, 정답은 ② rule '지배하다'이다.

해석 | 18세기와 19세기에 유럽과 특히 영국이 문화적으로, 정치적으로, 그리고 경제적으로 세계를 지배했다는 것에 이의를 제기하는 사람들은 거의 없을 것이다.
① 제출했다, 굴복했다
② 지배했다, 다스렸다
③ 따랐다, 복종했다
④ 무시했다, 방치했다

06

정답 | ③

해설 | intermittent는 '간헐적인'이라는 의미이기 때문에, 정답은 ③ sporadic '이따금 일어나는'이다.

해석 | 마을 도처에 간헐적으로 크게 울리는 폭발 소리를 제외하면, 사실 제주도 서귀포시는 매우 조용한 곳이다.
① 생각나게 하는, 연상시키는
② 인접한, 가까운
③ 산발적인, 이따금 발생하는
④ 난공불락의

07

정답 | ③

해설 | 비교급을 이용하여 역추론하면 쉽게 풀수 있다. than 뒤에서 '향상시키는 것보다는(improve)'이라는 말이 있기 때문에 빈칸에 들어갈 말은 해가 된다는 어조가 들어가야 한다.

해설 | 수학 시험을 통한 새로운 연구에서 시험에 대한 강한 부담감이 학생들의 수행력에 도움이 되기 보다는 우등생들의 수행능력을 더 크게 저해시킨다고 심리학자들은 보고하고 있다.
① 돕다
② 드러내다
③ 저해시키다
④ 통제하다

08

정답 | ③

해설 | 면접에 대한 긴장으로 나타날 수 있는 결과를 고르는 것이다. 문맥상 적절한 것은 ③번 밖에 없다.

해석 | Paul은 일자리 면접에 너무 긴장해서 면접을 보러 가기 직전에 구토했다.
① 폭발했다
② 헤어졌다, 부서졌다
③ 토했다
④ 다시 공부했다, 복습했다

09

정답 | ④

해설 | A와 B는 채점 방식에 서로 다른 의견을 가지고 있다. A는 선다형 문제를 선호하는 반면, B는 선다형 문제가 아닌 논술방식을 선호하기 때문에 빈칸에 들어가는 것은 B의 그런 의견을 반영하는 말이 와야한다.

해석 | A: Baker 선생님, 뭐하고 계세요?
B: 시험지 채점하고 있어요. 저희 학생들만의 생각이 담긴 답을 읽는 것이 정말 즐거워요.
A: 아, 논술 시험이군요. 채점하는 데 시간이 많이 걸리겠네요. 점수 매기는 것이 빠르고 쉬워서 저는 선다형 시험이 더 좋더라고요.
B: 학생들의 수가 많으면 그런 시험들이 더 효율적이죠.
A: 객관적으로 채점되고요.
B: 맞아요. 그 이점은 알고 있지만, 그래도 저는 선다형 시험은 피하려고 노력해요.
A: 왜요?
B: 그런 시험에서는 학생들이 그냥 잘 찍을 수도 있기 때문에, 정말로 답을 아는지를 증명할 수 없잖아요.
① 그것들을 모두 채점하기에 너무 빠르고 쉬워요
② 주관식 시험을 설계하는 것은 너무 많은 노력이 들어요
③ 시험에서의 실패는 많은 학생들에게 자신감의 상실을 초래해요
④ 저는 선다형 시험은 피하려고 노력해요

10

정답 | ③

해설 | 빈칸 바로 다음에 제시된 A의 말(7시에 태우러 가겠다)을 통해서 B의 부탁의 내용을 추론할 수 있다.

해석 | A: Jack이 내일 파티를 열 거예요.
B: 알아요. 저도 초대받았어요.
A: 파티에 오겠네요, 그렇죠?
B: 네, 그런데 당신이 절 태워줄 수 있을지 궁금했어요.
A: 물론 태워줄 수 있죠. 7시에 당신 집으로 갈게요.
B: 당신은 정말 친절해요.
① 요점을 말하다
② 냉대하다, 냉담하게 굴다
③ 나를 태워주다 (=give me a ride)
④ 나에게 허가해 주다

07 회차 / 정답과 해설

정답표

01	②	02	③	03	①	04	③	05	②
06	②	07	②	08	③	09	③	10	④

01

정답 | ② (speaking → spoken)

해설 | 분사의 태를 묻는 문제이다. 의미상의 주어인 언어는 말해지는 대상이기 때문에 현재분사가 아닌 과거분사를 사용해야 한다.
① **CODE 2-4** 'every+단수N+단수V' 구문의 every sentence contains가 바르게 쓰였다.
③ **CODE 20-4** 앞의 복수명사 brains를 받는 복수 대명사 those가 적절하게 사용되고 있다.
④ **CODE 2-2** A of B 구조에서 A에 수량표현 most가 있는 경우 동사의 수는 B에 일치시키므로, 복수명사 the people 뒤에 복수동사 were의 수일치가 올바르다. 'that ~ with'는 선행사 people 을 수식하는 관계절이고 that은 목적격 관계사로 쓰였으며 생략 가능하다.

해석 | ① 거의 모든 문장은 적어도 하나의 명사구를 포함하고 있다.
② 지구상에는 6,000개가 넘는 언어가 사용되고 있다.
③ 어류의 뇌는 인간의 뇌와 아주 유사하다.
④ 그녀가 어울렸던 대부분의 사람들은 독일 출신이었다.

02

정답 | ③ (Why did Chris quit → Why Chris quit)

해설 | **CODE 15-3** 의문사절이 명사절을 이끄는 경우를 간접의문문이라고 부른다. 이때 의문사+주어+동사의 어순을 반드시 지켜주는 것이 중요하다. 따라서, did는 불필요하다.
① **CODE 20-3** 명사구 The dogs wagging their tails의 일부인 dogs를 대신하는 ones가 적절하게 사용되고 있다.
② **CODE 3-6** 주절의 동사인 order는 '~해야 한다'고 '명령하다'의 의미이기 때문에, 종속절에는 당위성을 나타내는 조동사 should를 사용해야 하는 것이 원칙이나 생략도 가능하다.
④ **CODE 11-2** 가주어 it과 진주어인 to부정사 to admit가 모두 바르게 쓰였다.

03

정답 | ①

해설 | **CODE 18-4** late는 형용사와 부사로 모두 사용될 수 있다. 이 문장에서는 late가 동사 work를 수식하는 것으로 보아 '늦게'라는 의미를 갖는 부사로 적절하게 사용되고 있음을 알 수 있다.
② **CODE 11-4** too~to 용법을 묻는 문제이다. 부정사구 to travel alone이 있는 것으로 보아 so를 too로 고쳐야 한다. (so → too)
③ **CODE 22-1** 분사가 문두에 위치해 주어와 동사가 도치된 구문으로, 복수주어 'millions of tons of ~' 뒤로 복수동사가 필요하므로 단수동사 is를 복수동사 are로 고쳐야 한다. (is → are)
④ **CODE 18-1** 형용사와 부사의 구분을 묻는 문제이다. clear 가 동사 hear를 수식하려면 형용사가 아닌 부사로 고쳐야 한다. (clear → clearly)

해석 | ① 오늘 밤 당신이 프로젝트 끝마치는 것을 돕기 위해 늦게까지 기꺼이 일하겠습니다.
② 그 도시의 어떤 지역은 혼자 여행하기에 너무 위험하다.
③ 수백만 톤의 종이, 유리, 플라스틱이 이 대규모 쓰레기 투기에 포함된다.
④ 광고에는 아파트가 조용하다고 했지만, 나는 이웃의 소리를 아주 분명히 듣는다.

04

정답 | ③ (influenced → was influenced)

해설 | CODE 4-1 동사의 태를 묻는 문제이다. 문장의 주어인 당신의 결정이 중요한 요인들에 의해서 영향을 받는 대상이기 때문에 능동태가 아닌 수동태로 고치는 것이 타당하다.
① **CODE 19-7** '비교급+than' 구문에서 앞의 일반동사 influence 를 받는 대동사 do가 바르게 쓰였다.
② **CODE 17-1** 병렬구조를 묻는 문제이다. participated~, took~, helped~ and encouraged~는 모두 병렬된다.
④ **CODE 15-1** 동사 figure out의 목적어로서 뒤에 주어가 없는 불완전한 문장을 이끄는 명사절 접속사 what이 바르게 쓰였다.

해석 | 우리가 어릴 때, 우리의 가족은 외부인보다 우리에게 더 많은 영향을 미친다. 예를 들어, 여러분의 부모님이 스포츠에 참여하고, 여러분을 스포츠 대회에 데려가고, 여러분이 기본적인 스포츠 기술을 배우도록 돕고, 여러분이 참여하도록 격려했다면, 여러분은 스포츠를 시도해 봤을 가능성이 꽤 높다. 그렇지 않으면, 조부모님, 이모들, 삼촌들 또는 손위의 형제자매들 같은 다른 가족 구성원들에 의해 스포츠에 참여하도록 격려받았을 수도 있다. 어떤 경우든 스포츠를 해봤다면, 그것을 계속할지에 관한 여러분의 결정은 감독과 다른 선수들에 의해 조성된 환경에 편안함을 느꼈는지를 비롯하여 중요한 요인들에 영향을 받았다. 실제로 코치들, 교사들, 캠프 상담사들, 그리고 더 나이 많은 아이들이 우리가 삶에서 무엇이 중요한지 알아내려고 할 때 우리에게 강력하게 영향을 미칠 수 있다. 게다가, 스포츠에 대한 여러분의 태도는 경쟁에서의 본인의 성공이나 실패에 의해 형성되었을 수도 있다.

05

정답 | ②

해설 | commemorate는 '기념하다'라는 뜻이기 때문에 정답은 ② celebrate '축하하다, 경축하다'이다.

해석 | 한 이탈리아 항공 우주 회사인 Finmeccanica SpA는 기념일을 기념하기 위해 바티칸 정원 내에 갈릴레이의 망원경 상을 세우는 걸 제안했다.
① 비준하다, 승인하다
② 축하하다, 경축하다
③ 폐지하다
④ 박해하다

06

정답 | ②

해설 | proliferate는 '증식하다, 급증하다'라는 뜻이기 때문에 정답은 ② 번 multiply '급증하다'이다.

해석 | 곰팡이는 보통 비가 오고 습한 조건에서 증식한다.
① 내려다보이다, 감독하다
② 증식하다
③ 억압하다
④ 파내다, 발굴하다

07

정답 | ②

해설 | show up은 어느 자리에 나타나다라는 의미이기 때문에 정답은 ②번 didn't come이다.

해석 | 우리가 파티에 초대한 사람들 중에서 3명은 오지 않았다.
① 옷을 형편없이 입다
② 오지 않았다
③ 걸어서 왔다
④ 자랑하지 않았다

08

정답 | ③

해설 | 문맥상 우울증을 겪었다는 내용이 나와야 한다.

해석 | Melissa는 성인기의 대부분 동안 우울증을 겪었다.
① 해고했다
② 발사했다
③ (주로 병을) 겪었다, 시달렸다
④ 사임했다

09

정답 | ③

해설 | 빈칸 바로 뒤에 있는 "It's been a long day(긴 하루였다)."라는 말을 통해서 A가 피곤한 상태임을 알 수 있다. 따라서, 빈칸에는 쉬거나 자러가야겠다는 말이 나와야한다.

해석 | A: 몇 시야?
B: 거의 자정이야.
A: 아, 난 자러 가야 할 것 같아. 힘든 하루였어.
B: 왜 이래! 우리 이제 막 게임 시작했잖아.
A: 알아, 하지만 너무 피곤해.
B: 알겠어, Alex한테 하자고 할게.
① 솔직하게 말할 거야
② 난 아주 행복해
③ 난 자러 갈 거야
④ 난 (부모와 아주 닮은) 판박이야

10

정답 | ④

해설 | 빈칸 위에 있는 A의 말을 통해서 A가 엠마왓슨을 직접 봤다는 말을 하고 있음을 알 수 있다.

해석 | A: 있잖아! 나 방금 엠마 왓슨을 봤어! 놀랄 만큼 예뻤어.
B: 우와. 내가 열혈 팬인 거 알잖아. 직접 보니 달라 보이니?
A: 실제로 훨씬 더 어려 보여.
B: 사인은 받았어?
A: 바로 여기, 내 티셔츠에.
B: 오, 너무 부럽다.
① 그녀는 여배우니
② 그녀 사인을 볼 수 있을까
③ 그 영화 어땠니
④ 직접 보니 달라 보이니

08 회차 정답과 해설

01	②	02	③	03	①	04	③	05	②
06	②	07	②	08	③	09	⑤	10	④

01

정답 | ② (is belonged → belongs)

해설 | **CODE 5-1** **CODE 9-1** belong은 자동사이기 때문에 수동태가 불가한 동사이다. 추가적으로, belong은 동작이 아니라 상태를 나타내는 동사이기 때문에 진행시제 또한 불가하다는 점도 반드시 정리해두자.
CODE 18-2 동사 remained의 주격보어 자리에 형용사가 와야 하므로, 부사 silently를 형용사 silent로 고쳐야 한다.
① **CODE 6-1** 하나의 주어 A ship과 동사 came으로 이루어진 문장이 바르게 쓰였다. 'full of ~(~로 가득한)'이 주어를 꾸민다.
③ **CODE 12-1** **CODE 18-1** 분사의 태와 2형식 동사의 용법에 관한 문제이다. 의미상의 주어인 그 소녀들이 놀란 감정을 느꼈기 때문에 과거분사가 적절하게 사용되고 있으며, remain이 2형식 동사로 사용되고 있기 때문에 주격보어 자리에 부사가 아닌 형용사가 적절하게 사용되고 있다.
④ **CODE 9-3** discuss는 타동사이기 때문에 전치사 없이 목적어를 바로 취한다.

해석 | ① 컨테이너로 가득한 배 한 척이 항구로 들어왔다.
② 사물함 사이에 있는 도시락은 Ryan의 것이다.
③ 안내 방송에 놀란 소녀들은 조용히 있었다.
④ 사라와 올란도는 주말 계획에 대해 논의했다.

02

정답 | ③ (Careful → Carefully)

해설 | **CODE 18-1** 형용사와 부사의 구분을 묻는 문제이다. 동명사를 수식하는 것은 형용사가 아니라 부사이다. 따라서, 형용사 careful을 부사 carefully로 고쳐야한다.
① **CODE 18-2** 2형식 동사 seem은 주격보어를 취한다. 주격보어 자리에는 형용사가 위치한다.
② **CODE 23-7** so~that 구문을 묻는 문제이다. 부사인 so는 형용사 small을 적절하게 수식하고 있으며, 5형식 동사인 consider는 수동태가 되어도 뒤에 명사가 남는 것이 문법적으로 올바르다.
④ **CODE 13-3** 선행사 The machine을 수식하는 목적격 관계대명사 that이 동사 bought의 목적어 역할을 있는 관계대명사 목적격 문장이다.

03

정답 | ①

해설 | **CODE 12-3** 독립분사구문을 묻는 문제이다. 부사절의 주어와 주절의 주어가 다른 경우엔 독립분사구문을 사용한다. 부사절의 주어와 주절의 주어가 다른 ①번 문장의 부사절 'If there is no further questions'를 축약하면 'there being no further questions'가 된다.
② **CODE 2-1** 단수주어 The fact 뒤에 단수동사가 나와야 하므로, 복수동사 mean을 단수동사 means로 고쳐야 한다. 참고로 'that~wet'까지는 동격절로 fact를 수식하고 있다.(mean → means)
③ **CODE 10-3** 동명사의 시제를 묻는 문제이다. when she was young라는 과거시간부사구가 제시되어 있기 때문에 winning이 아닌 having won을 사용하여 명백한 과거임을 표시해야한다. (winning → having won)
④ **CODE 13-5** 동사가 2개가 있기 때문에 접속사가 필요한 상황이다. 따라서, them을 관계대명사(선행사를 포함하고 있음) which로 바꾸는 것이 타당하다. (them → which)

해석 | ① 더 이상의 질문이 없으면, 우리는 이 회의를 휴회할 것입니다.
② 땅이 젖어 있다는 사실은 개들에게 아무런 의미가 없다.
③ 테리는 그녀가 어렸을 때 토론 대회에서 우승한 것에 대해 아주 자랑스러워한다.
④ NASA는 약 18개 인공위성을 소유하고 있으며, 그 모든 위성이 지구의 엄청난 데이터를 끊임없이 내보낸다.

04

정답 | ③ (which → that)

해설 | **CODE 14-2** 'so ~ that …(너무 ~해서 …하다)' 구문이므로 which를 that으로 고쳐야 한다. 이때 that은 결과의 부사절을 이끄는 접속사로 뒤에 완전한 문장을 수반한다는 사실을 기억해 둔다.
① **CODE 15-1** 명사절을 이끄는 접속사 that을 묻는 문제이다. 선행사가 없고 완전한 문장이 이어지는 것으로 보아 적절하게 사용되고 있다.
② **CODE 11-1** quit는 동명사를 목적어로 취하는 동사이므로 being이 바르게 쓰였다.
④ **CODE 2-1** 단수주어 The question 뒤에 단수동사 was의 수일치가 올바르다. 명사(The question) 명사(these people) 동사(struggled with)의 구조로 명사와 명사 사이에 목적격 관계대명사 that 또는 which가 생략된 형태로 쓰였다.

해석 | 역할의 매우 흥미로운 특징은 우리가 스스로 맡은 역할이 되어가는 경향이 있다는 것이다. 즉, 역할은 특히 우리가 오래 열심히 준

비하고 우리 일상생활의 일부가 되어 가는 역할인 자아 개념에 통합된다. Helen Ebaugh는 수녀가 되는 것을 그만두고 사회학자가 되었을 때 이를 직접 경험했다. 역할 탈퇴(하나의 사회적 역할을 종료하는 것)에 대한 인식이 높아진 그녀는 결혼 생활, 경찰 업무, 군대, 의술, 그리고 종교적 소명을 떠난 사람들을 인터뷰했다. 그녀가 경험했던 것처럼, 역할은 개인의 자아 개념과 너무 광범위하게 뒤얽혀서 그 역할을 떠나는 것이 개인의 정체성을 위협하는 상태가 되게 한다. 이런 사람들이 고심했던 질문은 "이제 나는 수녀(또는 아내, 경찰관, 대령, 의사 등등)가 아닌데, 대체 나는 누구인가?"라는 것이었다.

05

정답 | ④

해설 | simultaneous는 '동시에 일어나는'이라는 뜻이기에, 정답은 ④번 synchronous '동시에 일어나는'이다.

해석 | 동시에 여러 군데의 도로 공사 때문에 주요 교통 체증이 일어났다.
① 끊임없는
② 명목상의, 이름뿐인
③ 차후의, 그 다음의
④ 동시에 일어나는

06

정답 | ②

해설 | peer는 명사로는 '또래, 동료'이고 동사로는 '유심히 보다'라는 의미이다. 이 문장에서 peer는 명사로 사용되고 있기 때문에 정답은 ②번 colleage '또래, 동료'이다.

해석 | 십대들은 그들의 부모님보다는 또래들과 시간을 보내고 싶어한다.
① 상급자
② 동료
③ 하급자
④ 부하(직원)

07

정답 | ③

해설 | put up with는 '인내하다'라는 뜻이기 때문에, 정답은 ③번 endure '인내하다'이다.

해석 | 당신은 그의 무례함을 참아야한다.
① 무시하다
② 용서하다
③ 견디다, 인내하다
④ 연기하다

08

정답 | ②

해설 | 문맥상 빈칸에는 '실행에 옮기다'라는 말이 들어가야 한다.

해석 | 사람들은 일을 그만두는 걸 항상 '생각'만 한다. 하지만 실제로 행동으로 옮기는 사람은 얼마 안 된다.
① ~을 경시하다
② ~을 해내다, 행동으로 옮기다
③ 결국 ~이 되다, ~에 이르다
④ ~에게 복수하다, ~을 되찾다

09

정답 | ①

해설 | 빈칸 앞에서 A가 놀라는 듯한 말을 했기 때문에 빈칸에는 싸다라는 말이 들어가야 한다.

해석 | A: 그 책꽂이가 어디서 샀어요? 좋네요.
B: 지난주에 (차고에서 하는) 중고품 세일에서 샀어요.
A: 얼마 줬는데요?
B: 단돈 50달러요.
A: 정말이요? 공짜나 다름없네요!
B: 그쵸.
A: 중고품 세일 가면 늘 잘 건지네요.
B: 그러니까요. 제가 요령을 터득한 것 같아요.
① 공짜나 다름없네요 (=That's a bargain.)
② 너무 비싸네요
③ 당신 바가지 썼네요
④ 완전히 망가졌네요

10

정답 | ②

해설 | 빈칸 뒤에서 A가 마감일을 답하고 있기 때문에 B의 질문이 마감일을 묻는 것임을 추측할 수 있다.

해석 | A: 실례합니다. 안녕하세요, Lee 교수님. 교수님 도움이 필요한 것 같아서요.
B: 그래요. 뭘 도와줄까요?
A: 저에게 추천서를 좀 써 주시겠어요?
B: 어떤 종류의 추천서가 필요하죠?
A: 해외 유학생 장학금을 신청하려고 하는데, 지도교수님으로부터의 추천서를 요구해서요.
B: 그래요. <u>마감일이 언제죠?</u>
A: 오늘부터 2주 뒤요.
B: 알겠어요. 다음 주 수요일까지 내 비서에게 맡겨놓을게요.
① 혼자 가나요
② 마감일이 언제죠
③ 어떤 특별한 계획이 있나요
④ 어디 사나요

09 회차 / 정답과 해설

상세한 해설은 공단기 김수환 8분컷 강의를 통해 확인하세요.

정답표

| 01 | ③ | 02 | ③ | 03 | ④ | 04 | ④ | 05 | ① |
| 06 | ④ | 07 | ② | 08 | ④ | 09 | ③ | 10 | ② |

01

정답 | ③ (are resembling with → resemble)

해설 | **CODE 3-7** **CODE 9-3** resemble은 동작이 아닌 상태를 말하는 동사이기 때문에 진행시제가 불가한 동사이며, resemble은 타동사이기 때문에 목적어를 취할 때 전치사 with가 불필요하다.
① **CODE 12-1** 의미상의 주어인 Earth가 see의 행위자가 아닌 대상이기 때문에 과거분사 seen이 적절하게 사용되고 있다.
② **CODE 12-1** located 뒤의 목적어가 없고 의미상 주어인 tiny units of heredity가 '위치하게 만들어진' 대상이므로 과거분사 located가 바르게 쓰였다. locate(~을 위치시키다)는 본래 타동사임을 기억해 둔다.
④ **CODE 2-1** 단수주어 The woman 뒤에 단수동사 is의 수일치가 올바르다. 주어와 동사 사이의 'sitting ~'은 주어를 꾸미는 현재분사구이다.

해석 | ① 지구는 우주에서 보면 창백한 푸른 점이다.
② 유전자는 모든 생명체의 안에 있는 작은 유전 형질의 단위이다.
③ Jake와 그의 아버지는 서로 닮았다.
④ 저쪽 소파에 앉아 있는 여자는 William의 이모이다.

02

정답 | ③ (which → for which 혹은 looking → looking for)

해설 | **CODE 13-4** look은 본래 자동사이고, for를 추가해 look for가 되어야만 '~을 찾다'라는 의미를 나타낸다. 따라서 여기서도 looking 뒤에 for를 추가하거나, 혹은 이 전치사가 관계대명사 앞으로 이동한 '전치사+관계대명사' 형태가 되도록 which 앞에 for를 추가해 주어야 한다.
① **CODE 2-3** **CODE 23-8** the scientists를 꾸미는 who절이 바르게 쓰였다. 참고로 'one of the+복수명사' 뒤에 관계절이 이어지면 원칙적으로 one이 아닌 복수명사가 선행사이다. 따라서 여기서도 who 뒤에 복수동사인 are engaged가 적절히 연결되었다.
② **CODE 16-2** 동사 Take의 목적어 역할을 하면서 뒤에 '명사+불완전한 문장'을 수반하는 복합관계형용사 whatever가 바르게 쓰였다. 여기서 'whatever action is necessary'는 'any action that is necessary'의 의미이다.
④ **CODE 14-2** 콤마 뒤에 앞 문장 내용을 선행사로 받는 계속적 용법의 which가 바르게 연결되었다.

03

정답 | ④

해설 | **CODE 9-5** 하여금 동사인 urge는 목적보어자리에 부정사가 위치한다.
① **CODE 4-1** 동사의 태를 묻는 문제이다. 문장의 주어인 개는 수의사에게 데려가지는 대상이기 때문에 took를 was taken으로 고쳐야한다. (took → was taken)
② **CODE 12-1** 분사의 태를 묻는 문제이다. 의미상의 주어인 세탁기는 만들어지는 대상이기 때문에 현재분사 making을 과거분사 made로 고쳐야한다. (making → made)
③ **CODE 3-2** 동사의 시제를 묻는 문제이다. 명백한 과거시간부사구인 five years ago가 주어져있기 때문에 현재완료가 아닌 과거시제를 사용해야한다. (has started → started)

해석 | ① 그는 수의사에게 데려가기 전에 여러 날 동안 아팠다.
② 이것은 값싼 플라스틱 통들로 만들어진 세탁기이다.
③ Thomas는 얼마간의 돈을 저축하여 5년 전에 자기 자신의 사업을 시작했다.
④ 그는 그 책을 다시 인쇄하라고 나에게 촉구했다.

04

정답 | ④ (grow → to grow or growing)

해설 | **CODE 5-2** 지각동사 see가 수동태로 쓰인 'be seen+to RV/RVing' 문형이다. be seen의 보어 자리에 to부정사나 현재분사가 나와야 하므로, grow를 to grow나 growing으로 고쳐야 한다. 능동태일 때와 달리 원형부정사(쓰면 동사가 두 개가 되므로)를 쓰지 못한다는 점에 주의한다.
① **CODE 9-3** reachs는 타동사이기 때문에 전치사 없이 목적어를 바로 취한다.
② **CODE 7-3** 일반동사 penetrate를 강조하는 조동사로 단수주어 light에 수일치되는 does가 바르게 쓰였다.
③ **CODE 20-1** 앞의 단수 명사 the dead tree를 받는 단수 대명사 it이 바르게 쓰였다.

해석 | 로키 산맥의 숲 같은 침엽수림의 바닥에는 햇빛이 거의 닿지 않는다. 지붕처럼 밀집한 나뭇가지 사이를 뚫고 들어가는 빛은 종종 더 낮은 층의 양치식물들에 의해 차단된다. 그러면 어린 나무들은 자라는 데 필요한 빛을 어떻게 얻을까? 그 씨앗들은 쓰러진 이웃들에게 도움을 받는다. 아마도 폭풍 후에 거대한 침엽수 중 하나가 쓰러지면, 누운 몸통의 꼭대기가 양치식물들의 높이보다 높아서, 그 위로 떨어지는 씨앗들은 자라날 수 있고 필요한 빛을 받을 가능성이 충분히 있다. 사실상, 그 죽은 나무가 어린 묘목들을 부양하고 키워줘서, 사람들은 그것을 양육 통나무라고 부른다. 때때로, 같은 연령의 나무들이 쓰러진 양육 통나무에 일직선으로 자라는 모습이 보일 수도 있다.

09 회차

05
정답 | ①

해설 | arrogant는 '오만한'이라는 의미이기 때문에, 정답은 ①번 haughty '오만한, 거만한'이다.

해석 | 허풍이 심하고 오만한 사람이 되기보다는 현명하고 경험이 많은 사람이 되도록 노력하는 것이 중요하다.
① 거만한, 오만한
② 극빈한, 궁핍한
③ 소박한, 순진한
④ 급진적인

06
정답 | ④

해설 | tremendous는 '엄청난, 폭넓은'이라는 의미를 갖기 때문에, 정답은 ④번 enormous '엄청난'이다.

해석 | 노인들은 대단히 폭넓은 경험을 가지고 있다.
① 돈을 함부로 쓰는, 사치스러운
② 무죄의, 순결한
③ 무차별적인
④ 엄청난

07
정답 | ②

해설 | figure out은 '이해하다(=make sense of)'라는 의미를 갖기 때문에, 정답은 ② understand '이해하다'이다.

해석 | 난 그가 의미한 것을 이해할 수가 없다.
① 믿다
② 이해하다
③ 설명하다
④ 용납하다, 참다

08
정답 | ③

해설 | 집으로 돌아오는 시점은 돈이 다 떨어졌을때임을 추론할 수 있다.

해석 | Tom은 돈이 다 떨어졌을 때 남아프리카에서 집으로 돌아왔다.
① 항복했다, 굴복했다 (=caved in)
② 복습했다
③ 다 떨어졌다
④ 작성했다, 이해했다

09
정답 | ③

해설 | 빈칸 아래 부분에서 B가 신발 디자인은 마음에 들지만 너무 꽉 낀다는 말을 하는 것으로 보아, 사이즈 교환을 원하는 것임을 추론할 수 있다.

해석 | A: 도와드릴까요?
B: 이 신발을 더 큰 사이즈로 교환해 주시겠어요?
A: 같은 디자인을 원하시나요?
B: 네, 디자인이 마음에 들어요. 그냥 제 발에 너무 꽉 껴서요.
A: 죄송합니다. 같은 디자인에서 한 치수 큰 게 없네요.
B: 그럼 환불받는 것이 가능한가요?
A: 네, 물론이죠. 영수증 있으신가요?
B: 여기 있어요.
① 그것을 포장해 주시겠어요
② 뭐 다른 것 사고 싶은 것이 있나요
③ 이 신발을 더 큰 사이즈로 교환해 주시겠어요
④ 할인받는 게 가능할 것 같은가요

10
정답 | ②

해설 | down-to-earth는 이상적이지 않고 '현실적인'이라는 뜻이다. 따라서, 문맥상 적합하지 않다.

해석 | ① A: 오, 안 돼! 우리 첫 번째 신호에서 우회전했어야 해요.
B: 우리가 얘기하는 동안 그것을 지나쳤나 봐요.
② A: 오늘 좀 기운이 없어 보이네요.
B: 저는 현실적이에요.
③ A: 여보세요, Kim 씨와 통화할 수 있을까요?
B: 전데요.
④ A: 저기요. 화장실이 어디인가요?
B: 저도 여기 처음이에요. (= I'm new here, too.)

10회차 / 정답과 해설

상세한 해설은 공단기 김수환 8분컷 강의를 통해 확인하세요.

정답표

| 01 | ① | 02 | ④ | 03 | ② | 04 | ④ | 05 | ② |
| 06 | ④ | 07 | ② | 08 | ① | 09 | ④ | 10 | ④ |

01

정답 | ① (must have → must have had)

해설 | **CODE 7-1** 과거 사건에 대한 강력한 추측을 말하기 때문에 must+RV이 아닌 must have p.p.(틀림없이~했을 것이다)가 타당하다.
② **CODE 4-1** 동사의 태를 묻는 문제이다. 바이러스를 나르는 행위자는 모기이며 문장의 주어인 바이러스는 날라지는 대상이기 때문에 수동태가 적절하게 사용되고 있다.
③ **CODE 11-1** suggest의 용법을 묻는 문제이다. suggest는 부정사가 아닌 동명사를 목적어로 취한다.
④ **CODE 10-1** be동사 is의 보어 자리에 명사적 용법의 to부정사 to receive가 바르게 쓰였다.

해석 | ① Ken은 해외에서 살면서 흥미로운 경험을 한 것이 틀림없다.
② 그 바이러스는 모기에 의해 South America 전역으로 퍼졌다.
③ 그들은 벚꽃이 피어 있을 때 공원을 방문하라고 제안한다.
④ 내 딸의 소원은 산타클로스에게 선물을 받는 것이다.

02

정답 | ④ (had not better → had better not)

해설 | **CODE 7-4** 조동사 had better를 부정할 때는 조동사 뒤에 not을 위치시켜야한다.
① **CODE 14-1** 관계대명사 that으로 선행사가 있고 불완전한 문장이 이어지고 있다. tell은 대표적인 4형식 동사로 목적어가 2개가 위치해야 완전하다고 말할 수 있다.
② **CODE 15-1** 동사 know의 목적어로 뒤에 do의 목적어가 없는 불완전한 문장을 이끄는 명사절 접속사 what이 바르게 쓰였다.
③ **CODE 16-1** 복합관계대명사의 격은 문장의 빠진 요소에 의해 결정된다. 동사 visits의 주어가 없으므로 주격의 복합관계사가 필요하다. 따라서 Whoever가 바르게 쓰였다. 참고로 이 절은 주어 역할을 하는 명사절이며, 뒤에 단수동사 is가 연결된다.

03

정답 | ②

해설 | **CODE 3-6** 동사 insist 뒤에 당위의 의미를 나타내는 종속절의 동사 자리에 should가 생략된 동사원형 be protected가 바르게 쓰였다.
① **CODE 22-5** so와 such의 구분을 묻는 문제이다. so는 'so+형+a(n)+명'의 어순을 취하는 반면에, such는 'such+a(n)+형+명'의 어순을 취한다. (so → such)
③ **CODE 13-1** which 뒤의 문장을 보면 주어(the Earth), 동사(was), 보어(barren ~ desolate)로 완전하다. 따라서 관계대명사가 아닌 관계부사가 필요하다. 선행사가 time이므로 관계부사 when으로 고쳐야 한다. (which → when)
④ **CODE 22-2** 'Only+부사(구/절)'이 문두에 위치해 주어와 동사가 의문문 어순으로 도치된 문장이다. begin은 일반동사로서 do/does/did를 이용해 의문문을 만들기 때문에, 여기서는 과거시제 did를 써서 did women's tasks begin이라는 의문 어순을 완성해야 한다. (women's tasks began → did women's tasks begin)

해석 | ① 지각이 조금이라도 있다면 여러분은 그렇게 어리석은 일을 하지 않을 것이다.
② 국내 기업은 자신들이 대외 경쟁으로부터 보호받아야 한다고 주장할 수 있다.
③ 생명체가 있기 전 지구가 척박하고 완전히 황폐했던 시절이 있었다.
④ 오로지 도시에서만 여성들의 업무는 상당히 바뀌기 시작했다.

04

정답 | ④ (to remember → remember)

해설 | **CODE 17-1** stop와 remember는 병렬관계이다.
① **CODE 9-4** 지각동사 watch의 목적격보어 자리에 동사원형 play가 바르게 쓰였다.
② **CODE 18-4** 동사 arrived를 수식하는 부사 late가 쓰였다.
③ **CODE 13-3** 명사(The answer) 명사(he) 동사(gave)구조이므로 answer와 he 사이에 목적격 관계대명사가 생략된 구조이다. 따라서 he gave는 올바르게 쓰였다.

해석 | 내가 코칭하는 데 동의한 어느 스쿼시 선수가 나를 초대해 자기 경기를 보게 했다. 문제의 그날 내가 늦게 도착해서 그는 내가 언제 거기 있었는지 몰랐다. 나는 그가 잘 친 샷이 외견상 드러나지 않는 반면, 못 친 샷에 대해 그가 성난 욕설과 계속되는 저주로 '보상하고' 있다는 사실을 재빨리 알아챘다. 나는 경기가 끝난 뒤 그에게 이것에 관해 물었다. "자신에게 화를 내는 것이 경기를 더 잘하게 하나요?" 내가 물었다. 그가 한 대답은 아마 뻔하다. 나는 말했다. "음, 샷을 잘못 쳤을 때마다 스스로를 저주하는 대신에, 잠시 멈춰서 스스로 공을 제대로 치고 있다는 것을 기억해 봐요." 그는 이 기법을 반복적으로 시도했고, 오래지 않아 그것이 효과가 나타나기 시작해 훨씬 우수한 선수가 되었다. 그가 나중에 나에게 말했다. "이것은 너무 쉽고 기분도 좋아서 마치 부정행위를 하는 것 같은 기분이에요."

10 회차

05

정답 | ②

해설 | conceal은 '숨기다'라는 의미이기 때문에, 정답은 ②번 disguise '위장하다'이다.

해석 | 숨기는 자연색(보호색)의 이점은 생존을 확실히 보장해주는 것이 아니라, 연속되는 위험한 순간마다 생존 가능성에 약간의 이점씩을 지속적으로 더해준다는 데 있다.
① 드러내는
② 숨기는, 위장하는
③ 공개하는
④ 무시하는

06

정답 | ④

해설 | capricious는 '변덕스러운'이라는 의미를 갖기 때문에, 정답은 ④번 unpredictable '예측할 수 없는'이다.

해석 | 매우 부당하고 불공평하고 비효율적이고 변덕스러운 세금에는 미래가 있을 수 없다.
① 생명의, 중요한
② 부피가 큰
③ 솔직 담백한
④ 예측할 수 없는

07

정답 | ①

해설 | brush up on은 오래전에 학습한 것을 오랜만에 '다시 복습하다, 다시 검토하다'라는 의미이기 때문에 정답은 ①번 review '다시 살펴보다'이다. ③번을 선택하지 않도록 유의하자.

해석 | 만약 당신이 멕시코로 간다면, 스페인어를 다시 공부해야한다.
① 다시 살펴보다, 검토하다
② 암기하다
③ 공부하다
④ 말하다

08

정답 | ①

해설 | 외부의 원조를 받은 것으로 보아, 반란(uprising) 진압하려고 했음을 추론할 수 있다.

해석 | 정부가 현재 일부 외부 세력의 도움으로 반란을 진압하려고 애쓰고 있다.
① 진압하다
② 쌓아 올리다, 강화하다
③ 긴장을 풀다, 침착해지다
④ 착수하다

09

정답 | ②

해설 | A와 B는 새로운 상사에 대한 서로 다른 의견을 가지고 있다. 빈칸 뒤를 읽어보면 B와 A의 서로 다른 의견을 확인할 수 있는데, B는 새로운 상사에 대해서 비판적이고 A는 호의적이다. 따라서, A는 빈칸에서 긍정적인 말을 했음을 추론할 수 있다.

해석 | A: 당신의 새로운 상사 어때요?
B: 솔직히, 제 새로운 상사는 자기가 뭘 하는지 모르는 것 같아요.
A: 그는 어리잖아요, Tom. 그에게 기회를 줘야 해요.
B: 내가 왜 그래야 하죠? 형편없이 하고 있는데.
A: 적어도 그는 성격이 좋잖아요.
B: 호랑이도 제 말하면 온다더니.
A: 네? 어디요?
B: 저쪽이요. 막 코너를 돌았어요.
① 그에게 행운을 빌다
② 그에게 기회를 주다
③ 그에게 편지 한 줄 쓰다, 그에게 안부를 전하다
④ 시류에 편승하다

10

정답 | ④

해설 | bump into는 '우연히 마주치다'라는 말이기 때문에 A와 B의 대화는 어색하다.

해석 | ① A: 제 보험료 금액을 대략적으로 알려주시겠어요?
B: 그것은 어떤 보험 증서를 선택하시느냐에 달려 있어요.
② A: 여자친구와 어떻게 지내고 있어요?
B: 아주 좋아요. 저희는 공통점이 많아요.
③ A: 놀이공원에 가서 즐거웠어요?
B: 별로요. 줄을 길게 서서 기다려야 했어요.
④ A: 내가 오늘 누구와 우연히 마주쳤는지 맞춰봐요.
B: 오, 이런! 다쳤어요?

11 회차 정답과 해설

8분컷 Lv.3

| 상세한 해설은 공단기 김수환 8분컷 강의를 통해 확인하세요.

정답표

| 01 | ① | 02 | ④ | 03 | ② | 04 | ④ | 05 | ② |
| 06 | ② | 07 | ③ | 08 | ④ | 09 | ① | 10 | ② |

01

정답 | ④ (worked → working)

해설 | CODE 5-1 CODE 12-1 분사의 태를 묻는 문제이다. work는 자동사이기 때문에 현재분사가 되어 명사를 수식할 수 있다. 따라서, 과거분사 worked를 현재분사 working으로 고쳐야한다.
① CODE 2-1 CODE 12-1 단수주어 The time 뒤에 단수동사 is의 수일치가 올바르다. 또한 The time이 '보내지는' 대상이고 뒤에 목적어 없이 전명구가 있으므로, 과거분사 spent도 바르게 쓰였다.
② CODE 3-1 시제 단서 since this afternoon은 과거부터 현재까지를 포함하고 있는 시간부사구이기 때문에 주절에는 현재완료나 현재완료진행형을 사용한다.
③ CODE 2-1 CODE 2-4 주어와 동사의 수일치 문제이다. 문장의 주어가 단수명사인 the number이기 때문에 단수동사를 적절하게 사용하고 있다.

해석 | ① 정기 검진에 들인 시간은 합리적인 투자이다.
② Elizabeth는 슬픈 소식을 들은 오늘 오후부터 울고 있다.
③ Grand Canyon의 방문객 수는 매년 증가한다.
④ 병원에서 일하고 있는 남자는 우리 형이다.

02

정답 | ② (to have → have)

해설 | CODE 7-4 CODE 6-1 주어진 문장에 동사가 없기 때문에 부정사 to have를 동사의 형태로 고치는 것이 옳다.
① CODE 1-1 CODE 15-1 명사절 주어 'That the Earth is round' 뒤에 단수동사 is의 수일치가 올바르다. That 뒤로는 'the Earth is round'라는 2형식의 완전한 문장이 바르게 쓰였다.
③ CODE 4-2 주어 Some people이 당황함을 유발하는 것이 아닌 '느끼는' 것이므로, 과거분사 embarrassed가 적절하게 사용되고 있다.
④ CODE 3-1 '현재완료+since+주어+과거동사'의 구조로 since our boss quit과 현재완료 시제 동사 have been이 바르게 쓰였다.

03

정답 | ③

해설 | CODE 2-1 주어와 동사의 수일치를 묻는 문제이다. 단수주어 the most vital lesson 뒤에 단수동사가 나온다.
① CODE 4-1 동사의 태를 묻는 문제이다. 문장의 주어인 질병의 감염될 위험은 낮춰지는 대상이기 때문에 능동태가 아닌 수동태가 되어야한다. (reduces → is reduced)
② CODE 15-1 동사 convinced가 4형식으로 쓰여 간접목적어와 직접목적어를 수반한다. 직접목적어 자리의 'I couldn't speak ~'가 완전한 1형식 문장이므로 what 대신 that을 앞에 써야 한다. (what → that)
④ CODE 23-6 '명/형/부 as S V' 구문에 관한 문제이다. 종속절에 있는 동사 seem은 2형식 동사이기에 부사 strangely가 아닌 형용사 strange로 고쳐야한다. (Strangely → Strange)

해석 | ① 손을 씻음으로써 질병에 걸릴 위험이 줄어든다.
② 수년 동안, 나는 내가 집단 앞에서 말할 수 없다는 것을 스스로 납득했다.
③ 내가 배워 온 가장 중요한 교훈은 우리가 무엇을 생각하는가의 중요성이다.
④ 이상하게 보이겠지만, 난 유튜브를 보지 않는다.

04

정답 | ③ (why do Americans → why Americans)

해설 | CODE 15-3 의문사가 명사절을 이끌때는 '의문사+주어+동사'의 어순이 되어야한다. 조동사 do는 불필요하다.
① CODE 4-2 주어 You가 우울감을 유발하는 것이 아닌 '느끼는' 것이므로, 과거분사 depressed가 바르게 쓰였다.
② CODE 8-7 'S+wish+S+과거동사'는 현재사실의 반대를 나타내는 가정법 과거 문장이다.
④ CODE 9-4 help의 목적격보어 자리에 동사원형 understand가 바르게 쓰였다.

해석 | 문화 충격은 갑자기 새로운 문화에 들어가는 사람들에게 일반적이다. 일단 (새 문화에) 도착했다는 첫 흥분이 사라지면, 여러분은 우울하고 고립감을 느낄 수도 있다. 낯선 방식들 및 관용구들과 씨름하는 것은 스트레스가 많은 상황이다. 여러분은 심지어 미국인들이 예측할 수 없고 진실되지 않다고 결론 내리고, 집으로 돌아오고 싶을 수도 있다. 미국인들이 왜 그런 식으로 행동하는지 이해하는 것이 여러분 자신의 감정을 이해하는 데 도움이 될 수 있다.

05

정답 | ①

해설 | intimidate는 '위협하다, 겁주다'라는 의미이기 때문에, 정답은

11 회차

8분컷 Lv.3

①번 threaten '위협하다'이다.

해석 | 항공기를 이용한 폭격은 유럽과 아시아에서 적에게 겁을 주고 무력화시키기 위해 시행된 군사 행동의 중요한 부분을 차지하였다.
① 위협하다
② 이용하다, 착취하다
③ 복잡하게 만들다
④ 묘사하다

06

정답 | ②

해설 | glimpse는 명사로 '힐끗봄' 동사로는 '힐끗 보다'라는 의미이기 때문에, 정답은 ②번 glance '힐끗봄, 힐끗 보다'이다.

해석 | 고속도로를 따라 운전하면서 그 건설 현장을 힐끗 보았다.
① 판단
② 힐끗봄
③ 결단(력)
④ 무시, 무지

07

정답 | ③

해설 | 진보가 멈추가 모든 것이 정체기에 들어가는 시기는 인간이 더 나은 것을 바라는 열망을 중단하게 되는 경우라는 것을 추론할 수 있다.

해석 | 인간이 더 나은 것을 위한 갈망을 포기한다면 진보는 방해를 받고 모든 것이 정체로 끝나는 운명이 될 것이다.
① 붙잡다
② 조립하다
③ 포기하다
④ 해체하다, 허물다

08

정답 | ④

해설 | 문맥상 몇 주간의 노력이 시험을 볼 때 결실을 맺게 된다는 내용이 나와야한다.

해석 | 그 몇 주간의 공부가 시험을 볼 때 결국에는 결실을 맺게 될 것이다.
① 잘라내다
② 찢다, 떼어내다
③ 이륙하다, 벗기다
④ 보상받다, 결실을 맺다(=bear fruits), 빚을 갚다

09

정답 | ①

해설 | 환불해달라는 B의 말에 A가 세일중인 물건이라고 환불을 거절하고 있다. 그리고 빈칸 아래에서 B가 환불대신에 더 큰 사이즈를 요구하는 것으로 보아, A가 환불을 거절했기 때문에 큰 사이즈를 문의하고 있음을 알 수 있다.

해석 | A: 도와드릴까요?
B: 네, 이 청바지를 반품하고 싶은데요.
A: 왜 반품하시는지 여쭤봐도 될까요?
B: 제 아들 주려고 샀는데, 너무 짧아서요.
A: 영수증 있으신가요?
B: 네, 여기 있어요.
A: 죄송합니다. 이 청바지는 세일 중이었네요. <u>세일 중이었던 품목은 환불해 드리지 않습니다.</u>
B: 그럼, 그 청바지 더 큰 사이즈가 있나요?
① 세일 중이었던 품목들은 환불해 드리지 않습니다
② 세일 중인 더 큰 것이 있습니다
③ 저희는 지금 세일하지 않습니다
④ 세일이 아직 진행 중입니다

10

정답 | ②

해설 | go off without a hitch는 '차질없이 순조롭게 진행되다'라는 의미이기 때문에 바로 앞에 제시된 awful(끔찍한)이라는 말과 호응되지 않는다.

해석 | ① A: 내 인생에 더 신나는 일이 필요해.
  B: 스카이다이빙 시작해보는 게 어때?
② A: 네 발표 어땠어?
  B: 끔찍했어. 차질없이 진행되었어.
③ A: 너 확실히 식료품을 많이 샀네.
  B: 응. 내가 잔뜩 흥분했던 것 같아.
④ A: 너 이번 학기에 수업 5개 듣는다고? 너무 많은데.
  B: 응, 이번에 과욕을 부린 것 같아.

12회차 / 정답과 해설

8분컷 Lv.3

상세한 해설은 공단기 김수환 8분컷 강의를 통해 확인하세요.

정답표

| 01 | ② | 02 | ③ | 03 | ④ | 04 | ② | 05 | ① |
| 06 | ② | 07 | ① | 08 | ② | 09 | ② | 10 | ④ |

01

정답 | ② (is → does)

해설 | **CODE 22-3** 대동사를 묻는 문제이다. 선행하는 동사인 get up은 일반동사이기 때문에 be동사가 아닌 조동사 do(es)가 대동사 역할을 할 수 있다.
① **CODE 1-1** **CODE 15-1** 명사절 주어 What makes us Americans 뒤에 단수동사 is의 수일치가 올바르다. What 뒤로 동사인 is 앞까지는 주어가 없는 불완전한 문장이 이어진다.
③ **CODE 12-1** 의미상 주어인 My father가 '보고 있는' 주체이므로 현재분사 looking at이 바르게 쓰였다.
④ **CODE 20-4** 선행하는 복수명사 book reviews를 대명사 those가 적절히 받고 있다.

해석 | ① 우리를 미국인으로 만드는 것은 하나의 아이디어에 대한 공동의 헌신이다.
② 그녀는 아침 일찍 일어나고, 그녀의 남편도 마찬가지이다.
③ 우리 아버지는 새 핸드폰을 보면서 빨래를 하고 계셨다.
④ 이번 주의 서평들은 지난주 서평보다 더 좋다.

02

정답 | ③ (get → have gotten)

해설 | **CODE 8-3** 'If S+had p.p. ~, S would have p.p.'의 가정법 과거완료 구문이다. 따라서, 주절의 동사를 get이 아닌 have gotten으로 고쳐야한다.
① **CODE 23-4** 부가의문문을 묻는 문제이다. 긍정문의 동사가 be동사이기 때문에 be동사로 받아서 부정형으로 적절하게 되묻고 있다.
② **CODE 4-1** 주어 fireworks가 '시작된' 대상이므로 수동태 동사 were set off가 바르게 쓰였다.
④ **CODE 13-1** 사람 선행사 the model을 수식하며 주어가 없는 불완전한 문장을 이끄는 주격 관계대명사 who가 바르게 쓰였다.

03

정답 | ④

해설 | **CODE 20-3** 부정대명사를 묻는 문제이다. 대화 참가자를 2명으로 한정했다. 따라서, 둘 중 막연한 한명은 one으로 지칭하는 반면, 나머지 한명은 the other로 지칭한다.
① **CODE 1-2** 주어 The unemployed가 나타내는 'the+형용사 (분사)'(~한 사람들)는 복수 취급하므로, 이에 수일치되도록 단수동사 is를 복수동사 are로 고쳐야 한다. (is → are)
② **CODE 19-3** 'the+비교급 ~, the+비교급 …'에서 형용사 또는 부사의 비교급 중 무엇이 쓰일지는 'the+비교급'에 수반되는 문장 구조에 따라 결정된다. 여기서는 the more aggressively 이후로 'he is likely to be'라는 2형식 구조가 나오는 것으로 보아, to be의 보어 역할을 할 수 있는 형용사가 필요하다. 따라서 aggressively를 aggressive로 고쳐야 한다. (aggressively → aggressive)
③ **CODE 11-5** 'be devoted to(~에 전념하다)' 뒤에 명사나 동명사가 올 수 있는데, 뒤에 또 다른 명사 living things가 있는 것으로 볼 때 명사가 아닌 동명사가 들어가야 함을 알 수 있다. 명사는 목적어를 취하려면 반드시 전치사를 필요로 하기에 '명사+명사'의 연쇄 구조는 원칙적으로 불가하기 때문이다. 따라서 conservation 대신 자체적으로 목적어를 취할 수 있는 동명사 conserving을 써야 한다. (conservation → conserving)

해석 | ① 힘 있는 정치인을 반대했던 사회의 실업자들은 상당히 불리한 상황에 있다.
② 소년이 9살에 폭력적인 프로그램들을 더 많이 볼수록, 19살에 공격적이 될 가능성이 더 높다.
③ 많은 단체와 정부 기관들은 생명체 보호에 전념하고 있다.
④ 두 명의 십대들이 한 명은 먹으면서 다른 한 명은 먹지 않으면서 말을 하고 있었다.

04

정답 | ② (has had → had)

해설 | **CODE 3-2** 주절 앞에 1970년대와 1980대(in the 1970s and 1980s)라는 명백한 과거 시간부사구가 있다. 따라서, 동사의 시제를 현재완료가 아닌 과거시제로 고치는 것이 타당하다.
① **CODE 18-1** 형용사와 부사의 구분 문제이다. 형용사 local이 명사 sports를 수식한다.
③ **CODE 12-1** 분사의 태를 묻는 문제이다. 의미상의 주어인 젊은이들이 텔레비전 취재에 이끌림 당한 대상이기 때문에 과거분사를 사용하는 것이 타당하다.
④ **CODE 10-3** 동명사의 태를 묻는 문제이다. 의미상의 주어인 젊은 이들은 많은 스포츠에 노출이 되는 대상이기 때문에 동명사의 수동태를 사용하는 것이 타당하다.

해석 | 거액의 돈이 오가는 스포츠의 지배는 현지 스포츠에 영향을 줄 수 있다. 예를 들면, 1970년대와 1980년대에, 카리브해 지역에는 세상에서 가장 두렵고 존경받는 크리켓 팀이 있었다. 그 팀의 재능 있는 선수들은 전 세계의 영웅이었다. 하지만 최근에, 카리브해 지역의 젊은이들은 글랜드 프리미어 리그와 NBA의 텔레비전 중계 방송에 매료되어 축구나 농구를 할 가능성이 더 높게 되었다. 이것은 그 지역 문화의 일부인 한 스포츠의 몰락으로 이어졌다. 카리브해 지역의 크리켓 팬들이 이것을 나쁜 것으로 여기긴 하지만, 그 지역의 젊은이들은 더 다양한 스포츠를 접하게 됨

12 회차

으로써 혜택을 입을 수도 있다.

05
정답 | ①

해설 | perplex는 '당혹시키다'라는 의미이기 때문에 정답은 ①번 puzzle '당황하게하다'이다.

해석 | 그 질병의 증상이 계속해서 그녀의 의사들을 당혹시켰다.
① 당황하게 하다
② 기쁘게하다
③ 놀라게하다
④ 좌절시키다

06
정답 | ②

해설 | dilute는 '희석하다'라는 의미이기 때문에, 정답은 ②번 '약화시키다'이다.

해석 | 더 옅은 색조를 내려면 페인트에 물을 섞어 희석하면 된다.
① 강화하다, 상승하다
② 약화시키다
③ 승인하다
④ 악화되다

07
정답 | ①

해설 | 수백명의 목숨을 앗아갔다는 말을 통해 유해한 연기가 퍼졌음을 알 수 있다.

해석 | 폭탄이 푸른 불꽃을 내고 폭발하자 짙고 유해한 연기가 퍼지면서 수백명의 목숨을 앗아갔다.
① 유해한, 치명적인
② 무해한, 악의 없는
③ 건강에 좋은
④ 명쾌한, 명료한

08
정답 | ②

해설 | 조사관들의 임무는 조사하는 것이기 때문에 문맥상 어울리는 것은 ②번 look into '조사하다' 밖에 없다.

해석 | 수사관들은 뉴욕 포스트의 인쇄기를 훼손한 방화를 어제 조사했다.
① 빠졌다
② 조사했다
③ 우연히 만났다
④ ~가 되었다, 변했다

09
정답 | ②

해설 | B가 보험회사를 긍정적으로 생각하고 있는 상황이다. 따라서, 이런 상황에 어울리는 것은 ②번 밖에 없다.

해석 | A: 저것 좀 봐요. 보험 회사에 다시 불이 켜져 있네요.
B: 네, 좋고 따뜻해 보이네요, 그렇지 않나요? 가끔 내가 저기서 일했으면 해요.
A: 그래요? 정말이요?
B: 네. 가끔.
A: 사장이 너무 위세 부린다고 들었어요.
B: 하지만 그래도… 좋은 사무실, 책상, 주위에 많은 사람들… 나쁠 리가 없어요.
A: 알다시피 "남의 떡이 더 커 보인다"고 하잖아요.
B: 당신 말이 맞는 것 같네요.
① 금상첨화
② 남의 떡이 더 커 보인다
③ 가지 많은 나무에 바람 잘 날 없다
④ 이미 엎질러진 물이다

10
정답 | ④

해설 | 덥고 습하다는 A의 말에 B의 '유감스럽게도 그건 아니다(I'm afraid not)'라는 말은 상황에 적절하지 않다.

해석 | ① A: 7시에 당신 집에 잠시 들를게요.
B: 정말 친절하시네요.
② A: 우산을 가져가야 할 것 같나요?
B: 그렇지는 않아요. 오늘 비 올 가능성은 거의 없어요.
③ A: 오늘 과학 시험 잘봤어?
B: 완전 망쳤어. 좀 더 열심히 공부 좀 할걸 그랬어.
④ A: 더 이상은 못 참겠어요. 오늘은 너무 덥고 습해요!
B: 유감스럽게도 아니요. 우리 집은 크지 않아서 벽걸이형 에어컨이 필요해요.

13회차 정답과 해설

정답표

| 01 | ② | 02 | ② | 03 | ③ | 04 | ② | 05 | ③ |
| 06 | ④ | 07 | ③ | 08 | ① | 09 | ④ | 10 | ④ |

01

정답 | ② (asleep → sleeping)

해설 | **CODE 18-3** 서술적 용법의 형용사들(afraid, alike, alive, alone, awake, asleep, ashamed, aware)은 명사수식은 불가하고 보어역할만 가능하다.
① **CODE 12-1** 의미상의 주어인 something은 동사 give의 대상이기 때문에 과거분사가 타당하다.
③ **CODE 20-3** 수가 한정된 경우에 '나머지 것들'은 the others(=the other+복수N)로 표기한다.
④ **CODE 16-3** 완전한 문장을 이끄는 복합관계부사 however 뒤에 '형/부+S+V' 어순의 humble it may be가 바르게 쓰였다. 참고로 동사가 be동사이므로 보어에 상응하는 형용사 humble이 쓰였고 어순으로 인해 앞으로 나간 구조이다.

해석 | ① 가치있다고 느끼는 것은 다른 사람들이 우리에게 준 것이 아니다.
② 잠자는 아이를 방해하지 않도록 조용히 해.
③ 나는 4개의 필기구를 가지고 있다. 하나는 펜이고, 나머지 것들은 연필이다.
④ 아무리 초라해도 집만한 곳은 없다.

02

정답 | ② (if → whether)

해설 | **CODE 15-2** if와 whether의 차이를 묻는 문제이다. 한글 번역을 읽어보면 '~인지 아닌지 간에'라는 말이 있는 것으로 보아 부사절을 이끄는 접속사 if 대신 whether를 사용해야함을 알 수 있다.
① **CODE 19-2** '비교급+than'을 묻는 문제이다. 2022년에 기출된바와 같이 as가 than을 대신할 수 없다. Nothing is more important as your health.(X)
③ **CODE 19-6** '비교급+than+any other+단수명사' 구문을 묻는 문제이다.
④ **CODE 8-3** 'If S+had p.p. ~, S would have p.p.'의 가정법 과거완료 구문이 바르게 쓰였다.

03

정답 | ③

해설 | **CODE 11-3** 가목적어 구문을 묻는 문제이다. 'find+it+형/명+toRV'는 가목적어구문으로 '~하는 것이 ~라는 것을 알게되다'라는 뜻이다.
① **CODE 2-2** A of B 구조에서 A에 수량표현 some이 있는 경우, 동사의 수는 B에 일치시키므로, 단수명사 the money에 수일치되도록 복수동사 are를 단수동사 is로 고쳐야 한다. (are → is)
② **CODE 19-7** 비교 대상의 일치에 관한 문제이다. 문장의 주어인 '그의 집'과 '우리'가 아닌 '그의 집'과 '우리의 집'을 비교해야 한다. 따라서, we를 ours(=our house)로 고쳐야한다. (we → ours)
④ **CODE 19-7** 비교급 than 뒤에 앞의 be동사를 받는 대동사가 들어가야 하므로, did를 was로 고쳐야 한다. was 뒤에 empowered by science가 생략되었다. (did → was)

해석 | ① 열대우림에서 목재를 잘라서 나오는 돈의 일부는 새로운 나무를 심는 데 사용된다.
② 그의 집은 우리 집 크기의 세 배이다.
③ 그는 서울에서는 지하철을 타는 것이 편리하다는 것을 알게 되었다.
④ 우리는 어느 이전 세대보다도 과학에 의해 훨씬 더 많은 권한을 부여받는다.

04

정답 | ② (close → closely)

해설 | **CODE 18-1** 해석을 하지 않으면 굉장히 까다로운 문제가 된다. 인혁처가 요구하는 단순 암기형이 아닌 이해력을 묻는 문제이기에 가볍게 스쳐지나갈 문제로 치부하지 않길 바란다. look은 대표적으로 2형식으로 사용되는 것이 맞다. 하지만, 2형식으로만 사용되는 것은 아니다. look이 어떻게 사용되느냐에 따라, 의미가 분명히 다르기에 해석이 꼭 필요한 문장이다. look이 2형식 구조로 사용될 때는 'look+형용사'의 형태를 가지며, '~하게 보인다'라는 의미이다. 하지만, look이 주로 전치사(look at, look for, look around등)와 결합하여 '~을 바라보다'라는 의미가 되면 형용사가 아닌 부사의 수식을 받게 된다. 위 문장에서는 '~하게 보이다'가 아니라 '~을 바라보다'라는 의미이기 때문에 부사의 수식을 받는다. 따라서, close가 아닌 closely가 타당하다.
① **CODE 12-1** 자동사 arrive의 의미상의 주어인 we가 도착의 주체(행위자)이기 때문에 현재분사가 적절하게 사용되고 있다.
③ **CODE 19-3** 'the 비교급, the 비교급' 구문을 묻는 문제이다.
④ **CODE 15-1** 명사절을 이끄는 what은 선행사가 없고 불완전한 문장이 이어진다.

해석 | 새로운 나라에 도착했을 때 우리는 흔히 우리가 이미 알고 있는 것들이많다는 것을 알게 된다. 건물들, 옷들, 또는 쇼핑센터들이 그들의 고국에서처럼 무척 같아 보일지도 모른다. 그러나 만약 우리가 조금 오래 머물거나 더 유심히 본다면 우리는 그 차이를 알아차리기 시작한다. 사람들은 다른 음식을 먹을 뿐 아니라 다

8분컷 Lv.3
13 회차

른 언어로 말한다. 즉 그들은 다르게 생각하고 행동한다. 우리가 이런 새 환경과 그곳 사람들과 더 많이 교류하면 할수록 우리는 공통점에도 불구하고 새로운 나라에서는 세상사가 그들이 고국에서 해 온 방식으로 기능하지 않는다는 것을 더욱 더 깨닫는다. 이것 때문에 상황이 의미하는 것을 완전히 안다는 것이 어려울 수 있다. 그렇게 하려면 좀 더 깊게 살펴볼 필요가 있다.

05
정답 | ③

해설 | publicize는 '발표하다, 알리다'라는 의미이기 때문에 정답은 ③번 announce '알리다'이다.

해석 | 정부는 공기 품질기준을 <u>발표하고</u> 그 수치를 정기적으로 고치도록 의무화했다.
① 기소하다, 고소하다
② 박해하다
③ 알리다
④ 철회하다

06
정답 | ④

해설 | factitious는 '꾸며낸, 인위적인'이라는 의미이기 때문에, 정답은 ④번 fake '가짜의, 거짓의'이다.

해석 | 약간의 온도 변화라도 <u>잘못된</u> 실험 결과를 가져올 수 있다.
① 안정된, 안정적인
② 정적인, 고정적인
③ 정확한
④ 가짜의, 거짓된

07
정답 | ③

해설 | turn in은 '무언가를 제출하다'라는 뜻이기 때문에, 정답은 ③번 submit '제출하다, 굴복하다'이다.

해석 | Kate는 오류로 가득 찬 자신의 과제물을 <u>제출했다</u>.
① 철회하다
② 거부하다
③ 제출하다
④ 버리다

08
정답 | ①

해설 | 난민들이 도움이 필요한 이유를 추론하는 것이다. 난민들이 도움을 받아 겨울이라는 역경을 헤쳐나갈것이라는 내용이 문맥상 타당하다.

해석 | 난민들은 겨울을 나기 위해 도움이 필요할 것이다.
① 나다, 극복해 나가다
② 없애다, 제거하다
③ 횡단하다, 가로지르다
④ ~으로 돌아가다

09
정답 | ①

해설 | B의 질문 다음에 A가 캠핑을 좋아하는 이유를 나열하고 있는 것으로 보아 정답은 ①번이 타당하다.

해석 | A: 안녕, 앨리스.
B: 안녕, 토니. 어디가는 중이야?
A: 캠핑 난로 고치러 가게로 가는 중이야. 내 난로가 고장났어.
B: 캠핑 난로? 어디갈 계획인데?
A: 해안가로 가려고. 캠핑하기에 최적의 장소를 찾았어.
B: 캠핑 되게 좋아하나보네.
A: 응. 난 거의 매주 주말에 친구들이랑 캠핑가거든.
B: 도대체 뭐 때문에 캠핑이 좋은데?
A: 텐트 설치도 하고 불위에 요리도 하고, 그리고 밤에 서늘한 공기와 별이 빛나는 밤하늘도 너무 좋아. 한번 같이 해볼래?
B: 재밌겠지만, 난 해본적이 없어.
① 도대체 뭐 때문에 캠핑이 좋은데?
② 제가 좀 살펴봐도 될까요?
③ 이번 주말엔 어디로 가니?
④ 집에서 밥 먹을거야?

10
정답 | ④

해설 | "Don't mention it."은 상대방이 감사함을 표현할 때 '천만에요.'라는 의미로 사용된다.

해석 | ① A: 택시를 같이 타고 요금을 나누는 게 어때요?
　　　　 B: 좋은 생각 같네요!
② A: 이 새 가방을 10파운드 정도에 샀어요.
　　 B: 공짜나 다름없네요!
③ A: 남자친구가 거기 얼마나 오래 있었나요?
　　 B: 고작 몇 달인데, 한참 된 것 같아요.
④ A: 내일 또 영화 보러 갈래요?
　　 B: 별 말씀을요(감사에 대한 응답)! 그것을 백 번도 더 볼 수 있어요.

8분컷 Lv.3
14회차 / 정답과 해설

01	③	02	①	03	④	04	③	05	④
06	②	07	①	08	②	09	⑤	10	⑤

01

정답 | ③ (to be → to have been)

해설 | **CODE 10-3** 부정사 시제를 묻는 문제이다. 명백한 과거시간을 나타내는 'when he was young'이 있는 것으로 보아 부정사의 시제는 단순시제가 아닌 완료시제를 사용하는 것이 타당하다. 완료시제는 본동사보다 상대적으로 더 먼저 발생된 일에 사용한다.
① **CODE 9-4** 사역동사 had 뒤의 목적어 the mechanic이 '수리하는' 주체이므로, 원형부정사가 목적격보어로 적절하게 사용되고 있다.
② **CODE 12-1** 의미상 주어인 Mary가 '실직된' 대상이므로, 문두의 분사구문 자리에 과거분사 Unemployed가 바르게 쓰였다.
④ **CODE 8-5** 'If it were not for air and water ~'에서 접속사 if를 생략하고 be동사와 주어를 도치시킨 'Were it not for air and water ~'가 바르게 쓰였다. 참고로 if it were not[had not been] for는 '~이 없다면(없었다면)'이라는 의미를 나타낸다.

해석 | ① 그녀는 정비공에게 그 기계를 수리하게 했다.
② 지난달에 실직한 Mary는 할 일이 없었다.
③ 그 가수는 젊었을 때 매우 인기가 있었던 것처럼 보인다.
④ 공기와 물이 없다면 우리는 살 수 없다.

02

정답 | ① (to do → do 혹은 doing)

해설 | **CODE 9-4** 지각동사의 용법을 묻는 문제이다. 지각동사 see의 목적어인 십대들은 자원봉사를 행하는 주체(행위자)이기 때문에 목적보어 자리에 동사원형 혹은 현재분사를 사용해야한다.
② **CODE 9-4** 하여금 동사인 enable은 목적보어자리에 부정사를 취한다.
③ **CODE 18-2** 동사 consider는 5형식 구조를 갖고 있다. 본 문장에서 most of the people이 목적어이고, coworkers를 목적보어이다.
④ **CODE 10-3** **CODE 12-1** '안전 규정을 지킨' 일은 법적인 책임이 없음을 말하는 현재(isn't)보다 먼저 일어난 일이므로 having p.p. 형태의 완료분사구문이 알맞게 쓰였다. 분사구문의 태를 살펴보면, 의미상 주어인 the store가 '규칙을 준수한' 주체이므로 having been p.p. 형태의 수동분사구문이 아닌, 능동을 나타내는 Having followed가 바르게 쓰였다.

03

정답 | ④

해설 | **CODE 10-3** **CODE 11-1** 동명사의 태를 묻는 문제이다. 의미상의 주어인 학생은 가르치는 주체가 아니라 대상이기 때문에 동명사 수동태를 올바르게 사용하고 있다.
① **CODE 15-3** 동사 realize의 목적어로 간접의문문이 왔다. how 간접의문문은 'how+형/부+주어+동사'의 어순으로 쓰여야 하므로, how 뒤의 are you를 you are로 고쳐야 한다. (are you → you are)
② **CODE 9-4** 사역동사의 용법을 묻는 문제이다. 사역동사 have의 목적어인 학생회는 규칙을 세우는 행위자이기 때문에 능동관계이다. 사역동사 have는 목적어와 목적보어의 관계가 능동관계일때는 동사원형을 사용한다. (established → establish)
③ **CODE 5-1** 절대자동사 consist of는 수동태로 쓸 수 없으므로, is consisted of를 consists of로 고쳐야 한다. (is consisted of → consists of)

해석 | ① 까다로운 가족을 대하는 가장 좋은 방법은 여러분이 얼마나 바쁜지 그들로 하여금 깨닫도록 돕는 것이다.
② 그 학교는 학생회가 학생들을 위한 규칙을 제정하도록 했다.
③ 우리의 의식적인 경험은 전적으로 1,000억 비트의 뉴런의 활동으로 이루어진다.
④ 그 학생들은 그와 같이 흥미진진한 선생님으로부터 교육을 받는 것을 즐겼다.

04

정답 | ③ (easier → more easily)

해설 | **CODE 18-1** 앞의 동사 can find를 수식하는 부사가 들어갈 자리이므로, easier를 부사의 비교급 more easily로 고쳐야 한다.
① **CODE 8-2** 'If S+과거시제 ~, S+would+동사원형'의 가정법 과거 구문이 바르게 쓰였다.
② **CODE 13-3** 선행사 the book을 수식하는 목적격 관계대명사가 생략된 관계절 you wanted가 바르게 쓰였다.
④ **CODE 6-2** 부사절 뒤로 콤마와 함께 주절이 제시되는데, 밑줄 뒤로 문장의 술어가 없으므로 밑줄 자리에 동사인 begin을 써서 명령문을 만든 것은 어법상 맞다.

해석 | 도서관 책들이 어떤 식으로든 정리되어 있지 않으면 어떨까? 아마도 여러분이 원하는 책을 찾지 못할 것이다. 그래서 도서관 책들은 정리되어 있는 것이다. 대부분의 공공 도서관들은 어린이들과 십대들을 위한 책들을 성인용 책들과 분리한다. 그런 식으로, 어린이들, 십 대들, 그리고 어른들은 그들이 원하는 책들을 더 쉽게 찾을 수 있다. 대부분의 도서관들은 또한 소설책과 논픽션 책들을 분리한다. 소설책들은 저자의 성에 따라 알파벳순으로 배열된다. 그러니 만약 어린이 소설책을 찾는다면, 어린이 코너로 가는 것으로 시작하라. 다음으로, 그 코너에서 소설책을 찾아보라. 마지막으로, 알

파벳순으로 작가의 성을 검색해 보면 그 책을 찾을 것이다.

05

정답 | ④

해설 | crude는 '가공하지 않은, 조잡한'이라는 의미이기 때문에, 정답은 ④번 raw '날것의, 가공하지 않은'이다.

해석 | 원유는 세계에서 가장 중요한 산물이다.
① 비싼
② 매우 귀중한
③ 가치없는
④ 날것의, 가공하지 않은

06

정답 | ②

해설 | harness는 '이용하다'라는 의미이기 때문에, 정답은 ②번 exploit '이용하다, 착취하다'이다.

해석 | 그 기술은 전기를 생산하기 위해 폭포수를 이용하는 것이다.
① 중단하다
② 이용하다, 악용하다
③ 생산하다, 발생시키다
④ 버리다

07

정답 | ①

해설 | up in the air는 공중에 떠있는(붕 떠있는)이라는 기본 이미지에서 출발하여 어떤 사안이 '아직 결정되지 않은'이라는 의미로 사용된다.

해석 | 배심원단이 그 사건에 대해서 논의할 때 그 재판에서의 배심원단의 평결은 미결정상태였다.
① 불확신한
② 준비된
③ 다가오는
④ 결정된

08

정답 | ②

해설 | 5마일이 지나고 지쳤다는 내용이 나왔기 때문에 그 이후엔 뒤쳐졌음을 알 수 있다.

해석 | 5마일 후에, Tara는 지쳤고 뒤처지기 시작했다.
① 출발하다
② 뒤처지다(=lag behind)
③ 도망치다
④ 전진하다

09

정답 | ③

해설 | 빈칸 아래에서 B는 현재 하고 있는 일을 소개하고 있다. 따라서, A의 질문이 현재 일에 대한 구체적인 정보를 원했음을 알 수 있다.

해석 | A: 안녕하세요, 오늘 와 주셔서 감사해요. 저는 Linda Smith입니다. 만나서 반가워요.
B: 안녕하세요, 저는 Mark Turner입니다, 저도 뵙게 되어 반갑습니다.
A: 이 일에 대한 정보 읽어 보셨나요?
B: 네, 아주 흥미로운 것 같습니다.
A: 무엇을 공부했나요?
B: 저는 Swan 대학교에서 마케팅을 공부했습니다.
A: 좋습니다. 귀하의 현재 일에 대해 말씀해 주시겠어요?
B: 음, 저는 영업부에서 일하고, 팀들과 프로젝트를 관리해왔습니다.
① 영업에 얼마나 계셨나요
② 왜 이 일을 원하시나요
③ 귀하의 현재 일에 대해 말씀해 주시겠어요
④ 자유 시간에 무엇을 하시나요

10

정답 | ④

해설 | 'No problem'은 상대방의 부탁에 흔쾌히 승낙할 때 사용하는 표현이다.

해석 | ① A: 저기 한쪽에 차를 대고 길을 물어보는 게 어때요?
B: 좋은 생각이에요. 저쪽 주유소에 잠시 들를게요.
② A: 케이크 한 조각 더 드릴까요?
B: 아니요, 너무 배불러요. 한 입 더 먹으면 (배가) 터질 것 같아요.
③ A: 온종일 Victor를 못 봤는데요. 봤어요?
B: 그는 몸이 좀 안 좋아서, 집에서 쉬고 있어요.
④ A: 당신 골프채를 빌려도 될까요?
B: 물론이죠. 골프채는 제 형 꺼라서 제가 빌려줄 권한이 없어요.

8분컷 Lv.3
15 회차 / 정답과 해설

| 01 | ③ | 02 | ① | 03 | ② | 04 | ③ | 05 | ① |
| 06 | ② | 07 | ② | 08 | ③ | 09 | ① | 10 | ③ |

01

정답 | ③ (During → While)

해설 | CODE 21-1 전치사 during과 접속사 while의 차이를 묻는 문제이다. in Paris는 주절의 주어가 반복되어 축약한 전치사구이다. 분사구문으로 축약하기 이전에는 'While I was in Paris'였다. 따라서, 전치사 During을 접속사 While으로 고쳐야한다.
① CODE 11-3 5형식 동사 makes 뒤에 가목적어 it과 목적격보어인 형용사 possible, 의미상 주어인 for strangers, 진목적어인 to부정사 to engage가 모두 바르게 쓰였다.
② CODE 12-1 분사구문의 의미상 주어인 Ann이 '듣는' 주체이므로 현재분사 Listening이 바르게 쓰였다.
④ CODE 15-1 명사절을 이끄는 접속사 what은 선행사가 없고 불완전한 문장이 이어진다. like의 목적어가 없기 때문에 불완전한 문장으로 판단하면 된다.

해석 | ① 인터넷은 낯선 사람들이 대화에 참여하는 것을 가능하게 한다.
② 대화를 들으면서 Ann은 그것을 중국어로 통역했다.
③ 파리에 있는 동안에 난 고급 호텔에 머물렀다.
④ 내가 정말로 좋아하는 것은 가능한 한 많은 책을 읽는 것이다.

02

정답 | ① (having raised → having been raised)

해설 | CODE 12-1 분사의 태를 묻는 문제이다. 의미상의 주어인 Taki는 일본에서 길러진 대상이기 때문에 과거분사로 고쳐야한다.
② CODE 12-2 동시발생을 나타내는 'with+명사+분사' 구문이다. 의미상의 주어인 누나의 팔은 접혀있는 상태였기 때문에 과거분사로 적절하게 사용되고 있다.
③ CODE 2-3 복수 선행사 the soldier's shoes를 수식하는 관계절의 복수동사 were의 수일치가 올바르다.
④ CODE 3-6 동사 commanded 뒤로 당위의 의미를 나타내는 종속절의 동사 자리에 should가 생략된 동사원형 cease가 바르게 쓰였다.

03

정답 | ②

해설 | CODE 16-1 CODE7-4 whoever는 명사절을 이끌어 문장의 주어, 목적어, 보어 자리에 사용될 수 있으며, 조동사 had better 뒤에는 동사원형이 이어져야 한다.
① CODE 4-1 동사의 태를 묻는 문제이다. 문장의 주어인 지구는 공기라는 보호막에 둘러싸여있는 대상이기 때문에 수동태로 고쳐야한다. (surrounds → is surrounded)
③ CODE 13-4 live는 자동사이기 때문에 목적어가 없어도 완전한 문장이다. 관계대명사 which 뒤에는 불완전한 문장이 와야하는데, 완전한 문장이 왔기 때문에 which를 in which로 고치거나 which를 where로 고쳐야한다. (which → in which 혹은 which → where)
④ CODE 13-4 which 뒤의 문장을 보면 주어(they), 동사(are exposed)로 완전하다. 따라서 관계사 which를 '전치사+관계대명사'로 고쳐야 한다. 관계절에 are exposed가 나오므로, be exposed to(~에 노출되다) 구문을 완성하는 전치사 to를 which 앞에 써주어 '전치사+관계대명사' 형태를 만들어야 한다. (exposed → exposed to 혹은 which → to which)

해석 | ① 지구는 공기라는 보호막에 의해 둘러싸여 있다.
② 미국의 심장을 알고자 하는 사람은 누구든지 야구를 배우는 편이 낫다.
③ 그 부족이 사는 정글은 낯선 동물들로 가득했다.
④ 아이들은 노출되는 모든 언어를 배우는 경향이 있다.

04

정답 | ③ (which → in which 혹은 where)

해설 | CODE 13-4 which 뒤로 완전한 문장이 이어지고 있기 때문에, 관계대명사 which를 in which 혹은 where로 고쳐야한다.
① CODE 17-1 병렬구조를 묻는 문제이다. bursting~~and following~~은 연속동작을 나타내는 병렬관계이다.
② CODE 2-4 'many+복수명사'를 묻는 문제이다.
③ CODE 2-3 주격 관계대명사의 수일치 문제이다. 선행사가 복수명사(athletes)이기 때문에 복수동사를 적절하게 사용하고 있다.

해석 | 최고 운동선수의 화려한 삶을 상상할 때, 여러분은 아마도 약물 검사관들이 휴일에 그 선수의 집에 난입하여 그들을 쫓아 욕실까지 들어가는 모습을 상상하지는 않을 것이다. 하지만 세계 반도핑 프로그램 하에서는, 이것이 많은 운동선수들의 삶의 방식이다. 모든 나라의 많은 수의 운동선수들이 Registered Training Pool(RTP) 규칙의 적용 대상인데, 그 규칙 내에서 그들은 심지어 경기를 하지 않을 때조차도 무작위로 약물 검사를 받는다. 이 선수들은 매일 매시간 그들이 어디에 있게 될 것인지에 관한 정보를 제출해야 한다. 검사가 행해질 때, 반도핑 요원이 내내 그 운동선수와 함께 머문다. 만약 선수가 도핑 검사를 세 번 거절하거나 놓치면, 그 선수는 약물 검사를 통과하지 못한 선수와 같은 처벌을 받게 될 것이다.

05

정답 | ①

해설 | demolish는 '철거하다, 허물다'라는 의미이기 때문에, 정답은 ①번 destroy '파괴하다'이다.

해석 | 그 아파트는 다음달에 파괴할 예정이다.
① 파괴하다
② 세우다, 건설하다
③ 소중하게 여기다
④ 고갈시키다

06

정답 | ②

해설 | erode는 '침식하다'라는 의미이기 때문에, 정답은 ②번 disintegrate '붕괴시키다'이다.

해석 | 암석들이 점진적이긴 하지만 꾸준히 침식되고 있다.
① 성장하다
② 붕괴하다
③ 악화되다
④ 나타나다

07

정답 | ②

해설 | 공을 쥐어짠 이후에도 원래 모습으로 돌아온다는 내용이 있기 때문에 탄력성이 좋다는 말이 들어가야함을 알 수 있다.

해석 | 이 고무공은 매우 탄력성이 좋아서 뭉그러뜨린 후에도 곧 제 모양으로 되돌아온다.
① 일시적인, 임시의
② 탄력성이 있는, 잘 회복하는
③ 무시해도 좋은, 하찮은
④ 수익성이 좋은

08

정답 | ③

해설 | 사무실에 출근하지 못한 이유는 감기에 걸려서임을 추론할 수 있다.

해석 | George는 오늘 사무실에 있지 않을 것이다. 그는 주말에 독감에 걸렸다.
① 우연히 만났다
② (아이디어를) 떠올리다
③ (병에) 걸렸다
④ 잠시 들렀다

09

정답 | ①

해설 | A와 B는 교통사고가 날뻔한 것에 대해 서로를 비난하고 있다. B와 A는 교통 표지판의 유무를 가지고 말다툼을 하는데, B는 표지판이 없다고 주장했고 A는 표지판이 있다고 주장하는 상황에서 A는 표지판을 손가락으로 직접 지칭한다. A의 이 말 "Then, what's that?"은 표지판을 직접 가리키며 하는 말이기 때문에 B는 사과를 해야한다. 따라서, 정답은 ①번이다.

해석 | A: 괜찮으세요?
B: 네, 괜찮아요, 그런데 제 차는요? 그렇게 빨리 가지 말았어야죠.
A: 음, 제 잘못 아니었는데요.
B: 무슨 말이에요, 당신 잘못이 아니었다고요? 저한테 우선 통행권이 있었어요.
A: 사실, 그렇지 않았어요. 그런 식으로 치고 나오지 말았어야 해요.
B: 왜 안 돼요? 아무 신호도 없잖아요.
A: 그럼 저건 뭐죠?
B: 아, 정지 신호네요. 제가 그것을 놓쳤네요.
① 제가 그것을 놓쳤네요
② 저도 그 신호를 놓쳤어요
③ 음, 더 조심하셨어야죠
④ 출구 표지판을 따라갔군요

10

정답 | ③

해설 | 'why the long face'라는 표현은 상대방이 우울한 표정을 짓고 있을 때 사용하는 말이다.

해석 | ① A: 그가 선생님께서 말씀하시는 것을 들었나요?
   B: 네. 지시 사항을 문자 그대로 따랐어요.
② A: 그가 한 말을 믿을 수가 없어요!
   B: 그는 정말 실언했어요.
③ A: 왜 시무룩하니?
   B: 아빠가 나한테 새로운 핸드폰을 하나 사주셨어.
④ A: 그 박물관은 너무 오래돼서 철거되어야 해요.
   B: 당신 말에 전적으로 동의해요!

8분컷 Lv.3 16회차 / 정답과 해설

| 상세한 해설은 공단기 김수환 8분컷 강의를 통해 확인하세요

정답표

| 01 | ④ | 02 | ④ | 03 | ③ | 04 | ② | 05 | ④ |
| 06 | ① | 07 | ① | 08 | ③ | 09 | ① | 10 | ③ |

01

정답 | ④ (case → cases)

해설 | CODE 1-3 'both+복수명사'와 'either+단수명사'의 구분을 묻는 문제이다.
① CODE 5-1 절대자동사 appear는 수동태가 불가한 동사이다.
② CODE 4-1 preferred 뒤에 목적어가 없고 주어 Male elephants 가 '선호되는' 대상이므로 수동태가 적절하게 사용되고 있다.
③ CODE 23-8 'one of+복수명사'를 묻는 문제이다.

해석 | ① 동물은 모든 문화권의 신화, 전설, 노래에 등장한다.
② 수컷 코끼리들은 암컷들보다 더 빠르고 공격적이기 때문에 선호된다.
③ 그녀는 우리 시대에 살고 있는 가장 위대한 현대작가 중 한명이다.
④ 그 법정은 그 두 사건에 대해 피고에게 우호적으로 판결했다.

02

정답 | ④ (턱시도를 입은 남자가 Gina에게 → Gina가 턱시도를 입은 남자에게)

해설 | CODE 9-4 'ask+목적어+to부정사'의 5형식 구조이다. 어법상으로는 옳은 문장이지만, 주어가 Gina이고 목적어가 the man인 것으로 볼 때, 남자가 Gina에게 춤 신청을 한 상황이 아니라 Gina가 남자에게 춤 신청을 한 상황임을 알 수 있다. 따라서 해석을 'Gina가 턱시도를 입은 남자에게 ~'로 고쳐야 한다.
① CODE 4-1 주어 Ellen이 '데려가진' 대상이므로 수동태 동사 was taken이 바르게 쓰였다.
② CODE 11-3 동사 makes 뒤에 가목적어 it과 목적격보어인 possible, 의미상 주어인 for the town, 진목적어인 to부정사 to have가 모두 바르게 쓰였다.
③ CODE 4-2 CODE 14-3 주어 The idea가 감정을 불러일으키는 것이므로, 현재분사 shocking이 바르게 쓰였다. 또한 that 뒤의 문장을 보면 주어(a fourth dimension), 동사(exists)로 완전하므로 that은 동격접속사로 앞의 주어 The idea와 동격을 이룬다.

03

정답 | ③

해설 | CODE 12-1 문장의 주어와 부사절의 주어가 같고 부사절의 동사가 be동사이면 주어와 be동사는 생략된다. 접속사 if 뒤에 주어+동사(itis)가 생략된 구문으로, 주어 My younger sister's name이 '발음되는' 대상이므로 과거분사 pronounced가 바르게 쓰였다.
① CODE 2-3 관계절의 동사는 선행사에 수일치되어야 하므로, 단수 선행사 a concept에 수일치되는 단수동사 differs로 고쳐야 한다. (differ → differs)
② CODE 22-5 'so/too/how/as+형용사+a/an+명사' 구문이므로 too a short time을 too short a time으로 고쳐야 한다. (too a short time → too short a time)
④ CODE 14-2 'so+형용사/부사+that절(너무 ~해서 ~하다)' 구문을 묻는 문제이다. 주절의 동사가 be동사이기 때문에 주격보어 자리에는 부사가 아닌 형용사가 와야한다. 따라서, 부사인 well을 형용사인 good으로 고쳐야한다. (well → good)

해석 | ① 아름다움은 사회와 시대마다 다른 개념이다.
② 30분은 이 논문을 쓰기에 너무 짧은 시간이다.
③ 내 여동생의 이름은 제대로 발음하면 예쁘다.
④ 그 케이크가 너무 맛있어서 나는 한 입 더 먹어야 했다.

04

정답 | ② (more → much)

해설 | CODE 19-1 as~as 동등비교 구문에서는 as와 as 사이에 비교급이나 최상급이 아닌 원급이 와야한다. 따라서, 비교급 more를 원급 much로 고쳐야한다.
① CODE 4-2 감정동사의 태를 묻는 문제이다. 글을 읽는 독자들에게 창피함을 느끼지 말라는 내용이기 때문에 과거분사가 적절하게 사용되고 있다.
③ CODE 18-1 형용사와 부사의 구분을 묻는 문제이다. 부사 constantly는 동사 ask를 수식한다.
④ CODE 2-1 주어와 동사의 수일치 문제이다. 문장의 주어인 students가 복수명사이기 때문에 복수동사를 사용한다.

해석 | 질문을 하는 것이 학생들이 수업에 참여하는 가장 값진 방법들 중의 하나이다. 특히 수업 중에 어떤 것이 여러분을 곤혹스럽게 할 때, 여러분은 질문하는 것을 망설여서는 안 된다. 질문하는 것에 대해 창피하게 생각하지 마라. 선생님들은 일반적으로 질문하는 것을 고마워하는데, 왜냐하면 그것(질문)들은 여러분이 그 수업에 왕성한 관심을 가지고 있다는 것을 증명하기 때문이다. 또한, 여러분이 합리적인 질문을 하면 그 학급의 다른 학생들도 아마도 여러분이 그러는 만큼 대답을 필요로 할 것이어서 여러분이 모두를 돕고 있는 것이다. 이것이 나쁜 질문과 같은 그런 것은 없다거나 여러분이 끊임없이 질문을 해야 된다는 것을 의미하는 것은 아니다. 매 순간 손을 들고 하지 않아야 더 나은 질문들을 하는 학생들은 절대 선생님들이 총애하는 학생의 후보자들은 아니다. 좋은 질문과 나쁜 질문이 있다. 그리고 그 질문들을 하기에 좋은 때와 나쁜 때가 있다.

05

정답 | ④

해설 | dormant는 '휴면기의, 잠자고 있는, 활동을 중단한'이라는 의미이기 때문에, 정답은 ④ sleeping '잠자고 있는(=inactive)'이다.

해석 | 그는 오랫동안 잠자고 있던 사랑을 다시 해보려고 한다.
① 달성할 수 있는
② 능동적인
③ 깨어있는
④ 잠자고 있는

06

정답 | ①

해설 | feasible은 '실행가능한'이라는 의미를 갖기 때문에, 정답은 ① practicable '실행가능한(=workable, viable, possible)'이다.

해석 | 이 프로젝트가 실행 가능한 일이라는 것을 내가 증명해보이겠다.
① 실행가능한
② 인습적인, 전통적인
③ 예측할 수 없는
④ 새로운

07

정답 | ①

해설 | get on one's nerves는 '신경에 올라타다'라는 기본 이미지를 바탕으로 하여 '신경을 거슬리게 하다'라는 의미로 사용된다.

해석 | 그 음악은 정말로 내 신경을 거슬리게 하고 있다.
① 내 신경을 건드리다(짜증나게 하다)
② 나를 행복하게 하다
③ 나를 흥분하게 하다
④ 나를 슬프게 하다

08

정답 | ③

해설 | 상업적인 복제를 시작한 이유는 전 세계에 그 누구도 그 복제를 '해낼 수 있는' 전문가가 없기 때문이라는 말이 와야 한다.

해석 | 2년 징역형을 받은 이후 3년 집행유예를 선고 받고 상업적인 개 복제 사업을 시작했다. 왜냐하면 세계 어디에도 어려운 일을 해낼 기술이 없었다.
① 취소하다
② 올리다
③ 해내다
④ 내려가다, 엎드리다

09

정답 | ①

해설 | A가 빈칸 바로 뒤에서 우리가 여기에 온 목적이 일 얘기하러 온 게 아니잖아라고 말했기 때문에 정답은 ①번이 타당하다.

해석 | A: 안녕하세요, Bob. 또 좋은 야유회네요, 그렇지 않나요?
B: 네, 정말 그래요.
A: 월요일 회의에 대한 제 메모 받았나요?
B: 네, 10시잖아요, 맞죠? 나쁜 소식은 아니고요, 그렇죠?
A: 아니에요, 걱정 말아요. 사실, 좋은 소식이에요. 우리가 해야 할 것은 새 PC 생산을 늘리는 것이에요.
B: 훌륭해요!
A: 맞아요, 하지만 오늘은 업무 이야기는 하지 말죠. 여기 온 목적이 그게 아니니까요.
B: 맞아요. 바비큐 갈비 먹어 봤어요?
① 업무 이야기를 하다
② 절차를 무시하다
③ 요령을 터득하다
④ 모든 것을 원칙대로 하다

10

정답 | ③

해설 | 'Why no't은 '왜 아니겠어?' 혹은 '물론이지'라는 말로 사용되기에 문맥상 적합하지 않다.

해석 | ① A: Betty가 벌써 시애틀로 떠났나요?
B: 아니요, 하지만 다음 주 월요일에 이곳을 떠날 거예요.
② A: 어젯밤에 뭐 했어요?
B: 톰 크루즈보다 더 잘생긴 남자와 데이트했어요.
③ A: 당신 나한테 아주 실망할 거예요.
B: 오? 왜 아니겠어요? 당신의 성과는 놀라웠습니다.
④ A: 저 좀 태워주시겠어요?
B: 물론이죠. 타세요.

17 회차 / 정답과 해설

01	①	02	④	03	④	04	③	05	②
06	②②	07	③	08	①	09	①	10	③

01

정답 | ① (doesn't see → see)

해설 | **CODE 23-3** 접속사 lest S+(should)+RV 구문에 관한 문제이다. lest는 ~하지 않도록 이라는 말을 갖지만, 부정어구를 포함하지 않는 점에 유의해야 한다.
② **CODE 16-1** 동사 can achieve의 목적어 역할을 하면서 동사에 want의 목적어가 없는 불완전한 문장을 이끄는 복합관계대명사 whatever가 바르게 쓰였다.
③ **CODE 13-1** **CODE 22-1** 유도부사 There로 시작하여 도치된 문장의 복수동사 are와 복수주어 many reasons의 수일치가 올바르다. 또한 reasons가 이유의 선행사이므로 관계부사 why가 이끄는 완전한 문장이 바르게 연결되었다.
④ **CODE 10-3** 부정사의 태를 묻는 문제이다. 문장의 주어인 no one은 목격의 주체가 아니라 대상이다. 따라서, 능동태가 아닌 수동태를 사용한다.

해석 | ① 공주는 그 누구도 그녀를 보지 못하도록 하기 위해서 창문에서 등을 돌렸다.
② 열정이 있다면, 여러분은 원하는 무엇이든 이룰 수 있다.
③ 개가 먹는 것을 멈출 수도 있는 많은 이유들이 있다.
④ 거리에서 아무도 볼 수 없었다.

02

정답 | ④ (little → few)

해설 | **CODE 2-4** '(a) little+단수명사'와 '(a) few+복수명사'를 묻는 문제이다. friends는 복수명사이기 때문에 little이 아닌 few를 사용하여 '거의~하지 않은'이라는 의미를 전달한다.
① **CODE 18-4** hardly(거의 ~않다)와 hard(열심히)를 구분하는 문제이다. 해석에 '열심히'가 나오므로 여기서는 hard를 적절하게 사용하고 있다.
② **CODE 2-1** 복수주어 Effects 뒤에 복수동사 are의 수일치가 올바르다.
③ **CODE 4-2** **CODE 15-1** 주어 You가 '놀라는' 감정을 느끼는 것이므로 과거분사 surprised가 바르게 쓰였다. 또한 to find의 목적어인 완전한 1형식 문장을 이끌기 위해 접속사 that이 바르게 쓰였다.

03

정답 | ④

해설 | **CODE 9-4** 하여금동사 ask의 목적격보어 자리에 to부정사가 온다.
① **CODE 1-1** 동명사 주어 Writing 뒤에는 단수동사가 나와야 하므로, 복수동사 help를 단수동사 helps로 고쳐야 한다. (help → helps)
② **CODE 11-1** avoid는 동명사를 목적어로 취하는 동사이므로, to make를 making으로 고쳐야 한다. (to make → making)
③ **CODE 9-4** 사역동사의 용법을 묻는 문제이다. 사역동사 make의 목적어와 목적보어의 관계가 능동인 경우엔 부정사가 아니라 동사원형을 사용한다. (to work → work)

해석 | ① 여러분의 지출을 모두 적어 두는 것이 돈을 절약하는 데 도움이 된다.
② 여러분의 시험에서 부주의한 실수를 하는 것은 피해야 한다.
③ 그 사장은 직원들을 늦게까지 일하게 만들었다.
④ 간호사는 독감 예방 접종 후에 샤워를 피하라고 요청했다.

04

정답 | ③ (lie → lay)

해설 | **CODE 5-3** 뒤에 목적어 more eggs가 있는 것으로 볼 때 타동사가 들어갈 자리이므로, 자동사 lie를 타동사 lay로 고쳐야 한다.
① **CODE 7-2** 'be used to RV(~하기 위해 사용되다)' 구문의 to부정사를 완성하는 get이 바르게 쓰였다.
② **CODE 21-1** 뒤에 명사(the winter)만 있으므로 전치사 during이 바르게 쓰였다.
④ **CODE 15-3** how 뒤의 문장을 보면 주어(this), 동사(works)의 완전한 1형식 문장이고 의미상 '어떻게'가 적절하므로 의문부사 how는 올바르게 쓰였다.

해석 | 불빛이 젖소로부터 더 많은 우유를 얻기 위해 사용될 수 있다는 것을 알았는가? 일부 과학자들이 겨울 동안 외양간에서 한 무리의 젖소들을 길렀다. 매일 16시간 동안 불이 켜져 있었다. 젖소들은 더 살이 쪘고 이전보다 더 많은 우유를 주기 시작했다. 젖소가 불이 켜져 있을 때 더 많이 생산하는 유일한 동물인 것은 아니다. 16시간 동안 불이 켜져 있을 때 닭들은 더 많은 알을 낳고, 어린 양들은 더 빨리 자란다. 왜 이런 일이 일어날까? 과학자들은 빛의 추가가 동물들의 뇌에 특별한 신호를 보낸다고 생각한다. 하지만 누구도 이것이 어떻게 작용하는지는 정확히 확신하지 못한다.

05

정답 | ②

해설 | precarious '불안정한, 위태로운'이라는 뜻이기 때문에, 정답은 ② insecure '불안정적인'이다.

해설 | 주식 가격이 폭락하면 나는 재정적으로 위험한 상황에 처하게 된다.
① 신뢰할 수 있는
② 불안정한
③ 수익이 되는
④ 안정적인

06

정답 | ②

해설 | meticulous는 '꼼꼼한, 세심한'이라는 뜻이기 때문에, 정답은 ②번 thorough '철저한'(=fastidious)이다.

해설 | 그들은 세심하게 신경을 써서 아기의 방을 준비했다.
① 교묘한, 기교를 부리는
② 철저한
③ 부주의한
④ 거짓의

07

정답 | ③

해설 | let in은 '들어오도록 허용하다'라는 의미를 갖기 때문에, 정답은 ③번 admit '허가하다, 인정하다'이다.

해설 | 관리자들은 티켓을 소유한 사람들만 입장을 허용할 것이다.
① 격퇴하다, 물리치다
② 찾다, 추구하다
③ 허가하다
④ 무시하다, 태만하다

08

정답 | ①

해설 | 손으로 모든 세탁물을 빨아야했던 원인을 고르는 문제이다. 그 원인은 세탁기의 고장이라는 것을 쉽게 추론할 수 있다.

해설 | 어제 세탁기가 고장 나서, 모든 옷을 손으로 빨아야 했다.
① 고장나다
② 검토하다
③ 체크아웃하다
④ 실망시키다

09

정답 | ①

해설 | 빈칸 바로 뒤에 제시된 정말 우연이라는 A의 말을 통해서 A가 B를 만날 것이라고는 전혀 예상하지 못했음을 알 수 있다.

해설 | A: 당신이에요, Peter? 라스베이거스에서 뭐 하고 있어요?
B: 시험 끝나고 쉬면서 좀 놀기로 했어요.
A: 당신을 여기서 볼 줄은 생각도 못 했어요. 정말 우연이네요!
B: 그러네요. 제 여자친구와 같이 왔어요. 전에 라스베이거스에 와본 적이 없대서요.
A: 그렇군요. 즐거운 여행 되기를 바랄게요.
B: 당신도요. 안녕!
① 당신을 여기서 볼 줄은 생각도 못 했어요.
② 저는 고등학교 졸업 직후에 라스베이거스로 왔어요.
③ 어떻게 그렇게 잘 속을 수 있어요?
④ 그럼, 오늘 아침 일찍 떠났겠네요.

10

정답 | ③

해설 | mind라는 동사를 사용해서 상대방이 물어볼 때 거부는 yes, 승낙은 no로 답변한다. B는 분명히 거부했는데, Be my guest(그렇게 하세요)와 호응될 수 없다.

해설 | ① A: 그 수업 듣는거 중단하자. 너무 지루하고 유용하지도 않아.
B: 하루쯤 생각해봐도 괜찮을까?(곰곰히 생각해봐도 될까?)
② A: 새해 결심이 뭐가요, Anna?
B: 올해 진짜 건강을 유지할 거예요.
③ A: 제가 와인 한잔 더 주문해도 될까요?
B: 아니요. 그렇게 하세요.
④ A: 주문하셨나요?
B: 아직요. 조금 있다가 할게요. 메뉴가 너무 많네요.

18회차 정답과 해설

상세한 해설은 공단기 김수환 8분컷 강의를 통해 확인하세요.

정답표

| 01 | ① | 02 | ④ | 03 | ② | 04 | ④ | 05 | ③ |
| 06 | ③ | 07 | ④ | 08 | ① | 09 | ① | 10 | ② |

01

정답 | ① (be known → know)

해설 | **CODE 9-4** 사역동사의 용법을 묻는 문제이다. 사역동사 let의 목적어인 관객은 that절을 아는 주체이다. 따라서, 이러한 능동관계에서는 목적보어자리에 동사원형을 사용해야 한다.
② **CODE 19-3** 'the+비교급 ~, the+비교급 …(~할수록 더 …하다)' 구문이 바르게 쓰였다.
③ **CODE 14-1** 관계대명사 that의 용법을 묻는 문제이다. 사물 선행사 everything이 있고, 뒤로 불완전한 문장이 이어지고 있기 때문에 문법적으로 올바르다.
④ **CODE 19-7** 대동사 문제이다. 일반동사 dream을 대신 받는 것은 조동사 do이다.

해석 | ① 청중에게 여러분이 그들에 관해 신경 쓰고 있다는 것을 알려주는 것이 중요하다.
② 여러분이 더 차분하고 더 느긋할수록, 그것은 그 문제를 해결하기가 더 쉽다.
③ 그녀는 발생한 모든 것에 대해서 스스로를 자책했다.
④ 고양이들이 우리처럼 꿈을 꾸는지 확실히 아는 것은 불가능하다.

02

정답 | ④ (cost → costly)

해설 | **CODE 17-1** 등위 접속사 or는 형용사 difficult와 형용사 costly를 연결하는 구조가 되어야 한다. cost는 명사 혹은 동사로 사용된다.
① **CODE 15-1** 전치사 to의 목적어로 동사 like의 목적어가 없는 불완전한 문장을 이끄는 명사절 접속사 what이 바르게 쓰였다.
② **CODE 19-5** '배수사(nine times)+비교급(saltier)+than(~보다 … 배 더 ~한)' 표현이 바르게 쓰였다.
③ **CODE 19-7** 원급비교 표현으로 as well as 뒤로 '대동사 do+주어' 어순의 선택적 도치 구문이 바르게 쓰였다. as well as 앞에 일반동사 make가 나오고 주어가 복수인 people이므로 대동사 자리에 do를 썼음을 참고한다.

03

정답 | ②

해설 | **CODE 11-1** 'forget to RV'는 '~하는 것을 잊다'라는 의미인 반면에, 'forget+~ing'는 '(이미)~한 것을 잊다'라는 의미이다. 문맥상 전자가 타당하다.
① **CODE 15-1** 문장의 주어 자리에 동사(matters)만 있는 불완전한 문장이 나오므로 That 대신 불완전한 문장을 이끄는 명사절 접속사 What을 써야 한다.(That → What)
③ **CODE 16-1** like의 목적어 역할을 하면서 동시에 동사 choose 뒤에 목적어가 될 수 있는 명사절이 와야 하므로, 복합관계부사 however를 복합관계대명사 whatever (=anything that)로 고쳐야 한다. (however → whatever)
④ **CODE 17-1** 상관접속사의 병렬구조를 묻는 문제이다. either A or B에서 A와 B의 품사를 일치시켜야 한다. 조동사 will 뒤로 동사원형 call, 그리고 동사원형 text로 병렬되어야 한다. (texting → text)

해석 | ① 나의 어머니는 약 먹는 것을 잊지 않겠다고 약속했다.
② 가장 중요한 것은 신체적인 외모가 아니라 내적인 아름다움이다.
③ 이 셔츠는 다양한 색상들로 나와서 무엇이든 좋아하는 것을 고를 수 있다.
④ 그 호텔은 예약을 확인하기 위해 전화를 걸거나 문자를 보낼 것입니다.

04

정답 | ④ (which → where)

해설 | **CODE 13-1** which 뒤의 문장을 보면 주어(men and women), 동사(work together)로 완전하다. 따라서 which를 선행사가 project라는 추상적 장소를 뜻하므로 관계부사 where로 고쳐야 한다.
① **CODE 4-4** 'allow+목적어+to부정사'의 5형식 구조를 수동태로 바꾸면 '주어+be allowed+to부정사'가 되므로, 여기서도 are not allowed 뒤로 to부정사 보어인 to play가 바르게 연결되었다.
② **CODE 14-2** 콤마 뒤에 관계절의 동사 means 앞에 주격 관계대명사 which가 바르게 쓰였다.
③ **CODE 10-1** 전치사 on의 목적어 자리에 동명사 giving이 바르게 쓰였다.

해석 | 안타깝게도 세계의 많은 가난한 지역들에서 여성들이 사회 내에서 중요한 역할을 하는 것이 허용되지 않는데, 이것은 상황을 개선할 수 있는 지식, 재능, 그리고 힘의 절반이 말 그대로 낭비되고 있다는 것을 의미한다. 그래서 우리가 전 세계 여성들에게 힘을 주는 데 집중하고 있는 것이다. 우리는 불가능해 보였던 것을 이뤄내기 위해 남성과 여성들이 함께 일하는 지역 사회 프로젝트들을 도입하고 있다.

05

정답 | ③

해설 | exorbitant는 '과도한, 지나친'이라는 의미를 갖기 때문에, 정답은 ③ excessive '지나친'이다.

해석 | 전기가 비용이 덜 들긴 하지만, 발전소를 짓고 유지하는 데 드는 지나친 비용을 포함해야 한다.
① 진부한, 구식의
② 합리적인
③ 지나친
④ 약간의, 적은

06

정답 | ③

해설 | inevitable은 '불가피한, 피할 수 없는'이라는 의미를 갖기 때문에, 정답은 ③ unavoidable '피할 수 없는'이다.

해석 | 진보된 기술이 노동자들에게 압력을 가할 것이라는 것은 불가피한 일이다.
① 피할 수 있는
② 가능성 있는
③ 피할 수 없는
④ 다양한

07

정답 | ④

해설 | light up은 '조명을 켜다, 비추다'라는 의미이기 때문에, 정답은 ④ illuminate '밝게 비추다, 상세하게 설명하다'이다.

해석 | 오랫동안 구름이 끼어었던 하늘을 태양이 밝게 비추었다.
① 능가하다
② (감정, 생각을) 불러일으키다
③ 어둡게 하다
④ 밝게 비추다, 상세하게 설명하다

08

정답 | ①

해설 | 준비부족으로 회의가 연기되었다는 내용이 문맥상 적절하다.

해석 | 준비 미숙으로 회의가 오랜 시간 연기되었다.
① ~를 미루다
② ~를 착용하다
③ 진압하다, 내려놓다
④ ~를 끄다

09

정답 | ①

해설 | fill up은 '(기름을) 가득 채우다'라는 의미이다.

해석 | A: 소형차의 하루 요금이 얼마인가요?
B: 하루에 30달러입니다.
A: 사고 보험이 딸려 있나요?
B: 아니요, 보험은 추가 지불하셔야 합니다. 선택 사항이고요.
A: 음, 얼마인데요?
B: 하루에 13달러입니다.
A: 기름은 가득 채워져 있나요?
B: 네. 오늘 아침에 가득 채웠습니다.
① 오늘 아침에 가득 채웠습니다
② 거기서 만나도록 해요
③ 항상 연료탱크를 가득 채우세요
④ 연료탱크가 꽉 찬 것은 보장되지 않아요

10

정답 | ②

해설 | 'Are you with me?(=Are you following me?)'는 설명하고 있는 내용을 이해하고 있는지를 확인할 때 사용하는 표현이다.

해석 | ① A: 세관 신고하실 물품이 있나요?
    B: 없습니다. 여기 제 세관서류입니다.
② A: 지금까지 제가 한 말을 이해하고 있습니까?
    B: 얼마나 머나요?
③ A: 어떤걸 살까? 이걸 살까 아니면 저걸 살까?
    B: 좋으실대로 하세요. 내 돈이 아니라, 네 돈이니까.
④ A: 아이브의 신곡은 정말 중독성 있는거 같아.
    B: 정말 그래요. (You're telling me. = You can say that again. = Tell me about it.)

19 회차 / 정답과 해설

| 상세한 해설은 공단기 김수환 8분컷 강의를 통해 확인하세요.

정답표

| 01 | ② | 02 | ③ | 03 | ③ | 04 | ④ | 05 | ② |
| 06 | ③ | 07 | ④ | 08 | ① | 09 | ② | 10 | ④ |

01

정답 | ② (or → nor)

해설 | **CODE 17-2** 상관 접속사 'neither A nor B'를 묻는 문제이다. neither와 함께 쓰이는 것은 nor이기 때문에, or를 nor로 고쳐야 한다.
① **CODE 9-4** help의 용법을 묻는 문제이다. help는 목적보어 자리에 동사원형이나 부정사가 위치한다.
③ **CODE 13-5** 동사가 2개이기 때문에 접속사가 필요하다. 선행사인 novels를 받는 관계대명사(접속사+대명사)를 사용하고 있다.
④ **CODE 14-1** 명사절을 이끄는 접속사 that이 생략된 문장이다 (I heard that Mary is in stable condition in the hospital). 생략된 접속사 that이 있기 때문에 동사가 2개가 있을 수 있다.

해석 | ① 그녀는 어제 그녀의 친구가 이사하는 것을 도울 수가 없었다.
② 그는 최고의 학생도 최악의 학생도 아니다.
③ 그 목록은 소설을 포함하며, 그 중에서 일부는 영어로 번역되었다.
④ 메리가 병원에 안정적인 상태로 있다고 들었다.

02

정답 | ③ (were → was)

해설 | **CODE 2-1** 단수주어 One 뒤에 단수동사가 나와야 하므로, 복수동사 were를 단수동사 was로 고쳐야 한다. 참고로 'that ~ children'까지는 선행사인 gifts를 수식하는 목적격 관계사절이다.
① **CODE 15-3** 간접의문문이 의문문에서 동사 suppose, think, believe, imagine 등의 목적어로 쓰이면 의문사는 문장 앞으로 나가야 한다. 따라서 'What ~'은 올바르게 쓰였다.
② **CODE 18-3** **CODE 3-3** ashamed는 서술적 용법으로만 사용되는 형용사이다. 창피함을 느끼는 과거시점보다 노력을 하지 않았던 사실이 먼저 였기 때문에 과거완료를 사용하는 것은 문법적으로 타당하다.
④ **CODE 12-1** 나무꾼은 동기부여를 받는 대상이기에, 과거분사 motivated를 사용하는 것이 타당하다.

03

정답 | ③

해설 | **CODE 18-1** 부사의 역할을 묻는 문제이다. 부사 voluntarily가 동사 work를 올바르게 수식하고 있다.
① **CODE 18-1** 동사 speaks를 수식할 수 있는 것은 부사이므로, 형용사 careful을 부사 carefully로 고쳐야 한다. (careful → carefully)
② **CODE 18-2** 2형식 동사 taste는 주격보어 자리에 부사가 아닌 형용사가 위치한다. (well → good)
④ **CODE 20-3** 도로는 양쪽으로 수가 한정되어 있으므로 한쪽은 one, 다른 한쪽은 the other로 쓴다. 따라서 other를 the other로 고쳐야 한다. (other → the other)

해석 | ① 그는 항상 자기 주위 사람들에게 행동하는 것만큼 조심스럽게 말한다.
② 그 도시의 중심에 수십 개의 상점과 식당들이 있다.
③ 그는 지역 사회를 돕기 위해 노숙자 쉼터에서 자발적으로 일을 했다.
④ 나는 여동생이 길 반대편에서 손을 흔드는 것을 보았다.

04

정답 | ④ (has dreamed → had dreamed)

해설 | **CODE 3-3** 문맥상 '꿈꿔왔던' 것이 과거(came)보다 상대적으로 더 앞서 있었던 일이므로, has를 과거완료시제 동사 had로 고쳐야 한다.
① **CODE 13-3** 선행사 the hardworking sailors를 꾸미면서 동사 saw의 목적어가 없는 문장을 이끌기 위해 목적격 관계대명사 that이 바르게 쓰였다.
② **CODE 10-1** 전치사 about의 목적어 자리에 동명사 taking이 바르게 쓰였다.
③ **CODE 13-4** 선행사 his lists를 수식하며 관계부사처럼 뒤에 완전한 문장을 이끄는 '전치사+관계대명사' in which가 바르게 쓰였다.

해석 | 어린 시절부터, Jim은 온갖 종류의 배들에 매료되었다. 그는 자라서 부둣가 아래에서 보았던 성실한 선원들과 함께할 수 있기를 바랐다. 그는 항해하는 방법과 위험한 상황에서 지휘관이 해야 할 일을 설명하는 많은 책을 읽었다. 게다가, Jim은 두 달 동안 계속되는 항해에 나서는 꿈을 꾸었다. 그는 종종 범선을 사는 데 들 금액과 필요한 식량의 종류를 알 수 있도록 목록을 만들었다. 결국, Jim이 꿈꿔왔던 여행을 떠날 준비가 된 날이 왔다.

05

정답 | ②

해설 | concrete은 '구체적인'이라는 의미를 갖기 때문에, 정답은 ②번 specific '구체적인'이다.

해석 | 우리는 우리가 원하는 것을 대략적으로는 알지만, 지금 당장은 무언가 **구체적인** 것은 없다.
① 미묘한, 섬세한
② 구체적인
③ 단순한
④ 복잡한

06

정답 | ③

해설 | inadvertently는 '무심코, 의도치않게'라는 의미를 갖기 때문에, 정답은 ③번 unintentionally '의도치않게'이다.

해석 | 우리는 <u>무심코</u> 계산을 하지 않고 가게를 나왔다.
① 차후에
② 고의로
③ 의도치않게
④ 고의로, 의도적으로

07

정답 | ④

해설 | put together는 '조립하다'라는 의미를 갖기 때문에, 정답은 ④번 '모으다, 조립하다'이다.

해석 | 각 장비를 조립하는데 8시간이 걸린다.
① 구매하다
② 분리하다, 구분하다
③ 대체하다, 교체하다
④ 모으다, 조립하다

08

정답 | ①

해설 | 문맥상 '시간이 지나가다'를 선택해야 한다.

해석 | 시간이 너무 빨리 <u>지나간다</u>. 휴가가 거의 끝났다는게 믿을 수가 없다.
① 지나가다, 흘러가다
② 상승하다
③ 폭발하다, (알람) 울리다
④ 검토하다

09

정답 | ②

해설 | A와 B의 대화를 통해서 A가 선거일을 잊고 있었다는 것을 알 수 있다.

해석 | A: 투표할 거예요?
B: 네, 당신은요?
A: 해야죠, 그런데 선거일이 언제죠?
B: 이번 주 화요일이요.
A: 말해줘서 다행이네요.
B: 선거가 언제인지 몰랐다니 믿을 수가 없네요.
A: 깜빡 잊어버렸어요.
B: 뉴스를 더 자주 봐야겠네요.
① 직관적으로 알 수 있었어요
② 깜빡 잊어버렸어요
③ 소문으로 들었어요
④ 난 편법을 썼어요

10

정답 | ④

해설 | 'Why not?'은 상대방의 제안을 흔쾌히 수락할 때 사용하는 표현이다.

해석 | A: 안녕, Jill.
B: 어떻게 지내, Mike?
A: 내일 밤에 무슨 계획 있나 궁금해서.
B: 음… 내일 뭐 특별한 일은 없는 것 같은데. 왜?
A: 나랑 같이 <조커> 볼래?
B: 좋아! 같이 가서 보자.
① 그 영화 이미 봤어.
② 난 그 영화가 질렸어.
③ 계속 연락하면서 지내자.
④ 좋아!

20 회차 정답과 해설

01	④	02	②	03	③	04	②	05	①
06	④	07	③	08	②	09	⑤	10	③

01

정답 | ④ (took → has taken)

해설 | **CODE 3-1** 'since+과거시점'은 주절에 현재완료나 현재완료진행형이 나온다. since를 쏙~ 빼고 last year만 보고 과거시제가 옳다고 생각하는 오류를 범하지 않는게 중요하다.
① **CODE 11-5** be devoted/committed/dedicated to ~ing 구문에 관한 문제이다. 여기서 to는 전치사이기 때문에 명사나 동명사가 이어져야한다.
② **CODE 9-4** 사역동사의 용법을 묻는 문제이다. let의 목적어와 목적보어의 관계가 능동관계일때는 목적보어자리에 동사원형을 사용한다.
③ **CODE 13-1** 의문문 문장이기에 동사와 주어의 어순이 뒤바뀌었는지를 확인해야 한다. 한편 주격 관계대명사 who는 선행사를 사람으로 받고 종속절에 동사가 바로 이어지는지를 확인해야 한다.

해석 | ① Rex는 훌륭한 남편이 되는 것에 전념한다.
② 규호는 자신의 아들이 온라인 게임을 하도록 허락한다.
③ 커피를 바닥에 떨어뜨린 그 소녀는 누구니?
④ 스완이는 작년부터 기타수업을 수강하고 있다.

02

정답 | ② (them → them 삭제)

해설 | **CODE 11-6** 난이형용사 문제이다. 종속절의 주어인 they(=human reactions)는 interpret의 목적어이기 때문에 반복해서 사용하면 안된다.
① **CODE 9-4 CODE 12-1** 지각동사 saw 뒤의 목적어 two boys가 행위의 주체이므로, 현재분사 carrying이 바르게 쓰였다.
③ **CODE 8-2** 'If S+과거시제 ~, S+would+동사원형'의 가정법 과거 문장이 바르게 쓰였다.
④ **CODE 18-2** 2형식 동사 seem은 주격보어자리에 부사가 아닌 형용사가 위치한다.

03

정답 | ③

해설 | **CODE 19-2** superior/inferior/senior/junior와 같은 라틴계열에 서 온 형용사들은 비교대상 앞에 than이 아닌 전치사 to를 사용한다.
① **CODE 19-7** 비교대상의 일치에 관한 문제이다. A와 B를 비교할 때는 그 대상을 동일시해야한다. 위 문장에서는 바바라의 코트와 조라는 사람을 비교하고 있으니 비교대상이 일치되지 않았다. 따라서, Joe를 Joe's(coat)로 고쳐야한다. (Joe → Joe's)
② **CODE 22-2** Only recently가 문두에 위치해 주어와 동사가 의문문 어순으로 도치된 문장이다. 단수주어 a video game에 호응하는 단수동사가 앞에 필요하므로, have를 has로 고쳐야 한다. (have → has)
④ **CODE 18-1** 동사 can be found를 수식할 수 있는 것은 형용사가 아닌 부사이므로, 형용사 easy를 부사 easily로 고쳐야 한다. (easy → easily)

해석 | ① 바바라의 코트가 조의 코트보다 비싸다.
② 최근에야 비디오 게임이 예술의 한 형태로 여겨졌다.
③ 이 휴대폰의 최신 모델은 그 이전의 것보다 뛰어나다.
④ 패스트푸드점은 많은 나라들에서 쉽게 발견될 수 있다.

04

정답 | ② (has taken → took)

해설 | **CODE 3-2** 동사의 시제를 묻는 문제이다. 건축을 했던 시점이 과거시점이었기 때문에, 건축할 때 걸렸던 시점 역시 과거시점이었을 것이다. 따라서, 관계사절의 동사를 현재완료가 아닌 과거시제로 고치는 것이 문법적으로 올바르다.
① **CODE 17-1** 병렬구조를 묻는 문제이다. 동사 is와 covers는 주어 it에 걸쳐있다.
③ **CODE 4-1** 동사의 태를 묻는 문제이다. 문장의 주어인 they(=the farmers)는 다른 사람들을 돕기 위해 보내졌던 사람들이기 때문에 능동태가 아닌 수동태가 타당하다.
④ **CODE 18-1** 부사 well은 동사 fit을 수식하고 있다.

해석 | 모든 피라미드 중에서 가장 큰 것은 Giza에 있는 Cheops의 대피라미드이다. 그것은 48층 빌딩만큼 높고 10개의 축구 경기장 면적에 이를 정도이다. 대피라미드를 건설하는 것은 약 20년이 걸린 엄청난 일이었다. 수천 명의 장인과 노동자들이 이 거대한 무덤을 건설했다. 매해, 나일강이 3개월 동안 육지를 범람했을 때, 농부들은 농작물을 재배할 수 없었다. 그들은 1년 내내 피라미드를 건설하고 있던 다른 노동자들을 돕도록 보내어졌다. 그 노동자들은 한 번에 하나씩, 경사로 위로 이백오십만 개의 돌 블록을 끌었다. 그들은 블록을 차례로 쌓아 올렸다. 돌들은 서로 너무 잘 맞아서 그것들을 고정시키기 위한 어떤 시멘트도 필요로 하지 않았다!

05

정답 | ①

해설 | impartial은 '객관적인, 공정한'이라는 뜻이기 때문에, 정답은 ①번 neutral '중립적인'이다.

해석 | 국민들은 공무원들의 뇌물 수수에 대해 검찰에 공정한 수사를 촉구했다.
① 중립적인
② 편향된, 편파적인
③ 부도덕한, 무원칙한
④ 완고한, 융통성이 없는

06

정답 | ④

해설 | dubious는 '의심스러운'이라는 의미를 갖기 때문에, 정답은 ④번 suspicious '의심스러운'이다.

해석 | 한국의 가장 동쪽의 섬 독도에 대한 일본 식민시대 때의 미심쩍은 주장이 오랫동안 한국과 일본 사이에 논란이 많은 쟁점이 되어왔다.
① 불굴의, 단호한
② 확고부동한
③ 틀리기 쉬운
④ 의혹을 갖는, 의심스러운

07

정답 | ③

해설 | abide by는 '(규칙을) 준수하다, 따르다'라는 의미이기 때문에, 정답은 ③번 observe '준수하다, 관찰하다'이다.

해석 | 캐시는 그 규칙을 따르기로 결정했다.
① 거부하다
② 만들다
③ 관찰하다, 준수하다
④ 개정하다

08

정답 | ②

해설 | 인권단체는 사형제도에 대해 반대 입장을 취할것이라는 것이 충분히 예상된다. 따라서, 문맥상 ②번이 타당하다.

해석 | 인권단체는 미국에게 사형제도를 폐지하라고 요청했다.
① 구미에 맞추다
② 요청하다
③ 검사하다, 검토하다
④ 취소하다

09

정답 | ②

해설 | 빈칸 아래에 B가 다행이라고 한말을 통해서 불행한 일이 발생하지는 않았다는 것을 추론할 수 있다.

해석 | A: 강도 사건에 관해 들었어요?
B: 무슨 강도 사건이요?
A: 어떤 남자가 오늘 일찍 우리 은행을 털려고 했어요.
B: 미쳤네요!
A: 총을 겨누고 은행을 털려고 시도했어요.
B: 다들 괜찮은가요?
A: 누구도 해치지는 않았어요.
B: 그렇다니 다행이네요.
① 경찰은 용의자가 누구인지 몰라요
② 누구도 해치지는 않았어요
③ 그가 도망쳤다고 들었어요
④ 그들이 그를 잡을 거예요

10

정답 | ③

해설 | go for a spin은 '드라이브하다'라는 의미이기 때문에, 문맥에 적합하지 않다.

해석 | ① A: 안녕, Paul. 여기는 무슨 일이에요?
B: 어떻게 지내요? 난 일행을 기다리는 중입니다.
② A: 내가 오디션에 통과할 수 있을지 모르겠어. 봐봐. 나 지금 엄청 떨고 있잖아.
B: 편하게 마음을 가져봐. 넌 단지 긴장하는 것 뿐이야.
③ A: 어떻게 지냈어요?
B: 방과후에 드라이브갈 예정입니다.
④ A: 오늘 날씨 어때요?
B: 이보다 좋을 수는 없을만큼 좋아요.

21 회차 정답과 해설

8분컷 Lv.3 | 상세한 해설은 공단기 김수환 8분컷 강의를 통해 확인하세요.

정답표

| 01 | ③ | 02 | ② | 03 | ③ | 04 | ② | 05 | ① |
| 06 | ④ | 07 | ③ | 08 | ① | 09 | ② | 10 | ③ |

01

정답 | ③ (other → another)

해설 | **CODE 20-3** 부정대명사의 용법을 묻는 문제이다. other는 불특정한 다수의 사람/사물을 지칭하는 말로 'other+복수명사(=others)'로 사용되는 반면에, another는 또 다른 하나/한사람을 지칭하는 말로 형용사로 사용되는 경우 'another+단수명사'로 사용된다.
① **CODE 13-1** the way 뒤에 관계부사 how가 생략됐다. 참고로 다른 관계부사와 달리 the way 와 how는 중복해서 쓸 수 없다.
② **CODE 11-5** 동명사 관용표현 'be worth ~ing(~할 가치가 있다)' 구문의 are worth investing이 바르게 쓰였다. 항상 능동의 동명사가 와야 한다.
④ **CODE 13-4** '전치사+관계대명사'인 in which는 선행사를 취하고 완전한 문장이 이어진다.

해석 | ① 인터넷은 사람들이 물건을 사고파는 방식을 바꾸어 놓았다.
② 여러분의 아이디어가 투자할 가치가 있다는 것을 사람들에게 납득시킬 필요가 있다.
③ 배터리가 10시간까지 유지되는데, 그것은 또 다른 이점이다.
④ 야생의 고양이들은 이른 아침에 가장 활동적이고, 그때 그들은 대부분의 사냥을 한다.

02

정답 | ④ (that → what)

해설 | **CODE 15-1** 동사 inform의 직접목적어인 명사절이 주어가 없는 불완전한 문장이므로, 완전한 문장을 이끄는 that을 불완전한 문장을 이끄는 명사절 접속사 what으로 고쳐야 한다.
① **CODE 2-1 CODE 15-3** 복수주어 Ideas에 복수동사 vary의 수일치가 올바르다. 전치사 about의 목적어로 의문사 how가 이끄는 명사절도 바르게 쓰였다.
② **CODE 11-3** 5형식 동사 makes 뒤에 가목적어 it과 목적격보어인 형용사 difficult, 진목적어인 to부정사 to break가 모두 바르게 쓰였다.
③ **CODE 2-2 CODE 12-1** A of B 구조에서 A에 수량표현 Many가 있을 때, 동사의 수는 B에 일치시키므로, 복수명사 the manufactured products 뒤의 복수동사 contain의 수일치가 올바르다. 또한 의미상 주어 the manufactured products가 '만들어진' 대상이고 뒤에 목적어도 없으므로, 과거분사 made도 바르게 쓰였다.

03

정답 | ③

해설 | **CODE 19-3** 'the 비교급, the 비교급' 구문을 묻는 문제이다. 'the 비교급, the 비교급' 구문에서는 동사가 be동사인 경우엔 생략이 가능하다.
① **CODE 19-4** 비교급 강조를 묻는 문제이다. far는 비교급 강조로 사용되고 있기 때문에, far 뒤에는 비교급이 나와야한다. much는 원급이기 때문에 much의 비교급 more로 고쳐야한다.(much → more)
② **CODE 13-1** 선행사 an online space를 수식하고, 뒤의 완전한 문장을 이끄는 관계부사 where가 와야한다. (which → where)
④ **CODE 18-4** 문맥상 '늦게 도착했다'라는 의미가 되어야 하므로, '최근에'라는 뜻의 부사 lately를 '늦게'라는 뜻의 부사 late로 고쳐야 한다. (lately → late)

해석 | ① 이 쿠키는 나의 어머니의 것보다 훨씬 더 맛있다.
② 블로그는 여러분의 생각을 표현할 수 있는 온라인 공간이다.
③ 식당이 더 바쁘면 바쁠수록, 서비스가 점점 더 느려진다.
④ 우리는 세미나에 30분 늦게 도착해서 시작을 놓쳤다.

04

정답 | ② (calling → called)

해설 | **CODE 4-4 CODE 12-1** 의미상 주어 a product가 '불린' 대상이고, 5형식 동사 뒤에 목적어 없이 목적격보어 White Soap가 연결되는 것이므로, 현재분사 calling을 과거분사 called로 고쳐야 한다.
① **CODE 2-1** 단수주어 The invention 뒤에 단수동사 was의 수일치가 올바르다.
③ **CODE 11-1** 'forget+toRV'는 '~한다는 것을 깜빡 잊다'라는 의미로 문맥상 적절하다.
④ **CODE 20-1** 앞의 단수명사 the soap를 받는 단수 대명사 it이 바르게 쓰였다.

해석 | 세계에서 가장 인기 있는 브랜드 중 하나인 Ivory Soap의 발명은 우연이었다. 그 제조업체가 1878년에 White Soap이라고 불리는 한 제품을 만들기 시작했다. 그런데 어느 날, 한 공장 직원이 혼합기를 끄는 것을 잊은 채, 점심을 먹으러 갔다. 그 결과, 평소보다 훨씬 더 많은 공기가 비누에 추가되었다. 공기가 꽉 찬 그 제품이 틀에서 떼어내졌을 때, 그것이 세계 최초의 부유 비누가 되었다. 고객들은 그 비누가 욕조 바닥에서 분실될 수 없기에 그것을 좋아했다.

05

정답 | ①

해설 | belittle은 '경시하다'라는 의미이기 때문에, 정답은 ①번 disparage '경시하다'이다.

해석 | 내년부터 성차별을 암시하거나 혹은 한국의 고령화 사회에 대한 인식을 경시하는 표현들이 교과서에서 삭제될 것이다.
① 폄하하다, 경시하다
② 확대하다
③ 폭락하다
④ 부풀다

06

정답 | ④

해설 | transient는 '일시적인'이라는 의미를 갖기 때문에, 정답은 ④번 momentary '순간적인, 잠깐의'이다.

해석 | 사람들의 취향은 일시적이고 밴드도 해체되지만 노래는 항상 영원히 남는다.
① 현대의, 동시대의
② 선입견 없는
③ 지속되는, 영원한
④ 순간적인, 잠깐의

07

정답 | ③

해설 | zero in on은 '~에 모든 관심을 쏟다, ~을 직접적으로 겨냥하다'라는 의미이기 때문에, 정답은 ③번 focus on '집중하다'이다.

해석 | 그 신문은 그의 사생활을 집중조명했다.
① 힐끗보다
② 없애다
③ 집중하다
④ 마무리하다

08

정답 | ②

해설 | 문맥상 코로나19를 '극복하다'라는 말이 적절하다.

해석 | 여러분의 몸이 새로운 코로나바이러스에 의해 생기는 질병인 COVID-19를 극복하는데 2주 이상 걸릴 수도 있다.
① 중단하다, 그만하다
② 극복하다, 회복하다 (=overcome)
③ 항복하다, 굴복하다
④ 잘라내다, 중단하다

09

정답 | ②

해설 | 빈칸 뒤에서 A가 새로 이사온 동네에서 뭘해야할지를 모르겠다는 말을 했기 때문에, 빈칸에는 이사와서 한게 별로 없다는 식의 말이 들어가야 한다.

해석 | A: 전 최근에 막 이 동네로 이사 왔어요.
B: 그러세요? 얼마나 최근에요?
A: 지난주요.
B: 여기서 뭘 해보셨나요?
A: 별로 많은 것을 하지 않았어요.
B: 왜 안 하셨어요?
A: 뭘 해야 할지 몰라서요.
① 하실 수 있는 것이 많아요
② 별로 많은 것을 하지 않았어요
③ 할 일이 뭐가 있는지 말해주세요
④ 제가 해왔던 것보다 더 많네요

10

정답 | ③

해설 | rip off는 '바가지를 쓰다'라는 말이기 때문에 문맥상 어울리지 않는다.

해석 | ① A: 해변가에 가고 싶어?
B: 네 의견에 전적으로 동의해!(그래!)
② A: 클래식 음악 좋아하니?
B: 그건 내 취향이 아니야.
③ A: 내가 듣기로 그 컴퓨터 진짜 싸다고 들었어. 어디서 샀어?
B: 집 근처 몰에서. 나 바가지썼어.
④ A: 그 여자는 여전히 널 사랑해. 내 말 믿어.
B: 글쎄, 그런 것 같지 않아. 그 여자는 항상 날 피하려고해.

22회차 정답과 해설

정답표

01	②	02	③	03	②	04	④	05	③
06	④	07	②	08	①	09	④	10	④

01

정답 | ② (month → months)

해설 | **CODE 2-4** 'every+(시간단위)복수명사'는 부사구가 되어 '~마다'라는 의미로 사용되는 반면에, 'every+단수명사'는 명사구가 되어 '모든'이라는 의미가 된다.
① **CODE 11-1** help는 목적어로 부정사나 동사원형을 취할 수 있다.
③ **CODE 3-2** last year라는 명백한 과거시간부사구가 있기 때문에 과거시제를 사용한다.
④ **CODE 18-2** 동사 left의 목적격보어 자리에 형용사 open이 바르게 쓰였다.

해석 | ① 단백질이 풍부한 일부 음식은 당신의 에너지 레벨을 유지하도록 도움을 줄 수 있다.
② 인터넷 사용자의 수는 6개월마다 두 배가 되고 있다.
③ 아프리카의 많은 지역들이 작년에 심각한 가뭄을 겪었다.
④ 그 작가는 결말을 독자의 상상에 맡기도록 열어두었다.

02

정답 | ③ (more humid → humid)

해설 | **CODE 19-1** as~as 사이에는 비교급이 아닌 원급이 위치한다.
① **CODE 4-1** 뒤에 목적어가 없고 주어 This lively market이 '열리는' 대상이므로 수동태 동사 is held가 바르게 쓰였다.
② **CODE 18-2** 5형식동사 leave의 목적어인 '당신의 짐'은 방치가 되는 대상이기 때문에 목적어와 목적보어의 관계가 수동관계이다. 따라서, 과거분사를 적절하게 사용하고 있다.
④ **CODE 19-6** '비교급+any other+단수명사'를 묻는 문제이다.

03

정답 | ②

해설 | **CODE 19-7** 비교대상의 일치에 관한 문제이다. my dog와 yours(=your dog)를 적절하게 비교하고 있다.
① **CODE 18-2** 감각동사 felt의 주격보어 자리에는 형용사가 와야 하므로, 부사 nervously를 형용사 nervous로 고쳐야 한다. (nervously → nervous)

③ **CODE 3-2** 과거의 특정 시점 a week ago가 제시되어 있으므로, 현재완료시제 동사 has suffered를 과거시제 동사 suffered로 고쳐야 한다. (has suffered → suffered)
④ **CODE 4-1** 주어 The lack of confidence in his voice가 '인터뷰를 망친' 주체이고, 뒤에 목적어 his job interview도 있으므로, 수동태 동사 was spoiled를 능동태 동사 spoiled로 고쳐야 한다. (was spoiled → spoiled)

해석 | ① Christina는 선생님으로부터 갑작스러운 질문을 받았을 때 긴장했다.
② 내 개는 네가 기르는 개만큼 총명하고 영리하다.
③ Julie는 일주일 전에 심한 감기를 앓았다.
④ 그의 목소리에서의 자신감의 부족이 그의 일자리 면접을 망쳤다.

04

정답 | ④ (has gone → went)

해설 | **CODE 3-2** 동사의 시제를 묻는 문제이다. 명백한 과거시간부사구인 last month가 있기 때문에 과거동사를 사용해야 한다.
① **CODE 2-1** 단수주어 Destruction 뒤에 단수동사 is의 수일치가 올바르다.
② **CODE 4-1** 문장의 주어인 토지는 파괴되는 대상이기 때문에 수동태가 타당하다.
④ **CODE 22-2** 'so+형용사/부사+that절(너무/아주 ~해서 ~하다)' 구문이 바르게 쓰였다.

해석 | 세계 열대우림의 파괴는 심각한 문제이다. 유감스럽게도, 그것들이 사라지고 있다. 수업 프로젝트의 일환으로, Mike Myers의 제자인 학생들이 코스타리카에 열대우림의 3에이커를 샀다. 그들은 자신들이 산 땅이 보호되고 파괴되지 않기를 바란다. 그들은 열대우림에 아주 관심을 갖게 되어, 실제 열대우림에서 더 자세히 살펴보기로 결정했다. 그래서 지난달, Myers와 4명의 학생들이 열대우림을 방문하기 위해 8일간의 여행을 떠났다.

05

정답 | ③

해설 | callous는 '냉담한, 무관심한'이라는 의미를 갖기 때문에, 정답은 ③번 indifferent '무관심한'이다.

해석 | 그들은 다른 사람들의 고통에 대해서 냉담한 태도를 가진다.
① 민감한
② 경계하는, 신중한

③ 무관심한
④ 인색한

06

정답 | ④

해설 | exaggerate는 '과장하다'라는 의미를 갖기 때문에, 정답은 ④번 overstate '과장하다'이다.

해석 | 오늘날, 미신이라는 용어는 종종 뭔가 과장되거나 사실이 아닌 것을 안 좋게 언급하는 방식으로 이용된다.
① 최소화시키다
② 가속화시키다
③ 조작하다
④ 과장하다

07

정답 | ②

해설 | weed out은 '없애다'라는 의미를 갖기 때문에, 정답은 ②번 eradicate '박멸하다, 없애다'이다.

해석 | 우리는 부패한 경찰을 제거하는 과정이 필요하다.
① 배출하다
② 박멸하다, 없애다
③ 낙담시키다
④ 완화시키다

08

정답 | ①

해설 | usher in은 '~을 안내하다, ~이 시작되게하다'라는 의미이기 때문에 빈칸의 목적어인 새해(a new year)와 잘 호응된다.

해석 | 시계가 자정을 가리키면서 또 다른 한 해를 맞이할 때 우리들은 자신도 모르게 지난 한 해를 되돌아보게 된다.
① usher in 안내하다
② look into 조사하다
③ fend off 막다
④ call off 취소하다

09

정답 | ④

해설 | 빈칸 뒤에서 이름을 말해주는 것으로 보아, A가 이름을 물어본것임을 알 수 있다.

해석 | A: 안녕하세요, Grandma's Kitchen입니다.
B: 안녕하세요. 오늘 밤 두 사람 자리를 예약하고 싶은데요.
A: 몇 시에요?
B: 저녁 7시쯤이요.
A: 성함을 말씀해 주시겠어요?
B: John Connor입니다.
① 더 필요하신 게 있으신가요?
② 몇 시로 할까요?
③ 테이블이 준비되어 있습니다, 손님.
④ 성함을 말씀해 주시겠어요?

10

정답 | ④

해설 | have/take a day off는 '하루 연차내다, 하루 쉬다'라는 의미이기 때문에 문맥상 적합하지 않다.

해석 | ① A: 1인분 더 드시겠어요?
B: 고맙지만, 저는 그만 먹을게요.
② A: 그가 어젯밤 식사비를 왜 계산한거예요?
B: 새로운 매니저로 승진했거든.
③ A: 그 강의에 대해서 어땠어?
B: 그 강의 대다수는 이해하기 힘들었어.
④ A: 전 요즘 출산 휴가중입니다.
B: 저는 오늘 하루 휴가(하루연차)냈어요.

23 회차 정답과 해설

상세한 해설은 공단기 김수환 8분컷 강의를 통해 확인하세요.

정답표

| 01 | ③ | 02 | ① | 03 | ④ | 04 | ③ | 05 | ④ |
| 06 | ① | 07 | ③ | 08 | ② | 09 | ① | 10 | ④ |

01

정답 | ③ (more → as)

해설 | **CODE 19-5** 'twice as~as' 배수표현 구문을 묻는 문제이다.
① **CODE 11-1** avoid는 동명사를 목적어로 취하는 동사이므로, criticizing이 바르게 쓰였다.
② **CODE 4-2** 문장의 주어인 everyone은 흥분이라는 감정을 느끼는 주체이기에 과거분사 excited가 타당하다.
④ **CODE 16-2** 복합관계형용사인 whatever는 명사절이나 부사절을 이끈다. 위 문장에서는 whatever절이 문장의 주어인 것으로 보아 명사절로 사용되고 있다. 그리고 복합관계형용사 whatever는 완전한 문장이 이어진다.

해석 | ① 그는 남들을 비난하는 것을 피하는 법을 배우지 못했다.
② 벚꽃이 피었을때 모두가 신이 났다.
③ 그 스프는 내가 어제 먹었던 스프보다 2배는 맵다.
④ 우리가 세상에서 볼 수 있는 어떤 문제든 우리 안에서 나온다.

02

정답 | ① (무려 → 겨우)

해설 | **번역오류** no more than은 '겨우'라는 의미를 갖는다. 반면, no less than은 '무려'라는 의미를 갖는다.
② **CODE 2-1** 단수주어 The purpose 뒤에 단수동사 is의 수일치가 올바르다.
③ **CODE 18-1** '-thing, -one'으로 끝나는 대명사는 형용사가 후치 수식하므로, something unhealthy가 바르게 쓰였다.
④ **CODE 2-5** 'It is ~ that' 강조구문으로 주어인 'your ~ process'가 강조되고 있고 의미도 선지 해석과 들어맞는다. 따라서 올바르게 쓰였다.

03

정답 | ④

해설 | **CODE 9-4** 지각동사의 용법을 묻는 문제이다. 지각동사 notice의 목적어와 목적보어의 관계가 능동관계이기 때문에 목적보어 자리에는 동사원형이나 현재분사가 온다.
① **CODE 3-2** 과거의 특정 시점을 나타내는 last year가 있으므로, 현재완료시제 동사 have subscribed를 과거시제 동사 subscribed로 고쳐야 한다. (have subscribed → subscribed)
② **CODE 8-3** 'If S+had p.p. ~, S would have p.p.'의 가정법 과거완료 구문이므로, has been을 had been으로 고쳐야 한다. (has been → had been)
③ **CODE 7-1** 문맥상 과거 상황을 나타내는 must have p.p.(틀림없이 ~했을 것이다) 구문이므로, must move를 must have moved로 고쳐야 한다. (must move → must have moved)

해석 | ① 저는 작년에 귀하의 잡지를 구독했습니다.
② 그 가격이 합리적이었다면, 나는 그 운동화를 샀을 것이다.
③ 내 시계가 원래 있던 곳에 없다. 누군가 틀림없이 그것을 옮겼을 것이다.
④ 그녀는 자기 사촌이 해안가를 따라 걷고 있는 것을 알아챘다.

04

정답 | ③ (what → that)

해설 | **CODE 14-1** 앞에 선행사 something이 있으므로, 관계대명사 what을 that으로 고쳐야 한다.
① **CODE 19-4** 비교급 better를 강조하는 부사 much가 바르게 쓰였다.
② **CODE 3-5** 시간과 조건의 부사절에서 미래의 일을 나타내는 경우에 미래시제 대신 현재시제 동사를 쓰므로, 현재시제 동사 start가 바르게 쓰였다.
④ **CODE 2-1** 단수주어 The reason 뒤에 단수동사 is의 수일치가 올바르다. 참고로 'why ~ events'까지는 관계부사절로 앞의 선행사 The reason을 수식한다.

해석 | 잡담은 인간의 타고난 기술이다. 걷기, 달리기 또는 글쓰기처럼, 우리 모두는 어느 정도 수준에서 그것을 할 수 있다. 하지만, 훨씬 더 나아지는 방법은 연습하는 것이다. 만약 여러분이 잡담을 연습하기 시작한다면, 대화하는 것의 가장 어려운 부분은 대화를 시작하는 것임을 알게 될 것이다. 처음에 여러분은 둘이서 이야기하는 데 관심 있는 것을 찾아야 한다. 그런 다음 전체 대화를 형성할 수 있다. 사람들이 날씨나 시사 문제에 관해 이야기하기 시작하는 이유는 그것들이 악의 없고 모두에게 공통적이기 때문이다.

05

정답 | ④

해설 | wreak/play havoc on은 '~에게 엄청난 피해를 입히다'라는 의미를 갖기 때문에, 정답은 ④번 damage '피해를 주다'이다.

해석 | 이것은 생태계에 사자나 상어가 과도한 피해를 주는 것을 방지하는 억제와 균형을 생태계가 발달시킬 수 있게 했다.
① 기여하다
② 예방하다
③ 위협하다, 겁주다
④ 피해를 주다

06

정답 | ①

해설 | obstinate은 '고집센, 완강한'이라는 의미를 갖기 때문에, 정답은 ①번 stubborn '완강한'이다.

해석 | 그 매니져는 종종 쓸데없는 일에 고집을 부린다.
① 완강한
② 매력적인
③ 보수적인
④ 유연한, 융통성있는

07

정답 | ③

해설 | wear out은 '지치게하다, 마모시키다'라는 의미를 갖기 때문에, 정답은 ③번 exhaust '지치게하다'이다.

해석 | 난 오늘 회의가 4개가 있어. 회의 때문에 녹초가 될 것 같다.
① 크게 기뻐하다
② 짜증나게하다
③ 지치게하다
④ 실망시키다

08

정답 | ②

해설 | 발전이 일어날 수 있는 최소한의 조건에 관한 내용이며, 문맥상 적절한 것은 ②번 take place '일어나다, 발생하다' 밖에 없다.

해석 | "국민들의 권리는 기초적이고 근본적인 것이기 때문에 국민들의 권리를 희생시키고서는 그 어떠한 발전도 일어날 수 없습니다. 따라서, 어떠한 발전을 원한다면 사람들의 권리부터 먼저 챙기는 것입니다."라고 새롭게 임명된 장관이 말했다.

① 나누어 주다, 배포하다
② 발생하다, 일어나다
③ 편을 들다
④ 분리되다

09

정답 | ①

해설 | A가 B의 할머니가 연로한 것에 대해 걱정하고 있다. A가 걱정해주는 말에 적합한 대답은 ①번이다.

해석 | A: 안녕, 어떻게 지내?
B: 잘 지내. 넌 어때?
A: 잘 지내. 그나저나, 너희 할머니는 어떻게 지내셔?
B: 잘 지내셔. 더할 나위 없어.
A: 잘됐다. 늘 조금 걱정이 되거든.
B: 알아. 이제 80세가 넘으셔서. 할머니를 잘 돌볼 필요가 있어.
① 알아. 이제 80세가 넘으셔서
② 네 스스로를 너무 몰아붙이지 마
③ 우리는 이럴 시간이 없어
④ 알았어. 내 일정을 확인해 볼게

10

정답 | ④

해설 | 'What brought you here?'는 '여기에 온 목적이 무엇인가?'라는 의미이다.

해석 | ① A: 우리 저녁 뭐 먹을까요?
B: 피자만 빼고 아무거나요.
② A: 당신 중고차에 얼마를 부를 건가요?
B: 말만 해요.
③ A: 출산 예정일이 언제죠?
B: 6월이 출산예정일이예요.
④ A: 여기에 온 목적이 무엇인가요?
B: 비행기 타고 왔어요.

24 회차 정답과 해설

상세한 해설은 공단기 김수환 8분컷 강의를 통해 확인하세요.

정답표

| 01 | ④ | 02 | ③ | 03 | ④ | 04 | ③ | 05 | ② |
| 06 | ④ | 07 | ① | 08 | ③ | 09 | ③ | 10 | ③ |

01

정답 | ④ (during → while)

해설 | **CODE 21-1** 전치사 during와 접속사 while의 구분을 묻는 문제이다. 전치사 during 뒤에는 전명구가 올 수는 있다. 반면에 while 뒤로는 절이 이어지는데, 주절의 주어와 부사절의 주어가 같은 경우엔 부사절의 주어를 생략하고 부사절의 동사를 분사로 바꿔서 분사구문으로 만들 수 있다. 위 문장은 부사절 'while she was on a picnic'을 'while on a picnic'으로 분사구문으로 축약한 것이다.
① **CODE 16-1** 전치사 to의 목적어인 명사절을 이끌기 위해 복합관계 대명사 whatever가 바르게 쓰였다.
② **CODE 12-1** 본동사 stayed보다 더 과거의 사실을 나타내는 having p.p.의 완료시제 분사 Having been이 바르게 쓰였다.
③ **CODE 9-4** 하여금 동사 enable은 목적보어자리에 부정사가 위치한다.

해석 | ① 작업자들은 새로운 환경 기술이 가져오는 무엇에든 적응해야 할 것이다.
② 몸이 좋지 않아, 그는 집에 있었다.
③ 나는 내가 기술을 연마할 수 있게 해줄 일자리를 찾고 있다.
④ 영화에서 그 소녀는 공원에서의 소풍 중 수수께끼처럼 사라졌다.

02

정답 | ③ (bought → buy)

해설 | **CODE 3-6** 주장, 제안, 명령, 요구, 충고를 의미하는 동사들이 that절을 수반하는 경우에는 that절 안에 있는 동사가 (should)+RV로 와야한다. 따라서, bought를 buy 혹은 should buy로 고쳐야한다.
① **CODE 10-3** 부정사의 태를 묻는 문제이다. 의미상의 주어인 과제는 제출되는 대상이기 때문에 수동태로 사용하는 것이 타당하다.
② **CODE 22-2** 부정부사 hardly가 절앞에 위치해있기 때문에, 의문문 어순으로 도치된다.
④ **CODE 9-4** 사역동사의 용법을 묻는 문제이다. 사역동사 have의 목적어인 연필은 제거되는 대상이기 때문에 수동관계이며, 목적어와 목적보어의 관계가 수동인경우엔 과거완료를 사용한다.

03

정답 | ④

해설 | **CODE 10-3** 뒤에 목적어가 없고 주어 I가 '초대받은' 수동의 의미가 되므로, 수동태 동사 be invited가 바르게 쓰였다. 참고로 감정형용사 happy 뒤에 나온 to부정사구는 감정의 원인을 설명한다.
① **CODE 17-3** 비교 대상은 동일한 품사와 대상으로 일치시켜야 하므로, to win을 winning으로 고치거나 Having을 To have로 고쳐야 한다. (to win → winning)
② **CODE 2-1** 단수주어 The belief 뒤에 단수동사가 나와야 하므로, 복수동사 are를 단수동사 is로 고쳐야 한다. 주어와 동사 사이의 that절은 주어와 동격을 이루는 명사절이다. (are → is)
③ **CODE 12-1** 의미상 주어인 students가 '요청받는' 대상이므로, Asking을 수동태 분사구문인 Being asked로 고쳐야 한다. 이때 Being은 생략 가능하므로 Asked로 써도 된다. (Asking → Being asked 혹은 Asked)

해석 | ① 경기 중에 즐기는 것이 경기에 이기는 것보다 더 가치 있다.
② 온도의 갑작스러운 상승이 두통을 일으킨다는 믿음은 사실이 아니다.
③ 학생들은 제한된 시간에 일련의 질문들에 대답하도록 요청받아 긴장감을 느꼈다.
④ 저는 학교 도서관을 위한 기금 모금 파티에 초대받게 되어 기쁩니다.

04

정답 | ③ (Other → Another)

해설 | **CODE 20-3** 단수명사와 결합하는 것은 other가 아니라, 부정대명사 another이다. 참고로 other는 'other+복수명사'로 쓰인다.
① **CODE 5-3** 자동사 rise와 타동사 raise의 구분을 묻는 문제이다. 목적어가 있는 것으로 보아 타동사 raise가 적절하게 사용되고 있다.
② **CODE 12-1** 뒤에 목적어 pieces가 있으므로, 현재분사 breaking이 바르게 쓰였다.
④ **CODE 14-1** 명사절 접속사 that은 선행사가 없고 완전한 문장이 이어진다.

해석 | 명왕성 주위에서 두 개 이상 위성을 발견한 것은 명왕성이 작은 크기에도 불구하고 어떻게 총 3개의 위성을 가질 수 있는지와 같은 몇 가지 의문들을 불러일으켰다. 과학자들이 이미 그것에 대해 의견을 제시하고 있다. 한 가지 생각은 거대한 물체가 명왕성에 떨어지면서, 행성에서 조각들이 떨어져 나갔다는 것이다. 수십억 년간 명왕성 주위를 돈 후에, 그 조각들이 합쳐져 위성을 형성했을 수 있다. 또 다른 의견은 두 개의 작은 위성들이 명왕성 주위의 궤도로 끌어 당겨진, 원래는 그저 작은 소행성들이라는 것이다. 천문학자들은 명왕성의 위성의 궤도가 명왕성의 크기와 구조에 관해 더 많이 알 수 있게 해줄 것이라고 믿고 있다.

05

정답 | ②

해설 | curb은 '억제하다'라는 의미이기 때문에, 정답은 ②번 restrain '억제하다'이다.

해석 | 인플레이션을 억제하기 위한 몇가지 계획들이 한 전문가들에 의해 제안되었다.
① 촉발하다
② 억제하다
③ 정화하다
④ 촉진하다

06

정답 | ④

해설 | suspend는 '잠정적으로 유보하다'라는 의미이기 때문에, 정답은 ④번 postpone '미루다, 연기하다'(=suspend, delay, postpon, put off, shelve, defer)이다.

해석 | 판사는 Daw 씨의 정신 건강 때문에 선고를 유예했다.
① 예약했다, 확보해 두었다
② 재개했다
③ 혁신시켰다
④ 연기했다

07

정답 | ①

해설 | wait on은 '시중을 들다, 주문을 담당하다'라는 의미이기 때문에, 정답은 ①번이다.

해석 | 제가 컴플레인을 하고 싶습니다. 방금 저를 담당하던 웨이터분이 굉장히 무례했습니다.
① 테이블을 담당하다(웨이터로서)
② 누군가의 집에 잠시 들르다
③ 누군가가 무언가를 끝낼때까지 기다리다
④ 파업하다

08

정답 | ③

해설 | 어지러움을 느꼈다면 난간을 붙잡았을거라고 추론할 수 있다.

해석 | 다리를 건너면서, 그녀는 현기증이 나서 난간을 꼭 붙잡았다.
① 포기했다
② 놓아줬다
③ 꼭 붙잡았다
④ 빠져나왔다, 손을 뗐다

09

정답 | ③

해설 | 빈칸 뒤에서 B가 계속 가라고 A에게 촉구하는 것으로 보아 현 위치인 교회가 목적지가 아닌 것임을 알 수 있다. 따라서, 정답은 ③번이다.

해석 | A: 우리 아직 다 안 왔어요?
B: 아니요, 몇 블록 더 가야 해요.
A: 하지만 우리 교회를 지나왔잖아요. 교회 바로 맞은편에 있다고 하지 않았나요?
B: 아니요, 교회가 아니라 은행이라고 했죠.
A: 발 아파 죽겠어요!
B: 힘내요. 계속 가요.
① 네, 은행은 저 뒤에 있어요
② 아니요, 그것을 우연히 발견했어요
③ 아니요, 교회가 아니라 은행이라고 했죠
④ 네, 지금 그것이 필요해요

10

정답 | ③

해설 | B가 한 대답은 구매자인 A가 할 말이다.

해석 | ① A: 요즘 잘 지냈어?
B: 별일 없었어. 일하느라 정신 없이 바빴어.
② A: 네 성적이 엉망이다. 정신 좀 차려라.
B: 최선을 다하고 있어요.
③ A: 저기요. 이 코트 얼마인가요?
B: 저한테는 좀 너무 비싼 것 같네요.
④ A: 저희 식당은 스파게티, 피자, 스테이크 말씀만 하세요. 뭐든 준비해드리겠습니다.
B: 너무 배고파요. 최대한 많이 주문하고 싶어요.

8분컷 Lv.3
25 회차 / 정답과 해설

상세한 해설은 공단기 김수환 8분컷 강의를 통해 확인하세요.

정답표

| 01 | ① | 02 | ④ | 03 | ③ | 04 | ② | 05 | ④ |
| 06 | ① | 07 | ② | 08 | ③ | 09 | ② | 10 | ④ |

01

정답 | ① (sent → sending)

해설 | **CODE 12-1** 의미상 주어인 We가 '보내는' 주체이고, 뒤에 목적어 our brother도 있으므로, 현재분사 sending으로 고쳐야한다.
② **CODE 3-1** since는 '~이래로'라는 의미로 사용되는 경우엔 주절 동사의 시제를 현재완료나 현재완료진행형으로 표현한다.
③ **CODE 11-1** suggest는 동명사를 목적어로 취하는 동사이므로 running이 바르게 쓰였다.
④ **CODE 12-1** 의미상 주어인 New technologies가 '변화시킨' 주체이고, 뒤에 목적어 the way도 있으므로 현재분사 changing은 적절하게 사용되고 있는 것이다.

해석 | ① 우리는 공항에서 형을 배웅했다.
② Chris는 열두 살 때부터 자기 어머니와 체스를 해왔다.
③ 내 트레이너는 매일 1마일씩 달릴 것을 제안했다.
④ 신기술은 새로운 가능성을 창출하고, 사람들이 일하는 방식을 변화시켰다.

02

정답 | ④ (shocking → shocked)

해설 | **CODE 4-2** 목적어인 people은 감정을 느끼는 주체이기 때문에 shocking이 아니라 과거분사 shocked를 사용하는 것이 타당하다.
① **CODE 1-1** **CODE 15-1** 동사 claim의 목적어인 뒤의 완전한 문장을 이끄는 명사절 접속사 that이 바르게 쓰였다. 또한 that절의 주어가 동명사구(owning guns)이므로 단수동사 is가 바르게 쓰였다.
② **CODE 13-4** 선행사 the people을 수식하는 완전한 문장 앞에, 관계부사와 같은 역할을 하는 '전치사+관계대명사' with whom이 바르게 쓰였다.
③ **CODE 11-5** 'be worth ~ing(~할 가치가 있다)' 구문의 is worth considering이 바르게 쓰였다.

03

정답 | ③

해설 | **CODE 22-1** 전치사구 'At ~ terminal'이 문두에 위치해 주어와 동사가 도치된 구문으로, 복수동사 are와 복수주어 information desks의 수일치가 올바르다.
① **CODE 13-5** 두 절을 연결하는 접속사가 없으므로 them을 관계대명사 whom으로 고쳐 접속사와 대명사의 역할을 겸하게 하거나, some 앞에 등위접속사 and를 추가해야 한다. 참고로 whom을 쓴 이유는 지칭하는 명사(applicants)가 사람이기 때문이다. (them → whom)
② **CODE 8-3** 'If S+had p.p. ~, S might have p.p.'의 가정법 과거완료 구문이므로, took을 had taken으로 고쳐야 한다. (took → had taken)
④ **CODE 18-2** be동사 is의 보어 자리에는 형용사가 와야 하므로, 부사 importantly를 형용사 important로 고쳐야 한다. (importantly → important)

해석 | ① 그 회사는 10명의 지원자들을 면접했고, 그들 중 일부는 경력자였다.
② 이 약을 먹었더라면, 당신의 두통이 사라졌을 수도 있다.
③ 그 버스 터미널의 양쪽 끝에 고객들을 위한 안내 데스크가 있다.
④ 시간 관리는 성공에 있어 돈 관리만큼 중요하다.

04

정답 | ② (simple → simply)

해설 | **CODE 18-1** 부사는 동사 뿐만 아니라 준동사(부정사, 분사, 동명사)도 수식한다. loving nature는 동명사구이기 때문에 형용사가 아닌 부사의 수식을 받는다. 따라서, 형용사 simple을 부사 simply로 고쳐야한다.
① **CODE 20-2** 행위의 주어와 목적어가 같은 대상이므로, 목적어 자리에 재귀대명사 themselves가 바르게 쓰였다.
③ **CODE 4-1** 주어 The worship of fire가 '발견된' 대상이고, 뒤에 목적어도 없으므로 수동태가 적절하게 사용되고 있다.
④ **CODE 18-2** 2형식 동사 become의 보어로 형용사가 위치한다. worldly(세속적인)는 '명사+ly'구조로 이루어져 있기 때문에 부사가 아닌 형용사임을 유의하자.

해석 | 많은 사람들은 스스로를 자연 숭배자라고 묘사한다. 그들은 자연의 모든 것을 사랑하고 감사한다. 그러나 원시 사회와 종교에서, 그것은 단순히 자연을 사랑하는 것 이상의 더 강력한 관계로 넘어갔다. 불에 대한 숭배가 많은 원시인들 사이에서 발견되었는데, 아마도 그들이 불이 할 수 있는 것을 알 수 있었기 때문일 것이다. 불뿐만 아니라, 원시인들은 천체, 즉 달과 태양 그리고 별들을 숭배했다. 오늘날 우리는 훨씬 더 아는 것이 많아지게 되었고, 아마도 너무 세속적이어서 이러한 자연의 힘을 숭배할 수 없게 되어, 그저 그것들에 감사할 뿐이다.

05

정답 | ④

해설 | insolvent는 '지급 불능의, 파산한'이라는 의미를 갖기 때문에, 정답은 ④번 bankrupt '파산한'이다.

해석 | 그 회사는 대금을 내지 못했고 <u>파산했다</u>.
① 멸종한
② 현존하는
③ 깨지기쉬운
④ 파산한

06

정답 | ①

해설 | instrumental은 '악기의, 중요한'이라는 의미를 갖기 때문에, 정답은 ①번 significant '중요한'이다.

해석 | 정책 변경이 사업부의 수익성을 회복시키는 데 <u>중요할</u> 것으로 확신합니다.
① 중요한, 의미 있는 (=instrumental)
② 효과적인
③ 무기력한, 둔감한
④ 명목상의, 이름뿐인

07

정답 | ②

해설 | throw up은 '구토하다'라는 의미이기 때문에, 정답은 ②번 vomit '구토하다'이다.

해석 | 폴은 면접에 대해 너무 긴장을 해서 그가 면접장을 향해 떠나기 직전에 <u>구토를 했다</u>.
① 춤추다
② 구토하다
③ 울다
④ 아프다

08

정답 | ③

해설 | 콜레스테롤의 과다섭취가 혈액의 흐름을 방해한다고 했으니 혈관을 막히게 할 수도 있다는 것을 추론할 수 있다.

해석 | LDL 콜레스테롤의 과다 섭취는 혈류를 방해하거나 혈전으로 혈관이 <u>막히게 할 수 있다</u>.
① 다 사용하다
② 폭발하다
③ 막히다
④ 생기다, 나타나다

09

정답 | ②

해설 | A가 커피테이블을 두기에 좋은 위치를 물어봤기 때문에 B는 위치에 대한 답변을 하는 것이 적절하다.

해석 | A: 음, 바로 여기예요. 나의 새 아파트!
B: 우와! 당신이 해놓은 것 마음에 들어요.
A: 고마워요. 이 커피 테이블은 어디에 놓아야 할 것 같나요?
B: <u>책장 옆이 보기 좋을 것 같은데요</u>.
A: 당신 말이 맞아요. 거기에 놓을게요. 어때요?
B: 완벽해요!
① 가구 도매상에서 하나 살 수 있어요
② 책장 옆이 보기 좋을 것 같은데요
③ 다음 주 초에 여기로 가지고 올게요
④ 당신이 거실에 두고 온 것 같은데요

10

정답 | ④

해설 | be fed up with는 '~에 싫증나다'라는 의미로 해당 맥락에서 사용하기에 적합하지 않다.

해석 | ① A: 이번 주말에 스키 타러 가고 싶어요.
　　　B: 하지만 눈이 충분히 안 왔잖아요.
② A: Paula가 기말시험에서 어떻게 했어요?
　　　B: 최악이었어요. 만약 합격점을 받는다면, 그것은 기적일 거예요.
③ A: 어디 식사하기 좋은 곳을 추천해 주시겠어요?
　　　B: Les Arlots에서 꼭 먹어보세요.
④ A: 내 아파트에 바퀴벌레가 우글거려요!
　　　B: 잠자리 펴는 것 지긋지긋해요!

26회차 정답과 해설

정답표

| 01 | ④ | 02 | ② | 03 | ① | 04 | ④ | 05 | ④ |
| 06 | ② | 07 | ③ | 08 | ② | 09 | ③ | 10 | ③ |

01

정답 | ④ (it'll get → it gets)

해설 | **CODE 3-5** 시간 조건 부사절에서는 미래의 일을 나타낸다해도 미래시제가 아닌 현재시제를 사용하는 것이 타당하다.
① **CODE 2-4** 'each of+복수N+단수V' 구문으로, Each of 뒤의 단수동사 contains가 바르게 쓰였다.
② **CODE 12-1** **CODE 22-1** 유도부사 There로 시작하여 도치된 문장의 복수동사 have와 복수주어 many people의 수일치가 올바르다. 또한 many people이 '해고된' 대상이므로 과거분사 laid off도 바르게 쓰였다.
③ **CODE 15-1** 명사절을 이끄는 접속사 that은 선행사가 없고 완전한 문장이 이어진다. 참고로, 'It goes without saying'은 '~은 말할 필요도 없다'라는 의미이다.

해석 | ① 각각의 책들은 귀중한 정보를 담고 있다.
② 철강업에서 직장에서 해고된 많은 사람들이 있었다.
③ 정직이 최선의 방책임은 말할 나위도 없다.
④ 추워질 경우를 대비해서 따스한 옷을 가져오는 것을 잊지 마라.

02

정답 | ② (careful → carefully)

해설 | **CODE 18-1** 동사 Look을 수식할 수 있는 것은 형용사가 아닌 부사이므로, careful을 carefully로 고쳐야 한다.
① **CODE 18-2** 감각동사 tasted의 주격보어 자리에 형용사 good이 바르게 쓰였다. 참고로 'so ~ that …(너무 ~해서 …하다)' 구문이다.
③ **CODE 5-2** 수동태로 쓰인 사역동사 were made의 목적격보어 자리에 to부정사 to think가 바르게 쓰였다.
④ **CODE 8-2** 'If S+과거시제(be동사는 were) ~, S would+동사원형'의 가정법 과거 구문이 바르게 쓰였다.

03

정답 | ①

해설 | **CODE 9-4** 사역동사 made의 목적어 our school이 행위의 주체이므로, 목적격보어 자리에 동사원형 cancel이 바르게 쓰였다.
② **CODE 10-3** **CODE 11-2** 부정사의 태를 묻는 문제이다. 의미상의 주어인 '당신의 건강'은 검진의 대상이기 때문에 능동태가 아닌 수동태가 타당하다. (to check → to be checked)
③ **CODE 3-5** 시간과 조건의 부사절에서 미래의 일을 나타낼 때 미래시제 대신 현재시제 동사를 쓰므로, 조동사 will을 삭제하고 주절에 would가 있으므로 가정법 과거 문장이 되도록 saw로 고쳐야 한다. (will see → saw)
④ **CODE 2-3** 관계절의 동사는 선행사에 수일치되어야 하므로, 복수 선행사 full package tours에 수일치되도록 단수동사 includes를 복수동사 include로 고쳐야 한다. (includes → include)

해석 | ① 태풍은 우리 학교가 모든 수업을 취소하게 만들었다.
② 여러분의 건강이 정기적으로 검진되도록 하는 것이 중요하다.
③ Jane을 보면, 나에게 전화하라고 말해 줄래요?
④ 대부분의 여행사들은 항공권과 호텔을 포함하는 풀 패키지 투어를 판매한다.

04

정답 | ④ (distributing → distributed)

해설 | **CODE 12-3** 독립분사구문의 태를 묻는 문제이다. 밑줄 친 분사의 의미상의 주어인 '3분의 2분량의 안경(two-thirds)'은 배포가 되는 대상이기 때문에 능동이 아닌 수동관계이다.
① **CODE 2-4** 'every+단수명사'를 묻는 문제이다.
② **CODE 13-3** 선행사 a pair of eyeglasses를 수식하며 동사 adjust의 목적어가 없는 관계절을 이끄는 목적격 관계대명사 which가 바르게 쓰였다.
③ **CODE 4-1** 뒤에 목적어가 없고 주어 Silicone oil이 '주입되는' 대상이므로 수동태 동사 is injected가 바르게 쓰였다.

해석 | 개발도상국에 있는 10억 명 이상의 사람들이 안경을 필요로 한다. 하지만 안경사들이 꼭 사하라 사막 이남 아프리카의 모든 구역에 있지는 않다. 일부 지역에서 그 비율은 주민 100만 명당 1명이다. 이 문제를 심사숙고하여, 옥스퍼드 대학의 물리학 교수 Joshua Silver가 한 가지 아주 훌륭하게 간단한 해결책을 생각해냈는데, 바로 착용자가 조정할 수 있는 안경이다. 렌즈가 선명한 시야를 제공할 때까지 두 장의 플라스틱 사이의 틈 안으로 실리콘 오일이 주입된다. 개발도상국의 새로운 비영리 비전 센터의 소장으로서, Silver는 2020년까지 가난한 이들의 눈에 10억 개의 안경을 (보급하기를) 계획하고 있다. 지금까지, 아프리카와 동유럽에서는 3만 개가 사용되고 있고, 이중 3분의 2가 미군 지원 프로그램을 통해 보급되었다.

05

정답 | ④

해설 | unprecedented는 '전례없는'이라는 의미를 갖기 때문에, 정답은 ④번 unparalleled '비할데 없는'이다.

해석 | 대량 생산 방식의 도입은 많은 사람들이 자가용 차를 구입할 수 있게 했고, 그들에게 전례 없는 양의 이동성을 제공했다.
① 명백한, 틀림없는
② 정교한
③ 임의적인
④ 비할데 없는

06

정답 | ②

해설 | plight는 '곤경, 역경'이라는 뜻을 가지고 있기 때문에, 정답은 ②번 predicament '곤경'이다.

해석 | 우리는 그들의 곤경에 대해 답할 의무가 있다.
① 제한
② 곤경
③ 취약함
④ 토대, 기본

07

정답 | ③

해설 | count on은 '~에 의존하다'라는 의미를 갖기 때문에, 정답은 ③번 rely on '~에 의존하다'이다.

해석 | 정부가 노동조합의 지원에 의존할 수 있을 것이라고 생각했다.
① 개입하다, 참견하다
② 인수하다, 넘겨받다
③ 의존하다
④ 인내하다

08

정답 | ②

해설 | 문맥상 '어떤 문제를 대처하다, 감당하다'라는 의미를 갖는 구동사가 적합하다.

해석 | 운송 서비스 체제가 그렇게 많은 추가 승객이라는 부담을 감당할 수가 없다.
① 엉망으로 만들다
② ~에 대처하다(=deal with)
③ 흔들어 섞다, 개편하다
④ 물러서다, 취소하다

09

정답 | ③

해설 | 빈칸 뒤로 이어지는 B의 답변을 통해서 A가 무언가 설정(set)을 해달라고 부탁하고 있다는 것을 추론할 수 있다.

해석 | A: 저 오늘 일찍 퇴근할 거예요, Sean.
B: 네, Pearson 씨. 마감 전에 제가 해야 할 일 있나요?
A: 보안 알람을 꼭 설정해 주시겠어요?
B: 네, 오늘 밤에 꼭 맞춰 놓을게요.
A: 고마워요. 좋은 저녁 보내요.
B: 당신도요. 안녕히 가세요.
① 제가 어디서 계좌를 개설할 수 있는지 아나요
② 전체 문을 닫는 데 얼마나 걸릴까요
③ 보안 알람을 꼭 설정해 주시겠어요
④ 새로운 인턴을 만나봤나요

10

정답 | ③

해설 | keep in touch with는 '~와 연락을 유지하다'라는 의미이기 때문에 문맥상 부적절한 대화이다.

해석 | ① A: 나 큰일났어. 우리 아버지 차를 망가뜨렸어.
B: 아버지가 노발대발하시겠네.
② A: 어떻게 도와드릴까요?
B: 이 처방전을 제조해 주셨으면 해서요.
③ A: 그가 당신에게 청혼했나요?
B: 네, 저와 계속 연락하기로 약속했어요.
④ A: 제 상사가 또 나에게 자기 일을 모두 떠넘기려고 해요.
B: 내가 당신 입장이라면, 싫다고 할 거예요.

27 회차 정답과 해설

정답표

01	③	02	②	03	①	04	②	05	③
06	④	07	①	08	③	09	④	10	②

01

정답 | ③ (taken → take)

해설 | **CODE 9-4** 사역동사의 태를 묻는 문제이다. 사역동사 have의 목적어인 베이비시터들은 사진을 찍는 행위를 하는 주체이다. 따라서, 목적어와 목적보어의 관계가 능동이다. 사역동사 have는 능동관계일 때 과거분사가 아닌 동사원형을 사용한다.
① **CODE 11-4** 부정사의 관용표현인 '형/부+enough+to RV(~할 만큼 충분히 …하다)' 구문을 묻는 문제이다.
② **CODE 8-2** 가정법 과거를 묻는 문제이다. 주절과 부사절 모두 과거시제로 적절하게 사용되고 있다.
④ **CODE 19-3** 'the+비교급 ~, the+비교급 …(~할수록 더 …하다)' 구문의 The older와 the more가 바르게 쓰였다.

해석 | ① 누구도 이런 날씨에 반바지를 입을 만큼 분별없지 않을 것이다.
② 그 무가 유기농이라면 너의 건강에 더 좋을 것이다.
③ 부모들은 때때로 보모들에게 그들 아이들의 사진을 찍게 한다.
④ 나이가 들수록, 더 인내심 있게 된다.

02

정답 | ② (their → its)

해설 | **CODE 20-1** 단수 주어 The animal로 받는 단수 소유격이 와야 한다. 따라서 their를 its로 고쳐야 한다.
① **CODE 18-3** alive의 용법을 묻는 문제이다. alive는 서술적 용법만 수행하는 형용사로서 명사를 수식하지 못하고 보어 역할만 한다. 해당 문장에서 alive는 목적보어 자리에 적절하게 사용되고 있다.
③ **CODE 3-5** 시간과 조건의 부사절에서 미래의 일을 나타낼 때 미래시제 대신 현재시제 동사를 쓰므로, arrive의 쓰임이 올바르다.
④ **CODE 8-5** 'If S+had p.p. ~, S would have p.p.'의 가정법 과거완료 구문에서 If를 생략하고 there had been을 의문문 어순으로 도치시킨 Had there been이 바르게 쓰였다.

03

정답 | ①

해설 | **CODE 7-1** 조동사의 시제를 묻는 문제이다. might have p.p는 '~이었을지도 모른다'라는 약한 과거 추측이다. 과거시간부사구인 last week이 주어져 있기 때문에 might have p.p.는 적절하게 사용되고 있음을 알 수 있다.
② **CODE 19-4** very는 비교급이 아닌 원급을 수식하므로, very를 비교급 강조부사 much(still, even, a lot, (by) far)로 고쳐야 한다. (very → much)
③ **CODE 4-2** 주어 Visitors가 감정을 느끼는 것이므로, 현재분사 satisfying을 과거분사 satisfied로 고쳐야 한다. (satisfying → satisfied)
④ **CODE 2-1** 주어와 동사의 수일치 문제이다. 문장의 주어인 members가 복수이기 때문에 복수동사를 사용하는 것이 옳다. (is → are)

해석 | ① 그는 지난주의 승리 이후에 지나치게 자신만만해졌을 수 있다.
② 고양이들은 사람보다 고음의 소리를 훨씬 더 잘 들을 수 있다.
③ 공원의 방문객들은 그 깨끗한 환경에 만족해 했다.
④ 나와 함께 그룹 프로젝트를 하고 있는 멤버들은 모두 열심히 노력하고 있다.

04

정답 | ② (aren't → weren't)

해설 | **CODE 8-2** 'If S+과거시제(be동사는 were) ~, S would+동사원형'의 가정법 과거 구문이므로, aren't를 weren't로 고쳐야 한다.
① **CODE 11-5** 동명사의 관용표현 'have a hard time ~ing(~하는 데 어려운 시간을 보내다)'의 동명사 controlling이 바르게 쓰였다.
③ **CODE 2-1** 단수주어 something 뒤에 단수동사 makes의 수일치가 올바르다. 'that ~ us'는 앞의 something을 꾸며주는 관계절로 that은 주격 관계대명사로 쓰였다.
④ **CODE 10-1** 형용사 비교급 harder를 수식하는 부사적 용법의 to부정사 to manage가 바르게 쓰였다.

해석 | 모두가 짜증 나는 기분일 때 화를 다스리는 데 힘든 시간을 보낸다. 우리는 짜증이 날 때, 짜증이 나지 않았더라면 우리를 괴롭히지 않았을 문제들에 대해 화를 낸다. 우리는 화를 낼 기회를 찾고 있다. 우리가 짜증이 날 때, 우리를 그저 짜증 나게 했을 수 있는 원가가 우리를 더 화나게 만든다. 짜증 나는 기분에서 느끼는 화는 더 오래 지속되고 관리하기가 더 어렵다. 때때로 우리는 우리가 정말로 즐기는 활동에 빠짐으로써 스스로를 도울 수 있지만, 그것이 항상 효과가 있는 것은 아니다. 여러분이 해야 할 일은 여러분이 짜증 나는 기분이라는 것을 인식할 수 있을 때 사람들을 피하는 것이다. 하지만, 문제는 우리가 처음 화가 폭발할 때까지 그 기분을 알아차리지 못한다는 것이다.

05

정답 | ③

해설 | immortal은 '불멸의'라는 의미를 갖기 때문에 정답은 ③번 undying '죽지 않는'이다.

해석 | 그 작곡가는 아직까지 전 세계적으로 사랑받는 불멸의 멜로디를 만들었다.
① 신뢰할 수 있는
② 돌이킬 수 없는
③ 죽지않는
④ 현저한, 눈에 띄는

06

정답 | ④

해설 | offset은 '상쇄시키다'라는 의미를 갖기 때문에, 정답은 ④번 counteract '상쇄시키다'이다.

해석 | 정부는 항공 요금과 호텔 숙박비 같은 비용을 상쇄하기 위해 모두 약 6천만 원을 청구했다.
① 시작하다
② 증가시키다
③ 공제하다
④ 상쇄시키다

07

정답 | ①

해설 | pore over는 '자세히 조사하다, 세세히 보다'라는 의미를 갖기 때문에, 정답은 ①번 examine '자세히 살펴보다'이다.

해석 | 그는 그 작가에 대한 단서를 찾으면서 그 편지를 세세히 살펴봤다.
① 자세히 살펴보다
② 급격히 증가하다
③ 수집하다
④ 완화시키다

08

정답 | ③

해설 | 빈칸 뒤로 사망자수(death toll)가 언급되는 것으로 보아 구출된 정치인이 사망했다는 것임을 알 수 있다.

해석 | 미네소타 북부의 고층 건물 화재에서 구출된 한 정치인이 사망했고, 사망자 수가 약 80명에 이르렀다.
① ~을 시작했다
② 야기했다, 초래했다
③ 사망했다, 세상을 떠났다
④ ~에 착수했다

09

정답 | ④

해설 | 빈칸 뒤로 이어지는 B의 말을 보면 지난 3년간 임금 인상이 없었고, 회사가 요즘 힘들다는 점을 언급하는 것으로 보아 임금인상 가능성에 대해 회의적임을 알 수 있다.

해석 | A: 올해 급여가 오를 가능성이 얼마나 될까요?
B: 가능성이 희박해요.
A: 어떻게 그렇게 확신해요?
B: 지금 3년 동안 급여가 오르지 않았거든요. 회사가 계속 손해를 보고 있어 누구에게도 급여를 올려줄 여유가 없어요.
A: 이거 끔찍한데요. 어디 다른 곳에서 일할 생각은 해보셨나요?
B: 네. 사실, 다음 주 월요일에 면접이 있어요.
① 반반이에요
② 그 기회를 놓치지 마세요
③ 이미 엎질러진 물입니다
④ 가능성이 희박해요

10

정답 | ②

해설 | A가 하는 말의 의도는 오늘 굉장히 놀라운 사람과 대화를 하게 되었다는 것이다. 따라서, B의 대답은 어색하다.

해석 | ① A: 이거 다른 색상으로 있나요?
B: 네, 빨간색과 흰색요.
② A: 내가 오늘 누구와 이야기했는지 믿지 못할 거에요!
B: 모든 사람을 믿을 수는 없어요.
③ A: 스완이 오늘 기분 정말 안좋은가봐.
B: 네 말이 맞어!(상대방의 말에 공감할 때 사용하는 표현)
④ A: 저에게 약속했던 그 파일들 어디 있나요?
B: 오늘 아침에 당신 책상에 뒀어요.

28 회차 정답과 해설

정답표

01	①	02	②	03	①	04	②	05	①
06	④	07	②	08	③	09	③	10	①

01

정답 | ① (Fred → Fred's)

해설 | **CODE 19-7** 비교대상의 일치를 묻는 문제이다. A와 B를 비교할 때는 동일한 대상을 비교해야한다. 집(house)과 Fred를 비교하는게 아니라, 집(house)과 Fred의 집(Fred's house)을 비교하는 것이 타당하기 때문에, Fred를 Fred's(house 생략)로 수정하는 것이 올바르다.
② **CODE 7-1** 조동사의 시제를 묻는 문제이다. must have p.p.는 과거의 일에 대한 강한 추측에 사용된다.
③ **CODE 11-3** 동사 find의 목적격보어 자리에는 형용사가 온다. 참고로 it은 가목적어, to type은 진목적어이다.
④ **CODE 19-2** '비교급(more)+than'이 바르게 쓰였다.

해석 | ① 그의 마을에 Fred의 집만큼 큰 집은 없다.
② 그녀는 피곤해 보였는데 아마도 밤새 자지 않은 것이 틀림없다.
③ 터치스크린은 아주 민감해서, 사람들은 정확하게 타이핑하는 것이 힘들다는 것을 알게 된다.
④ 매년, 북극의 얼음이 그 어느 때보다 빠르게 녹고 있다.

02

정답 | ② (try → tries)

해설 | **CODE 2-4** 'many a+단수N+단수V' 구문이므로 복수동사 try를 단수동사 tries로 고쳐야 한다.
① **CODE 9-5** 'prevent A from B'(A가 B하지 못하게 막다) 구문이 바르게 쓰였다.
③ **CODE 19-2** 'less+원급+than(~보다 덜 …한/하게)'이 바르게 쓰였다. 참고로 be동사가 are이므로 보어에 해당되는 형용사 cruel이 왔다.
④ **CODE 23-7** so~that 구문을 묻는 문제이다. 부사 so는 과거분사(형용사)인 polluted를 수식한다.

03

정답 | ①

해설 | ① **CODE 2-4** many와 much의 구분을 묻는 문제이다. many는 셀 수 있는 명사를 수식하는 반면에, much는 셀 수 없는 명사를 수식한다.
② **CODE 7-2** 맥락상 'used to RV(~하곤 했다)' 구문이므로, was used를 used로 고쳐야 한다. (was used to → used to)
③ **CODE 18-2** 2형식 동사 remain의 주격보어 자리에는 부사가 아닌 형용사가 위치해야한다. (calmly → calm)
④ **CODE 4-1** 동사의 태를 묻는 문제이다. 문장의 주어인 피해는 피하는 주체가 아니라 대상이다. 따라서, 능동태가 아니라 수동태가 타당하다. (avoided → was avoided)

해석 | ① 많은 증거는 건강한 식습관이 수명을 늘린다는 것을 보여 준다.
② Bryan은 그의 아버지가 한때 과거에 그랬듯 소방관이다.
③ 우리 아버지는 어떤 어려운 상황에도 항상 침착함을 유지하신다.
④ '내진' 건물들 덕택에 상당한 피해를 면했다.

04

정답 | ② (satisfied → satisfying)

해설 | **CODE 4-2** 주어 The gift of time이 감정을 유발하는 주체이므로, 과거분사 satisfied를 현재분사 satisfying으로 고쳐야 한다.
① **CODE 7-3** 강조의 do는 조동사가 되어 동사원형과 함께 사용된다.
③ **CODE 17-1** 관계사절의 동사인 have volunteered와 (have) brought이 병렬되는 구조이다.
④ **CODE 16-1** 동사 do의 목적어가 없는 불완전한 문장의 부사절을 이끄는 복합관계대명사 Whatever가 바르게 쓰였다.

해석 | 우리 모두가 같은 액수의 돈을 가지고 있지는 않지만, 우리는 매일 같은 24시간을 정말로 이용할 수 있다. 비록 몇몇 사람들은 다른 사람들보다 자유 시간이 훨씬 더 적지만, 거의 모두가 베풀 기회를 가지고 있다. 시간이라는 선물은 때때로 돈보다 더 만족스럽고 더 가치 있을 수 있다. 노숙자 쉼터에서 자원봉사를 하거나 어르신들에게 식사를 가져다 주는 이들을 봄으로써 이를 알 수 있다. 자원봉사할 의향이 있다면, 여러분을 기꺼이 환영해 줄 많은 기관들과 프로젝트들이 있다. 여러분이 무엇을 하든, 그것은 거의 확실히 교육적이고, 즐겁고, 보람 있을 것이다.

05

정답 | ①

해설 | uncanny는 '이상한, 묘한'이라는 의미를 갖기 때문에, 정답은 ①번 strange '이상한'이다.

해석 | 확실히, 그는 특이한 정신과 다른 사람들이 보지 못한 것을 보는 묘한 능력을 가지고 있었다.

① 이상한, 묘한
② 놀라운, 경이로운
③ 정상적인
④ 전통적인, 틀에 박힌

② ~와 화해하다
③ ~에 대비하다
④ ~을 따라 잡다

06

정답 | ④

해설 | conscientious는 '양심적인'이라는 의미를 갖기 때문에, 정답은 ④번 scrupulous '세심한, 양심적인'이다.

해석 | 국방부는 양심적 병역 거부자에 관련한 6개월의 조사(연구)를 계획하고 있다.
① 죽을 운명의
② 건설적인
③ 무계획적인, 닥치는 대로 하는
④ 세심한, 양심적인

07

정답 | ②

해설 | account for는 '설명하다, 차지하다'라는 의미를 갖기 때문에, 정답은 ②번 explain '설명하다'이다.

해석 | 시골에 사는 미국인들은 미국의 다른 지역에 있는 미국인들보다 나이가 많은 경우가 많다. 바로 그 점이 인터넷 이용을 채택하는 비율이 왜 느린지 설명해준다.
① 지연하다
② 설명하다
③ 더 빠르게 하다
④ 방해하다

08

정답 | ③

해설 | 지질학자가 설명해줄 내용이 안전과 연관되어 있기 때문에 문맥상 prepare for가 타당하다.

해설 | 지질학자는 지진 중에 어떤 일이 일어나는지, 지진 흔들림에 어떻게 대비하는지, 그리고 지진 중과 이후에 어떻게 안전하게 지낼지를 우리에게 설명해줄 것이다.
① ~의 최신 소식을 계속 접하다

09

정답 | ③

해설 | B는 빈칸 앞뒤에서 책대여 및 사진찍기가 금지되어 있음을 설명해주고 있다.

해석 | A: 저기요. 이 책을 대출할 수 있을까요?
B: 죄송하지만 안 됩니다. 그것은 저희 정기 간행물 중 하나예요.
A: 그러니까 여기서 가지고 나갈 수 없다는 것인가요?
B: 맞습니다. 열람실에서만 읽으실 수 있어요.
A: 정말이요? 그럼 복사하는 것은 허용되나요?
B: 안 됩니다.
① 이미 너무 많은 책을 빌리셨네요.
② 대출 카운터로 가지고 나가 주시겠어요?
③ 맞습니다. 열람실에서만 읽으실 수 있어요.
④ 한 번에 5권 이상 대출하실 수 없어요.

10

정답 | ①

해설 | chew over는 '곱씹다, 곰곰이 생각해보다'라는 말이다.

해석 | ① A: 널 위해 피자 배달 시켰어.
　　　 B: 그것을 곰곰이 생각해 보는 게 어때?
② A: 정말로 콘서트장에 가고 싶어?
　　 B: 응, 근데 너무 비싼거 같아.
③ A: 오늘 아침에 과속 딱지를 뗐어요.
　　 B: 겪어봐서 알아요.
④ A: 여기서 뭐 하고 있나요? 지금 학교에 있어야 하잖아요.
　　 B: 오늘 수업이 없어요.

29 회차 정답과 해설

| 01 | ③ | 02 | ① | 03 | ② | 04 | ③ | 05 | ① |
| 06 | ② | 07 | ③ | 08 | ④ | 09 | ③ | 10 | ② |

01

정답 | ③ (not hardly → hardly)

해설 | **CODE 23-3** hardly는 부정부사로 이중부정이 불가하다. 따라서, not을 삭제한다.
① **[기타문법]** never so much as는 '~조차 하지 않다'라는 표현이다.
② **CODE 20-4** of 이하의 수식을 받으면서 단수 주어 foundation을 받는 단수 대명사 that이 바르게 쓰였다.
④ **CODE 18-3** 감각동사 looked의 주격보어 자리에 형용사 alike가 바르게 쓰였다. 'so ~ that …(너무 ~해서 …하다)' 구문도 기억해 둔다.

해석 | ① 그녀는 웃지도 않았다.
② 고층 건물의 기초는 주택의 그것(기초)와 다르다.
③ 그것을 논의할 때가 아니다.
④ 그 아기들은 너무 비슷하게 생겨서 나는 누가 누구인지 구분할 수 없었다.

02

정답 | ① (do → have)

해설 | **CODE 23-4** 문장의 동사가 현재완료인 have p.p.이기 때문에, 조동사 have를 이용하여 부가의문문을 만들어야 한다.
② **CODE 17-1 CODE 18-1** 등위접속사 and 앞뒤의 동사 work와 make의 병렬구조가 올바르다. 또한 부사 slowly를 수식하는 부사 relatively와 동사 work를 수식하는 부사 slowly가 모두 바르게 쓰였다.
③ **CODE 11-5** 동명사의 관용표현 'look forward to ~ing(~하기를 고대하다)' 구문의 동명사 receiving이 바르게 쓰였다.
④ **CODE 20-3** 'some+복수명사'와 짝을 이루는 비교 대상 others (=other people)가 바르게 쓰였다.

03

정답 | ②

해설 | **CODE 3-2** 과거 특정 시점을 나타내는 three days ago가 있으므로, 과거시제 동사 ordered가 바르게 쓰였다.
① **CODE 5-4** 구동사 'refer to A as B(A를 B라고 부르다)' 표현을 수동태로 바꾼 것이므로, is referred to 뒤에 as를 추가하여 is referred to as로 고쳐야 한다. (is referred to → is referred to as)
③ **CODE 11-3** 동사 make의 진목적어 자리에 to부정사가 나오는 'make it a rule+to부정사(~하는 것을 원칙으로 하다)' 구문이므로 arriving을 to arrive로 고쳐야 한다. (arriving → to arrive)
④ **CODE 9-1 CODE 12-1** 동사 result는 전치사 in과 함께 뒤에 목적어를 취하는 자동사이므로, 과거분사 resulted를 현재분사 resulting으로 고쳐야 한다. (resulted → resulting)

해석 | ① 지구 온도의 지속적인 상승은 지구 온난화라고 불린다.
② 내가 3일 전에 온라인으로 카메라를 주문했는데 아직 도착하지 않았다.
③ 나는 약속에 제때 도착하는 것을 원칙으로 한다.
④ 어린 나이에 다이어트를 하는 것은 건강을 해치고 저조한 성장을 초래할 수 있다.

04

정답 | ③ (be → is)

해설 | **CODE 6-1** 문장의 주어 The only one 뒤에 술어 동사가 필요하므로, be를 단수명사 The only one에 수일치되는 단수동사 is로 고쳐야 한다. 참고로 one과 you 사이에는 목적격 관계대명사가 생략되어 있고 따라서 뒤의 전치사 to의 목적어가 없는 불완전한 문장이 왔다. to부정사인 to be로 혼동해서는 안 된다.
① **CODE 17-1** 등위접속사 and 앞의 동사 look for와 병렬구조를 이루는 동사 compare가 바르게 쓰였다.
② **CODE 15-3 CODE 18-2** 'how+형/부+주어+동사'의 간접의문문에서 how 뒤에 형용사가 나올지 부사가 나올지는 뒤따르는 '주어+동사'에 의해 결정된다. 여기서는 뒤에 보어를 필요로 하는 동사 was가 나오므로, how 뒤에 형용사인 harmful이 바르게 쓰였다.
④ **CODE 18-1** 수동태 동사를 수식하는 부사 greatly가 바르게 쓰였다.

해석 | 직장생활을 시작할 때, 나는 그 리더들 각각에 관한 통계를 보여주는, 조직의 연례 보고서를 고대했다. 그것들을 우편으로 받자마자, 나의 지위를 찾아보고 나의 발전을 다른 모든 리더들의 발전과 비교해 보았다. 약 5년 동안 그렇게 한 후에, 나는 그것이 얼마나 해가 되었는지 깨달았다. 스스로를 남들과 비교하는 것은 정말로 불필요한, 집중을 방해하는 것일 뿐이다. 여러분 스스로와 비교해야 하는 유일한 사람은 여러분이다. 여러분의 임무는 어제의 여러분보다 오늘 더 나아지는 것이다. 개선되고 성장하기 위해 오늘 할 수 있는 것에 집중함으로써 그렇게 하면 된다. 충분히 그렇게 하고, 되돌아보며 몇 주, 몇 달, 또는 몇 년 전의 여러분을 오늘날의 여러분과 비교해 본다면, 여러분은 여러분의 발전에 크게 고무될 것이다.

05

정답 | ①

해설 | intrepid는 '용감한'이라는 의미를 갖기 때문에, 정답은 ①번 audacious '대담한'이다.

해석 | 자신들이 추구하는 것이 위험하면 할수록, 용감한 모험가들은 더 많은 보람을 느끼는 것처럼 보인다.
① 대담한
② 솜씨 없는, 서투른
③ 불법의
④ 악의에 찬

06

정답 | ②

해설 | anticipate는 예상하다라는 의미이기 때문에, 정답은 ②번 expect '기대하다, 예상하다'이다.

해석 | 그는 이미 내 다음 질문을 예상하고 그것에 준비하고 있었다.
① 알려주다, 누설하다
② 기대하다, 예상하다
③ 배상하다
④ 비난하다

07

정답 | ③

해설 | look up to는 '존경하다'라는 의미를 갖기 때문에, 정답은 ③번 respect '존경하다'이다.

해석 | 그녀는 다른 선수들이 존경하는 롤모델이다.
① 경멸하다
② 비난하다
③ 존경하다
④ 꾸짖다

08

정답 | ④

해설 | 운전자가 속도를 줄이기 못한 결과로 교통사고가 났음을 예측할 수 있다.

해석 | 운전자들이 건널목에서 속도를 늦추지 못해 300명 넘는 보행자들이 작년에 Abu Dhabi 도로에서 (차에) 치였다.
① 극복했다
② 인계받았다
③ 넘겼다, 뒤집혔다
④ 치였다

09

정답 | ③

해설 | 같이 가는 사람이 누구냐는 A의 질문에 적절한 대답은 ③번 밖에 없다.

해석 | A: 오늘 밤에 무슨 계획 있어?
B: 응, 우리 심야 영화 보러 갈 거야.
A: 우리 누구?
B: 지금까지는 Neil이랑 Jenny, 그리고 나야.
A: 재 미있겠다. 나도 끼워줘!
B: 좋아! 그럼 오늘 밤에 보자.
① (뭐든) 말만 하세요.
② 너 올래?
③ 지금까지는 Neil이랑 Jenny, 그리고 나
④ 그가 그 영화의 감독이야

10

정답 | ②

해설 | ②번 문제 B의 답은 시간을 물어보는 경우에 적합한 답변이다.

해석 | ① A: 저기요, 시청에 어떻게 가는지 아시나요?
B: 죄송해요, 저도 여기 아예 몰라요.
② A: 서울행 다음 열차가 몇 시인가요?
B: 지금 5시 10분 전이에요.
③ A: Brian이 오늘 아침 발표에 늦었어.
B: 오, 이런. 또!
④ A: 아, 저 면접 망쳤어요.
B: 용기를 내요.

30 회차 / 정답과 해설

8분컷 Lv.3

| 상세한 해설은 공단기 김수환 8분컷 강의를 통해 확인하세요 |

정답표

| 01 | ② | 02 | ② | 03 | ② | 04 | ③ | 05 | ④ |
| 06 | ② | 07 | ③ | 08 | ① | 09 | ② | 10 | ② |

01

정답 | ② (alike → similar)

해설 | **CODE 18-3** 서술적 용법의 형용사 alike는 명사를 수식할 수 없으므로, alike를 일반 형용사 similar로 고쳐야 한다.
① **CODE 10-1** 전치사 of의 목적어인 동명사 winning이 바르게 쓰였다.
③ **CODE 8-2** 'If S+과거시제 ~, S would+동사원형'의 가정법 과거 구문이 바르게 쓰였다.
④ **CODE 8-2** were it not for는 if it were not for(~가 없다면)이 도치된 구문이다. 따라서, 가정법 과거가 적용되어 주절에 과거형 조동사 would가 와야함을 알 수 있다.

해석 | ① 유감스럽게도, 우리 팀은 그 경기에 이길 가능성이 거의 없다.
② 일란성 쌍둥이들은 비슷한 옷을 입어야 한다고 주장한다.
③ 당신이 분별이 있다면, 그런 어리석은 짓은 하지 않을 것이다.
④ 부모님이 없다면 우리는 여기에 존재조차도 하지 않을 것이다.

02

정답 | ② (besides → beside)

해설 | **CODE 21-2** beside와 besides의 구분을 묻는 문제이다. beside는 전치사로 '~옆에'라는 의미를 갖는 반면에, besides는 부사와 전치사로 사용된다. 부사로 사용될때는 '게다가'라는 의미이고, 전치사로 사용될 때는 '~이외에'라는 의미이다.
① **CODE 2-4** 'every/each+단수N+단수V' 구문의 Each adventure is가 바르게 쓰였다.
③ **CODE 4-1** **CODE 17-1** 주어 Tim이 '승진하여 전근가게 된' 대상이므로 수동태 동사 was promoted와 (was) transferred가 등위접속사 and 앞뒤의 병렬구조로 바르게 쓰였다.
④ **CODE 23-3** lest는 '~할까봐, ~하지 않도록'이라는 의미를 갖는 접속사이다. 'lest S+(should)+RV'의 구조로 사용된다.

03

정답 | ②

해설 | **CODE 10-2** 부정사의 의미상 주어를 묻는 문제이다. 부정사의 의미상 주어는 일반적으로 부정사 앞에 'for+목적격'으로 표현한다.

① **CODE 3-2** **CODE 5-3** 과거 특정 시점을 나타내는 yesterday가 있으므로, 타동사 lay를 과거시제 동사 laid로 고쳐야 한다. (lay → laid)
③ **CODE 3-3** 공항도착보다 이륙이 먼저 일어난 사건이기 때문에, 주절과 부사절의 시제를 서로 맞바꿔야한다. (had arrived → arrived, alread took off → had already taken off)
④ **CODE 5-1** 절대자동사 consist of는 수동태로 쓸 수 없으므로, is consisted of를 consists of로 고쳐야 한다. (is consisted of → consists of)

해석 | ① 그는 어제 그의 할아버지의 묘에 꽃을 놓았다.
② 여러분이 직원회의에 참여하는 것은 선택할 수 있는 일이 아니다.
③ 우리가 공항에 도착할 무렵, 비행기는 이미 이륙했다.
④ 운전 시험은 이론 부분과 실기 부분으로 구성되어 있다.

04

정답 | ③ (which → where)

해설 | **CODE 13-1** which 뒤의 문장을 보면 주어(we), 동사(can relax and live)로 완전한 1형식 문장이다. 따라서 관계사 which를 앞의 장소 선행사(oases)를 수식하는 관계부사 where로 고쳐야 한다.
① **CODE 4-1** 선행사 a true treasure가 '보존되어야 하는' 수동의 의미를 나타내는 관계절의 수동태 동사 be preserved가 바르게 쓰였다.
② **CODE 2-1** 단수주어 The amount 뒤에 단수동사 is의 수일치가 올바르다.
④ **CODE 15-1** 뒤에 looked like의 목적어가 없는 불완전한 절이 연결되므로, 선행사를 포함한 관계대명사 what이 바르게 쓰였다. 전치사 like의 목적어가 없기 때문에 불완전한 문장이 온거라고 판단할 수 있다.

해석 | 우리의 국립공원 제도는 보존되어야만 하는 진정한 보물이다. 우리나라는 도시, 고속도로, 그리고 공장들로 뒤덮여 있다. 녹지의 양은 늘 줄어들고 있다. 개인 공원 토지는 계속 개발업자들에게 팔리고 있다. 우리 국립공원은 자연 보호가 되는 몇 안 되는 곳들 중 하나이다. 그것들은 우리가 휴식하고 대자연과 조화를 이루며 살 수 있는 오아시스이다. 이 손대지 않은 땅은 우리나라가 수백 년 전, 청정하고 훼손되지 않았을 때 어떤 모습이었는지 이해할 수 있게 해 준다.

05

정답 | ④

해설 | pervasive는 '만연한, 널리퍼져있는'이라는 뜻이기 때문에, 정답은 ④번 prevalent '널리퍼져있는'이다.

해석 | 좋은 음식 냄새가 집 안에 퍼졌다.
① 애매한
② 찾기 힘든
③ 심오한, 깊은
④ 퍼지는, 만연한

06

정답 | ②

해설 | ruthless는 '무자비한'이라는 뜻이기 때문에, 정답은 ②번 callous '냉담한'이다.

해석 | 그는 테러 조직의 무자비한 리더로 알려져있다.
① 측은한
② 무자비한
③ 모험심이 강한
④ 무모한

07

정답 | ③

해설 | drop by는 '잠깐 들르다, 방문하다'라는 의미를 갖기 때문에, 정답은 ③번 visit '방문하다'이다.

해석 | 그녀는 자신의 비행기 탑승권을 가지러 곧 들를 것이다.
① 감소하다
② 줄어들다, 거절하다
③ 방문하다
④ 구매하다

08

정답 | ①

해설 | 논의(discuss)를 하기 위해서는 의견차이를 잠시 제쳐둘(put aside) 필요가 있다.

해석 | 우리는 우리의 의견차이를 잠시 제쳐두고 우리가 공통으로 가지고 있는 것들에 대해 논의해야한다.
① 제쳐놓다
② 실망시키다
③ 빼앗다
④ 둔화시키다

09

정답 | ②

해설 | 빈칸 앞에서 A가 제안한 물건들에 대해서 B가 달갑지 않게 여긴다는 것을 알 수 있다.

해석 | A: 안녕하세요, Tiffany Jewelry에 오신 것을 환영합니다. 도와드릴까요, 손님?
B: 네. 제 아내의 생일이 다가오고 있어 특별한 선물을 사 주고 싶은데요.
A: 멋지시네요. 기념일 밴드를 보여드리고 싶은데요. 옐로우 골드, 화이트 골드, 그리고 백금으로 된 것이 있습니다.
B: 그것들은 그녀의 취향이 아니에요. 진주나 에메랄드 같은 보석을 좋아해요.
A: 그럼, 이 진주 목걸이는 어떠세요?
B: 아, 아름답네요! 분명 제 아내가 좋아할 거예요. 그것으로 할게요.
A: 선물 포장해 드릴까요?
B: 네, 부탁해요.
① 그것들은 정말 딱 들어맞네요
② 그것들은 그녀의 취향이 아니에요
③ 저는 온갖 노력을 다하기로 결심했어요
④ 제 자신이 꽤 자랑스러워요

10

정답 | ②

해설 | B가 아이스크림이 먹고 싶다는 듯한 반응과 다이어트중이라는 대답을 동시에 하고 있기 때문에 자기모순적이다.

해석 | ① A: 기진맥진해 보이네요.
B: 네, 온종일 정신없이 바빴어요.
② A: 아이스크림 먹으러 나갈래요?
B: 방금 내 마음을 읽었어요? 나 다이어트 중인 것 알잖아요.
③ A: 잘 지냈어?
B: 항상 똑같지뭐.
④ A: 무슨 걱정거리 있어?
B: 다가오는 중간고사 때문에 걱정돼서 죽겠어.

MEMO

MEMO

새로운 감각, 젊은 분석 김수환 8분컷

8 MINUTE CUT

김수환 영어

8 MINUTE CUT
8분컷 Vol.2
정답과 해설

새로운 감각, 젊은 분석 김수환 8분컷

8 MINUTE CUT